一般社団法人 日本産業技術教育学会［編］

小・中・高等学校での
プログラミング
教育実践

問題解決を目的とした論理的思考力の育成

九州大学出版会

小・中・高等学校でのプログラミング教育のために

　本書籍は，小学校，中学校，高等学校の情報教育に携わっている先生方のために書かれております。また，教員養成におけるプログラミング教育の参考資料としても利用できるように書かれております。プログラミング教育をどのように実施するかについて悩まれている先生方にとっては参考となる書籍と思われます。

　近年は社会が急速に高度情報社会ならびに知的情報社会に進展しており，このような社会に適応できる能力が重要となっております。また，このような社会で主体的に生きるためには，小学生から問題解決能力の育成を行うことが必要になっております。文部科学省においても全教科の中で問題解決を育成するための学習指導要領の改定を 2017 年と 2018 年に行い，小学校でのプログラミング的思考教育や中学校や高等学校でのプログラミング教育が実施されようとしております。小学校でのプログラミング的思考の教育は各教科の中で実施する新たな内容となっております。また，中学校でのプログラミング教育は，従来の計測・制御のプログラミングに加えてネットワーク上の双方性のあるコンテンツのプログラミングも加わっております。さらに，高等学校でのプログラミング教育は，専門教科情報の科目構成の充実に加えて共通教科情報の科目が情報Ⅰと情報Ⅱに深化・再編されるなど，情報に関わる学習内容はプログラミング教育が重視される劇的な変化となっております。

　一般社団法人日本産業技術教育学会は，中学校技術・家庭（技術分野）の情報を含むものづくり教育に関わる研究を基本として，小学校におけるものづくり教育や高等学校における情報教育も研究しております。そのため，小・中・高等学校のプログラミング教育全体を論じることのできる学会は我々しかないとの自覚が高まり，2018 年 10 月の一般社団法人化を契機として，ここに「小・中・高等学校でのプログラミング教育実践−問題解決を目的とした論理的思考力の育成−」を刊行することといたしました。

　幸いにも，小・中・高等学校におけるプログラミング教育の充実の重要性について，小・中・高等学校でのプログラミング教育に成果を上げておられる多くの方々からご賛同をいただき，著者 39 名による大所帯での執筆となりました。学習指導要領改訂の背景についての文部科学省関係者による執筆，プログラミング教育の重要性についての大学教員の執筆，プログラミング教育の実践事例についての学校教員の執筆に至る幅広い視点からの内容が網羅されております。プログラミング教育の実践ではどうしてもソフトウェア名が表に出て内容をソフトウェア名で説明する事例が多い状況ですが，本書籍の執筆ではソフトウェア名の紹介はできるだけ教材紹介の部分に留め，何を学習するかについて記述するように努めております。これにより，本書籍が一時的なブームに留まらず，長期に亘って参考にしていただける書籍になったのではないかと思っております。

　学校でのプログラミング教育のために是非本書をご利用いただき，小学校，中学校，高等学校各々におけるプログラミング教育を充実させていただければ幸いです。子供たちの能力向上は未来の日本の原動力となります。本書が日本の学校教育の質的向上ならびに今後の日本の躍進に寄与できれば幸いです。

編者　菊地章，山本利一，村松浩幸，伊藤陽介

目　次

小・中・高等学校でのプログラミング教育のために……………………………… i

第Ⅰ部　総　論

第1章　小・中・高等学校でのプログラミング教育の重要性 …………… 3

1. 社会の急速な情報化とそれに対応したプログラミング教育 ……………… 3
2. 情報に関わる学問体系の変化と情報教育の変化 ………………………… 5
3. 教科における問題解決 …………………………………………………… 11
4. 条件付問題解決育成を伴ったプログラミング教育 ……………………… 15

第2章　プログラミング的思考とコンピュテーショナル・シンキング ……… 22

1. はじめに ……………………………………………………………………… 22
2. 諸外国におけるプログラミング教育 …………………………………… 23
3. プログラミング教育における思考力の育成 …………………………… 26
4. まとめ ……………………………………………………………………… 28

第3章　小学校と中学校の情報教育の現状と将来 ………………………… 29

1. 情報教育と情報活用能力 ………………………………………………… 29
2. 小学校における情報教育の現状 ………………………………………… 32
3. 中学校における情報教育の現状 ………………………………………… 35
4. 小・中学校における情報教育の将来 …………………………………… 38

第4章　高等学校の情報教育の現状と将来 ………………………………… 40

1. 「情報科」新設から「情報Ⅰ」,「情報Ⅱ」まで ……………………… 40
2. 「情報Ⅰ」と「情報Ⅱ」の内容 ………………………………………… 42
3. 将来に向けた動き ………………………………………………………… 45
4. おわりに …………………………………………………………………… 49

第Ⅱ部　小学校におけるプログラミング教育

第1章　小学校におけるプログラミング教育の歩みと役割 ……………… 53

1. はじめに …………………………………………………………………… 53

iv　目次

 2.　我が国の小学校におけるプログラミング教育の歩み ……………………………… 53

 3.　初等中等教育におけるプログラミング教育の教育的意義 ……………………… 55

 4.　プログラミング教育の効果 ………………………………………………………………… 56

 5.　教育実践の結果から得られた初等中等教育におけるプログラミング教育の効果 ………… 57

 6.　発達段階に応じた指導過程の必要性 …………………………………………………… 59

 7.　おわりに ………………………………………………………………………………………… 59

第2章　小学校におけるアルゴリズム学習とその評価 ……………………………… 61

 1.　はじめに ………………………………………………………………………………………… 61

 2.　アルゴリズム学習と情報科学技術教育 ……………………………………………… 61

 3.　おわりに ………………………………………………………………………………………… 68

第3章　低学年児童のための学習アプリ開発を題材とした
　　　　小学校プログラミング教育の実践 ………………………………………………… 69

 1.　総合的な学習の時間における小学校プログラミング教育の実践 ………… 69

 2.　実践のデザイン ……………………………………………………………………………… 70

 3.　実践の対象者およびプログラミング環境 ………………………………………… 70

 4.　まとめと今後の課題 ……………………………………………………………………… 79

第4章　プログラミングを活用した加法・減法の計算の学習 ………………… 80

 1.　算数科におけるプログラミング学習の概念 …………………………………… 80

 2.　授業計画 ………………………………………………………………………………………… 80

 3.　活用教材 ………………………………………………………………………………………… 80

 4.　授業概要 ………………………………………………………………………………………… 83

 5.　調査 ……………………………………………………………………………………………… 84

 6.　おわりに ………………………………………………………………………………………… 87

第5章　算数科第6学年「縮図や拡大図」の学習を支援する
　　　　プログラミング学習 ………………………………………………………………………… 88

 1.　はじめに ………………………………………………………………………………………… 88

 2.　算数科におけるプログラミング教育 ……………………………………………… 89

 3.　活用したプログラミング教材 ………………………………………………………… 90

 4.　実践事例の提案 ……………………………………………………………………………… 90

 5.　おわりに ………………………………………………………………………………………… 95

第6章　照度・温度センサを活用した「日なたと日かげ」のプログラミング学習 …… 96

 1.　はじめに ………………………………………………………………………………………… 96

 2.　授業実践概要 ………………………………………………………………………………… 98

3. カリキュラムマネジメントを通したものづくり【視点1】 ………………………………… 99

4. オープンエンドな問題をトライ&エラーを通して解決するものづくり【視点2】 ……… 100

5. 協働するものづくり【視点3】 ……………………………………………………………… 102

第7章 小学校社会科における防災コンテンツのプログラミング ……………… 104

1. はじめに ………………………………………………………………………………………… 104

2. 授業の設計 ……………………………………………………………………………………… 104

3. 実践の様子 ……………………………………………………………………………………… 106

4. おわりに ………………………………………………………………………………………… 109

第8章 小学校における発光教材を利用したアルゴリズム学習 ………………… 110

1. アルゴリズム学習と発光教材の親和性 …………………………………………………… 110

2. 効果的なアルゴリズム学習を実現するPIC-GPE …………………………………………… 111

3. PIC-GPE組込LED発光教材を活用した実践事例の紹介 ………………………………… 113

4. 今後に寄せて …………………………………………………………………………………… 117

第9章 小学校における音の学習を通したアルゴリズム学習 …………………… 118

1. 「音楽づくり」×「プログラミング」 ……………………………………………………… 118

2. 小学校4年生　音楽「音階から音楽をつくろう」 ……………………………………… 120

第Ⅲ部　中学校におけるプログラミング教育

第1章 小学校から中学校へのプログラミング教育の接続 ……………………… 127

1. はじめに ………………………………………………………………………………………… 127

2. 小・中学校連携の要点 ………………………………………………………………………… 127

3. 中学校の情報技術に関する内容の要点 …………………………………………………… 131

4. おわりに ………………………………………………………………………………………… 132

第2章 設計学習を意識した授業用マイコンボード開発とプログラミング ………… 133

1. エネルギー変換技術と計測・制御技術との円滑な接続 ………………………………… 133

2. リレーを活用した計測・制御システムの設計学習案 …………………………………… 133

3. リレーとPICマイコンを活用した授業用マイコンボードの開発 ……………………… 135

4. センサ2個とリレー2個でプログラミング的思考の育成を ………………………… 138

5. まとめ …………………………………………………………………………………………… 139

第3章 状態遷移図を利用したプログラミング ……………………………………… 141

1. 状態遷移図を利用したプログラムによる計測・制御教材の開発 …………………… 141

2. プログラムの設計活動 ……………………………………………… 141

　　3. 開発した計測・制御システム ………………………………………… 143

　　4. 評価試験 ………………………………………………………………… 147

　　5. 結果および考察 ………………………………………………………… 148

　　6. まとめ …………………………………………………………………… 149

第4章　計測・制御を考慮したプログラミング …………………… 150

　　1. 計測・制御の基礎 ……………………………………………………… 150

　　2. 中学校における計測・制御学習の位置付け ………………………… 152

　　3. 計測・制御のプログラミング・モデルとプログラミング例 ……… 153

第5章　生物育成に関連させたシミュレーションプログラム …… 158

　　1. 複数の内容を併せて学習するための情報技術 ……………………… 158

　　2. 「生物育成」と「情報」の両内容を併せて学習できるシミュレーション教材 ……… 159

　　3. 開発したシミュレーション教材の有効性 …………………………… 162

　　4. 複数の内容を併せて学習するための「情報」と将来展望 ………… 165

第6章　STEM教育を考慮した中学生による幼児向け
　　　　ハイブリッド型アプリケーション開発 ………………… 166

　　1. 学習者のプログラミング的思考を引き出すSTEM教育題材 ……… 166

　　2. 題材計画 ………………………………………………………………… 166

　　3. 教材の説明 ……………………………………………………………… 168

　　4. 授業の実際 ……………………………………………………………… 168

　　5. 題材のまとめ …………………………………………………………… 172

第7章　ネットワークコンテンツ処理のためのプログラミング …… 173

　　1. はじめに ………………………………………………………………… 173

　　2. 授業内容の検討 ………………………………………………………… 173

　　3. 学習指導の実際 ………………………………………………………… 177

　　4. 実践の評価 ……………………………………………………………… 180

第8章　Webアプリケーションを意識したネットワークプログラミング ………… 181

　　1. プログラミング題材としてのWebアプリケーション ……………… 181

　　2. 学校現場で想定されるLAN環境 …………………………………… 181

　　3. JavaScriptについて …………………………………………………… 182

　　4. jQueryについて ………………………………………………………… 182

　　5. プログラムの作成，実行とデバッグ ………………………………… 183

　　6. 例示されている題材とプログラム例 ………………………………… 184

目次　vii

   7.　安全なプログラムについて ……………………………………………………… 188

   8.　プログラミング題材について …………………………………………………… 188

第9章　情報機器変遷調査のためのネットワークプログラミング ……………… 190

   1.　ネットワークを利用した双方向性のあるコンテンツのプログラミングの特徴 ………… 190

   2.　紀元前からの計算機器の変遷 …………………………………………………… 191

   3.　Web 環境における HTML ならびに JavaScript ……………………………… 192

   4.　JavaScript によるコンピュータ関連博物館の地図配置と双方向性検索 ……………… 193

第 IV 部　高等学校におけるプログラミング教育

第1章　中学校から高等学校へのプログラミング教育の接続 ………………… 201

   1.　プログラミングの概要 …………………………………………………………… 201

   2.　中学校と高等学校におけるプログラミング教育 ……………………………… 203

第2章　プログラミング教育とデータ構造 ……………………………………… 207

   1.　プログラミング教育とデータ構造のつながり ………………………………… 207

   2.　データ構造の役割 ………………………………………………………………… 207

   3.　データ構造例 ……………………………………………………………………… 209

第3章　生徒が自ら選ぶソフトウェアによる問題解決の授業実践 ……………… 214

   1.　問題解決の手段としてのプログラミング ……………………………………… 214

   2.　授業計画 …………………………………………………………………………… 215

   3.　教材について ……………………………………………………………………… 217

   4.　評価について ……………………………………………………………………… 221

   5.　今後に向けて ……………………………………………………………………… 222

第4章　コミュニケーションツールの仕組みの理解を目的とした
      プログラミング ……………………………………………………………… 223

   1.　プログラミングによる情報の科学的な理解 …………………………………… 223

   2.　クライアント・サーバシステムの仕組みの理解 ……………………………… 225

   3.　コミュニケーションツールの仕組みのプログラミング ……………………… 226

   4.　プログラミングによる情報の科学的な理解についての考察 ………………… 228

第5章　問題解決のためのビッグデータ利用 …………………………………… 230

   1.　ビッグデータ利用の社会的背景 ………………………………………………… 230

   2.　未来社会に向けた問題解決能力の育成 ………………………………………… 230

viii　目次

　　3.　ビッグデータを利用した高等学校情報の授業実践 ……………………… 231

　　4.　プログラミングによるビッグデータ分析 ……………………………………… 235

第6章　暗号化手法の理解のためのプログラミング ……………………… 239

　　1.　授業の背景　プログラミングを通して学べること ……………………… 239

　　2.　授業の題材　公開鍵暗号方式と問題解決 ………………………………… 240

　　3.　授業のねらいと構成 …………………………………………………………… 241

　　4.　1時間目の授業　公開鍵暗号方式を発明する ………………………… 242

　　5.　2時間目の授業　素因数分解の手順を考える ………………………… 243

　　6.　3時間目の授業　コンピュータに素因数分解を実行させる ……… 244

　　7.　授業の評価 ……………………………………………………………………… 245

第7章　シミュレーション利用による社会システム予測 ……………… 247

　　1.　社会システム予測のためのシミュレーション …………………………… 247

　　2.　社会シミュレータの利用を想定した授業計画 …………………………… 249

　　3.　授業評価アンケートの結果と考察 ………………………………………… 252

　　4.　授業実践のまとめと今後の課題 …………………………………………… 254

第8章　Webサーバ上で動作する情報システムのプログラミング …… 256

　　1.　情報システムとプログラミング …………………………………………… 256

　　2.　授業計画 ………………………………………………………………………… 257

　　3.　教材説明 ………………………………………………………………………… 258

　　4.　内容及び学習の評価 ………………………………………………………… 265

第9章　情報オリンピックを意識した基本アルゴリズムと
　　　　　ブランコ操作への応用 …………………………………………………… 267

　　1.　プログラミング学習位置付けの方向性 …………………………………… 267

　　2.　情報オリンピック問題を活用したプログラミング学習教材の開発 … 268

　　3.　AIブランコロボットと遺伝的アルゴリズム ……………………………… 272

第Ⅴ部　用語集

プログラミングに関わる関連語彙 ……………………………………………………… 277

参考文献 ……………………………………………………………………………………… 283

あとがき ……………………………………………………………………………………… 291

第 I 部
総　論

第1章　小・中・高等学校でのプログラミング教育の重要性

1．社会の急速な情報化とそれに対応したプログラミング教育

1．社会の急速な情報化

　小・中・高等学校でのプログラミング教育の重要性が叫ばれているが，なぜプログラミング教育が重要なのであろうか。これを情報環境の変化と人間の思考パターンの変化から考えてみる。

　人間は集団生活を営んでおり，日々の生活で互いの意思疎通を行って生活している。人類発祥後，先史，古代，中世，近世，現代と移り，現在の高度情報社会に至っている。先史時代では扱う数も少なく情報の収集もゆっくりとした状態であったが，中世や近世になると移動手段も徐々に発達し，近代や現代ではさらに情報伝達手段が発達し，コンピュータの出現とともに現在では多種多様で大量の情報を瞬時に扱う状況になっている。このとき，作業自体はコンピュータに任せることができるが，その指示は人間が行う必要がある。シンギュラリティ（技術的特異点）の用語も取り沙汰されているが，現在のコンピュータの数理的な計算速度は人間の計算能力を遙かに上回っており，また論理的な推論速度も人間の思考能力を上回ろうとしている。計算をコンピュータに委ねる状態になった現状を踏まえると，今後の社会の中で主体的に生きるためには，情報環境を道具として利用しながら論理的な思考ができる力を備えた人材を育てることが必須となる。

　人間が意思疎通する際には互いの情報の交換を行っている。状態の変化を相手に伝えるには，古くは狼煙，手旗，光点滅等で視覚に訴えるメディアを使うことが多かった。ただ，状況が時間とともに変化するために，固定的な情報として文字や絵も使われ，手紙媒体としての伝書鳩，飛脚，早馬，さらには郵便，電報等へ変化し，現在では文字・静止画・動画を含んだ電子メールとして定着している。その伝達時間も当初は数日や数週間のオーダーが必要で

あったが現在では一瞬で送信される時代になっており，海外を含めた連絡では夜も眠れない状況になってしまう。そのため，夜のニューヨークからの問合せに昼のインドのオペレータがニューヨークの天気を電話で説明するなど，地球規模のリアルタイム性を伴った会社運用も進んでいる。このような聴覚に訴えるメディアは電話が代表的であるが，電話は糸電話の遊びから，有線利用の固定電話，無線利用の移動電話として発展しており，文字・画像・動画のマルチメディアを融合した移動型携帯情報端末も普及している。映画館等ではバーチャルリアリティ等の仮想空間も利用でき，家庭では4Kテレビや8Kテレビにより，高品位な画像とともに多重スピーカによって全方位からの音を再現する臨場感のある音響システムも利用でき，さらに視覚系，聴覚系，触覚系，嗅覚系，味覚系の融合メディアも徐々に生活に浸透してきている。音楽等ではCD等の物流系メディアがネットワーク利用の通信系メディアに移行しつつあり，生活スタイル自体も時代とともに変わってきている。現在では，例えば観光に行く前にWebから事前情報を収集し，頭の中でシミュレーションをしてから旅行に出かけるため，仮想空間と現実空間を融合させた旅行が可能となり，効率の良い時間と費用の使い方ができるようになっている。

　このように，情報通信ネットワークの発達とともに，コンピュータは計算する道具から情報の収集や発信をする道具に変わり，今や知識は百科事典ではなくてWebから収集する時代に変わってきている。この情報環境を使いこなすためには，知恵が重要なのではなく，知能が重要となる。単なる知恵では一時的なアイデアは浮かぶがその次に進展せず，十分な知識の基で問題を解決するための階層的な論理的組み立てができる知能が必要となる。情報環境を利用した問題解決の論理的思考力を育成するために，

将来の社会を担うべき人材である小学生からプログラミング教育を始める必要がある。

2. 情報環境利用による思考パターンの変化

毎日の生活の中で我々はあまり考えずに目の前の事象に対して自然に行動していることが多い。ただ、その行動には曖昧ながら目的を伴っている。行動の目的がより明確になると、精神を集中し、目的を達成するよう努力するようになる。その際の手順は、情報環境の進展とともに、すなわち時代とともに変わってきている。

例えば文章を書くことを考えてみよう。コンピュータが出現しなかった頃は、文章は手書きであり、最初から順に内容を書いていくのが常識であった。間違った場合はY字の挿入記号や二重線の取消記号などの校正記号を使って修正することが多かった。これがコンピュータでの文書処理ソフトウェアが普及すると、まず文章の構想を箇条書きで書き、その各々の項目に内容を修正・追加する手順が常識となった。このとき、手軽に修正できるため、細かい文法を気にすることなく先に全体の文章を仕上げることに集中し、後から細かい表現を修正する作業で文章を作るようになってきた。

また、言葉の意味を調べる際には、従来は辞典で調べていたが、最近ではWeb検索が常識的に用いられるようになり、検索のスピードも格段に速くなっている。外国語の文章も翻訳サイトを使えば手軽に日本語に翻訳され、現在では発話で検索できる状況になっている。また、100近くの言語を翻訳できる手軽な翻訳機や通訳機もできており、ネットワークが使えない場所での高速翻訳やクラウド環境を利用した通訳利用等、言語の壁が崩れつつある時代になっている。

学校教育においても情報環境利用は常識になりつつあり、教育支援のシステム利用から、現在では学習支援としての情報システム利用が行われている。さらには、遠隔授業等も行われており、教員と児童生徒の距離感も異なるようになってきた。これらの環境では、教え込むタイプの授業はもはや通用しなくなっており、児童生徒が情報環境を利用して自発的に学ぶ授業に変わりつつある。このような状況では、児童生徒は受動型の考え方では付いていけなく

なり、能動型の自発的に活動する学習態度が必要となっている。この能動型の活動では、現在遭遇している目的を理解して、見通しの良い手順を選び、問題を解決する効果的な方法を自身で見出す必要がある。

問題解決のための論理的な思考の育成は、種々の方法によって行うことができるが、情報環境を意識した場合の論理的な思考の育成は、やはり情報環境を利用して行うことに意味がある。また、教える側の経験と教えられる側の経験が全く異なる時代となる場合では、教えられる側の考えを意識した指導が必要となる。この社会の情報化の進展に伴う学校教育の変化が小学校からのプログラミング教育となっている。

3. 学校種に応じたプログラミング教育

2017年ならびに2018年に公示された学習指導要領には、小学校でのプログラミング的思考の教育、中学校でのネットワークに関連するプログラミングと計測・制御に関連するプログラミングの教育、高等学校でのより高度なプログラミングの教育が記載されている。これらは情報活用能力の育成とともに問題解決のための論理を積み上げる能力の育成であり、学校種に応じたプログラミング教育として意義深い。

このとき、小学生に職業的なプログラミングを教育することは必要でなく、まずは各教科での目標を達成する際に問題解決能力を育成するプログラミング的思考を授業内で展開することになる。社会の情報化を意識すると、学校教育でコンピュータ環境を利用することは必須となるが、プログラミング言語を使う必要はなく、小学校では論理の繋がりであるアルゴリズムの考え方を習得させることが主体となる。アルゴリズムは、処理が順番に行われる手順としての「順次」、複数の処理のまとまりを繰り返す手順としての「反復」、条件に応じて処理の流れを変える手順としての「分岐」が組み合わされる。実際、LED発光教材を利用して一度に20人程度の小学生と中学生を対象とした"世界に1つしかない光らせ方でLEDを光らせよう"の講習会を数年来行っているが、アルゴリズム手順をほとんど教えない状態でプログラムを作成させる場合は順次と反復でプロ

グラムを作成していくが，少しでもコツを教えると分岐も上手に使って感動する LED の光らせ方を創り出しており，小学生へのプログラミング的思考の教育は問題なく実施できることを確認している。このように，問題解決の意識を子どもたちにどのように考えさせるかによって，子供たちのアルゴリズムの習得状況も大きく異なってくる。要は，目的に対応した問題解決の論理の流れをどのように発見させるかが重要となる。

中学校での計測・制御のプログラミングは従来から行われていた内容であり，中学校技術・家庭（技術分野）の担当教員にとっては違和感がないと思われるが，小学校でプログラミング的思考の教育が行われてくると，中学校では興味関心を維持した学習が難しくなる。そのために，中学校ではセンサとアクチュエータが生活の中でどのように役立っているかをより深く理解できるように教える必要がある。小学校でも移動ロボット教材を使った学習が行われる可能性があり，単なる延長としての移動ロボット学習は中学校で成立しなくなり，小学校での処理の流れの学習を踏まえて，中学校ではコンピュータ外部の物理情報とコンピュータ内部の数値・論理情報が変換されながら処理に用いられることを理解する段階の学習となることを意識する必要がある。

さらには，中学校では，ネットワークを利用した双方向性のあるコンテンツのプログラミングが加わったが，計測・制御に関わるプログラミングとネットワークに関わるプログラミングの差異を明確にできず，経費削減のために同じ教材を利用するこ

ともあり，学習目的の異なるプログラミングの違いを意識した教育が十分に浸透しない可能性もある。ネットワークに関わるプログラミングでは，センサやアクチュエータを利用しないが，逆にインターネット上の他のコンピュータとの情報をやり取りすることが重要であり，インターネット上の別のコンピュータの存在を知り，自分のコンピュータと別のコンピュータとのネットワークを介した情報交換，さらには別のコンピュータを介してさらに別のコンピュータと情報交換している内容の学習に発展させることも重要である。このように，自分のコンピュータではなくて，他の場所にあるコンピュータのマルチメディア情報のやり取りに焦点を当てた学習が必要となる。

高等学校のプログラミング教育は，共通教科情報と専門教科情報で行われる。共通教科情報では，必修科目の「情報Ⅰ」と選択科目の「情報Ⅱ」がある。また，専門教科情報では情報システムのプログラミングの科目を始めとして，情報やコンピュータそのものに関わる科目群がある。これらの中で，共通教科情報の情報Ⅰでは，コンピュータとプログラミングや情報システムとプログラミングの内容が含まれており，基本的なハードウェアやソフトウェアの理解とともに，プログラミングを伴った思考力，判断力，表現力を問題解決の中で培うこととなっている。さらには，情報と情報技術を活用した問題発見・解決の探求の内容も含まれており，小学校から高等学校へのプログラミング教育の流れの中での総決算としての問題解決能力育成が図られている。

2．情報に関わる学問体系の変化と情報教育の変化

1．学問体系の歴史的変化

社会の急速な情報化に伴う学校教育の変化は必要であるが，情報教育ならびにプログラミング教育を議論する前に，情報の内容が学問としてどのように扱われているかを概観しておく必要がある。

大学を始めとして学術的な活動が広く行われているが，現在の学問体系は種々の分野に広がっている。例えば，形式科学としての数学や統計学があり，自然科学としての物理学，宇宙科学，地球惑星科学，

化学，生物学がある。社会科学としては政治学，法学，経済学，経営学，社会学，教育学があり，人文学としては，哲学，宗教学，言語学・語学，人類学・考古学，歴史学，地理学，文学，芸術，心理学がある。さらに，応用科学としては計算機科学，工学，農学，医学，歯学，薬学，医学・歯学・健康科学がある。このように，現在の学問分野は多岐にわたっている。

これらは，ギリシア哲学の時代からの学問体系の変遷に由来する。ギリシア哲学には自然学，倫理学，

論理学の 3 つの区分があるが, 中世のヨーロッパではリベラルアーツに発展し, その後も学問体系が細かく分化してきた。リベラルアーツは自由 7 科とも呼ばれ, 文法学, 修辞学, 論理学の 3 学ならびに算術, 幾何, 天文学, 音楽の 4 科を意味する。日本の大学においては人文科学・社会科学・自然科学の基礎分野を架橋する科目群が置かれていたが, 1990 年代からの大学教養部の廃止に伴って, 現在ではリベラルアーツに関わる科目を設置している大学は少なくなっている。逆に, 専門学部での一貫教育として, 専門内容の基礎的な科目が大学学部の低学年で開講されるようになっている。

元々のギリシア哲学にはアリストテレスが提唱したプラクシス（実践）のように工学的な意味合いも含まれていたが, 学問体系が細分化され, 現在では各々の境界領域がどちらの学問分野に含まれるのかが分かりにくくなっている。情報に関わる学問はその最たるもので, 人間自身の思考や知識を扱う内容から, コンピュータを使って処理する内容まで, 幅広い対象を網羅している学問である。

現在の情報に関連した学問には, 情報そのものを扱う内容, コンピュータならびにソフトウェアを扱う内容, さらには人間の感性を扱う内容も含まれている。日本の大学の情報に関わる学部は, 当初の工学部情報工学科や理学部情報科学科に加えて, 情報学部, 総合情報学部, 情報理工学部, 情報工学部, 情報科学部, 環境情報学部, 環境理工学部, 情報通信学部, 知能情報学部, システム工学部, 情報メディア学部, 経営情報学部, ソフトウェア情報学部, データサイエンス学部, システムデザイン学部, メディア情報学部, メディア学部, メディアコミュニケーション学部, 図書館情報学部, 社会情報学部, 文化情報学部等として各種の情報に関わる学部が設立されている。その英語名には当然 Computer が含まれるが, Information や System ならびに Informatics 等の用語を含む事例もある。この点は, 米国の Computer を中心とした名称や欧州での Informatics が使われる事例とは異なり, 日本における大学での情報の捉え方は複数の視座から扱われている特徴がある。

このような情報が持つ意味の広さは, 次に示す図書館での書籍の分類に使われる日本十進分類法にも表れている。

0　総記（情報学, 図書館, 図書, 百科事典, 一般論文集, 逐次刊行物, 団体, ジャーナリズム, 叢書）
1　哲学（哲学, 心理学, 倫理学, 宗教）
2　歴史（歴史, 伝記, 地理）
3　社会科学（政治, 法律, 経済, 統計, 社会, 教育, 風俗習慣, 国防）
4　自然科学（数学, 理学, 医学）
5　技術（工学, 工業, 家政学）
6　産業（農林水産業, 商業, 運輸, 通信）
7　芸術（美術, 音楽, 演劇, スポーツ, 諸芸, 娯楽）
8　言語
9　文学

ここで, 情報学は 0 の総記に該当するが, 情報を処理するコンピュータは 4 自然科学（数学, 理学）や 5 技術（工学, 工業）さらには 6 産業（通信）に関連する。また, 処理する情報自体は全ての項目に該当し, 情報の言葉の持つ意味の広さが分かる。

2. 問題解決能力育成に対応した教育の動き

現在までに体系化された学問はその基本部分が学校教育の教育内容に組み込まれている。初等中等教育では, 幼児教育ならびに小学校での 6 年間の教育, 中学校での 3 年間の教育, 高等学校での 3 年間の教育を含んでおり, これらの学校種ならびに年齢別での教育内容の検討も必要である。

年齢に応じた教育は K12 として, 幼稚園（K：Kindergarten）から始まり高等学校を卒業するまでの 13 年間の教育期間で議論されることが多い。K12 の用語は, 学校種の区切りが国や地域によって異なるため, 世界的に議論するためには年齢に応じた学習内容の検討が必要となったため生じている。

年齢に応じた教育体系の一つとして, 国際バカロレアがある。国際バカロレア[1]は, 年齢に応じて PYP(Primary Years Programme)（3 ～ 12 歳）, MYP (Middle Years Programme)（11 ～ 16 歳）, DP (Diploma Programme)（16 ～ 19 歳）の 3 つのプログラムがある。このとき, DP と同じ年齢層に対する職業教育やキャリア教育を含む CP (Career-related Programme) もある。ここで, DP 資格取得のため

の統一試験に合格することで，国際的に認められて
いる大学入学資格の一つである国際バカロレア資格
を取得することができる。国際バカロレアのプログ
ラムは，全て導入することも，どれか一つのみ導入
することも可能となっており，国際バカロレアの認
定を受けている学校は，2017年6月では，世界140
以上の国・地域の約5,000校あり，日本では20校が
認定校となっている。このように，世界的な統一基
準で教育成果を評価できることはグローバル社会に
おいて重要である。

　また，UNESCO[2]の教育分野では，Education for
All（EFA）の活動を行っており，全世界の全ての
人々の識字率を向上させようと，日本ユネスコ国内
委員会は"万人のための教育（EFA）の達成に向け
た支援の推進について"の建議を行っている。この
中で，初等教育の質・アクセスの向上から，就学前
教育，インクルーシブ教育，ライフスキル教育，成
人識字教育等を含めている。また，持続可能な発展
のための教育であるESD（Education for Sustainable
Development）ならびにSDGs（Sustainable Devel-
opment Goals）の視点からも教育が行われている。
ESDならびにSDGsは，気象変動，生物多様性，防
災教育，エネルギー教育，環境学習，国際理解教育，
世界遺産や地域の文化財等に関する学習等を対象と
しており，結果として持続可能社会の観点からの問
題発見・解決能力の育成にも通じている。

　OECD（経済協力開発機構）[3]は国際経済全般につ
いて協議することを目的とした国際機関であるが，
PISA（Programme for International Student
Assessment）と呼ばれる国際的な学習到達度に関す
る調査を行っており，我が国も参加している。2015
年の結果では，科学的リテラシー，読解力，数学的
リテラシーの各分野において日本は国際的に見ると
引き続き平均得点が高い上位グループに位置してい
るが，前回調査と比較して読解力の平均得点が低下
していることも指摘されている。読解力は国語科の
みに求められるものではなく，内容を読み取る力で
あり，問題の発見力にも関連している。OECDは
DeSeCoプロジェクト（The OECD's Definition and
Selection of Competencies (DeSeCo) Project）を発
足させ，キー・コンピテンシーの重要性を明確にし
ている。

　2018年1月，EC（欧州委員会）[4]が，生涯学習に
おけるキー・コンピテンスに関する新たな提言（A
New Recommendation on Key Competences）を採
択した。EUでのディジタル・コンピテンシーは
Digitalの概念が含まれており，情報リテラシーや
データリテラシーならびにプログラミングが含まれ
ている特徴がある。

　各国においてもキー・コンピテンシーの考え方で
カリキュラムが構築されている。一例として，オー
ストラリアではNumeracy，ICT Competence，
Critical and Creative Thinking，Ethical Behaviour，
Intercultural Understanding，Personal and Social
Conpetenceに区分化されており，ニュージーラン
ドのカリキュラムではEarner Centred，Empow-
ering，Professional，Decentralised，Responsive，
Coherent，Connected，Collaborativeの視点が取り入
れられている。

　文部科学省では，コンピテンシーの概念[5]を次の
ように定義している。

「コンピテンシー（能力）」とは，単なる知識や
技能だけではなく，技能や態度を含む様々な心
理的・社会的なリソースを活用して，特定の文
脈の中で複雑な要求（課題）に対応することが
できる力。

　さらに，社会・文化的，技術的ツールを相互作用
的に活用する能力（個人と社会との相互関係），多様
な社会グループにおける人間関係形成能力（自己と
他者との相互関係），自律的に行動する能力（個人の
自律性と主体性）の3つの枠組みで捉えている。最
後の枠組みの"自律性と主体性"は，問題解決能力
としての重要な捉え方となっている。また，教育の
情報化ビジョンのもとで21世紀型スキル[6]が提唱
されているが，この中には働くためのツールとし
て，情報リテラシーとICTリテラシーが含まれてお
り，プログラミング教育の考えの基礎ともなってい
る。

　一方，科学教育に焦点を当てると，National
Research Council（全米研究評議会）[7]はNSES
（National Science Education Standards）を策定して
いる。この中では，科学教育の視点，教師教育の視
点，評価の視点，教育内容の視点，教育プログラム

の視点，教育システムの視点から科学教育の標準化を行っている。また，AAAS（American Association for the Advancement of Science，米国科学振興協会）[8]は，Science for All Americans（1989）を提唱しており，科学，数学，技術に関するリテラシーを包含して科学リテラシーとして捉え，教育の中心的な目標としての位置付けを示している。現在では，次世代科学スタンダードNGSS（Next Generation Science Standards）としても扱われ，領域のコア概念（コンテンツ），科学・工学的実践，領域横断概念の3つの側面を有している。

理系教育の融合としては，STEM教育またはSTEAM教育も重視されている。STEMはScience, Technology, Engineering and Mathematicsの略語であり，科学，技術，工学，数学を取りまとめた教育を扱っている。また，STEAMは複数の解釈があり，Science, Technology, Engineering, Art, MathematicsさらにはApplied Mathematicsを含む概念となっており，STEMよりも広く捉えた教育概念となっている。さらには，テクノロジーリテラシーの考え方もあり，科学的な視点のみならず技術的な視点も重要視されている。

英国では，National Curriculum in England[9]としてのナショナルカリキュラムが定められているが，Design and Technologyはものづくりを通しての問題解決を扱っており，Computingは情報技術による問題解決を扱っている。特に，小学校ではKey stage 1，Lower key stage 2，Upper key stage 2の区分に，中学校教育ではKey stage 3とKey stage 4の区分に分けられており，Computing科目には低学年であるKey stage 1からアルゴリズム学習が行われている所が興味深い。

3．情報に関わる学問

問題解決のためにコンピュータを利用する際は，情報に関わる学問内容を知っておく必要がある。情報に関わる学問は，当初は情報科学や情報工学が該当し，情報学としても研究が行われてきた。これには幾つかの定義に関わる研究がなされているが，代表的な事例を紹介する。

"「科学技術の智」プロジェクト[10]"は，米国における "Science for all Americans" の刊行に影響され

て行われたプロジェクトであるが，日本版の "Science for all Japanese" を狙っている。ここでの情報に関わる定義を次のように捉えている。まず，情報を扱う科学技術の特質として，情報処理の3つの本質を下記のように設定している。

本質1：情報を表すデータはすべて0と1で表される。データの加工はすべて単純な計算の組み合わせで表現できる。

本質2：情報の伝達や加工，そして生成の大部分は電子回路により実現できる。

本質3：情報処理の大部分が高速化・自動化できるし，また高速化・自動化される。

また，情報を扱う科学技術の原理として，ディジタル化，計算化・プログラム化，計算を見極める研究を設定している。これらはコンピュータを主として考察すると自然な概念であるが，特に計算を見極める研究についてはComputational Thinkingの用語を含む次の記述がある[10]。

> コンピュータの道具としての影響は当然のことながら，コンピュータを利用して情報を扱うために研究されてきた科学技術自身が「科学の手法」として他分野へ影響するようになるにつれ，情報科学技術をコンピュータのためだけでなく，科学分析の手法として用いるという考え方も生まれてきている。単にコンピュータを道具として使うためのディジタル化・計算化だけでなく，様々な現象や事柄を「計算」を通してみよう，という新たな考え方の芽生えである。こうしたアプローチを計算世界観（computational view, computational thinking）と呼ぶことにしよう。

一方，日本学術会議[11]では，"大学教育の分野別質保証のための教育課程編成上の参照基準" を提唱している。分野別委員会は14委員会に分かれており，2018年末には31分野から提言が成されている。情報学委員会（情報科学技術教育分科会）からは2016年3月に報告されており，情報学の定義，情報学固有の特性，情報学を学ぶすべての学生が身に付けることを目指すべき基本的な素養，学修方法および評価方法に関する基本的な考え方，専門性と市民性を兼備するための教養教育，専門基礎教育および

教養教育としての情報教育の内容で構成されている。

特に，情報学の定義では，まず情報学の系譜として，計算モデルの提唱，コンピュータ製作技術の確立，計算の効率に関する数学的な議論，データの表現・記憶方法の発展，情報理論・符号理論の提唱，現代社会でのコンピュータとネットワークの進展ならびに巨大情報システムの構築，さらには社会情報学の派生を踏まえた学問分野の変貌が説明されている。また，価値創造の観点として，単に情報を扱うだけではなく，情報と対象，情報と情報の関連，情報がもたらす意味や秩序について考察している。

これにより，情報学を次のようにとらえている[11]。

> 情報学とは，情報によって世界に意味と秩序をもたらすとともに社会的価値を創造することを目的とし，情報を扱う原理と技術を探求する学問であると定義した。

また，情報学固有の特性では，情報学に固有の知識体系，情報学の特性，情報学の役割，他の諸科学との協働の視点から議論されている。ここで特に重要となる情報学に固有の知識体系は，下記の項目に示されており，コンピュータでの処理のみならず人間の認知活動を踏まえた社会的コミュニケーションにも言及している。

- ア 情報一般の原理
- イ コンピュータで処理される情報の原理
- ウ 情報を扱う機械および機構を設計し実現するための技術
- エ 情報を扱う人間社会に関する理解
- オ 社会において情報を扱うシステムを構築し活用するための技術・制度・組織

情報に関わる具体的なカリキュラム構成の検討も進んでいる。ACM（Association for Computing Machinery，米国コンピュータ学会）[12] は ACM カリキュラムとして，1968 年，1978 年，1988 年，1991 年と改訂を続けてきたコンピュータ教育カリキュラムである ACM68，ACM78，ACM88，ACM91 を提唱しており，また ACM と IEEE（The Institute of Electrical and Electronics Engineers，米国電気電子学会）[13] が協同で開発した CC2001[14] を提唱している。

また，米国の情報科学関係の教員の団体である CSTA（Computer Science Teachers Association）[15] は，ACM と協同して，K12 の階層に対応させた CSTA 標準カリキュラムを構築している。標準カリキュラムの大きな流れとしては，将来の職業等や問題解決能力と関連させたコンピュータ科学の捉え方の内容，コンピュテーショナルシンキング，協働，プログラミング，コンピュータ関連装置，コミュニケーションと倫理の 5 項目の関連を含めた学習成果の内容，K12 の階層に対応させたグレードに応じた学習内容等がまとめられている。

これらを参考として，一般社団法人情報処理学会[16] では，カリキュラム標準 J07 ならびにその改訂であるカリキュラム標準 J17 を構築している。その情報教育カリキュラムは，次のカテゴリを含んでいる。

- コンピュータ科学領域（J17-CS）
- 情報システム領域（J17-IS）
- ソフトウェアエンジニアリング領域（J17-SE）
- コンピュータエンジニアリング領域（J17-CE）
- インフォメーションテクノロジ領域（J17-IT）
- 情報セキュリティ（J17-CyberSecurity）
- 一般情報処理教育（J17-GE）

これらの中で，一般情報処理教育（J17-GE）は情報を専門とする学部でのカリキュラムではなく，一般学生が学ぶべき情報に関わる教育内容を整理しており，一般情報教育の知識体系として次の内容として整理されている。

- 情報とコミュニケーション
- 情報のディジタル化
- コンピューティングの要素と構成
- アルゴリズムとプログラミング
- モデル化とシミュレーション
- 人工知能とデータ科学
- 情報ネットワーク
- 社会と情報システム
- 情報セキュリティ
- 情報倫理
- アカデミック ICT リテラシーの枠組み

この内容と高等学校共通教科情報ならびに専門教科情報の内容を照らし合わせると，高等学校で学んだ情報に関わる学習内容が大学での一般学生に対す

る情報教育内容と関連しており，今後の大学での情報教育が活性化すると思われる。さらには，小学校から高等学校に至るプログラミング的思考の教育ならびにプログラミング教育は，大学教育とのスムーズな連携の観点からも重要な意味を持っている。

加えて，小学校から中学校さらには高等学校に至るプログラミング教育の流れの中で，一般社団法人日本産業技術教育学会[17]でも技術教育の観点から情報教育の体系化についても考察しており，基礎的内容，設計・計画，制作の3カテゴリ分けとともに，学校種に応じた学習内容の項目立てを行っている。

4．情報教育の変化

情報に関わる学問内容と大学における標準カリキュラムを背景として，図1に示すように，社会の情報化に伴って日本国内での初等・中等・高等教育における情報教育体系も整備されてきた。現在の大学における情報に関わる学部は種々存在することは前述のとおりであるが，当初は1970年からの理学部情報科学科と工学部情報工学科の設立から始まる。これは，情報産業を担う人材育成の観点から始まったが，情報関連学部は全国の大学に広がり，1990年代からはすべての学部で行われる一般情報処理教育（現在の一般情報教育）も始まっている。1973年からは高等学校の職業科（現在の専門学科）での情報教育として，工業科での情報技術教育と商業科での情報処理教育が行われるようになった。1988年公示の学習指導要領では，中学校技術・家庭に「情報基礎」が新設され，当時のBASIC-OSの基での制御を含むプログラミングが実施されるようになった。同時に，教育活動全体でのコンピュータ利用の促進とともに，小学校ではコンピュータ等に慣れ親しませることが，中学校の社会，数学，理科，保健体育等で情報関連内容を含むことが示され，さらに高等学校での普通教育において，数学，理科，家庭等にコンピュータ等に関する内容が取り入れられた。2017年公示の学習指導要領では，中学校技術・家庭のプログラミングとして，従来の計測・制御のプログラミングに加え，ネットワークを利用した双方向性のあるコンテンツのプログラミングも含まれるようになっており，高等学校におけるプログラミング学習との接続性が明確になった。

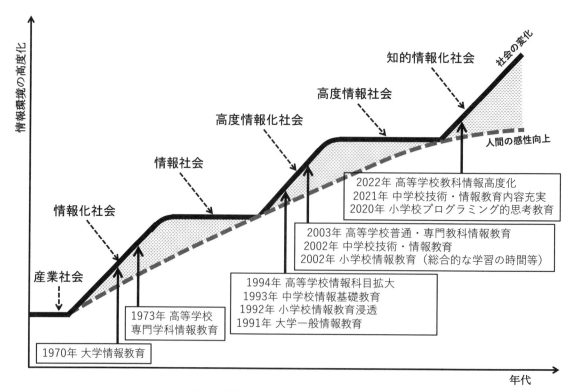

図1　情報環境の高度化と情報教育施策

高等学校での情報教育においては，1999年公示の学習指導要領では，高等学校に普通教科「情報」が新設され，必履修教科として位置付けられた。当初は専門教科情報と区別して普通教科情報の表現であったが，現在では普通科，専門学科，総合学科全体を網羅する共通教科情報の表現が用いられている。当初は，情報A，情報B，情報Cの選択履修の3科目構成であったが，社会と情報，情報の科学の選択履修2科目構成に変わり，2018年公示の学習指導要領では必修科目情報Iと選択科目情報IIの構成となっており，情報Iとして全国同じ科目を学習する状況になってきた。同時に，高等学校専門学科での専門教科「情報」の科目構成も変わってきた。特に，問題解決にとって最も重要な科目であった「情報と問題解決」は，選択科目の位置付けから必履修科目である「情報産業と社会」の中に取り込まれ，全員が履修することになった。また，情報システム実習，情報メディア，情報デザインの選択3科目は，新しい科目である「情報デザイン」として統合された。この情報デザインは，共通教科情報の中でも必履修科目の情報Iの学習内容に含まれており，重要な位置付けとなっている。

高等学校での情報教育が重要である事例として，高校生まで参加できるプログラミングを伴った国際情報オリンピック（IOI）がある。IOIは1989年から行われるようになり，日本人の初参加は1994年で銀メダル2個を受賞した。当初はチーム順位15位であったが，2017年のIOIでは，高校生4名の日本人が金メダル3個，銀1個で総合順位1位となるなど，年々順位を上げている。また，過去には中学生が金メダルを受賞するなど，日本の学校教育における小学校からのプログラミング教育の素地は既にできあがっていると思える。

当初は大学教育を中心としたコンピュータに関わる教育から，情報教養としての教育に広がり，初等・中等教育全体にわたって，アルゴリズム学習ならびにプログラミング学習が浸透してきている。今後は，さらなる情報環境の進化に伴い，情報教育は，情報に関連しての人間性に関わる内容，情報環境を積極的に利用した人間コミュニケーションに関わる内容，情報環境の操作に関わる内容，情報環境における影響に関わる内容，情報環境を利用して得られた成果の評価に関わる内容，結果としての知的財産に関わる内容，それら全体の法的な問題等を含む広い概念に広がると思える。そのため，情報関連内容を教える教員等の人材の育成も重要となり，各種研修も進められている。

3．教科における問題解決

1．法的視点から見た教科の捉え方

日本における教育の内容は，日本国憲法，教育基本法，学校教育法，学習指導要領の流れによって規定されている。日本国憲法では，第十三条で個人として尊重されることが謳われており，第十四条で法の下の平等が，第十九条で思想及び良心の自由が保障されている。また，第二十三条では学問の自由が保障されており，第二十六条では全ての国民が等しく教育を受ける権利を有することと，義務教育の無償が保障されている。

これを受けて，教育基本法では，「教育の目的」を第1条に規定し，これを実現するための重要事柄を5項目に整理して第2条の「教育の目標」として規定している。これが学校教育における教科の大きな枠組みとなっている。学校教育法は，教育基本法を受けて，教科の本質となる次の10項目を規定している。

(1) 社会的活動の促進と主体的な社会の形成に参画・寄与する態度の育成
(2) 自然体験活動の促進と，生命・自然の尊重ならびに環境の保全への態度の育成
(3) 郷土愛と国際社会の平和・発展へ寄与する態度の育成
(4) 家族と家庭の役割，生活に必要な衣，食，住，情報，産業その他の事項についての基礎的な理解と技能の育成
(5) 生活に必要な国語の基礎的な能力の育成
(6) 生活に必要な数量的な関係の理解と処理する基礎的な能力の育成

(7) 自然現象についての科学的な理解と処理する基礎的な能力の育成
(8) 生活のために必要な習慣と体力育成と心身の調和的発達
(9) 音楽，美術，文芸，その他の芸術についての基礎的な理解と技能の育成
(10) 職業についての基礎的な知識と技能，勤労を重んずる態度及び個性に応じて将来の進路を選択する能力の育成

各々の項目は現在の学校教育における教科に対応しているが，これらの中で特に (4) の項目については，2018年の改正から「情報」が明記され，今日の小学校からのプログラミング教育の実施に至っている。

なお，小学校設置基準ならびに中学校設置基準には校具及び教具について「校具及び教具を備えなければならない」ならびに「常に改善し，補充しなければならない」と規定されているため，情報教育ならびにプログラミング教育を行うための予算を要求する権利も保障されている。

2. 問題解決の視点から見た教科の捉え方

学校教育においては，前述のように教育基本法において教科の枠組みが規定され，学校教育法によって教科の本質が設定され，学習指導要領によって具体的な内容が示されている。学習の過程はシステム的に捉えることもできる[18]。人間が学習する際には，自身と対象の関係があり，知識習得の場合は他から情報を受け取り，自分自身の脳に記憶する。他人とコミュニケーションを取る際には，自己の活動と他の活動が協働して作用することになり，自己からの情報発信が他者の活動を刺激して反応が返り，自己が再度活動するループとなる。さらには，創造活動を行う際には，自己の既修得知識を基に，自己内で新たな考えを生み出す活動を行うことになる。特に，問題解決の際には，問題解決のための情報収集を行い，情報を精査し，知識を定着させ，記憶，判断，理解のもとで新たな創造を行い，他者側に成果を表出する。この関係を図示すると，図2の自己と他者との相互関係として示される。このように，自己と他者の関係を学校教育における教科に当てはめてみると，小学校でのプログラミング的思考の教

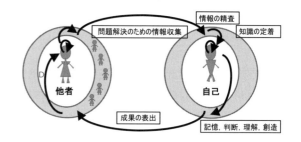

図2 創造における自己と他者の関係

育をどのように行えば良いかが分かる。

まず小学校の教科等を列挙すると，国語，社会，算数，理科，生活，音楽，図画工作，家庭，体育，外国語，特別の教科道徳，外国語活動，総合的な学習の時間，特別活動がある。これらは，自己を中心として活動する内容，対象物から自己への情報収集を行い，自己内で理解するもの，自己と他者のコミュニケーションを重視するもの，自己から他者への影響を考慮するもの，自己から他者ならびに他者から自己への影響を考慮するもの，情報収集から改善のための判断を行ってその結果を用いて他者を改善するもの等に分類される。

この観点から教科の違いを次のように分類することもできる。例えば，算数は生活との関連が少し触れられているが，その発展としての数学を考慮すると，自己のみを中心として活動する学習内容が主体となる。社会や理科は社会現象としての対象物や自然現象としての対象物を扱い，それらから自己への情報収集を伴って自己内で理解する学習内容となる。国語，外国語，外国語活動においては，自己と他者のコミュニケーションを重視する学習内容であり，相互に情報交換する内容の理解と表現が重視される。音楽，図画工作，体育は，自己から他者への影響を考慮した学習内容であり，芸術としての鑑賞・表現を伴ったものづくりとしての創作性，ならびに体と保健についての理解を含んでいる。特別の教科道徳は，自己から他者ならびに他者から自己への影響の学習内容であるが，知識よりも精神的な側面を重視する内容となっている。生活，家庭，総合的な学習の時間，特別活動は，情報収集を行い，判断し，判断結果を他者へ影響させ，さらにはその影響も評価する複合的な学習内容となっている。この複合的な内容は，中学校での技術・家庭や高等学校

での情報等の専門学科にも通じる所がある。このように，各教科の学習の位置付けが異なるが，各々の立場で問題解決を伴っている。

　小学校でのプログラミング的思考の学習では，各教科で問題解決の位置付けが異なっているが，図2のどの部分に該当する問題解決かを事前に理解しておくと，授業実践が容易になると思える。前述の自己と他者の方向性に焦点を当てると，算数は頭の中で仮想モデルを創造して学習することで問題解決が図られるが，社会や理科は現実の社会現象や自然現象を把握して学習を進める必要があることが分かる。また，国語，外国語，外国語活動では，コミュニケーションの要素としての単体の言葉と言葉同士の繋がりの理解を伴わなければコミュニケーションが成立しないことや，伝えたい内容を自己内で事前に整理しておかなければならないことも分かる。音楽，図画工作，体育は，自己内の創造物をどのように具現化して他者へどのように伝わるかを意識する必要があり，ICT環境を利用した問題解決も重要となる。特別の教科道徳では，従来から行われていた情報モラル教育が取り込まれるが，これが中学校技術・家庭（技術分野）でのネットワーク利用や高等学校情報のネットワークプログラミングに発展する際には，心理的な内容が情報として物理的なネットワークを通ることを意識させ，その処理がパケットの概念で目に見えない状態となるが，それをプログラムで処理する概念に発展することを意識させる必要がある。生活，家庭，総合的な学習の時間，特別活動等での学習では複合的な問題解決が伴うが，問題の発見がより重要となり，事前知識の少ない状況でどのように問題を解決させるかの授業誘導が難しくなる。

　このように，小学校，中学校，高等学校では，徐々に問題解決の難易度を上げて学習できるように，内容の系統化も必要である。このとき，学校種に応じた問題の複雑さについては，対象物の個数の増加，種類の増加，思考過程の階数の増加，作業時間の長期化等の種々の要素に応じて複雑さを考慮する必要がある。

3．プログラミング教育実践の現状

　政府の方針として教育の情報化が積極的に進められており，例えば，日本再興戦略2016[19]では，第四次産業革命としてIoT・ビッグデータ・人工知能が強調され，世界最先端IT国家創造宣言・官民データ活用推進基本計画[20]ではディジタル技術を活用した社会システムの抜本改革が唱えられ，若年層に対するプログラミング教育の普及推進も謳われている。さらに未来投資戦略2018や科学技術基本計画では，狩猟社会（Society 1.0），農耕社会（Society 2.0），工業社会（Society 3.0），情報社会（Society 4.0）に続く，"超スマート社会（Society 5.0）"としての「データ駆動型社会」への変革が謳われている。

　社会の情報化人材育成の必要性が重要視される中，文部科学省は"学びのイノベーション事業[21]"を総務省のフューチャースクール推進事業と連動させて実施している。また，情報教育推進校（IE-School）指定やICT活用推進校（ICT-School）指定も行っている。さらに，小学校プログラミング教育の手引（第二版）[22]やプログラミング教育実践ガイド[23]等でのプログラミング的思考ならびにプログラミングの教育事例の紹介も行われている。

　小学校プログラミング教育の手引（第二版）では，次の3段階としてのプログラミング的思考を想定している。

【知識及び技能】

　身近な生活でコンピュータが活用されていることや，問題の解決には必要な手順があることに気付くこと。

【思考力，判断力，表現力等】

　発達の段階に即して，「プログラミング的思考」を育成すること。

【学びに向かう力，人間性等】

　発達の段階に即して，コンピュータの働きを，よりよい人生や社会づくりに生かそうとする態度を涵養すること。

　小学校での実践事例の紹介では，学習指導要領に例示されている単元等で実施するもの，学習指導要領に例示されてはいないが学習指導要領に示される各教科等の内容を指導する中で実施するもの，教育課程内で各教科等とは別に実施するもの，クラブ活

14 第I部 総論

動など，特定の児童を対象として教育課程内で実施するもののカテゴリを考慮し，以下のような各種事例が紹介されている。

- プログラミングを通して，正多角形の意味を基に正多角形をかく場面（算数第5学年）
- 身の回りには電気の性質や働きを利用した道具があること等をプログラミングを通して学習する場面（理科第6学年）
- 「情報化の進展と生活や社会の変化」を探究課題として学習する場面（総合的な学習の時間）
- 「まちの魅力と情報技術」を探究課題として学習する場面（総合的な学習の時間）
- 「情報技術を生かした生産や人の手によるものづくり」を探究課題として学習する場面（総合的な学習の時間）
- 様々なリズム・パターンを組み合わせて音楽をつくることをプログラミングを通して学習する場面（音楽第3学年〜第6学年）
- 都道府県の特徴を組み合わせて47都道府県を見付けるプログラムの活用を通して，その名称と位置を学習する場面（社会第4学年）
- 自動炊飯器に組み込まれているプログラムを考える活動を通して，炊飯について学習する場面（家庭第6学年）
- 課題について探究して分かったことなどを発表（プレゼンテーション）する学習場面（総合的な学習の時間）
- プログラミングの楽しさや面白さ，達成感などを味わえる題材などでプログラミングを体験する取組
- 各教科等におけるプログラミングに関する学習活動の実施に先立って，プログラミング言語やプログラミングの技能の基礎についての学習を実施する例
- 各教科等の学習を基に課題を設定し，プログラミングを通して課題の解決に取り組む学習を展開する例
- 各教科等の学習を基に，プログラミングを通して表現したいものを表現する学習を展開する例

また，プログラミング教育実践ガイドでの事例として，次の例が紹介されている。

- 1年生からのプログラミング体験（小学校1年生：生活科，特別活動）
- めざせ！行列のできるおすし屋さん！（小学校4年生：図画工作科）
- プログラムロボット学習（小学校4・5・6年生：総合的な学習の時間）
- 調べた人物をプログラムで表現してみよう（小学校6年生・総合的な学習の時間）
- アニメーション制作でプログラミングの基礎学習（中学校2年生：技術・家庭科（技術分野））
- プログラミングを利用してLEDを制御しよう（中学校3年生：技術・家庭科（技術分野））
- 車型ロボを制御して課題コースをクリアしよう（中学校3年生：技術・家庭科（技術分野））
- ペアで取り組む交差点の信号機プログラミング（中学校3年生：技術・家庭科（技術分野））
- C言語と電子工作・センシングの基礎学習（高等学校2年生：SSH情報（学校設定科目））
- タイマーオブジェクトによるオリジナルプログラム製作（高等学校2年生：情報）
- 普通科高校でのWebプログラミング（高等学校2・3年生：情報）
- 基本的なアルゴリズムの学習（高等学校3年生：情報）

さらに，全国的にもプログラミング教育の実践や講習会に関しての情報交換が行われており，次のような事例もある。

- タブレット端末を利用したプログラミング
- CSアンプラグドコンピューティング
- 小学校教員へのプログラミング研修会
- ビジュアルプログラミング言語実践
- 各教科におけるプログラミング事例紹介とプログラミング
- 算数，理科，図画工作，総合的な学習の時間でのプログラミング的思考育成
- 小学校でのLED発光を伴ったプログラミングと発表
- 算数での多角形描画プログラミング
- 算数での計算の順序プログラミング
- 算数での調べ方と整理のしかたのプログラミング
- 算数での公倍数のプログラミング
- 小学校でのロボット教材プログラミング
- 小学校での言葉の連結を伴う国語学習

・エネルギー問題についてのプログラミング

・中学校教員への計測・制御のプログラミング研修会

・高等学校教員への Java 研修会

中学校と高等学校でのプログラミング教育は学習指導要領で具体的な内容が明示されているため，実践としてはある程度の方向性が明確になっている。ただ，小学校の場合は，プログラミング的思考の表現が曖昧であり，本来の各教科での学習目的達成の際にプログラミング的思考を伴う位置付けが十分に浸透していない。

小学校でのプログラミング的思考の学習では，視覚的なオブジェクトの連結で表現されるビジュアルプログラミング言語が広く用いられている。一部にはフローチャート形式をそのまま利用できる環境もある。中学校ではアクティビティ図のような統一モデリング言語の指導が含まれており，プログラミングの際の構造的な概念の構築も重視されている。ま

た，中学校になると高等学校との接続の観点から徐々に論理的な流れとしてプログラミングを扱うことが必要になる。プログラミング言語の代表的な区分として，手続き型プログラミングと関数型言語がある。前者は人間に理解でき易い表現で書かれる高水準言語を使用し，順次・分岐・反復を直接的に扱う環境となっている。これに対して後者は，特に反復を関数の再帰的な読み出しによってプログラミングする所が本質的に異なる。再帰的な表現を用いると短いプログラムを簡単に作れるが，慣れるまでに少し時間がかかる可能性があり，学齢としては高等学校以上で扱う内容になると思われる。また，高等学校では，オブジェクト指向の構造も意識される。さらに，特殊な事例として対象の問題解決に直結したデータフロープログラミングもある。問題解決の目的が明確な場合は，図的なプログラミングにより問題と合致した処理系を構築できるが，主として高等学校専門学科や大学教育で利用されている。

4．条件付問題解決育成を伴ったプログラミング教育

1．問題解決の捉え方

小学校，中学校，高等学校での学習指導要領は全教科的に問題解決が重視されているが，その問題解決について考察し，プログラミング教育との関連を考えてみる。従来から学校教育においては課題解決が行われてきた。これは，教師側が枠組みを設定し，その中での解答を見出す学習であった。答えが求めやすい課題解決から答えの可能性が広がる問題解決が重視されるようになると，問題解決のみでなく問題の発見も必然的に行われる。例えば，日々の生活の中での問題の解決においては，普段不都合を感じている事例を見出し，どのように改善すれば良いか考え，実際に改善を行う流れとなる。悩んでも直ぐには問題が解決しなくとも，新たな知識を得たり，知人から助言を受けたり，また解決のレベルを下げたりすると，問題が解決しやすくなることもある。このとき，社会の情報化の進展に起因して，問題の解決の際にコンピュータや情報端末等を介して情報環境を併用するようになり，従来とは問題の発見・解決の手順や方法が異なってきている。

人間の思考パターンは，必要性について発想し，理想像を想像し，改善を創造する流れとなる。このとき，疑問点を発見し，改善に関わる発想を行い，改善に関わる構想を行い，目的解決のための計画を立て，成果の想像を行い，具体的な制作・製作を行い，制作・製作の結果としての創造物が出来上がり，でき上がった創造物を評価し，さらに改善するループとなる。学校教育における問題解決において，事前知識が少ない場合はグループ学習による問題の発見が重要であり，また発表等を通した問題解決の評価も重要である。このようなスパイラルな問題解決ループが人間の能力の向上に繋がっていく。

2．条件付問題解決としてのプログラミング教育

人間は全ての問題を発見・解決できるわけでなく，人間には限界がある。そのため，学校教育における問題解決においては，条件を変えながら試行錯誤できるように，条件付問題解決として扱う視点が必要になる。

問題解決の流れは，単純な Plan, Do, Check, Action としての PDCA サイクルとして考えること

もできる。この場合，Planは問題の発見と改善のための構想が該当し，Doは問題の改善が該当し，Checkは改善できたかの確認・評価が該当し，Actionはさらなる改善を行うループを意味する。ただし，さらに細かく問題発見・解決を検討すると，図3のように，複雑なPDCAサイクルとして扱うことも可能となる。すなわち，問題の発見→問題点の調査→問題の分析→解決可能部分の選別→解決策の立案→解決策の設計→解決の作業（制作・製作）→結果の評価→さらなる改善のための問題点の再発見のループとして扱うことも可能となる。この場合，試行錯誤により問題を解決する意味で，最低限二重のスパイラルとなることが望ましいが，三重目の作業で，解決策の設計まで行うと，作業時間が短くともスパイラルな作業により問題解決が改善することを習得できる。

3. 問題解決の視点と問題の複雑さの設定

学校教育における問題の解決の学習では，ブレインストーミング等による集団でアイデアを出す手法が取り入れられる。これにより，個々の学習者の知識が少なくても，三人寄れば文殊の知恵となる。その後，情報環境を利用して個々の情報を精査し，さらなるブレインストーミング等により問題解決の要素が増えていく。提案された項目は，図や表の形式で整理すると，より問題が明確となる。このときの分類するための因子は様々であるが，まずは問題解決の評価の観点が重要となる。例えば，評価の良し悪しの項目と他の因子の項目をクロスさせて2×2の枡目に要素を入れると，対象とする問題の性質が明確になり，解決の方向性を議論しやすくなる。一般には要素が2値化されるものではないため，定量的な要素に加えて定性的な要素も加味する必要がある。

どのような視点から問題解決を検討するかを議論する際には，一般に5W1Hと呼ばれる因子が重要となる。通常会話では，"あれ"，"これ"，"それ"の言葉を使うことが多いが，この表現は問題を不明確にしてしまうことが多く，まずは5W1Hにより問題を明確に説明することが重要となる。

5Wは，What，When，Why，Where，Whoであるが，これに1HのHowが加わるのが一般的であ

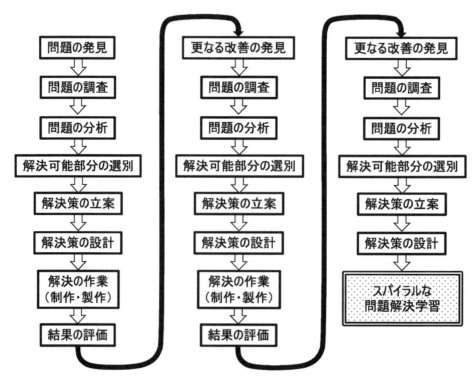

図3　問題解決学習のスパイラルな展開

る。また，Whom を加えて，6W1H として扱うことも多い。なお，How は多岐にわたる用法があり，How many, How much, How often, How old, How long, How tall, How high, How big, How far, How wide, How fast, How deep, How soon, How early, How to, How in 等の表現も多用される。

問題解決の際には，現在どのように行うのかの How to do も重要であるが，将来を見通す意味での How in the future も重要な要素となる。人的・定量的（How many），経費的・定性的（How much），時間的・空間的（How long, How wide）の要素は工程管理の中でも重視されるが，未来を見通しながら問題の解決が行われる。すなわち，問題解決においては，6W（What, When, Why, Where, Who, Whom）に加えて，6H（How many, How much, How long, How wide, How to do, How in the future）も重要となり，この 6W6H の要素を考慮すると，より良く問題解決を行うことができる。

現実社会での問題解決ではさらに他の要素も考慮されるが，学校教育においては，小学校，中学校，高等学校各々において，問題解決の複雑さが異なってくる。上記の 6W6H から現在の学習に必要な要素のみを取り出し，それらをクロスさせて問題を明確にさせると効果的となる。

4．学校種を網羅したプログラミング教育の流れ

学校における教科は各々の目的を有しており，教科毎にコンピュータ利用が重視される内容や情報環境利用が重視される内容があり，各々の教科の学習目的に応じてプログラミング的思考の能力育成やプログラミングそのものの能力育成が図られる。これらの小学校での感性を伴ったプログラミング的思考の教育から中学校や高等学校での論理を重視したプログラミング教育への流れを示すと，図4のように考えることができる。

例えば，これまで小学校で広く行われてきた情報モラルの学習や国語で行われてきた引用の学習は中学校での知的財産権の学習やネットワーク利用の学習に繋がっている。そのため，中学校や高等学校で行われるネットワークに関わるプログラミングとの接続も意識しておく必要がある。ネットワークに関

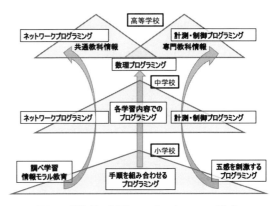

図4 学校種を網羅したプログラミング教育

わる中学校でのプログラミングでは，クライアントコンピュータ上でのプログラミングが行われることが多くなる。この内容は，高等学校でも学習されるため，高等学校ではサーバに関わるプログラミングが行われることもあり，問題解決の難易度が向上すると思われる。これらの図的な説明を，図5と図6に示す。

中学校では，計測・制御のプログラミングとしてライントレーサ等の移動ロボットを動かす学習が広く行われているが，今後は小学校でもロボットを用いたプログラミング的思考の学習が普及すると思われる。コンピュータに外部から情報を取り込む計測の概念を伴った小学校での学習の一例として，理科での観察活動としての温度計測等があるが，小学校では1個のセンサを用いての温度計測を扱うとすると，中学校では，2個以上のセンサや2種類以上のセンサを用いることにより，小学校とは問題解決の複雑さを増やす意味で問題解決のレベルを上げていくことも考えられる。また，音楽でも作曲にコンピュータが利用できるが，音楽の反復記号は順次に加えて分岐と反復の概念も伴っており，ある意味でプログラミング的思考を学習しやすい教科とも言える。例えば，小学校の音楽で作曲とシンセサイザ出力を行ったとすると，コンピュータから外部に情報を出す制御の概念では1個のディジタル列の出力を扱うことになり，中学校ではこれまで行っているように2個以上のアクチュエータに発展させて学齢に応じた問題解決のレベルを複雑化できる。さらに高等学校専門学科では，ディジタル入出力をアナログ入出力に発展させ，さらに問題解決の高度化を図る

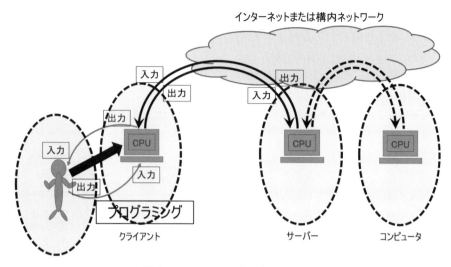

図5　クライアントプログラミング

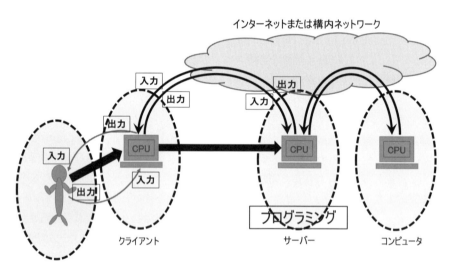

図6　サーバプログラミング

ことができる．また，中学校の中でも学習者の興味・関心のレベルが異なっているため，図7や図8に示すように，扱う環境の複雑さを変えて，問題解決のレベルを設定することもできる．

　図7は学習者の目の前にあるコンピュータからロボット内にある PIC 等の CPU にプログラムを書き込んで自立走行させるものであり，図8は同じ自立走行に有線や無線を使って学習者のコンピュータと双方向で情報をやり取りする機能を付加させているものである．後者はリアルタイムで動作状況をグラフ化できる等の利点が生じ，複雑とはなるが，より質の高い問題解決が可能となる．この複雑さは，前述の What + Where + How many の視点で見てみると，入手情報の個数と種類，処理情報の個数と種類，送出情報の個数と種類の意味での複雑さを示していると見ることもできる．

　図4の下側中央に位置する小学校での"手順を組み合わせるプログラミング"については，センサやアクチュエータの入出力機器やネットワークを利用しないコンピュータ単体で行うプログラミング的思考の学習に対応する．例えば，算数の事例での多角形の描画では，同じ長さの直線を描き，角度を変え

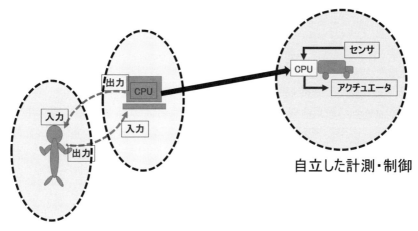

図7　計測・制御のプログラミング（動作時1CPU）

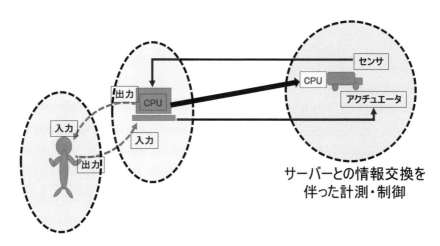

図8　計測・制御のプログラミング（動作時2CPU）

ながら繰り返す事例もある。このプログラミングの作業自体は反復の概念を理解すると容易であるが，設定する角度と多角形の対応は試行錯誤的になる。最初から計算式で求める方法もあるが，試行錯誤的な学習では問題の発見に力点を置いていることになる。なお，直線を引き角度を変えながら描画を繰り返す作業は地球上に居て水平線を描く作業に似ており，中心を頂点とする三角形を組み合わせて描画する作業は宇宙空間から地球を見て外形の円を描くことに対応させることもできる。小学校での発見的な学習が，中学校や高等学校での解析的な学習に進展する事例と捉えることもできる。

算数以外の教科等でもコンピュータ単体でのプログラミング的思考の学習は，比較的容易に実施が可能と思われる。論理の流れとして，順次・分岐・反復の概念をどのように習得させるかが問題であり，学習の目的は各々の教科等での目的である。例えば，国語の主語と述語の関係や修飾と被修飾との関係等を学習する際には，モニタ上に単語をランダムに並べてそれを意味のある文章に並べ替える学習も考えられる。文章自体には順序性があり，文脈の流れで分岐や反復が現れ，その流れを理解することにも意味がある。また，文章の韻を音楽的な反復と対応させることもでき，音楽等の他の教科と関連させた授業展開も可能となる。このように，どのような教科等でもプログラミング的思考の学習は可能であ

り，コンピュータを利用することで児童の学習が進むようになることは有益と思われる。

高等学校では数理プログラミングに発展するが，専門教科情報と共通教科情報では扱いが少し異なる。前述の How の観点で強いて分類すると，共通教科情報は情報処理の科学的な理解の観点として捉えることができ，専門教科情報は情報処理の技術的な理解として捉えることもできる。専門教科情報では，情報システム分野とコンテンツ分野に科目が大別されるが，これまで重視されてきた「情報と問題解決」[24] の選択科目の内容は，両者の共通的分野の「情報産業と社会」に "情報社会における問題解決" として取り入れられ，原則履修科目の扱いとなっている。また，選択科目として「情報システムのプログラミング」も置かれている。共通教科情報では，「情報Ⅰ」は，(1) 情報社会の問題解決，(2) コミュニケーションと情報デザイン，(3) コンピュータとプログラミング，(4) 情報通信ネットワークとデータの活用の構成で，「情報Ⅱ」は，(1) 情報社会の進展と情報技術，(2) コミュニケーションとコンテンツ，(3) 情報とデータサイエンス，(4) 情報システムとプログラミング，(5) 情報と情報技術を活用した問題発見・解決の探究の構成となっている。

高等学校専門教科情報ではシステム工学の観点から種々のシステム解析が行われる。このとき，OR（オペレーションズリサーチ）の各種手法を利用して，条件付き問題解決が行われる。例えば，線形計画法を用いる場合もある。これは，倉庫の在庫管理を行う際に，製品の利益や倉庫の容量等の制限を設け，制約条件の基での最適解を求める方法である。図的解法もあるが，プログラミングで求めることもできる。また，複数の人間である作業を分担して行う際に，どのように人員を配置すると何日間の作業になるかを PERT（Program Evaluation and Review Technique）で調べることができる。これは，アクティビティネットワーク図の一つで，作業内容を矢印の上に書き，作業の区切りを番号付の〇で示して関連性を図示し，人員や経費等の制約の基で最適解を求める方法である。

これらは専門教科情報のみでなく，一部は共通教科情報でも教材として取り上げられる可能性もある。また，共通教科情報では専門教科情報と同様に

モデル化やシミュレーションを伴った問題解決と実際のプログラミングも重要となる。直接解が得られない場合は，シミュレーションを繰り返して問題を解決していく方法も採用される。この時重要なのがモデル化である。

モデル化には種々あるが，頭の中で疑似的環境を作って問題点を検討する事例，図を利用したモデルを作って問題点を検討する事例，おもちゃとしてのプラモデル，航空機の小型モデル，自動車のクレイモデル，モデルハウスのように大きさ重さは異なるが評価しようとしている性質が同じ類似の物理モデルを作って問題点を検討する事例，同様な現象となるように数式で表現する数理的なモデルを構築してコンピュータ内で問題点を検討する事例等がある。

図的モデルの場合は，各々の要素の関連性を図示して問題を把握し，改善していく。線のみの連結としての無向グラフや，矢印による情報の流れを含む有向グラフ等が利用される。特に計測・制御の場合は目的に合わせるように情報を処理するために，フィードバックループが図に含まれてくる。簡単な処理の流れを示す場合は，フローチャートやデータフロー図さらには状態遷移図等が利用される。

不規則性を伴う離散的な現象を扱うシミュレーションでは乱数が用いられることが多い。コンピュータで利用できる乱数は，一般に 0 以上 1 未満の小数点付数値となる。例えば，信号待ちでの待ち行列のシミュレーションを行う際には，実際にどの程度の間隔で車が流れているかを計測し，その全体数を隔毎の確率密度として扱い，確率密度の積和を取る分母とし到着間隔毎の頻度を分子として到着間隔ことで最終値が 1 となる到着間隔毎の累積分布を計算することになる。この縦軸が 0 から 1 となる累積分布を描いたグラフに対して，縦軸をコンピュータで発生させた 0 以上 1 未満の一様乱数に対応させると，横軸が該当する到着間隔の確率密度サンプルとなり，乱数に対応した到着時間が得られる。これを信号機の色変化時間の間隔を種々変化させて待ち行列シミュレーションで利用すると，信号間隔の違いによる交差点での車の渋滞を予想できる。

物理モデルの利用では，風洞実験室での空気の流れの直接シミュレーションを行う場合もあるが，数理モデルによるコンピュータを用いたシミュレー

ションも利用される。数理モデルの利用では，数学での微分方程式や差分方程式との関連性も生じ，落下シミュレーションの場合は物理の加速度との関連が必要で，微生物増殖シミュレーションの場合は生物との関連も意識させる必要がある。またこれらはCG（Computer Graphics）技術を利用して視覚化されることもある。

　高等学校共通教科情報で取り上げられるシミュレーションでは，待ち行列シミュレーションや自然・社会現象シミュレーションにおいて簡単な数理モデルを利用することも多くなる。なお，コンピュータ内では有限のビットで構成されるレジスタが組み込まれており，微分方程式は離散化して差分方程式として扱われる。そのため，有限ビットレジスタによる実数計算の誤差についても最初に触れておく必要がある。その後に，各種のシミュレーションを何らかのプログラミング言語を用いて行い，その評価を議論することになる。このとき，条件を変えると結果が変わることに注意し，人間が条件を設定する役割であることも強調しておく必要がある。

　以上，小学校，中学校，高等学校の流れの中でのプログラミング的思考ならびにプログラミングそのものの教育について考察した。問題の解決はその問題の発見が重要であり，そのための事前知識も重要である。また，問題の解決についてはその評価も重要となる。問題が解決できなければ問題の複雑さを弱くすることが必要で，条件付問題解決としての条件を修正できる能力も必要となる。コンピュータを利用した問題解決では失敗しても他人に影響を与えることはなく，何度でも失敗し，徐々に成功に向かって進んでいくことが重要である。できたことが重要ではなく，途中での苦労した道のりが重要である。今後の日本の社会を担う人材の育成としてのプログラミング教育の充実を期待したい。

（菊地章）

第2章　プログラミング的思考とコンピュテーショナル・シンキング

1．はじめに

　我が国におけるプログラミング教育は，2017年公示の小学校及び中学校学習指導要領，2018年公示の高等学校学習指導要領によって，小・中・高・特別支援教育のすべてに位置付けられ，必修化，体系化，内容の充実，高度化が図られた。この中で，小学校段階のプログラミング教育の重要概念としてプログラミング的思考という考え方が提唱された。プログラミング的思考は，文部科学省の「小学校段階における論理的思考力や創造性，問題解決能力等の育成とプログラミング教育に関する有識者会議」が提唱した概念である。その定義は，「自分が意図する一連の活動を実現するために，どのような動きの組合せが必要であり，一つ一つの動きに対応した記号を，どのように組み合わせたらいいのか，記号の組合せをどのように改善していけば，より意図した活動に近づくのか，といったことを論理的に考えていく力」である[1]。これは，プログラミング教育が学習者の思考力を育成することに深く関わっていることを意味している。

　有識者会議の「議論のとりまとめ」では，プログラミング的思考を「急速な技術革新の中でプログラミングや情報技術の在り方がどのように変化していっても，普遍的に求められる力」とし，特定のコーディングを学ぶことではないとしている。また，「プログラミング的思考を身に付けることは，情報技術が人間の生活にますます身近なものとなる中で，それらのサービスを受け身で享受するだけではなく，その働きを理解して，自分が設定した目的のために使いこなし，よりよい人生や社会づくりに生かしていくために必要」とし，「プログラミングに携わる職業を目指す子供たちだけではなく，どのような進路を選択しどのような職業に就くとしても，こ

れからの時代において共通に求められる力である」とその重要性を述べている。

　一方，教育現場の教師にとってプログラミング的思考という言葉は，今期の学習指導要領の改訂で初めて耳にした言葉であり，その考え方をすんなり理解できるものとは限らない。そのため，この解釈を誤ると，小学校において本来行われるべきプログラミング教育が適切に実践されない可能性も懸念される。

　また，中学校学習指導要領解説技術・家庭科編では，内容「D 情報の技術」において，小学校段階で身に付けた「プログラミング的思考等を発揮して解決策を構想する力，処理の流れを図などに表し試行等を通じて解決策を具体化する力などの育成」を図ることが述べられている[2]。しかし，同内容で育成する資質・能力には，プログラミング的思考という言葉が直接，挙げられているわけではない。高等学校学習指導要領解説情報編では，共通教科「情報」の説明においてプログラミング的思考という用語は用いられていない[3]。このことから，プログラミング的思考の概念は，主に小学校段階のプログラミング教育を想定したものであり，小・中・高等学校の体系的なプログラミング教育全体をカバーするものではないことが窺える。では，小学校段階でのプログラミング的思考の育成に始まる小・中・高等学校の一貫したプログラミング教育において，その体系の軸となる思考力の内実はいったい何であろうか？

　本章ではこのような観点から，我が国におけるプログラミング教育の導入に影響を与えた諸外国の動向の整理を通して，プログラミング的思考という考え方とその発展形を捉えなおし，今後のプログラミング教育における実践の方向性について述べる。

2．諸外国におけるプログラミング教育

1．コンピュータ科学の教育

　我が国で言うプログラミング教育は，海外では広く Computer Science Education（コンピュータ科学教育）と呼ばれることが多い。

　2014年に文部科学省は，情報教育指導力向上支援事業として，プログラミング教育を含むコンピュータ科学教育について諸外国の動向を調査し，報告書を刊行している。23 の国や地域を対象とした調査の結果について次のように概要を報告している[4]。

> 　初等教育段階（日本の小学校に相当）では，英国（イングランド），ハンガリー，ロシアが必修科目として実施。前期中等教育段階（日本の中学校に相当）では，英国（イングランド），ハンガリー，ロシア，香港が必修科目として，韓国，シンガポールが選択科目として実施。後期中等教育段階（日本の高等学校に相当）では，ロシア，上海，イスラエルが必修科目として，英国（イングランド），フランス，イタリア，スウェーデン，ハンガリー，カナダ（オンタリオ州），アルゼンチン，韓国，シンガポール，香港，台湾，インド，南アフリカが選択科目として実施している。（中略）プログラミング教育を実施する主な理由は，情報社会の進展の中で，21 世紀型スキルにも掲げられているような，論理的思考能力の育成と情報技術の活用に関する知識や技術の習得であるが，エストニア，韓国，シンガポールなどは，産業界からの要請による高度な ICT 人材の育成も理由としている。

（文部科学省（2014）「諸外国におけるプログラミング教育に関する調査研究」，p.11 より引用）

　ここで小・中・高等学校の一貫したコンピュータ科学教育を体系付けている英国に着目する。英国において我が国のプログラミング教育に相当する学習を展開する教科は「Computing」と呼ばれている。これは，1999 年から実践されていた教科「ICT」が，コンピュータの操作スキルやアプリケーションの使い方に重点をおいていたため，2010 年頃からコンピュータサイエンスが深く学習されていないと指摘されたことを受け，2013 年のナショナルカリキュラム改定において教科の名称・内容が改訂されたものである。同報告書では，英国ナショナルカリキュラムに記述されている教科「Computing」の学習目的，ねらいを次のように紹介している。

> ### 教科「Computing」の学習目的
>
> 　質の高いコンピュータ教育は，"コンピュテーショナルシンキング（Computational Thinking）"や，世の中を理解し，変えていくための創造性を，学習者に与える。教科「Computing」は，算数・数学，科学，「Design and Technology」と深く関わっており，自然と人工システムに対する洞察力を与える。
>
> 　教科「Computing」の中心はコンピュータサイエンスであり，その中で学習者は，"information and computation"の原理，デジタルシステムが動く仕組み，またそれらの知識をプログラミングを通して活用する方法を学ぶ。この知識と理解に基づき，学習者はプログラムやシステム，様々なコンテンツの創造に情報技術を活用できるようになる。
>
> 　教科「Computing」はまた，学習者が ICT を利用して自己表現し，自らの考えを展開するという，将来の職域に適した，あるいはデジタルワールドへの積極的な参加ができるレベルのデジタルリテラシーを獲得できるようにする。

> ### 教科「Computing」における学習のねらい
>
> ○ 抽象概念や論理，アルゴリズム，データ表現を含む，コンピュータサイエンスの原理と概念の基礎を理解し，応用できること。
> ○ コンピュテーションに関する用語で課題を分析することができ，またそれらの課題を解決するためにプログラムを作成するという実践的経験を積んでいくこと。
> ○ 課題解決のため，新たな，あるいは初めて出会う情報技術を評価したり，応用することができること。

○ 責任ある有能で自信を持った創造的な ICT
　ユーザーとなること。

（文部科学省（2014）「諸外国におけるプログラミング教育に
関する調査研究」, p.23 より引用）

　このように英国の教科「Computing」は，コンピュータサイエンスを中心的な学習内容とし，学習者の思考力を育む観点からは，コンピュテーショナル・シンキング（Computational Thinking）という概念を取り上げている。当然のことながら，諸外国のコンピュータ科学教育のカリキュラムは，国や地域によって様々である。しかし，多くの国のコンピュータ科学教育が，コンピュテーショナル・シンキングの考え方を基本としている点には，共通性がある[5]。

2. コンピュテーショナル・シンキング

　コンピュテーショナル・シンキングという概念は，1980 年代に LOGO を開発したことで知られる Seymour Papert によって最初に使用されたとされている[6,7]。しかし，この言葉を用いてコンピュータサイエンス教育に広く影響を与えたのは，Jeannette Wing（2006）である[8]。J. Wing はコンピュテーショナル・シンキングを，「問題発見・解決の思考プロセスであり，その解決策は情報処理エージェントによって効果的に実行できる形式で表される」と説明している（中島 2015 による訳。以下，同様）。また，コンピュテーショナル・シンキングは「問題解決，システムのデザイン，そして基本的なコンピュータ科学の概念に基づく人間の理解などを必要とする」と述べている。プログラミングとの関係については次のように述べている。

　コンピュータ科学者のように考えるということは，コンピュータをプログラムできるということ以上の意味を持つ。複数のレベルの抽象思考が必要である。（中略）コンピュテーショナル・シンキングは，人間の思考法のことであり，コンピュータのそれではない。計算論的思考は人間の問題解決法であり，人間がコンピュータのように考えることを目指すものではない。コンピュータは単調で退屈であるが，人間は賢くて

想像力豊かである。人間がコンピュータを刺激的なものにする。コンピュータという計算装置を持つことにより，我々は計算の時代以前には挑戦できなかったような問題を解くのに自らの叡智を使うことができ，新しいシステムを構築することができる。限界は我々の想像力だけである。

（J. Wing（中島秀之訳）: Computational Thinking（計算論的思考），情報処理 Vol.56 No.6 June 2015 より引用）

　コンピュテーショナル・シンキングは，コンピュータ科学者のように考える思考である。しかし，それはコンピュータ科学者だけのものではなく，全ての人が身に付けるべきリテラシーとされている。ただし，コンピュテーショナル・シンキングの概念や定義については，J. Wing を含め，様々な研究者が多様な議論を展開している。そのため現在でも，コンピュテーショナル・シンキングの唯一無二の定義があるわけではなく，いくつかの考え方が示されている。

A. 英国の場合

　前述した英国の教科「Computing」の実践をサポートする組織である CAS（Computing At School）は，コンピュテーショナル・シンキングの概念を次の 5 つの要素として示している[5,9]。

要素	概要
抽象化 Abstraction	問題を単純化するため，重要な部分は残し，不要な詳細は削除する。
デコンポジション Decomposition	問題や事象をいくつかの部分に，理解や解決できるように分解する。
アルゴリズム的思考 Algorithmic Thinking	問題を解決するための明確な手順で，同様の問題に共通して利用できるものである。
評価 Evaluation	アルゴリズム，システムや手順などの解決方法が正しいか，確認する過程である。

一般化 Generalization	類似性からパターンを見つけて，それを予測，規則の作成，問題解決に使用する。

(CAS: Computer Science: A curriculum for schools（太田他 2016 の翻訳）より引用)

また，CAS が作成した Computing Progression Pathways という指導資料では，上記の5つの要素を対応付けた次の6つのトピックに整理して各学年段階の具体的な到達目標を示している。

① アルゴリズム（Algorithms）

② プログラミングと開発（Programming & Development）

③ データとデータ表現（Data & Data Representation）

④ ハードウェアと処理（Hardware & Processing）

⑤ コミュニケーションとネットワーク（Communication & Networks）

⑥ 情報技術（Information Technology）

このように CAS の提案する教科「Computing」のカリキュラムでは，コンピュテーショナル・シンキングをプログラミングに限らず，すべての学習内容と関連付けている点に特徴が見られる。

B. アメリカの場合

一方，アメリカでは，英国のようなナショナルカリキュラムはなく，州や学区，各学校の裁量においてカリキュラムが編成されている。その際の指針となるよう，各教科等の専門家（研究者や教員）が組織する学協会によってカリキュラムスタンダードが提案されている。コンピュータ科学教育の分野では，CSTA(Computer Science Teachers Association)が 2012 年に CSTA K-12 Computer Science Standards を提案している[10]。その際，CSTA は，教育工学の学会である ISTE (International Society for Technology in Education) と共同で，コンピュテーショナル・シンキングの考え方を次のように整理している[11]。

《コンピュテーショナル・シンキングの操作的定義》

・さまざまな現実的な問題をコンピュータで解決できるような形式の問題に変換する力

・論理的にデータを分析し，整理する力

・モデル化やシミュレーションができるように，データを変数として扱える力

・アルゴリズム的な思考を用いて，問題を解決するための処理手順を構築する力

・最適な問題解決の方法を見出すために，考えられる解決策を探し，試行する力

・ある問題の解決方法を一般化して，他の多種多様な問題の解決に応用できる力

《コンピュテーショナル・シンキングをサポートする態度》

・オープンエンドな問題に，創造的に取り組む力

・他者とコミュニケーションをとり，協働して問題解決に取り組む力

・複雑な問題にも，自信をもって取り組む態度

・難しい問題にも，粘り強く取り組む態度

・あいまいな問題であっても受け入れ，取り組もうとする態度

(ISTE&CSTA: Operational Definition of Computational Thinking for K-12 Education を著者が意訳)

また，CSTA K-12 Computer Science Standards では，学習内容として以下の5領域を示している。

① コンピュテーショナル・シンキング（Computational Thinking）

② 協働（Collaboration）

③ コンピューティング実践とプログラミング（Computing Practice and Programming）

④ コンピュータと通信機器（Computers and Communications Devices）

⑤ コミュニティ，グローバルと倫理的影響（Community, Global and Ethical Impacts）

このように CSTA の提案するカリキュラムスタンダードでは，コンピュテーショナル・シンキングとプログラミングとを異なる領域に位置付けている点に特徴が見られる。

3. 諸外国の動向から見えてくるもの

以上のように，アメリカも英国も，コンピュテーショナル・シンキングの考え方を軸にコンピュータ

科学教育のカリキュラムを構成していることが確認できる。また，コンピューテーショナル・シンキングが必ずしもプログラミングと等価ではないことも指摘できる。このことについて文部科学省の諸外国調査では，英国でのヒアリングの結果から「"Computing" は "Programming/Coding" とイコールではないという。プログラミングはそれ自体の習得が目的ではなく，コンピュータサイエンスを学ぶための優れたプラクティカルワークであると考えられている」（同 p.22）と報告している。すなわち，コンピューテーショナル・シンキングは，プログラミングのためだけの思考ではなく，現実世界から問題やニーズを見つけ，それをコンピュータという装置や計算科学という手法を用いて解決したり，実現したりするためのシステマティックな問題解決の思考である点に，その本質を捉えることができる。

---

3. プログラミング教育における思考力の育成

---

1. コンピューテーショナル・シンキングとプログラミング的思考との対比

さて，ここで再び我が国のプログラミング的思考の概念を振り返ってみる。有識者会議の議論の取りまとめによれば，我が国のプログラミング的思考の概念は，海外におけるコンピューテーショナル・シンキングの考え方を下地にして考え出されたものである。前述したように，プログラミング的思考は，「自分が意図する一連の活動を実現するために，どのような動きの組合せが必要であり，一つ一つの動きに対応した記号を，どのように組み合わせたらいいのか，記号の組合せをどのように改善していけば，より意図した活動に近づくのか，といったことを論理的に考えていく力」である。これは，プログラミングのように，手順を最適化するタイプの問題解決時に働かせる論理的思考と捉えることができる。

ここで，プログラミング的思考を CAS のコンピューテーショナル・シンキングに当てはめるならば，「自分が意図する一連の活動を実現するために，どのような動きの組合せが必要」かを考える思考は「デコンポジション」に当てはまる。また，「一つ一つの動きに対応した記号を，どのように組み合わせたらいいのか」を考える思考は「アルゴリズム的思考」に，「記号の組合せをどのように改善していけば，より意図した活動に近づくのか」を考える思考は「評価」にそれぞれ当てはまるものと解釈できる。しかし，「抽象化」や「一般化」に当てはまる思考は，プログラミング的思考の定義からは読み取れない。

同様にして，ISTE と CSTA による操作的定義に当てはめてみると，プログラミング的思考は「アルゴリズム的な思考を用いて，問題を解決するための処理手順を構築する力」や「最適な問題解決の方法を見出すために，考えられる解決策を探し，試行する力」に当てはまると解釈できる。しかし，それ以外の要素については，プログラミング的思考の定義からは読み取れない。

このことから，我が国のプログラミング的思考の概念は，諸外国のコンピューテーショナル・シンキングの概念に比べると守備範囲が狭いことが分かる。これは，プログラミング的思考が，小学校段階のプログラミング教育に対して考え出された概念であったためだと推察される。逆にいえば，少なくとも小学校段階でのプログラミング教育では，プログラミング的思考を大切にした授業を行うことで，コンピューテーショナル・シンキングの一部を育成することができるものと考えられる。しかし，その守備範囲は，問題解決における手順の最適化に焦点化されていることに注意が必要である。また，中学・高校段階でのプログラミング教育では，小学校段階を中心とするプログラミング的思考だけでなく，コンピューテーショナル・シンキングの考え方を踏まえたより深い思考力の育成を図る必要があると考えられる。

2. プログラミング教育と創造性との関わり

このような観点から，忘れてはならないこととしてプログラミング教育と創造性との関わりがある。

前述したように，J. Wing は「コンピュータという計算装置を持つことにより，我々は計算の時代以前には挑戦できなかったような問題を解くのに自らの

叡智を使うことができ，新しいシステムを構築することができる」と述べている。また，英国の教科「Computing」の学習目的には，「質の高いコンピュータ教育は，コンピュテーショナル・シンキングや，世の中を理解し，変えていくための創造性を，学習者に与える」と示している。このように，コンピュテーショナル・シンキングを核とするコンピュータ科学教育は，学習者の論理性とともに創造性の育成を重視している。

　我が国においても，有識者会議の議論のとりまとめでは，その名称が意図するように「子供たちが，情報技術を効果的に活用しながら，論理的・創造的に思考し課題を発見・解決していくためには，コンピュータの働きを理解しながら，それが自らの問題解決にどのように活用できるかをイメージし，意図する処理がどのようにすればコンピュータに伝えられるか，さらに，コンピュータを介してどのように現実世界に働きかけることができるのかを考えることが重要になる」と述べている。さらに，2016年（平成28年）12月の中央教育審議会答申においても，「将来の予測が難しい社会においては，情報や情報技術を受け身で捉えるのではなく，手段として活用していく力が求められる。未来を拓いていく子供たちには，情報を主体的に捉えながら，何が重要かを主体的に考え，見いだした情報を活用しながら他者と協働し，新たな価値の創造に挑んでいくことがますます重要になってくる」と述べている[12]。

　プログラミングにおける創造性には大きく2つの側面が考えられる。1つは，プログラミングの中で手順を最適化する際の発想としての創造性である。これは，一見，解決が難しそうな問題であっても，柔軟な発想で解決方法のアイデアを生み出す力である。もう1つは，実現したい「自分の意図」を考える際の発想としての創造性である。これは，生活や社会の中から「誰か」のために解決すべき問題を見つけ，独創的なアイデアで課題化する力である。

　小学校プログラミング教育における「コンピュータの働きを，よりよい人生や社会づくりに生かそうとする態度」，中学校技術・家庭科における「生活を工夫し創造する態度」，高校情報科における「問題の発見・解決に向けて情報と情報技術を適切かつ効果的，創造的に活用し，情報社会に主体的に参画し，

その発展に寄与するための資質・能力」の育成には，プログラミング教育の持つこれらの創造性が重要な役割を果たす。

　コンピュータという情報テクノロジーを活用して，「誰か」（ユーザー視点）のために新しい価値を提案し，そのアイデアを実現する創造性は，技術イノベーションの根幹を成す力であり，未来の情報社会をデザインする力である。

　プログラミング教育を「児童生徒が社会の情報化に適応するための教育」と考えるのではなく，「児童生徒が自ら未来の情報社会をデザインしていくための教育」と捉えることが大切である。

3. システム的な見方・考え方を育むプログラミング教育

　プログラミングは，システムの論理を構築する問題解決である。また，構築するべきシステムの機能は，解決したい問題やニーズによって規定される。開発者は，生活や社会にある問題に気づき，それをコンピュータで解決できる課題に変換して，その解決に取り組む。しかし，解決したい問題やニーズといったものは，通常，明確には与えられない。「何か不便だ」と感じても，何がその不便をもたらしているかが予め分かっていることは希である（分かっていれば，その問題は既に解決されているであろう）。したがって，開発者はまず，何が問題であるかを明確にすることから作業を始めなければならない。時には，現状には何も問題はないが長期的に見て初めて気付く問題もある。あるいは，現状をより良くするために新しい価値を付加しようとして発生する問題もある。

　このような複雑で曖昧な問題は，悪定義問題（Ill-structured problem）と呼ばれる。プログラミングによって問題を解決するためには，悪定義問題を変数とその処理の組み合わせで扱えるようにモデル化し，構造化された良定義問題（Well-structured problem）に変換しなければならない。それによって問題の最適な解決方法を様々に探究していくことができるようになる。このような悪定義問題を構造化して良定義問題に変換し，適切な解決方法を編み出していくためには，事象をシステムとして捉える見方・考え方（システム的な見方・考え方）が重要な役割を果たす。

システム的な見方・考え方は，ある目的のもとで，対象を要素の組み合わせとその相互作用として捉え，機能や挙動の最適化について考えることである。コンピュテーショナル・シンキングにおいてCASのいう「抽象化」や「デコンポジション」，ISTE&CSTAのいう「さまざまな現実的な問題をコンピュータで解決できるような形式の問題に変換する力」，「論理的にデータを分析し，整理する力」，「モデル化やシミュレーションができるように，データを変数として扱える力」などは，このようなIll から Well へと問題形式を変換する際に必要となる思考である。また，CASのいう「アルゴリズム的思考」，「評価」，「一般化」，ISTE&CSTAのいう「アルゴリズム的な思考を用いて，問題を解決するための処理手順を構築する力」，「最適な問題解決の方法を見出すために，考えられる解決策を探し，試行する力」，「ある問題の解決方法を一般化して，他の多種多様な問題の解決に応用できる力」などは，システムの機能や挙動を最適化するために必要となる思考である。

これらのことから，プログラミング的思考を含めてコンピュテーショナル・シンキングは，現実世界にある曖昧な問題をシステム的な見方・考え方を働かせて構造化し，適切に解決するための思考ということができる。このようなシステム的な見方・考え方を働かせてプログラミング的思考を含むコンピュテーショナル・シンキングを体系的に育むことが，小中高一貫したプログラミング教育全体を貫く思考力育成の軸になるのではないだろうか。

児童生徒を疑似的に開発者の立場に立たせ，システムを構築・創造する経験を与えることで，自分にも未来を変える力があることを自覚させることに，プログラミング教育の持つ重要な意味を見出すことができよう。

4．まとめ

本章では，プログラミング的思考とその下地となったコンピュテーショナル・シンキングの考え方を中心に，プログラミング教育の考え方について述べた。その要点は次のようにまとめられる。

(1) プログラミング的思考は，小学校段階のプログラミング教育のために，諸外国のコンピュテーショナル・シンキングを下地に考え出された概念であり，問題解決における手順の最適化を図る論理的思考である。

(2) コンピュテーショナル・シンキングには多様な定義があるが，広い意味では，現実世界から問題やニーズを見つけ，それをシステマティックに解決するための思考である。

(3) 小・中・高等学校のプログラミング教育では，児童生徒に情報テクノロジーを適切に活用させながら，システム的な見方・考え方を働かせて，プログラミング的思考を含むコンピュテーショナル・シンキングを体系的に育む実践の展開が重要である。

(4) その際，技術イノベーション力育成の観点から，ユーザー視点で新しい価値を提案し，情報テクノロジーを活用してアイデアをシステムとして実現する創造性の育成を忘れてはならない。

これらのことから，今後のプログラミング教育では，小・中・高等学校の各発達段階に応じて児童生徒に，社会を支える情報テクノロジーの仕組み，役割，影響などを理解させた上で，システム的な見方・考え方を働かせた論理的かつ創造的な問題解決能力の育成を図ることが重要であろう。

(森山潤)

第3章　小学校と中学校の情報教育の現状と将来

1．情報教育と情報活用能力

1．情報教育

進化した人工知能（AI）が様々な判断を行ったり，身近な物の働きがインターネット経由で最適化されたりする第四次産業革命が社会や生活を大きく変えるとの予測がなされる中，社会を生きる子どもたちには，「世の中の様々な事象を情報とその結び付きとして捉えて把握し，情報及び情報技術を適切かつ効果的に活用して，問題を発見・解決したり自分の考えを形成したりしていくために必要な資質・能力」[1] である情報活用能力が求められる。そして，この資質・能力の育成を目指しているものが情報教育である。

2．情報活用能力の変遷

情報通信ネットワークの発達と，それにともなう情報の利用形態の多様化に対応するために，情報教育の目標である情報活用能力も変化してきている。ここでは，平成元年度以降の学習指導要領における情報活用能力に関係する事項を整理する。

（a）平成元年告示学習指導要領

情報活用能力の育成については，昭和59年からの臨時教育審議会（昭和59年～62年）や教育課程審議会（昭和60年～62年）等において検討が進められた。昭和61年の臨時教育審議会第二次答申では，「情報及び情報手段を主体的に選択し活用していくための個人の基礎的な資質（情報活用能力）」を，読み，書き，算盤に並ぶ基礎・基本と位置付けている。また，翌年の教育課程審議会答申では，「社会の情報化に主体的に対応できる基礎的な資質を養う観点から，情報の理解，選択，処理，創造などに必要な能力及びコンピュータ等の情報手段を活用する能力と態度の育成が図られるよう配慮する。なお，その際，情報化のもたらす様々な影響について

も配慮する」ことが提言された。

これらを受けて，平成元年告示の学習指導要領では，中学校技術・家庭科において（1）コンピュータの仕組み，（2）コンピュータの基本操作と簡単なプログラムの作成，（3）コンピュータの利用，（4）日常生活や産業の中で情報やコンピュータが果たしている役割と影響の4項目で構成された，「情報基礎」という選択領域を新設している。

この領域の目標は「コンピュータの操作等を通して，その役割と機能について理解させ，情報を適切に活用する基礎的な能力を養う」となっている。中学校指導書技術・家庭編に以下のように示している[2] ように，技術について学ぶ教科としてコンピュータの仕組みも内容としてはもっているが，「情報を適切に処理する能力」，「日常生活や社会生活において情報を活用する基礎的な能力」などの能力，いいかえれば情報活用能力の育成を目指した領域であったと判断できる。

> 「情報基礎」では，コンピュータの操作等の実践的な学習活動を通して，コンピュータの社会的な役割と，基本的な装置やソフトウェアの機能について理解させ，情報を適切に処理して日常生活や社会生活において活用する基礎的な能力を養うことを主な目標としている。

（b）平成10年告示学習指導要領

この改訂について検討している平成9年に「情報化の進展に対応した初等中等教育における情報教育の推進等に関する調査研究協力者会議第一次報告」がまとめられた。そこでは，「情報教育で育成すべき『情報活用能力』の範囲を，これからの高度情報通信社会に生きるすべての子供たちが備えるべき資質という観点から明確にする必要がある」との考えに基づき，情報活用能力を，「情報活用の実践力」，「情報

の科学的な理解」,「情報社会に参画する態度」に焦点化し,「系統的,体系的な情報教育の目標として位置付ける」ことが示された。

これを受け,平成10年告示学習指導要領では,小学校総則には,「各教科等の指導に当たっては,児童がコンピュータや情報通信ネットワークなどの情報手段に慣れ親しみ,適切に活用する学習活動を充実する」ことが,中学校総則には,「各教科等の指導に当たっては,生徒がコンピュータや情報通信ネットワークなどの情報手段を積極的に活用できるようにするための学習活動の充実に努める」ことが示されるなど,全ての教科等を通して系統的,体系的な情報教育を推進することを求めている。

一方,この時期の技術・家庭科は,「情報化や科学技術の進展等に対応し,生活と技術とのかかわり,情報手段の活用などの内容の充実を図る」[3]といった方針の下,従前は「A 木材加工」,「B 電気」,「C 金属加工」,「D 機械」,「E 栽培」,「F 情報基礎」に分かれていた技術関係の領域を「A 技術とものづくり」と「B 情報とコンピュータ」の2つの内容に整理した。

つまり以前は,1つの選択領域であった情報関係の内容が,全体の半分を占めることとなったのである。そして,中学校学習指導要領解説技術・家庭編に以下のように示されている[4]ように,ここでも中心は情報活用能力の育成であったと考えられる。

> 「情報とコンピュータ」の学習では,高度情報通信社会の進展を踏まえ,情報活用能力を育成する観点から,コンピュータの活用に必要な基礎的・基本的な内容を実践的・体験的な学習活動を通して指導する。

なお,この内容は,すべての生徒に共通に履修させる(1)生活や産業の中で情報手段が果たしている役割,(2)コンピュータの基本的な構成と機能及び操作,(3)コンピュータの利用,(4)情報通信ネットワークの項目と,生徒の興味・関心に応じて選択的に履修させる,(5)コンピュータを利用したマルチメディアの活用,(6)プログラムと計測・制御の項目で構成されており,マルチメディア作品やWebページなどの制作及び,プログラミングに関しては発展的な内容として位置付けられていた。

つまり,この時期では技術分野で学ぶ具体的な内容は,コンピュータやネットワークの仕組みも含まれてはいるにせよ,コンピュータの基本操作やソフトウェアを用いた情報の処理が主に取り上げられていたのである。

(c) 平成20年告示学習指導要領

この改訂について検討している平成18年に,初等中等教育における教育の情報化に関する検討会が「初等中等教育の情報教育に係る学習活動の具体的展開について」を公表した。そこでは,情報活用能力の3観点をその定義の文言から以下のように8つの要素に分類した[5]。

情報活用の実践力
・必要な情報の主体的な収集・判断・表現・処理・創造
・受け手の状況などを踏まえた発信・伝達
・課題や目的に応じた情報手段の適切な活用
情報の科学的な理解
・自らの情報活用を評価・改善するための理論や方法の理解
・情報手段の特性の理解
情報社会に参画する態度
・情報や情報技術の役割や影響の理解
・情報モラルの必要性,情報に対する責任
・望ましい情報社会の創造への参画

これは,「小・中・高等学校の全ての学校段階において,情報教育に係る学習活動を抽出し,それを情報教育の体系の中に位置付けるに当たっては,現行の情報活用能力に係る3観点について,それぞれに係る具体的な指導項目としてどのようなものがあるかを整理することが必要」と判断したためである。これを受け,平成20年告示学習指導要領では,小学校の総則の指導計画の作成等に当たって配慮すべき事項として,「各教科等の指導に当たっては,児童がコンピュータや情報通信ネットワークなどの情報手段に慣れ親しみ,コンピュータで文字を入力するなどの基本的な操作や情報モラルを身に付け,適切に活用できるようにするための学習活動を充実する」ことを,中学校の総則においても,「各教科等の指導に当たっては,生徒が情報モラルを身に付け,コンピュータや情報通信ネットワークなどの情報手

段を適切かつ主体的，積極的に活用できるようにするための学習活動を充実する」ことを示すとともに，各教科の指導計画の作成と内容の取扱いにおいてもコンピュータなどを活用することを明示し，全ての教科等で情報活用能力を育成していくことを強調したのである。

　一方，この時期の技術・家庭科は，よりよい社会を築くために，技術を適切に評価し活用できる能力と実践的な態度の育成を重視する[6]といった方針の下，生活や社会において活用されている技術を「材料と加工に関する技術」，「エネルギー変換に関する技術」，「生物育成に関する技術」，「情報に関する技術」の4つに整理し，全ての内容を必修化した。これにより，従前は半数を占めていた情報に関する内容は1/4となったように見えるが，「情報に関する技術」は，(1) 情報通信ネットワークと情報モラル，(2) ディジタル作品の設計・制作，(3) プログラムによる計測・制御の3つの項目で構成されており，他教科等においてコンピュータが活用されることを踏まえ，従前の学習指導要領において中心的に扱われていたコンピュータの基本操作やソフトウェアを用いた情報の処理が削除され，発展的な内容として選択項目に示されていた内容が必修化されたのである。ここで初めて我が国における義務教育段階で，プログラミングが必修化されたのである。

(d) 平成29年告示学習指導要領

　平成28年12月の中央教育審議会答申「幼稚園，小学校，中学校，高等学校及び特別支援学校の学習指導要領等の改善及び必要な方策等について」(以下「答申」)においては，情報活用能力は「教科等の枠を超えた全ての学習の基盤として育まれ活用される資質・能力」とされ，その必要性について，以下のように示されている[7]。

・将来の予測が難しい社会においては，情報や情報技術を受け身で捉えるのではなく，手段として活用していく力が求められる。未来を拓いていく子供たちには，情報を主体的に捉えながら，何が重要かを主体的に考え，見いだした情報を活用しながら他者と協働し，新たな価値の創造に挑んでいくことがますます重要になってくる。

・情報化が急速に進展し，身の回りのものに情報技術が活用されていたり，日々の情報収集や身近な人との情報のやりとり，生活上必要な手続など，日常生活における営みを，情報技術を通じて行ったりすることが当たり前の世の中となってきている。情報技術は今後，私たちの生活にますます身近なものとなっていくと考えられ，情報技術を手段として活用していくことができるようにしていくことも重要である。

・スマートフォンやソーシャル・ネットワーキング・サービスが急速に普及し，これらの利用を巡るトラブルなども増大している。子供たちには，情報技術が急速に進化していく時代にふさわしい情報モラルを身に付けていく必要がある。

　これを受け，平成29年告示学習指導要領では，小・中学校総則の教育課程の編成の部分に，「各学校においては，児童（生徒）の発達の段階を考慮し，言語能力，情報活用能力（情報モラルを含む。），問題発見・解決能力等の学習の基盤となる資質・能力を育成していくことができるよう，各教科等の特質を生かし，教科等横断的な視点から教育課程の編成を図るものとする」と，情報活用能力を「学習の基盤となる資質・能力」として言語能力等と並べて示し，その育成の重要性を強調している。

　なお，この改訂においては，知・徳・体にわたる「生きる力」を子供たちに育むために，「何のために学ぶのか」という各教科等を学ぶ意義を共有しながら，連携を図り授業の改善等を図ることできるようにするために，全ての教科等の目標及び内容を「知識及び技能」，「思考力，判断力，表現力等」，「学びに向かう力，人間性等」の3つの柱で再整理している。情報活用能力についても，各教科等の特質に応じて適切な学習場面で育成を図ることが重要であることから，答申では以下のように資質・能力の3つの柱に沿って整理している[8]。

（知識及び技能）

　情報と情報技術を活用した問題の発見・解決等の方法や，情報化の進展が社会の中で果たす役割

や影響，情報に関する法・制度やマナー，個人が果たす役割や責任等について，情報の科学的な理解に裏打ちされた形で理解し，情報と情報技術を適切に活用するために必要な技能を身に付けていること。

（思考力，判断力，表現力等）

様々な事象を情報とその結びつきの視点から捉え，複数の情報を結びつけて新たな意味を見出す力や，問題の発見・解決等に向けて情報技術を

適切かつ効果的に活用する力を身に付けていること。

（学びに向かう力，人間性等）

情報や情報技術を適切かつ効果的に活用して情報社会に主体的に参画し，その発展に寄与しようとする態度等を身に付けていること。

※資質・能力の名称は，その後告示された学習指導要領に合わせて修正している。

2．小学校における情報教育の現状

1．学習指導要領総則に示された情報教育

前述したように，平成29年告示学習指導要領総則では，情報活用能力を，「学習の基盤となる資質・能力」として言語能力等と並べて示し，その育成の重要性を強調しており，総則の「第3 教育課程の実施と学習評価」の部分には，情報活用能力を育成するために各学校において，「コンピュータや情報通信ネットワークなどの情報手段を活用するために必要な環境を整え，これらを適切に活用した学習活動の充実を図ること」，「各種の統計資料や新聞，視聴覚教材や教育機器などの教材・教具の適切な活用を図ること」を求めるとともに，各教科等の特質に応じて，「児童がコンピュータで文字を入力するなどの学習の基盤として必要となる情報手段の基本的な操作を習得するための学習活動」や「児童がプログラミングを体験しながら，コンピュータに意図した処理を行わせるために必要な論理的思考力を身に付けるための学習活動」を計画的に実施することも示している。

これを受け，各教科等において，「指導内容に応じてコンピュータや情報通信ネットワークなどを適切に活用できるようにすること」などが示されるとともに，算数科等では「プログラミングを体験しながら論理的思考力を身に付けるための活動」が例示されている。

さらに，社会科における統計資料の活用や理科における観察，実験の結果を整理し考察する学習活動，図画工作科における表現や鑑賞の活動の中での

コンピュータ等の利用といった，実際に情報を活用する活動に関して記述されるだけでなく，国語科や算数科では，情報を活用するための理論に関する内容が，道徳科においては情報モラルに関する内容が追加されている。

2．プログラミング教育

(a) 必修化の経緯

中央教育審議会で学習指導要領の改訂について議論する中で，情報活用能力の育成とともに，特に，子供たちが将来どのような職業に就くとしても，プログラミング的思考などを育んでいくことが必要との指摘がなされたことから，文部科学省では，「小学校段階における論理的思考力や創造性，問題解決能力等の育成とプログラミング教育に関する有識者会議」を設置し，学習指導要領の改訂の方向性を見据えつつ，小学校段階におけるプログラミング教育の在り方について検討した。その結果をまとめた「議論の取りまとめ」を土台に，中央教育審議会においてさらに議論を進め，最終的に答申において，「小・中・高等学校を通じて，プログラミング教育の実施を，子供たちの発達の段階に応じて位置付けていくことが求められる」[9] ことを指摘したのである。これを受け，学習指導要領総則において「児童がプログラミングを体験しながら，コンピュータに意図した処理を行わせるために必要な論理的思考力を身に付けるための学習活動」を行うことが規定されたのである。以降この活動を行う教育を「プログラミング教育」と呼ぶこととする。

さらに，この改訂された学習指導要領の下，教師がプログラミング教育に対して抱いている不安を解消し，安心してプログラミング教育に取り組んでいただけることを目指して，文部科学省では平成30年3月に学習指導要領や解説で示している小学校段階におけるプログラミング教育についての基本的な考え方などを，より具体的にかつ分かりやすく解説する「小学校プログラミング教育の手引（第一版)」を作成し，さらに平成30年11月にその第二版（以下「手引き」）を公表した。

(b) 小学校プログラミング教育の目標

小学校プログラミング教育の目標は，手引きでは以下のように整理されている[10]。

> （知識及び技能)
> 身近な生活でコンピュータが活用されていることや，問題の解決には必要な手順があることに気付くこと。
> （思考力，判断力，表現力等)
> 発達の段階に即して，「プログラミング的思考」を育成すること。
> （学びに向かう力，人間性等)
> 発達の段階に即して，コンピュータの働きを，よりよい人生や社会づくりに生かそうとする態度を涵養すること。

ここに示された「プログラミング的思考」とは，「自分が意図する一連の活動を実現するために，どのような動きの組合せが必要であり，一つ一つの動きに対応した記号を，どのように組み合わせたらいいのか，記号の組合せをどのように改善していけば，より意図した活動に近づくのか，といったことを論理的に考えていく力」と定義されている[11]。また，この資質・能力は，先に整理した情報活用能力に含まれるものであることも明記している。

加えて，教科等でプログラミング教育を実施する場合は，教科等の知識及び技能等をより確実に身に付けさせることも目標となることも示している。

(c) 小学校プログラミング教育の活動

手引きでは，小学校においてプログラミングに関する内容をもつ教科等がないことを踏まえ，プログラミングに関する学習活動を以下のように分類し，活動例などを示すことで，各学校において多様な場

面で適切に取り入れることを求めている[12]。

> A 学習指導要領に例示されている単元等で実施するもの
> B 学習指導要領に例示されてはいないが，学習指導要領に示される各教科等の内容を指導する中で実施するもの
> C 教育課程内で各教科等とは別に実施するもの
> D クラブ活動など，特定の児童を対象として，教育課程内で実施するもの
> E 学校を会場とするが，教育課程外のもの
> F 学校外でのプログラミングの学習機会

活動Aに分類されているものは，算数，理科，総合的な学習の時間であり，以下のように，指導計画の作成と内容の取扱いにこの活動を行うことが示されている。

> 〈算数〉
> プログラミングを体験しながら論理的思考力を身に付けるための活動を行う場合には，児童の負担に配慮しつつ，例えば第2の各学年の内容の〔第5学年〕の「B 図形」の(1)における正多角形の作図を行う学習に関連して，正確な繰り返し作業を行う必要があり，更に一部を変えることでいろいろな正多角形を同様に考えることができる場面などで取り扱うこと。
> 〈理科〉
> プログラミングを体験しながら論理的思考力を身に付けるための学習活動を行う場合には，児童の負担に配慮しつつ，例えば，第2の各学年の内容の〔第6学年〕の「A 物質・エネルギー」の(4)における電気の性質や働きを利用した道具があることを捉える学習など，与えた条件に応じて動作していることを考察し，更に条件を変えることにより，動作が変化することについて考える場面で取り扱うものとする。
> 〈総合的な学習の時間〉
> プログラミングを体験しながら論理的思考力を身に付けるための学習活動を行う場合には，プログラミングを体験することが，探究的な学習の過程に適切に位置付くようにすること。

活動Bとしては，各地で様々な実践が行われているが，手引きでは，第二版でも，以下のような事例しか紹介されていない[13]。これは，教科等でプログラミング教育を実施する場合の「教科等の知識及び技能等をより確実に身に付けさせる」という目標に配慮した結果と思われる。

〈音楽科　第3学年～第6学年〉
　様々なリズム・パターンを組み合わせて音楽をつくることをプログラミングを通して学習する場面
〈社会科　第4学年〉
　都道府県の特徴を組み合わせて47都道府県を見付けるプログラムの活用を通して，その名称と位置を学習する場面
〈家庭科　第6学年〉
　自動炊飯器に組み込まれているプログラムを考える活動を通して，炊飯について学習する場面
〈総合的な学習の時間〉
　課題について探究して分かったことなどを発表（プレゼンテーション）する学習場面

3. 教科等における情報活用能力の育成

(a) 国語科

今回の改訂で，国語科においては，「急速に情報化が進展する社会において，様々な媒体の中から必要な情報を取り出したり，情報同士の関係を分かりやすく整理したり，発信したい情報を様々な手段で表現したりすることが求められている」[14]との認識の下，「話や文章に含まれている情報を取り出して整理したり，その関係を捉えたりすることが，話や文章を正確に理解することにつながり，また，自分のもつ情報を整理して，その関係を分かりやすく明確にすることが，話や文章で適切に表現することにつながるため，このような情報の扱い方に関する『知識及び技能』は国語科において育成すべき重要な資質・能力の一つである」[15]ことから，「知識及び技能」に関する指導内容の中に，漢字や語彙などの「言葉の特徴や使い方に関する事項」や「我が国の言語文化に関する事項」に加えて，「情報の扱い方に関する事項」を新設している。

これは「話や文章に含まれている情報の扱い方に関する事項」であり，「情報と情報との関係」，「情報の整理」の2つの内容で以下のように系統的に示されている[16]。

	情報と情報との関係	情報の整理
1・2年	共通，相違，事柄の順序など情報と情報との関係について理解すること。	
3・4年	考えとそれを支える理由や事例，全体と中心など情報と情報との関係について理解すること。	比較や分類の仕方，必要な語句などの書き留め方，引用の仕方や出典の示し方，辞書や事典の使い方を理解し使うこと。
5・6年	原因と結果など情報と情報との関係について理解すること。	情報と情報との関係付けの仕方，図などによる語句と語句との関係の表し方を理解し使うこと。

(b) 算数科

今回の改訂では，算数科においては「社会生活など様々な場面において，必要なデータを収集して分析し，その傾向を踏まえて課題を解決したり意思決定をしたりすることが求められている」[17]との認識の下，統計的な内容等の改善・充実を図っている。

具体的には，身の回りの事象をデータから捉え，問題解決に生かす力，データを多面的に把握し，事象を批判的に考察する力の育成を目指すとともに，小学校と中学校間との統計教育の円滑な接続のため，従前の「数量関係」領域の資料の整理と読みの内容を中心に，統計に関わる領域「データの活用」を新設している。

この領域のねらいは解説に以下のように示されており[18]，思考力，判断力，表現力等，学びに向かう力，人間性等も含めて情報活用能力との関係が深いことが分かる。

・目的に応じてデータを集めて分類整理し，適切なグラフに表したり，代表値などを求めた

りするとともに，統計的な問題解決の方法について知ること
・データのもつ特徴や傾向を把握し，問題に対して自分なりの結論を出したり，その結論の妥当性について批判的に考察したりすること
・統計的な問題解決のよさに気付き，データやその分析結果を生活や学習に活用しようとする態度を身に付けること。

なお，この領域は第1学年から指導することとなっており，主な内容は以下のようになっている[19]。

	内容
1年	○絵や図を用いた数量の表現 ・絵や図を用いた数量の表現
2年	○簡単な表やグラフ ・簡単な表やグラフ
3年	○表と棒グラフ ・データの分類整理と表 ・棒グラフの特徴と用い方
4年	○データの分類整理 ・二つの観点から分類する方法 ・折れ線グラフの特徴と用い方
5年	○円グラフや帯グラフ ・円グラフや帯グラフの特徴と用い方 ・統計的な問題解決の方法 ○測定値の平均 ・平均の意味
6年	○データの考察 ・代表値の意味や求め方 ・度数分布を表す表やグラフの特徴と用い方 ・目的に応じた統計的な問題解決の方法 ○起こり得る場合 ・起こり得る場合

（c）道徳科

今回の改訂では，道徳科においては「社会の情報化が進展する中，児童は，学年が上がるにつれて，次第に情報機器を日常的に用いる環境の中に入っており，学校や児童の実態に応じた対応が学校教育の中で求められる」[20]との認識の下，情報モラルに関する指導を充実している。

具体的には，指導計画の内容の取扱いにおいて，児童の発達の段階や特性等を考慮し，情報モラルに関する指導を充実することを規定している。

なお，指導に関して解説では，「具体的にどのような問題を扱うかについては，各学校において検討して行く必要がある」としているが，特に，「道徳科においては，『情報社会の倫理』，『法の理解と遵守』といった内容を中心に取り扱うことが考えられる」，「情報機器の使い方やインターネットの操作，危機回避の方法やその際の行動の具体的な練習を行うことにその主眼をおくのではないことに留意する必要がある」[21]と，「道徳的価値の理解を基に自己を見つめる時間である」という道徳科の特質や，道徳科の内容との関連を踏まえることの必要性を強調している。

3．中学校における情報教育の現状

1．学習指導要領総則に示された情報教育

平成29年告示学習指導要領総則では，小学校と同様に，情報活用能力を，「学習の基盤となる資質・能力」として言語能力等と並べて示し，その育成の重要性を強調している。また，解説では，情報活用能力には「情報手段の基本的な操作の習得や，プログラミング的思考，情報モラル，情報セキュリティ，統計等に関する資質・能力等」も含まれる[22]ことを説明している。

これを受け，例えば美術科では「美術の表現の可能性を広げるために，写真・ビデオ・コンピュータ等の映像メディアの積極的な活用を図る」ことが学習指導要領に示されるなど，各教科等において，「コンピュータや情報通信ネットワークなどの情報手段を積極的に活用する」ことを求めている。また，国語科や数学科，道徳科において情報活用能力に関する内容も示されているが，情報手段の基本的な操作の習得やプログラミング体験等については総則にも規定されていない。これは，小学校における学習を

踏まえることに加えて，プログラミングを内容として
もつ技術・家庭科技術分野があるためと考えられ
る。

2. 技術・家庭科技術分野における情報教育

(a) 改訂の概要

　技術分野では，今回の改訂で，「情報の技術」を含
む4つの内容を全ての生徒に履修させるという方針
は変更されていない。しかし，情報の技術の内容に
ついては，「小学校におけるプログラミング教育の
成果を生かし，発展させるという視点から，従前か
らの計測・制御に加えて，双方向性のあるコンテン
ツに関するプログラミングや，ネットワークやデー
タを活用して処理するプログラミングも題材として
扱うことが考えられる。その際，情報セキュリティ
等についても充実する」[23] といった方針にしたがっ
て変更されている。

(b) 情報モラル教育関係

　情報モラルに関しては，平成20年告示学習指導
要領においても指導することが示されていたが，今
回の改訂では，「情報セキュリティ」が追加され，し
かもその「仕組み」を理解させることを求めている。
これは，ネットワーク上に様々な情報が蓄積され，
それが活用されている現代社会において，「情報セ
キュリティ」に関する技術が，「情報のディジタル
化」や「手順の自動化」などと並んで情報の技術の
重要な柱となっていることを示している。

　さらに今回は，「コンピュータやネットワークの
中につくられた仮想的な空間（サイバー空間など）
の保護・治安維持」である「サイバーセキュリティ」
についても指導することを内容の取扱いに明記して
いる。また解説には，「ネット依存」や「風評被害」
などの言葉も示している[24]。これらも，情報の技術
の発展に伴い様々な問題が発生している状況に対応
することのできる資質・能力の育成を重視している
ことの現れである。

(c) ネットワークを利用した双方向性のあるコンテ
　　ンツのプログラミングによる問題の解決

　今回の改訂において，従前はソフトウェアを用い
て学習することの多かった「ディジタル作品の設計
と制作」に関する内容がプログラミングを通して学
ぶことに変更された。

　ここでは，生活や社会の中から見いだした問題を
情報通信ネットワークを利用した双方向性のあるコ
ンテンツのプログラミングによって解決する活動を
通して，情報の技術の見方・考え方を働かせて，問
題を見いだして課題を設定し解決する力を育成する
とともに，情報通信ネットワークの構成と，情報を
利用するための基本的な仕組みを理解させ，安全・
適切なプログラムの制作，動作の確認及びデバッグ
等ができるようにすることをねらいとしている。ま
た，こうした活動を通して，自分なりの新しい考え
方や捉え方によって，解決策を構想しようとする態
度や，自らの問題解決とその過程を振り返り，より
よいものとなるよう改善・修正しようとする態度の
育成を図ることも想定している[25]。

　加えて，小学校学習指導要領で例示されている，
算数科〔第5学年〕の「B 図形」の (1) における
正多角形の作図を行う学習などでのプログラミング
との違いを明確にするために，ここでのコンテンツ
に関しては，「ネットワークを利用する」こと及び，
「双方向性を持たせる」ことを規定している。なお，
ここでの双方向性とは，使用者の働きかけ（入力）
によって，応答（出力）する機能であり，ネットワー
クの利用とはコンテンツにおける情報を処理する過
程の一部に，インターネットや校内LANなどのコ
ンピュータ間の情報通信が含まれることを意味して
いる。

　また，使用するプログラミング言語については，
小学校での学習経験や「計測・制御のプログラミン
グによる問題の解決」で使用する言語にも配慮し，
「課題の解決に必要な機能を持っているかどうか」，
「プログラムの制作やデバッグが容易か」といった
視点から各学校で検討することとなっており，文字
により記述する言語（テキスト型プログラミング言
語）とするといった規定はされていない。

(d) 計測・制御のプログラミングによる問題の解決

　計測・制御のプログラミングは従前から必修と
なっていたが，今回の改訂では，小学校学習指導要
領で例示されている，理科〔第6学年〕の「A 物
質・エネルギー」の (4) における電気の性質や働き
を利用した道具があることを捉える学習などでのプ
ログラミングとの違いを明確にするために，「計測・
制御システムを構想」することを追加し，課題を解

決するために必要となるセンサやアクチュエータの選択や，センサからの入力データに基づき，どのようにアクチュエータにデータを出力するかといったことを構想させることを求めている。

ここでは，生活や社会の中から見いだした問題を計測・制御のプログラミングによって解決する活動を通して，情報の技術の見方・考え方を働かせて，問題を見いだして課題を設定し解決する力を育成するとともに，計測・制御システムの仕組みを理解させ，安全・適切なプログラムの制作，動作の確認及びデバッグ等ができるようにすることをねらいとしている。また，こうした活動を通して，自分なりの新しい考え方や捉え方によって，解決策を構想しようとする態度や，自らの問題解決とその過程を振り返り，よりよいものとなるよう改善・修正しようとする態度の育成を図ることも想定している[26]。

3．他の教科等における情報活用能力の育成

(a) 国語科

小学校と同様に，中学校においても「知識及び技能」に関する指導内容の中に，「情報の扱い方に関する事項」が新設されている。

その内容は，小学校の指導を踏まえ，以下のように系統的に示されている[27]。

	情報と情報との関係	情報の整理
1年	原因と結果，意見と根拠など情報と情報との関係について理解すること。	比較や分類，関係付けなどの情報の整理の仕方，引用の仕方や出典の示し方について理解を深め，それらを使うこと。
2年	意見と根拠，具体と抽象など情報と情報との関係について理解すること。	情報と情報との関係の様々な表し方を理解し使うこと。
3年	具体と抽象など情報と情報との関係について理解を深めること。	情報の信頼性の確かめ方を理解し使うこと。

(b) 数学科

中学校数学科においても，小学校と同様に統計的な内容等の改善・充実を図っている。

具体的には，従前の「資料の活用」の領域の名称を「データの活用」に改め，この領域を指導する意義を，解説では以下のように示しており[28]，「急速に発展しつつある情報化社会においては，確定的な答えを導くことが困難な事柄についても，目的に応じてデータを収集して処理し，その傾向を読み取って判断することが求められる」という現状認識の下，そのために必要な基本的な方法を理解し，これを用いてデータの傾向を捉え考察し表現できるようにするといった，統計的に問題解決する力を養うことが，この領域の主なねらいとなっていると判断される。

> ・日常生活においては，不確定な事象についてデータに基づいて判断する場面が多いので，目的に応じてデータを収集して処理し，その傾向を読み取って判断することが有用であること。
> ・よりよい解決や結論を見いだすに当たって，データに基づいた判断や主張を批判的に考察することが有用であること。

なお，この領域の主な内容は以下のとおりである[29]。

	内容
1年	○データの分布の傾向 ・ヒストグラムや相対度数の必要性と意味 ○多数の観察や多数回の試行によって得られる確率 ・多数の観察や多数回の試行によって得られる確率の必要性と意味
2年	○データの分布の比較 ・四分位範囲や箱ひげ図の必要性と意味 ・箱ひげ図で表すこと ○場合の数を基にして得られる確率 ・確率の必要性と意味 ・確率を求めること
3年	○標本調査 ・標本調査の必要性と意味 ・標本を取り出し整理すること

(c) 道徳科

小学校と同様に，指導計画の内容の取扱いにおい

て，生徒の発達の段階や特性等を考慮し，情報モラルに関する指導を充実することを規定している。「情報社会の倫理，法の理解と遵守といった内容を中心に取り扱うことが考えられる」と，「道徳的価値に関わる学習を行う」，「道徳的価値の理解を基に自己を見つめる時間である」という道徳科の特質を踏まえることの大切さを強調しているのも小学校と同様である。これは，「安全の知恵」や「情報セキュリティ」といった内容が中心となる「社会と相互に影響し合う関係をもつ技術について学ぶ」という特質をもつ技術分野における情報モラルの指導との役割分担を明確にしているとも言える。

4．小・中学校における情報教育の将来

1．各教科等における情報教育

各教科等における情報活用能力の育成に関して，教科等に固有の内容を持つ教科以外においても，様々な機器の活用について検討する必要がある。

特に，従前からの電子黒板等だけでなく，タブレットＰＣの普及は，情報の検索，デジタルカメラやＩＣレコーダーなどとしての使用だけでなく，ソフトウェアを選択することで，思考の整理や学習過程・成果の記録等，様々な使い方が考えられる。そして，これらの活用は，各教科等の目標等の実現とともに，情報活用能力の育成にも繋がるものであることから，各教科等においては，各教科等の特質を踏まえた活用について常に検討を進めることが大切である。

また，小学校プログラミング教育に関しては，手引きの第一版と第二版を比較すると，「Ｃ 教育課程内で各教科等とは別に実施するもの」の指導例が増加している。これは，各教科等でプログラミング教育の実施を求めるあまり，各教科等の目標の達成を目指すことのできないような場面での実践，つまり，プログラミング教育の目標の達成だけを目指した実践が増えてしまうようなことを避けたいとの判断と思われる。

このような配慮は大切であるが，児童の負担を考えると教育課程内で教科以外の時間を十分に確保することは困難と思われる。学習指導要領における各教科等の指導内容を再検討し，各教科等とプログラミング教育の双方の目標を実現することのできる場面やそこでの活動について十分に検討し，その上で教育課程外における指導について検討していくことが求められる。

一方，中学校においては，小学校の各教科等のプログラミング教育の取組を踏まえて，技術・家庭科技術分野以外の教科等での取組について検討を進めることが必要である。

また，技術分野においても，特に実践の蓄積のない，ネットワークを利用した双方向性のあるプログラミングによる問題の解決に関して，そこでの目標を実現するための学習活動等について，使用するプログラミング言語やネットワークも含めて検討を進めることが大切である。

2．カリキュラム・マネジメントの視点からの，計画的・系統的な情報教育の検討

総則では，各学校が教育課程に基づき組織的かつ計画的に各学校の教育活動の質の向上を図っていくことができるよう，カリキュラム・マネジメントを充実することを求めており，これは情報教育を推進する際にも重要な視点である。カリキュラム・マネジメントについては以下の３つの側面がある[30]。

---

① 児童や学校，地域の実態を適切に把握し，教育の目的や目標の実現に必要な教育の内容等を教科等横断的な視点で組み立てていくこと
② 教育課程の実施状況を評価してその改善を図っていくこと
③ 教育課程の実施に必要な人的又は物的な体制を確保するとともにその改善を図っていくこと

情報教育に関しての①とは，例えば小学校では，
・目標とする情報活用能力を明確化する。
・各教科等で育成する資質・能力の中から，情報活用能力に関係するものを抽出する。

その際，学習指導要領において育成することが明記されているものだけでなく，教科等の学習活動で

育成できるものも明確化する。

・各教科等の指導計画に基づき，各学年・単元などで育成する情報活用能力に関係する資質・能力を配置し，育成する順序が適切か，他教科で育成する資質・能力を生かした学習が設定できないかなどの視点で検討することが考えられる。

②は，各教科等における実践について，情報活用能力の育成の視点で成果や課題を抽出し，全教職員で共有・改善を図ることである。具体的には，授業記録やアンケート調査等により，情報活用能力の育成に関する基礎的データを収集し，そこから明らかとなった実践の成果と課題を全教職員で共有化する。その上で，情報活用能力の育成に効果的に取組を発展させるとともに，課題の多い取組の改善を図るといったことが考えられる。

③については，各教科等において情報活用能力を育成する取組をよりよく行うための人的・物的資源を確保することである。

特に，使用する機器は，学校で行う実践に応じたものを整備する必要がある。限られた予算を有効に活用するためにも，指導する立場からの意見が必要である。しかしながら，その希望の全てを実現できないこともあることから，高度な機器が整備された地域の施設や高等学校等を利用させていただくといったことについても検討することが考えられる。

また，人的資源に関しては，学校で実践しようとしていることについて，教育委員会のみならず大学や企業等の専門家に助言いただくことに加えて，例えば小学校のプログラミング教育において，中学校の技術分野担当教員に指導者として参加していただくことや，地域のボランティアの方々や高校生・大学生などにメンターとして授業をサポートしていただくことなども考えられる。

(上野耕史)

第4章　高等学校の情報教育の現状と将来

1.「情報科」新設から「情報Ⅰ」,「情報Ⅱ」まで

1. 普通教科「情報」新設の経緯

社会の情報化の進展に伴い，学校教育においても情報化に対応した教育が求められるようになり，昭和60年代に臨時教育審議会，情報化社会に対応する初等中等教育の在り方に関する調査研究協力者会議，教育課程審議会等で議論が行われた。

これらの議論を踏まえて，平成8年に出された中央教育審議会第一次答申（平成8年）では，「普通科については，学校や生徒の実態等に応じて情報に関する教科・科目が履修できるように配慮することが必要である」と述べている。

この答申を受けて，平成8年に，情報化の進展に対応した初等中等教育における情報教育の推進等に関する調査研究協力者会議は，第一次報告「体系的な情報教育の実施に向けて」をまとめ，体系的な情報教育についての提言を行った。この報告では，情報教育の目標を「情報活用の実践力」，「情報の科学的理解」，「情報社会に参画する態度」の3つの観点に整理し，小学校，中学校，高等学校のそれぞれの発達段階に応じて，体系的に育成していくことについて提言がされている。また，高等学校については，「高等学校，普通教育に関する教科として教科「情報」（仮称）を設置し，その中に科目を複数設定する」と述べている。

さらに，平成10年に出された教育課程審議会の答申では，「高等学校においては，情報手段の活用を図りながら情報を適切に判断・分析するための知識・技能を習得させ，情報社会に主体的に対応する態度を育てることなどを内容とする教科「情報」を新設し必須とすることが適切である」と述べている。

以上のような答申や報告を踏まえて情報教育の体系化が図られる中で，普通教科「情報」が新設され

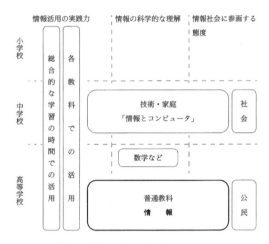

図1　情報教育の体系化のイメージ
高等学校学習指導要領解説「情報」
平成12年3月改訂 p.20

ることになった。

なお，教育課程審議会は，職業に関する各教科・科目の内容の改善について，従来の教科「工業」，「商業」等の枠組みとは別に，専門教育に関する教科「情報」を設置することも同答申の中で述べており，これを踏まえて専門教科「情報」も新設されることになった。

2. 情報教育の3つの観点

「情報活用の実践力」，「情報の科学的な理解」，「情報社会に参画する態度」について，先に述べた第一次報告では，次のように述べている。

> 「情報活用の実践力」については，「課題や目的に応じて情報手段を適切に活用することを含めて，必要な情報を主体的に収集・判断・表現・処理・創造し，受け手の状況などを踏まえて発信・伝達できる能力」としている。
> 「情報の科学的な理解」については，「情報活

用の基礎となる情報手段の特性の理解と，情報を適切に扱ったり，自らの情報活用を評価・改善するための基礎的な理論や方法の理解」としている。

「情報社会に参画する態度」については，「社会生活の中で情報や情報技術が果たしている役割や及ぼしている影響を理解し，情報モラルの必要性や情報に対する責任について考え，望ましい情報社会の創造に参画しようとする態度」としている。

平成28年に小・中学校，平成29年に高等学校の学習指導要領が公示され，「情報活用能力」は資質・能力の方向から再整理されたが，第一次報告での3つの観点は「情報活用能力」を学習活動の方向から見たものとしてそのまま受け継がれている。

なお，情報活用能力は，この学習指導要領で小・中・高等学校とも，言語能力や問題発見・解決能力等と並んで，教科横断的な視点に立った学習の基盤

となる資質・能力として，さらに重視されるようになった。

3．普通教科「情報」の各科目の変遷

平成12年に公示された学習指導要領で，普通教科「情報」は，
- ・情報活用の実践力を重視した「情報A」
- ・情報の科学的な理解を重視した「情報B」
- ・情報社会に参画する態度を重視した「情報C」

の3つの科目から1つを選択して履修する選択必履修とした。

平成21年に公示された学習指導要領では，共通教科「情報」となり，「情報A」は発展的に解消し，
- ・情報の科学的な理解を重視した「情報の科学」
- ・情報社会に参画する態度を重視した「社会と情報」

の2つの科目から1つを選択する選択必履修とした。

平成29年に公示された学習指導要領では，情報

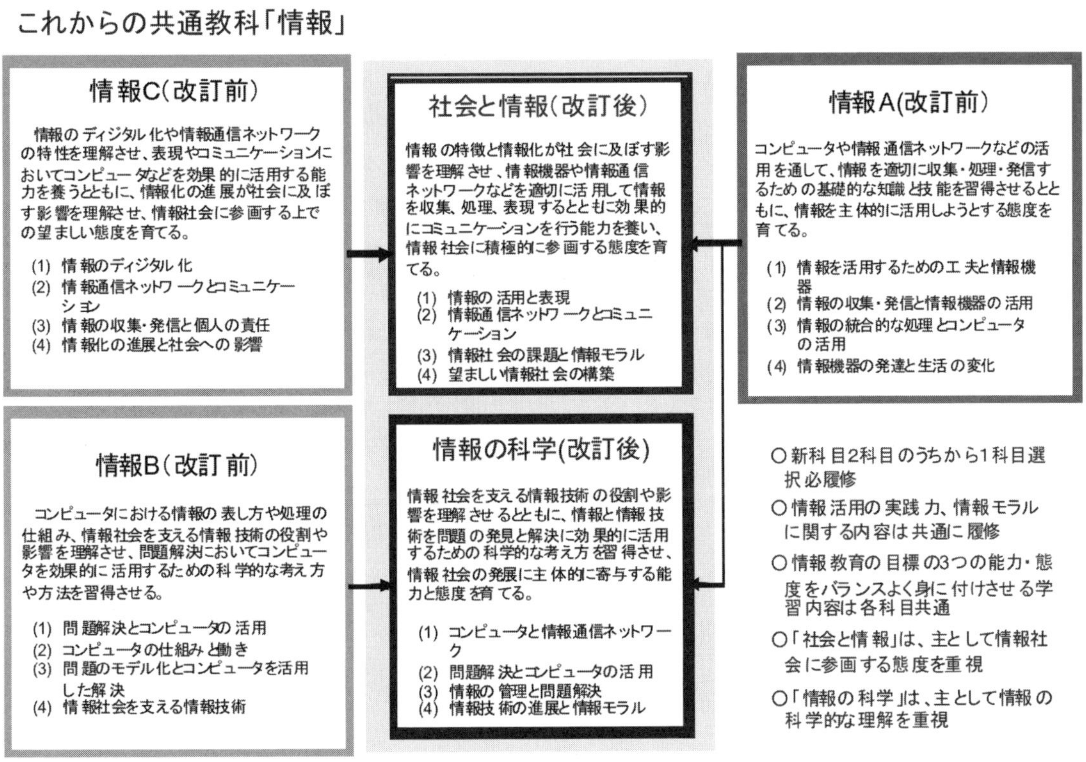

これからの共通教科「情報」

情報C（改訂前）
情報のディジタル化や情報通信ネットワークの特性を理解させ，表現やコミュニケーションにおいてコンピュータなどを効果的に活用する能力を養うとともに，情報化の進展が社会に及ぼす影響を理解させ，情報社会に参画する上での望ましい態度を育てる。
(1) 情報のディジタル化
(2) 情報通信ネットワークとコミュニケーション
(3) 情報の収集・発信と個人の責任
(4) 情報化の進展と社会への影響

社会と情報（改訂後）
情報の特徴と情報化が社会に及ぼす影響を理解させ，情報機器や情報通信ネットワークなどを適切に活用して情報を収集，処理，表現するとともに効果的にコミュニケーションを行う能力を養い，情報社会に積極的に参画する態度を育てる。
(1) 情報の活用と表現
(2) 情報通信ネットワークとコミュニケーション
(3) 情報社会の課題と情報モラル
(4) 望ましい情報社会の構築

情報A（改訂前）
コンピュータや情報通信ネットワークなどの活用を通して，情報を適切に収集・処理・発信するための基礎的な知識と技能を習得させるとともに，情報を主体的に活用しようとする態度を育てる。
(1) 情報を活用するための工夫と情報機器
(2) 情報の収集・発信と情報機器の活用
(3) 情報の統合的な処理とコンピュータの活用
(4) 情報機器の発達と生活の変化

情報B（改訂前）
コンピュータにおける情報の表し方や処理の仕組み，情報社会を支える情報技術の役割や影響を理解させ，問題解決においてコンピュータを効果的に活用するための科学的な考え方や方法を習得させる。
(1) 問題解決とコンピュータの活用
(2) コンピュータの仕組みと働き
(3) 問題のモデル化とコンピュータを活用した解決
(4) 情報社会を支える情報技術

情報の科学（改訂後）
情報社会を支える情報技術の役割や影響を理解させるとともに，情報と情報技術を問題の発見と解決に効果的に活用するための科学的な考え方を習得させ，情報社会の発展に主体的に寄与する能力と態度を育てる。
(1) コンピュータと情報通信ネットワーク
(2) 問題解決とコンピュータの活用
(3) 情報の管理と問題解決
(4) 情報技術の進展と情報モラル

○新科目2科目のうちから1科目選択必履修
○情報活用の実践力，情報モラルに関する内容は共通に履修
○情報教育の目標の3つの能力・態度をバランスよく身に付けさせる学習内容は各科目共通
○「社会と情報」は，主として情報社会に参画する態度を重視
○「情報の科学」は，主として情報の科学的な理解を重視

図2　情報科の科目の変遷
高等学校学習指導要領解説「情報」平成21年3月改訂 p.16

の科学的な理解を重視する方向で,「情報の科学」と「社会と情報」の2つの科目の内容を踏まえ,これからの時代に必要な資質・能力を身に付けるために「情報Ⅰ」という新科目を設置し,これを全員が履修する共通必履修科目とした。さらに,「情報Ⅰ」の履修を前提として「情報Ⅱ」という選択科目も設置した。

2.「情報Ⅰ」と「情報Ⅱ」の内容

1.「情報Ⅰ」の内容

「情報Ⅰ」は,問題の発見・解決に向けて,事象を情報とその結び付きの視点から捉え,情報技術を適切かつ効果的に活用する科目とし,
  (1) 情報社会の問題解決
  (2) コミュニケーションと情報デザイン
  (3) コンピュータとプログラミング
  (4) 情報通信ネットワークとデータの活用
の4項目で構成する。

「(1) 情報社会の問題解決」では,「情報Ⅰ」の導入として,中学校までに経験した問題解決の手法や情報モラルなどを振り返り,これを情報社会の問題の発見と解決に適用して,情報社会への参画について考える。たとえば,情報科学的な理解から法規等の意義を考えたり,情報技術の進展から人に求められる仕事内容,能力の変化を考えたりする。

問題の発見・解決については,図3のように統計を活用した思考・判断・表現を重視する。

「(2) コミュニケーションと情報デザイン」では,情報デザインに配慮した的確なコミュニケーションの力を育む。ここで扱う情報デザインとは,効果的なコミュニケーションや問題解決のために,目的や意図を持った情報を受け手に対して分かりやすく伝達したり,操作性を高めたりするためのデザインの基礎知識や表現方法及びその技術のことである。このような情報デザインの考え方は,アルゴリズム,プログラミング,ネットワーク,データの扱いなどでも重要である。

ここでは,ポスターやWebページの作成,インタフェースの設計などの具体的な実習を行う中でアクセシビリティ,ユーザビリティ,ユニバーサルデザイン,色や造形などの知識を身に付け,情報を抽象化して論理的に構成する力などを育む。

「(3) コンピュータとプログラミング」では,プログラミングによりコンピュータを活用する力,事象をモデル化して問題を発見したりシミュレーションを通してモデルを評価したりする力を育む。

ここでは,コンピュータの仕組みや特徴,コンピュータ内部での数値表現や計算誤差が発生する理由,アルゴリズムを表す複数の表現,用途に応じたプログラミング言語の使用,関数の使用によるプログラムの構造化などを学ぶ。

題材としては物理現象のシミュレーション(図4)やアプリの作成,アルゴリズムによる効率の違い(図5)などが考えられる。これは中学校の技術・家庭技術分野における学びを踏まえたものであり,「計測・制御」や「ネットワークを利用した双方向性のあるプログラミング」の発展的なものも想定している。

「(4) 情報通信ネットワークとデータの活用」で

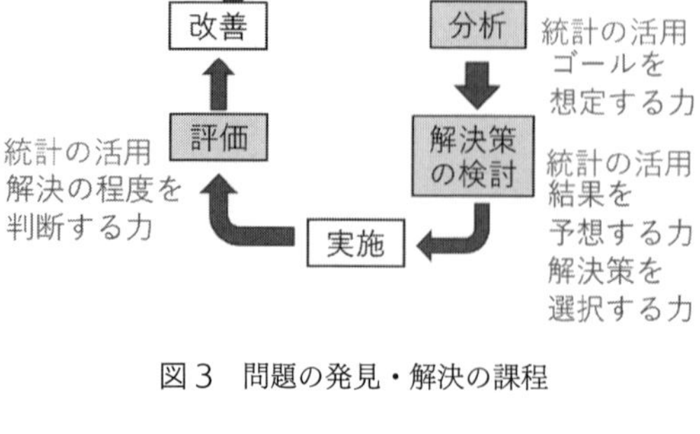

図3 問題の発見・解決の課程

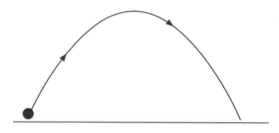

図4 物理現象のシミュレーション

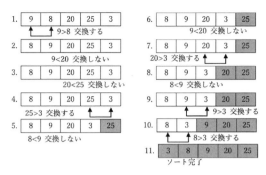

図5 ソート（並び替え）のアルゴリズム

は，情報通信ネットワークを用いてデータを活用する力を育む。

情報通信ネットワークについては，中学校での学びを踏まえて，ネットワークを構成する機器，プロトコル，無線と有線の双方で情報セキュリティを確保する方法などについて学び，小規模な情報通信ネットワークを設計できるようにする。

データの活用については，データを蓄積，管理，提供する仕組みについて学び，これを踏まえてネットワークで提供されるサービスの仕組みを知って活用できるようにする。また，データを収集・整理・分析する方法，異なる形式のデータや尺度水準の異なるデータを扱う方法，量的データと質的データの違いについて扱い，統計処理とそれに基づく解釈を行う。

統計的な内容については，中学校数学科の領域である「Dデータの活用」を踏まえるとともに，高等学校数学科の「数学Ⅰ」の「データの分析」の内容を活用する。また，分散，標準偏差などを実際に求めたり，散布図を書いて相関係数を求めたり，散布図を$y=ax+b$の形にモデル化（図6）したりする。

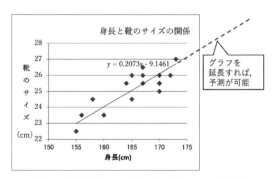

図6 身長と靴のサイズの散布図からの単回帰

図7 コイン投げ

また，具体的な事象において仮説検定の考え方を適用したりする。

たとえば，あらかじめ確率0.01以下は，通常おこらないと決めておけば，図7の確率を計算すると0.01以上になるので，これは通常おこらないとはいえないということになる。仮説検定の考え方を適用すれば，このような判断も客観的にできる。

2.「情報Ⅱ」の内容

「情報Ⅱ」は，「情報Ⅰ」において培った基礎の上に，問題の発見・解決に向けて，情報システムや多様なデータを適切かつ効果的に活用し，あるいは情報コンテンツを創造する力を育む科目とし，

(1) 情報社会の進展と情報技術
(2) コミュニケーションと情報コンテンツ
(3) 情報とデータサイエンス
(4) 情報システムとプログラミング
(5) 情報と情報技術を活用した問題発見・解決の探究

の5項目で構成する。

「(1) 情報社会の進展と情報技術」では，情報社会の進展と情報技術との関係について歴史的に捉え，AI等の技術も含めて将来を展望する。

この項目は「情報Ⅱ」の導入であり，「情報Ⅰ」で学習したことを振り返り，情報Ⅱの(2)〜(5)に向けたイントロダクション的役割を担う。ここでは，情報技術の発展や情報社会の視点を踏まえ，

・将来の情報技術や情報社会
・情報技術の担う部分と人が担う部分
・人の役割の変化，知的活動や働き方の変化
・人に求められる資質・能力の変化

などを考えるとともに

・法律の意味や目的を考えて対応する力
・情報技術を適切かつ効果的に活用する力

を育み，時代の変化に応じて自分が身に付けるべき資質・能力を再定義し続けることができるようにする。

「(2) コミュニケーションと情報コンテンツ」では，画像や音，動画を含む情報コンテンツを用いた豊かなコミュニケーションの力を育む。この項目では，「情報Ⅰ」の (2) で身に付けた情報デザインの考え方を活用する。

まず，目的や状況に応じてコミュニケーションの形態を考え，メディアを選択し組み合わせを考える。次に，実際にコンテンツを制作し，評価・改善する。制作するだけでは不十分であり，評価・改善というサイクルを行わせることが大切である。また，コンテンツを発信する方法を身に付け，発信した時の効果や影響を考え，評価・改善する。

これらの学習活動については，事前に評価規準表（ルーブリック）などで定めたものに従って自己評価，相互評価を行わせるようにする。

「(3) 情報とデータサイエンス」では，データサイエンスの手法を活用して情報を精査する力を育む。この項目では，多様かつ大量のデータを活用することの有用性，データサイエンスが社会に果たす役割を理解し，データサイエンスの手法によりデータを分析する方法，データに基づく現象のモデル化と予測，結果を評価する方法を身に付ける。

実際に多様かつ大量のデータについてモデル化，処理，解釈，表現を行ってこれを改善する過程を通じて，データの収集や整理・整形，欠損値や外れ値の扱い，信頼性や信ぴょう性を確保する方法を身に付ける。さらに回帰，分類（図8），クラスタリング（図9）などの機械学習の基礎となる統計的手法について，具体的な事例で学習する。

数学との関連では，「数学B」の「統計的な推測」

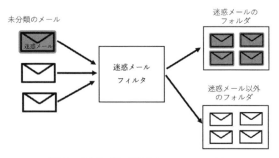

図8　分類の例（迷惑メールフィルタ）

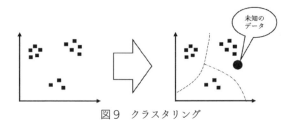

図9　クラスタリング

との関連が深い。「数学B」を習っていない場合は，この部分の理論を「情報Ⅱ」で教えることはないが，ここで扱う統計的指標や機械学習の考え方については理解するようにする。

「(4) 情報システムとプログラミング」では，情報システムを活用するためのプログラミングの力を育む。そのために，情報システムの理解と社会への効果と影響を理解する。情報システムについては，要求分析，システムの分割，分割されたシステムの設計などを実際に行い，情報システムの表し方を学んでこれを記述できるようにする。

この項目では，複数の生徒が役割を分担して取り組むことになるため，プロジェクトマネジメントに

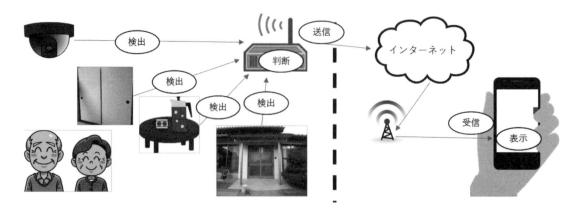

図10　作成するシステムの例

ついても学び，実際に作業の進捗を管理するなどの学習活動が考えられる。

分割した情報システムについては，分担して制作し，単体テスト，結合テストを経て，システムとして稼働するかどうかについてテストを行う。

評価については，制作物だけでなく，制作の過程を含めたものが必要である。たとえば，生徒個々のグループへの貢献度なども評価として扱うことが考えられる。

3．将来に向けた動き

1．高大接続について

(1) 高大接続システム改革会議

高大接続については，主に高大接続システム改革会議で議論されてきた。この会議は，平成26年12月の中央教育審議会答申「新しい時代にふさわしい高大接続の実現に向けた高等学校教育，大学教育，大学入学者選抜の一体的改革について」，平成27年1月の高大接続改革実行プランに基づき，高大接続改革の実現に向けた具体的方策について検討し，平成28年3月に最終報告を取りまとめた。

この最終報告の中では，「次期学習指導要領における教科「情報」に関する中央教育審議会の検討と連動しながら，適切な出題科目を設定し，情報と情報技術を問題の発見と解決に活用する諸能力を評価する」と述べている。

平成30年3月に高等学校学習指導要領が公示されてからの展開は速かった。

(2) 未来投資会議（平成30年5月17日）

林文部科学大臣からの提出資料「Society5.0に向けた人材育成の推進」の中で高大接続（大学入試）について，「高等学校の新学習指導要領で必修化される「情報I」を大学入学共通テストの科目として各大学の判断で活用できるよう検討（CBTによる実施も視野に検討）」としている。

同じ会議で，フューチャー株式会社の金丸恭文氏の提出資料「AI時代に求められる人材の育成・活用」には，「AI時代に対応した人材育成・活用（提言）」として文系・理解を問わず理数の能力を高めるために，

- ・大学入試で「情報」の試験を必須化
- ・小学校から高校までコンピュータサイエンス
- ・大学における一般教養でコンピュータサイエンス必須化

などの提言がされた。

同日の総理記者会見要旨には，"大学入試への「情報」科目の追加，「AI等の学位プログラム」創設など，Society 5.0にふさわしい教育システムへと改革を進める"という文言がある。

(3) 未来投資会議（平成30年6月15日）

この会議に「未来投資戦略2018」（案）が提出され，即日閣議決定された。この中に，5月17日の総理記者会見要旨が具体的な形で盛り込まれている。少し長くなるが，小学校でのプログラミング教育から，大学でのAI人材育成につながる「AI時代に対応した人材育成」の方針を示すものとして引用する。

> 「2020年度からの小学校でのプログラミングを効果的に実施するため，教材開発や教員研修の質の向上を実現するとともに，無線LANや学習者用コンピュータなどの必要なICT環境を2020年度までに整備すべく，地方自治体における整備加速を支援していく。」
>
> 「義務教育終了段階での高い理数能力を，文系・理系を問わず，大学入学以降も伸ばしていけるよう，大学入学共通テストにおいて，国語，数学，英語のような基礎的科目として必履修科目「情報I」（コンピュータの仕組み，プログラミング等）を追加するとともに，文系も含めて全ての大学生が一般教養として数理・データサイエンスを履修できるよう，標準的なカリキュラムや教材の作成・普及を進める。」
>
> 「先端的なAI人材の育成のため，工学分野における学科・専攻の縦割りや，工学（情報等）と理学（数学・物理学等）の縦割りを越えて分野横断的で実践的な人材育成を行う学位プログラムを実現すべく，大学設置基準等の改正を行う。」

(4) 問題素案の募集（平成30年7月18日）

平成30年度高等学校新教育課程説明会の情報科の初日の説明会が終わる際に，大学入試センターの係官から直接に「教科「情報」における問題素案の募集についての作成要領・フォーマット等について」の書類が配られ，各都道府県及び政令指定都市の指導主事に問題素案の募集の取りまとめが依頼された。

作成する試験問題は多岐選択式及びキーボードでプログラムを入力させる形式としたコンピュータを活用して実施されることを想定した問題であり，作問のねらいとする主な資質・能力は学習指導要領に沿ったもので，今回募集する範囲は，「(3) コンピュータとプログラミング」，「(4) 情報通信ネットワークとデータの活用」に関するものであった。

問題素案は，「知識・技能と思考力・判断力等を組み合わせた作問とすること」とされ，「STEM分野の問題」についても言及されていた。

2. 情報科を教える教員の現状

平成27年5月1日に文部科学省から出された通知「高等学校情報科担当教員への高等学校教諭免許状「情報」保有者の配置の促進について（依頼）」によれば，共通教科情報科担当教員は全国で5,732人（専任の教員のみ）である。その内訳は，

- 情報科の免許を有しており情報科のみを担当している者――――――1,170人（20.4%）
- 情報科以外の教科も担当している者
 ――――――2,982人（52.0%）
- 免許外教科担任――――――1,580人（27.6%）

である。情報科専任が約20%，他教科との兼任が約50%，免許外が約30%となる。

ここでいう免許外教科担任とは，「ある教科の免許状を保有する教師を採用できない場合には，1年以内の期間を限り，都道府県教育委員会の許可により，当該教科の免許状を有しない教師に当該教科の教授を担当させる制度（免許外教科担任制度の在り方に関する調査研究会議報告書）」である。

教科「情報」は，平成15年に全く新しい教科として現場に導入されたので，これを教えることができる教員を事前に確保する必要があった。そこで，平成12年から3年間にわたって「新教科「情報」現職教員等講習会」が実施された。これは，基礎免許として数学，理科，家庭，商業，工業等を持つ現職教員に対して，都道府県の教育センターなどが15日間の講習を行い，「高等学校教諭一種免許状（情報）」を付与するというものであった。

現在は高校の情報科が始まってから15年が過ぎていることになる。平成12～14年に情報科の教員免許を講習で取得した方も，年を重ねて退職の年齢に達したり，管理職として学校運営に携わったりするようになってきた。

情報科を担当する教員が減少しているにもかかわらず新規の採用がなければ，現在学校にいる他教科の教員に情報科の授業を担当してもらうことになる。

3. 都道府県による対応の差

前述の情報科を教える教員の現状は，平均的なものであり，都道府県の対応によって大きな開きがある。

例えば，東京都や大阪府は積極的に情報科教員の

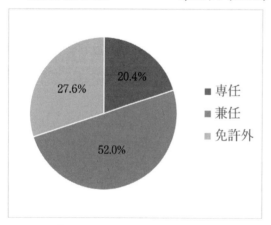

図11 情報科を教える教員の状況

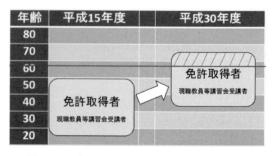

図12 現職教員等講習会で免許を取得した教員

採用を行っている。このような自治体においては，免許外教科担任の数は極めて少ない。また，東京都は情報科専任教員の割合も高い。しかし，現在までに一度も情報科教員の採用を行っていない自治体もある。このような自治体においては，免許外教科担任の割合が全国平均よりかなり多く，その数も年々増えていく傾向にある。

現在，このような差が広がっている。これにより授業の内容や質，生徒が選択できる科目等に影響が出る可能性があるとすれば，教育基本法に明記されている「教育の機会均等」が保障されないことになる。

新学習指導要領の実施に向けて都道府県によるこのような差を縮小するとともに，全国的に情報科を担当する教員の専門性の向上が必要である。

4. 「情報」免許保有者の配置促進

平成 28 年 3 月に「高等学校情報科担当教員への高等学校教諭免許状「情報」保有者の配置の促進について（通知）」が発出された。これは，文部科学省生涯学習政策局情報教育課長と同初等中等教育局教職員課長の連名によるもので，高等学校を所管する人事主管課長と情報教育主管課長に宛てたものであった。

通知文には，「情報科については，社会の急速な情報化の進展や技術革新を踏まえ，一層の充実が求められている」として，図 11 に示した情報科を教える教員の状況を踏まえ，「高等学校教諭免許状「情報」保有者の採用や計画的配置，現職教員の同免許状取得の促進など，計画的な免許状保有率向上の取組を進め，共通教科情報科担当教員の専門性向上に引き続き努められますようお願いします」としている。

5. 免許外教科担任の現状と対応策

免許外教科担任については既に述べたが，どのくらいの教員が免許外の教科を教えているかについて教育再生実行会議の第 4 回技術革新ワーキング・グループ（平成 30 年 8 月 31 日）の文部科学省提出資料「技術の進展に応じた教育の在り方について（初等中等教育局）」の中に「許可数の多い上位 3 教科」が示されている。それによると，

【中学校】　　【高等学校】
家庭：2,181 件　情報：1,248 件
技術：2,146 件　公民：　394 件
美術：　938 件　工業：　336 件
となっている。なお，平成 28 年度の全体の免許外教科担任の許可件数は 10,950 件である。

同資料には，対応の方向性として，以下の 3 点が示されている。

①近年の教師の需給の動向や今後の人口減少に伴う小規模校増加の可能性に鑑み，免許外教科担任制度は存続。

②ただし，同制度の利用を可能な限り縮小させるための取組を行う。

③どうしても免許外教科担任が必要な場合には，遠隔教育の利用など，担当教師への支援や研修を充実。

同じく，具体的な方策として，以下の 5 点が示されている。

①免許状取得要件の弾力化
複数教科の免許状の取得を促進するため，免許状の取得要件を弾力化

②大学間の連携・協力による養成・研修体制の確保
教員採用の少ない教科について，大学間の連携・協力により教職課程を設置する仕組みを検討

③現職教員以外の多様な人材の活用
退職教員，民間の人材等が，適時・適切に教壇に立てるよう，免許状更新講習の受講の弾力化や特別免許状・臨時免許状を積極的に活用

④免許外教科担任の質の向上
・「遠隔教育の推進に向けたタスクフォース」がまとめた「遠隔教育の推進に向けた施策方針」に基づき，遠隔システムの活用による免許外教科担任の授業の質の向上
・免許外教科を担当する教師の資質向上のため，放送・通信・インターネットによる講習を開発

⑤運用指針の提示
免許外教科担任の運用指針を都道府県教育委員会に示し，厳格な運用や担当教師への支援等を要請

ここで，④については，同資料の「遠隔教育の推進に向けた施策方針」のポイントに，「やむを得ず免許外教科担任が授業を担任する場合，免許状を保有する高い指導力を有する教師等が遠隔システムを活用し授業に参画することで，授業の質を高めることで，授業の質を高めるとともに，当該免許外教科担任の資質能力の向上を図る」としている。

また，放送大学では「小学校プログラミング教育導入編」が平成31年4月からBS231chで放送開始され，5月中旬からオンライン講座の開設が予定されている。

さらに，「Scratchプログラミング指導法」は令和元年7月からオンライン講座の開設が予定されている。後者の講座の修了には，試験会場にて試験を受けることが必要であり，全国260箇所以上で受験可能である。どちらの講座も修了者には修了証が交付される。

このようにプログラミング教育に関して全国規模で教員の資質・能力を向上させ，修了証の交付を行う取組は既に始まっている。中学校の計測・制御のプログラミング，ネットワークを用いた双方向性のあるプログラミング，高校の情報科に関する講座などが開講されると，免許外教科担任の資質・能力の向上に効果があると考えられる。

6．「情報Ⅰ」研修資料

現行学習指導要領の情報科は，「社会と情報」及び「情報の科学」の2科目からの選択必履修となっている。履修割合は下記の通り。

ここで，プログラミングは「社会と情報」で必須ではないので，確実にプログラミング教育が行われているのは普通科の20%ということになる。また，

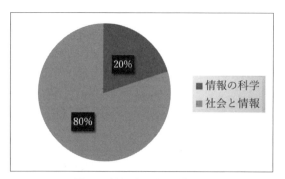

図13　情報科の科目履修割合

教えられている内容は必ずしもAIやIoTに対応した最新のものとは限らない。また，「社会と情報」を履修している学校では，プログラミング教育そのものが行われていない場合が多いと考えられる。

平成29・30年に公示された小・中・高等学校の新学習指導要領では，小学校でプログラミングを体験して，中学校で計測・制御だけでなく，ネットワークを用いた双方向性のあるプログラミングまで学んでくるので，高等学校の「情報Ⅰ」では問題の発見・解決のために相当高いレベルのプログラミングを学ぶことになる。

文部科学省では，「情報Ⅰ」研修資料を作成して，教育委員会及び教育センター等へ送付するとともに，電子ファイルを文部科学省のWebページで公開する予定である。この研修資料には，プログラミングだけでなく，「情報Ⅰ」を教えるために必要なこと，教師として知っておいた方がよいことがまとまっている。

プログラミングについては，Python，ドリトル，Java Script，Swift，Visual Basic for Applicationなど複数の言語に対応したものを作成し，学校や生徒の状況を踏まえた研修に対応できるようにし，免許外で教科を担当されている方が学ぶことを考え，イラストや概念図等も盛り込み，内容をできるだけ平易に記述している。

また，プログラムは，「情報Ⅰ」研修資料の電子ファイルからコピーして実行環境に貼り付けて実行し，これを変更することによって学んでいくことで，入力にかかる時間をできるだけ少なくして効率的に学べるように配慮した。

また，生徒用の授業プリントなども添付し，研修資料としてだけでなく，実際の授業における使用も想定している。

さらに，教育委員会及び教育センター等で講師が手配できない場合，関係する学会に講師を依頼する際の窓口についても記載している。研修を通じて，教育委員会等と学会の関係ができれば，今後の情報教育にプラスに働くものと考えている。

この研修資料は，都道府県等で「情報Ⅰ」を教えるために必要な研修計画を立ててもらい，そのための予算を確保するために使ってもらうことも想定している。

研修のための資料を文部科学省で作成し，広く公開することで，全国的に一定レベルの研修が計画されるとともに，熱心な先生は自らこれを学習し，現行指導要領の科目を教える際にも，より進んだ内容を取り入れることを期待している。また，大学等の教員養成課程についても，「何をどれくらい」という程度を示すことになると考えている。

具体的なスケジュールとしては，以下のようになる。

- ・2018 年度　研修資料作成
- ・2019 年度　研修計画＆予算の作成
- ・2020 年度　研修実施
- ・2021 年度　研修実施
- ・2022 年度　授業実施

「情報Ⅱ」については，「情報Ⅰ」の履修を前提としているので，令和元年度に研修資料を作成し，1年遅れで「情報Ⅰ」の後を追うことになる。

「情報Ⅰ」の研修については，代替科目を実施する産業の各学科の該当の教員も受講する必要があると考えている。「相互の代替ができるのは，同様の成果が期待できる場合」と学習指導要領にも記載されている。「情報Ⅰ」を教える教員と同等の資質・能力が産業の各学科で代替科目を実施する教員にも必要とされる。

「未来投資戦略 2018」に記載されているように，「大学入学共通テストにおいて，国語，数学，英語のような基礎的科目として必履修科目「情報Ⅰ」（コンピュータの仕組み，プログラミング等）を追加する」ということも想定して準備を進めていく必要がある。

4．おわりに

情報科は免許外教科担任，ICT 環境など，様々な問題を抱えている。これらは，新たに教員を採用したり，現職教員に対する研修を行ったりすることで，改善が可能である。そのための準備はある程度行われてきたと思う。

また，ICT 環境整備は，情報科だけの問題ではなく，学校全体で進めていくものである。これについても計画的に行っていくように予算措置もなされており，小学校や中学校については整備指針の策定も進んでいる。

最も大切なことは，教員の心の問題ではないかと考えている。「あなたは何の先生ですか？」と聞かれたときに兼任の先生や免許外教科担任の方は，ぜひ「情報と〇〇（情報以外の教科）です」と答えていただきたい。

自分の教える教科に誇りと責任を持つことが必要である。教師として向き合う生徒には，最高のものを提供するようにしていただきたい。そのためには，自主的に勉強することも大切である。「情報Ⅰ」研修資料，「情報Ⅱ」研修資料はそういった用途にも使うことを想定している。専門教科情報科の各科目については，自ら研修機会を探して研修することも必要になる場合が考えられる。

また，情報科の研究会，学会等に積極的に参加することも教員としての資質・能力を高めるために有効である。情報科の研究会がない都道府県等は，ぜひ研究会を設立していただきたい。

文部科学省，教育委員会，教育センター等の公的ルートからの情報提供と，研究会等のルートからの情報提供の双方を取り入れて実践を積むことで，適切に生徒の学びを創っていくことができると考えている。

時代の流れについていくのではなく，生徒とともに新しい時代を創っていくという気持ちで向き合っていただければ，その気持ちが生徒に引き継がれ，新しい時代を創るエネルギーになっていくのではないかと思う。

（鹿野利春）

第Ⅱ部
小学校におけるプログラミング教育

第1章　小学校におけるプログラミング教育の歩みと役割

1．はじめに

　小学校におけるプログラミングに関する教育実践は様々あるが，それらの効果を教育学的観点から検討整理した研究は十分に深められていない。また，我が国の情報教育やプログラミング教育の政策も年々変化しており，それらを概観することも大切で

ある。そこで本章は，初等教育におけるプログラミング教育の位置付けや教育的意義，身に付く資質・能力の観点から先行研究をもとにまとめ，今後それらを推進するための基本的な知見を得ることを目的とする。

2．我が国の小学校におけるプログラミング教育の歩み

　小学校におけるプログラミング教育を推進するにあたり，これまで出されてきた国の政策を確認することで，これからの我が国における方向性を再認識したい。本章では，「2008 年改訂小学校学習指導要領総則」，「プログラミング教育実践ガイド」，「小学校段階におけるプログラミング教育の在り方について（議論の取りまとめ）」，「2017 年改訂小学校学習指導要領総則編」，「小学校プログラミング教育の手引」をもとにそれらの内容を解説すると共に，諸外国が進めているコンピューテーショナル・シンキングとの差異についても簡単に触れることとする。

1．「2008 年改訂小学校学習指導要領」におけるプログラミング教育の位置付け

　「2008 年改訂小学校学習指導要領」[1] では，教科内容にプログラミング教育に関する記述がなく，教科としてのプログラミング教育は実践されていない。そのため，総合的な学習の時間にプログラミング教育を取り扱うのが妥当と推察され，実践が行われていた。総合的な学習の時間は，「横断的・総合的な学習や探究的な学習を通して，自ら課題を見付け，自ら学び，自ら考え，主体的に判断し，よりよく問題を解決する資質や能力を育成するとともに，学び方やものの考え方を身に付け，問題の解決や探究活動に主体的，創造的，協働的に取り組む態度を育て，自己の生き方を考えることができるようにする」と

いう目標が掲げられている。また，総合的な学習の時間の学習には，体験活動と言語活動の充実が必要とされている。また，そこで取り扱う内容として「問題の解決や探究活動の過程においては，他者と協働して問題を解決しようとする学習活動や，言語により分析し，まとめたり表現したりするなどの学習活動が行われるようにすること」が挙げられている。

2．「プログラミング教育実践ガイド」におけるプログラミング教育の事例

　2014 年に文部科学省生涯学習政策局情報教育課は，児童生徒の発達段階に応じたプログラミングに関する学習の事例をまとめた教員向け参考資料「プログラミング教育実践ガイド」[2] に具体的な事例を示した。記載されている実践事例は，小学校 4 年生から 6 年生の総合的な学習の時間で実施された内容である。この実践で得られた児童の学びの変容として，自ら物事を順序立てて考えられるようになったことが記されている。加えて，論理的に説明できるようになったこと，自分にもコンピュータを動かせるという自信を持つようになったこと，英語を使ったプログラミングによって，英語とプログラミングがつながるようになったことが挙げられている。これらのことからも，小学校の総合的な学習の時間にプログラミング教育を行う必要性と可能性が考えら

れる。

3. 小学校段階におけるプログラミング教育の在り方について（議論の取りまとめ）

　小学校段階における論理的思考力や創造性，問題解決能力等の育成とプログラミング教育に関する有識者会議（以後，有識者会議報告書[3]と記す）では，2016年6月に，小学校段階におけるプログラミング教育の在り方について，議論の取りまとめを行い，それらを公表した。

　小学校段階におけるプログラミング教育の在り方については，有識者会議報告書において，下記のように示している。"子供たちに，コンピュータに意図した処理を行うよう指示することができるということを体験させながら，将来どのような職業に就くとしても，時代を超えて普遍的に求められる力としての「プログラミング的思考」などを育むことであり，コーディングを覚えることが目的ではない。"これらは，小学校段階においては，プログラム言語の使い方を理解し，それらを活用してプログラミングに関する知識や技能を習得することを目的とするのではなく，プログラミングを体験することを通して，プログラミング的思考等の時代を超えて必要となる資質・能力を身に付けることを目的としていることを示している。

　また，小学校段階におけるプログラミング的思考で求める資質・能力について，3観点からまとめられている。

　知識・技能面においては，"身近な生活でコンピュータが活用されていることや，問題の解決には必要な手順があることに気付くこと"が小学校段階の目標として設定されており，中・高等学校についてはこれを発展したものが別に示されている。

　思考力・判断力・表現力等については，"発達の段階に即して，プログラミング的思考（自分が意図する一連の活動を実現するために，どのような動きの組合せが必要であり，一つ一つの動きに対応した記号を，どのように組み合わせたらいいのか，記号の組合せをどのように改善していけば，より意図した活動に近づくのか，といったことを論理的に考えていく力）を育成すること"が示されている。

　学びに向かう力・人間性等については，"発達の

段階に即して，コンピュータの働きを，よりよい人生や社会づくりに生かそうとする態度を涵養すること"と示され，これら2つの力は，小・中・高等学校で同様である。このことは，プログラミング的思考とは，論理的に物事を考え，手順を考えていくことに留まらず，コンピュータの特性を理解したうえで，自分の考えをまとめ，コンピュータを介して働きかけることであると示している。

　これらの資質能力は，諸外国が進める，コンピュテーショナル・シンキングをもとに，プログラミングに特化した定義であり，意味的には，コンピュテーショナル・シンキングに比べ，やや狭義の捉え方である[4]。

4.「2017年改訂小学校学習指導要領総則編」におけるプログラミング教育の取り扱い

　これらを受けて，小学校学習指導要領（2017年告示）総則編[5]（以降，小学校学習指導要領と示す）においては，プログラミング教育は，情報活用能力の育成のための手立ての1つとして位置付けられている。ここでは"イ　児童がプログラミングを体験しながら，コンピュータに意図した処理を行わせるために必要な論理的思考力を身に付けるための学習活動"と示されており，小学校学習指導要領では，論理的思考力の育成に焦点が当てられている。

　また，小学校においては特に，情報手段の基本的な操作の習得に関する学習活動及びプログラミングの体験を通して論理的思考力を身に付けるための学習活動を，カリキュラム・マネジメントにより各教科等の特質に応じて計画的に実施することとしている。

　そのため，小学校においては，教育課程全体を見渡し，プログラミングを実施する単元を位置付けていく学年や教科等を児童の発達に合わせて決定していく必要がある。その際，教科全体を通してプログラミングを学習活動として実施し，プログラミングに取り組むねらいを踏まえつつ，プログラミングを活用することで，より教科ごとの学びを深めることが求められている。日本におけるプログラミング教育が，他国とは異なり，教科の中での取り組みとして位置付いていることに大きな特徴があると言える。

小学校学習指導要領においては，「プログラミング的思考」については，前述の有識者会議報告書をなぞるもので，ここでは論理的思考力の側面が強く押し出されており，全ての学習の基盤となる力と定められている。

5.「小学校プログラミング教育の手引」

これら小学校段階でのプログラミング教育を具体的に推進するために「小学校プログラミング教育の手引」および「同（第二版）」[6] が取りまとめられた。ここでは，前述の学習指導要領における，プログラミング教育をかみ砕いて説明がなされると共に，具体的な指導事例を示している。

小学校段階におけるプログラミングに関する学習活動は，「A 学習指導要領に例示されている単元等で実施するもの」，「B 学習指導要領に例示されてはいないが，学習指導要領に示される各教科等の内容を指導する中で実施するもの」，「C 教育課程内で各教科等とは別に実施するもの」，「D クラブ活動など，特定の児童を対象として，教育課程内で実施するもの」，「E 学校を会場とするが，教育課程外のもの」，「F 学校外でのプログラミングの学習機会」，に分類される。

ここで，「A 学習指導要領に例示されている単元等」は，すでに各教科等で，プログラミング教育を通して学習されてきた事柄であり，教科の目的を果たすために一定の効果が確認されたものである。これからは，「B 学習指導要領に例示されてはいないが，学習指導要領に示される各教科等の内容を指導する中で実施するもの」での学びをより確実なものとするための学習活動として，様々な教科の学習場面でプログラミングが活用されることが求められてくる。

C・Dについては，教育課程内の教科以外の特別活動などで，プログラミング的思考の育成，プログラムのよさ等への「気付き」やコンピュータ等を上手に活用しようとする態度の育成を図ることなどがねらいとされており，各学校の創意工夫を生かした取り組みが大切である。

E・Fは，教育課程外での取り組みであり，民間で実施されている多様なプログラミング教育の機会など，地域の人材や教育資源を生かした取り組みが大切である。

3. 初等中等教育におけるプログラミング教育の教育的意義

プログラミング教育は，小学校で完結するものではないことは周知のことである。系統的にプログラミング教育を推進するためには，どの段階でどの程度の知識や技能を習得させるべきかを知ることが大切である。

前述のように，プログラミング的思考は，情報活用能力の一つとして位置付いており，発達段階に応じて適切な指導が必要である。ここでは，初等教育を念頭に，中等教育まで視点を広げて，情報活用能力について整理する。

これまで述べてきた国の教育の情報化に関する指針[7] の中に，各学校段階に期待される情報活用能力が示されている。これは，情報教育の目標である3つの項目に対し，各学校段階の目標をそれぞれ設定し，どのような学習や指導を行うかが明記されている。

また，「情報活用の実践力」は，「課題や目的に応じた情報手段の適切な活用」，「必要な情報の主体的な収集・判断・表現・処理・創造」，「受け手の状況などを踏まえた発信・伝達」の3要素，「情報の科学的な理解」は，「情報活用の基礎となる情報手段の特性の理解」，「情報を適切に扱ったり，自らの情報活用を評価・改善するための基礎的な理論や方法の理解」の2要素，「情報社会に参画する態度」は，「社会生活の中で情報や情報技術が果たしている役割や及ぼしている影響の理解」，「情報モラルの必要性や情報に対する責任」，「望ましい情報社会の創造に参画しようとする態度」の3つの要素に分け，それぞれの要素において各学校段階での目標が設定されている。

プログラミング教育実践ガイドには，プログラミング教育の実践上の工夫や学習を通しての児童生徒の学びの変容が記載され，小・中・高等学校の各段階における授業実践の例なども示されており，プロ

グラミングによる情報教育の充実化が図られている。プログラミングは、小学校から高等学校までどの校種でも、取り組ませる第一歩として、児童生徒が自分で作りたいと思えるような課題を設定し、それを重視して行われている。また、プログラミングに対して児童生徒に抵抗感を与えないために、モチベーションを継続できるように工夫して実践されている。サンプルプログラムや参考となるサイトのリンク集を用いて、児童生徒が自分で見比べて仕組みを理解したり、アルゴリズムを考えたりしている。

その際に、児童生徒同士で一緒に取り組んだり、分からなくなった時に教えあったりするような協働型の学習スタイルを活用することで、児童生徒自身が個人で考え、友達との協働によって確認・発展のアイデアを得て、試行錯誤しながらプログラミングをするという児童生徒の主体性を育成することができる。また、小さな目標を達成する体験を積み重ねながら最終目標に近付けるようスモールステップで課題を解決していくことで、児童生徒の「プログラミングは難しい」という思い込みを払拭させ、自分にもできるという自己効力感を高めさせる。そし

て、児童生徒は、ある程度自分でコンピュータを動かすことができるようになり、自分自身で発展・改良するといった工夫をするようになるとされている。

このように、プログラミング教育を行うことで、児童生徒の主体性や協調性を育み、自己効力感を高めることができる。プログラミングの教育的意義を表1に示す。

表1　プログラミングの教育的意義

教育的意義	構成する方法
主体性	サンプルプログラムや参考となるサイトのリンク集を用いて、児童生徒が自分で見比べて仕組みを理解させる。
協調性	児童生徒同士で一緒に取り組んだり、分からなくなった時に教えあったりするような協働型の学習スタイルを活用する。
自己効力感	小さな目標を達成する体験を積み重ねながら最終目標に近付けるようスモールステップで課題を解決していく。

4．プログラミング教育の効果

プログラミング教育の第一人者であるミッチェル・レズニック[8]は、プログラミングを通じて学べることとして、①新しいアイデアを試す方法、②複雑な問題をひもとく方法、③粘り強く前に進む方法、④物事を深く理解する方法、⑤他の人と協力して物事を進める方法を挙げている。

また、プログラミングを学ぶことによりできるようになる2つの要素についても発言している。プログラミングを通して、問題の解決方法を創造的に考えるスキルや系統的な推論を立てる方法、そして協力して物事に取り組む姿勢が身に付き、自分のアイデアや感情が発信できるようになるとされている。また、子どもたちは、変数の概念など、ただ学校の授業を受けるだけでは見過ごしてしまいがちな事項でも、表現したいことがあるときであれば、自ら進んで粘り強く学ぶことができ、今まで学んだことを意味のある文脈で理解することができるとされている。

清水（2014）[9]は、プログラミングを学ぶことで①論理的なものごとの考え方、②情報を適切に分類し、活用する方法、③最小の手間で正確な仕事をこなすための思考方法、④知らない人と知恵を共有する方法を身に付けることができる、と述べている。

一方、市川（1994）[10]は、プログラミング学習によって得られる効果として、数学的概念の自然な獲得、アルゴリズム的思考、自己の知識状態を把握する力、コンピュータを通じての人間理解、明確な表現力や説得力、デバッグ体験による柔軟な思考、自律的思考傾向、共同的達成傾向などがあると指摘している。これらは、プログラム作成が「数学的な概念を利用した考え方の手順を、技術的な手法を用いて表現することが要求される課題」という側面を持つことから、「結果」ではなく「過程」が重視され、プログラムを作成していく中で身に付いていくものと考えられている。

また、総務省のプログラミング人材の在り方に関

する調査研究の報告書によると，教育事業者へのアンケートとヒアリング調査から表2に示すプログラミングに関する教育の効果が挙げられた。表2のように，プログラミングの特性に応じて得られる教育の効果は，コンピュータに関する知識の理解や論理的思考力の向上など，様々な効果があることが示されている。

　ここで，プログラミング言語（人工言語）は，事象や表現したい事柄をどのように捉えるかという認識の方法を基礎にコンピュータ上に表現するために設計された表現ツールである[11]。そのツールを学ぶことで，ツールの設計された考え方を学ぶことができる。言い換えれば，それぞれのプログラミング言語の設計思想である事象の捉え方を学ぶことができる。例えば，手続き的言語，オブジェクト指向言語，マルチエージェント言語等を学ぶことは，事象の捉え方を学ぶことでもある。すなわち，プログラミング学習を通して，事象の見方・考え方の育成が組み込まれていると考えることができる。これらは，本郷ら（2015）[12]が指摘する，共通教科「情報」を学習することで情報的な見方・考え方が身に付くとの指摘と一致する。

　プログラミング言語は，手続きを表現する容易な表現ツールとして捉えることができる。つまり，プログラミング言語は，処理の手続きを数学的な記号を使って表現するために，数学記号の高度で抽象的なトレーニングが要求される場合が多い。プログラミング言語を使うことで，処理手順を素直な思考手順によって表現することを学べる。プログラミング言語では，表現の難しい動的な手続きを明示的に表現し伝えることが数学などと比べ比較的容易にできる。

　また，プログラミング言語を学ぶことから，情報的な見方・考え方の“設計科学的”な考え方を学ぶことができる。例えば，課題を設定して，設計して（フローチャートやアクティビティ図等で表現），コーディングして，コンピュータで実行（実践）し，結果を評価するなどの設計科学的な一連の学びを通して，情報的な見方・考え方の育成を目指すことができる。同様に設計科学的な見方を学ぶ場として，情報を適切に分類して，最小の手間で正確な仕事をこなすための思考方法，他の人と協力して物事を進める方法，共同して物事を進める方法，なども含まれる。

表2　プログラミング教育の効果の整理

プログラミングの特性	プログラミングに関する教育の効果
ICT を利用する	・プログラミング能力の向上・検索力等の情報利活用力の向上・コンピュータに関する知識の理解
フローチャートや設計図，仕様を考える	・論理的思考力の向上
インタプリタ型言語においては，試行錯誤が容易である（結果がすぐに分かり，改善点が明確である）	・論理的思考力の向上
モノづくりである	・完成させる，やりきる力（忍耐力，集中力）の向上
プログラミング自体および成果（作品）が子どもにとって魅力的である	・プログラミングや関連スキル（情報利活用力，語学力等）に対する学習意欲，関心，動機の向上
チームでの活動を設定できる	・主体的な行動力の向上・自己・他者肯定感の向上・発表力の向上・チームでの活動力の向上
プログラミングは，ツールであり，多様な目的で活用できる	・より多くの子どもへの関心・意欲，動機付けに有効・創造力の向上・表現力（デザイン力）あるいは論理性の向上
その他	・早期教育による天才的プログラマーの育成可能性向上

5．教育実践の結果から得られた初等中等教育におけるプログラミング教育の効果

　初等教育におけるプログラミング教育を推進するためには連携する中学校でのプログラミング教育との関連を意識することも大切である。先行する中学校での実践やその効果も簡潔に整理する。

山本ら（2007, 2016）[13,14]や神山ら（2012）[15]は，小学生を対象にカーリング，ピンボール，ボーリングなどのゲーム的な要素を取り入れたプログラミング学習を実施した結果，児童のコミュニケーションの場が設定され，次の行動を予測しながら，ものごとを考える力が付いたことを示している。

また，山本ら（2014）[16]は，生活の中に組み込まれた自動化された製品の仕組みをプログラムを通して学習することで，より良いプログラムの条件として，改良しやすい，単純で分かりやすいなどを見つけ出す実践を行っている。

中等教育の実践では，鈴木ら（2011）[17]は，プログラミング活動を通して数学的なものの見方，考え方が学習できることを示している。同様な研究として，萩嶺ら（2014）[18]は，プログラムによる計測・制御の学習において形成される「技術的な見方・考え方」について調査した結果，「システム的な見方・考え方」，「計測・制御技術に対する興味・関心」，「ユーザーとしての責任感」という3つの因子を抽出している。

また，山本ら（2010）[19]は，ロボットを時間制御する試行錯誤的な問題解決行動に対して，タイヤの直径と回転角度の距離制御をすることで論理的な思考が身に付くことを示している。これら内容は小学校での学習への転移を指摘し，私立小学校での実践も中学校同様の成果をあげている[20]。さらに，山本ら（2007）[21]は，中学生のプログラム作成過程から，生徒の思考を推察することで，初期段階では試行錯誤的にプログラミングしているが，学習を重ねることで見通しを持ってプログラミングする力がついていることを明らかにしている。これらは小学校においても同様の結果が示されている[22]。

これらの教育実践の結果をもとに，プログラミングの教育的な効果を整理すると下記のようになる。

①新たなものを生み出したり，難しいものに挑戦しようとする探究力が身に付く。

プログラミングを学習する過程において，児童生徒は，課題解決のために様々な考えを試しながら（試行錯誤），プログラムを改良し，解決の糸口を見つけていく。誤りがあったとしても，デバッグを繰り返すことで課題を解決する体験は，"失敗を恐れず誤りを次第に直していって完全なものに近付けていけばよい"という柔軟な姿勢や自己効力感，自律的思考傾向は，難しいものに挑戦する探究心の基礎を育む。こうして，プログラミングを学習する過程を通して探求力が身に付く。

②アルゴリズム的思考，論理的思考力が身につく。

プログラミングは，問題を解決するための方法や手順（アルゴリズム）を用い，目的の情報を処理するものである。課題を解決するには，これらのアルゴリズムを考え適切に組み合わせることで，課題解決を導くものである。これら学習過程で，アルゴリズム的思考，論理的思考力が身に付く。

③物事や自己の知識に関する理解力が身に付く

自分や他人の作ったプログラムを読み取ることで，自分の考えの程度や，課題の捉え方を把握しようとする活動が生まれる。こうした自己内省的な思考プロセスを繰り返すことで，自己や他者の知識に関する深い理解が促進される。

④自分の考えや感情が発信できる表現力や説得力などのコミュニケーション力が身に付く。

プログラミングを学習する過程で，フローチャートやコード（言語）を書くことは，自分の考え（課題解決の手立て）を約束に沿った方法で表現することである。これらの活動を通してコミュニケーション力が身に付く。

⑤知恵を共有したり，他者を理解し他者と協力して物事を進めたりする力が身に付く。

プログラミング言語といった共通のコミュニケーションツールを活用し，相互の考え方を理解すると共に，グループで課題解決をする共同作業の場が設定される。

⑥プログラミングを通して，情報（技術・数学）的なものの見方や考え方が身に付く。

プログラムを作成する過程では，数学的な概念を利用したり，プログラミング言語の設計思想である事象の捉え方を学ぶことで，情報的なものの見方や考え方が身に付く。

6．発達段階に応じた指導過程の必要性

プログラミング教育は，児童生徒の認知能力などの基礎的な能力の発達に従った段階的な育成や指導が必要とされている[23]。小学校段階では，IF-THEN型の論理構成は，9〜10歳の児童には理解することが難しいと考えられる。また，論理的思考を身に付けることができる年齢には個人差があるが，9歳以降が妥当である。さらに，テキスト型言語の文法やタイピングなどの習得が小学校のどの学年から可能であるかを考慮しなければならない。そのため，9歳以降にプログラムの条件分岐や繰り返しなどの制御に係わる構成が必要となるプログラミングを指導することが妥当とされている。その際に，ブロックの組合せなど視覚的支援を伴う論理構成が可能な

Scratch などを用いることが有効とされている[24]。文字の利用に習熟した後は，テキスト型言語を利用することが好ましいと考えられる。論理的思考力を身に付け，テキスト型言語を習熟した後は，プログラミングの知識とスキルに応じた指導内容を行うことが可能になる。段階的な育成方法に影響を与える能力および知識等の主な要素は，論理的思考力，抽象的思考力等の認知能力，アルファベット等の文字利用の習熟，プログラミングに関するスキル・知識が挙げられ，これらの習熟度や発達段階を考慮した指導課程を作成することで，段階的にプログラミングを学習することができる。

7．おわりに

以上，本章では，小学校におけるプログラミング教育の歩みを確認すると共に，学校教育における位置付けや教育的意義および効果を先行研究から下記のように整理した。上記で得られた知見を下記に整理する。

① 新たなものを生み出したり，難しいものに挑戦しようとする探究力が身に付く。

② アルゴリズム的思考，論理的思考力が身に付く。

③ 物事や自己の知識に関する理解力が身に付く。

④ 自分の考えや感情が発信できる表現力や説得力などのコミュニケーション力が身に付く。

⑤ 知恵を共有したり他者の理解や協力して物事を進めたりする力が身に付く。

⑥ プログラミングを通して，情報（技術）的なものの見方や考え方が身に付く。

⑦ プログラミングを学ぶことを通して，プログラミングが設計された基礎にある事象（現実）の捉え方（見方・考え方）を身に付けることができる。

教育のグローバル化や，扱う情報が飛躍的に増加している予測困難な時代を児童生徒が生き抜くためには，これらプログラミング教育を通して新たな未来を切り拓く資質が求められることは周知のことである。情報が諸資源と同等の価値を有し，それらを中心として機能する社会においては，情報を適切に処理できる人材の育成が不可欠である。本研究は，初等中等教育のプログラミング教育の推進のため，それらの効果と今後の取り組むべき課題を整理したものである。

これらプログラミング教育は，論理的思考力や創造性，問題解決能力といった資質・能力を育むことも，「小学校段階における論理的思考力や創造性，問題解決能力等の育成とプログラミング教育に関する有識者会議」や「小学校プログラミング教育の手引き（改訂第二版）」でも，提言されている。

しかし，現状では，小学校段階でプログラミングの学習経験がある子どもは少なく，小学校におけるプログラミングを学ぶ教科，学習内容が設定されていない。また，発達段階に応じた系統的なカリキュラムの開発も十分とは言えない。児童生徒たちにどのような方法でどの程度の力をいつまでに身に付けるかを今後明らかにする必要がある。本研究の知見は，今後それらを検討する際の基礎的資料となるものである。

今後は，発達段階に応じた系統的なプログラミン

グ教育の在り方を検討すると共に，より効果的な指
導方法を検討していきたい。それらは今後の課題と

する。

(山本利一)

第2章　小学校におけるアルゴリズム学習とその評価

1．はじめに

2017年3月に小学校学習指導要領が改訂され，プログラミングに関する教育を小学校から実施することが明記された[1]。それに伴い，2018年には「小学校プログラミング教育に関する手引き」[2]も公開され，文部科学省が求める小学校プログラミング教育の導入の経緯や育む力等が示された。その中で特に強調されているのが「プログラミング的思考」の育成である。文部科学省が定める「プログラミング的思考」とは，「自分が意図する一連の活動を実現するために，どのような動きの組合せが必要であり，一つ一つの動きに対応した記号を，どのように組み合わせたらいいのか，記号の組合せをどのように改善していけば，より意図した活動に近づくのか，といったことを論理的に考えていく力」とされている。さらに「プログラミング的思考」とは，「急速な技術革新の中でプログラミングや情報技術の在り方がどのように変化していっても，普遍的に求められる力」ともされている。そのため，特定のコーディングを学ぶことではなく，どのような職業につくとしてもこれからの時代において共通に求められる力である。

以上のことから，国が求めている小学校におけるプログラミング教育とは，「プログラミング的思考」の育成であり，問題を解決する手順を論理的に考えられる力の育成である。即ち，課題解決のための手順を論理的に考え，その手順に従った命令を具体的にコンピュータに与え，その真偽を体験的に学ぶこととなる。一方で，論理的な手順を考えるためには，効率性も重要となる。問題に対して正しい解が得られたとしても，非効率な手順では急速な技術革新の中での普遍的な力が身に付くとは言えない。そのため，小学校プログラミング教育に求められるのは，正確性と効率性を高めた解法の手順を学ぶアルゴリズム学習であるといえる。また，アルゴリズムを構成する3つの基本の処理手順である順次処理，分岐処理，反復処理を組み合わせて問題を解決するための学習とそれを評価する評価基準も必要である。

そこで本章では，小学校におけるアルゴリズム学習の考え方とその評価のための評価基準を示し，具体的な評価の方法について述べるものとする[3,4]。

2．アルゴリズム学習と情報科学技術教育

1．小学校におけるアルゴリズム学習の考え方

アルゴリズムとは，問題を解く，あるいは関数を計算するための具体的な手続きと一般的に定義されている[5]。さらに，その内容は処理の効率や設計手法など多くの学習要素が含まれている。図1に基本となる3つのアルゴリズムの流れ図を示す。

図1に示すように，アルゴリズムの基本的な処理には，順次処理，分岐処理，反復処理の3つがある。各処理の概要は次の通りである。

①順次処理

問題解決に必要な手順を順次行う処理である。そのため，問題解決に向けた処理の方向性や道筋，そして順次進行する処理の流れについての考え方が重要な処理だと言える。

②分岐処理

分岐処理は，条件項目や条件によってその後の処理を2つまたはそれ以上に分岐させるための処理である。そのため，二分岐と多分岐の2つの分岐処理がある。図1に示す処理手順は，二分岐処理の流れ

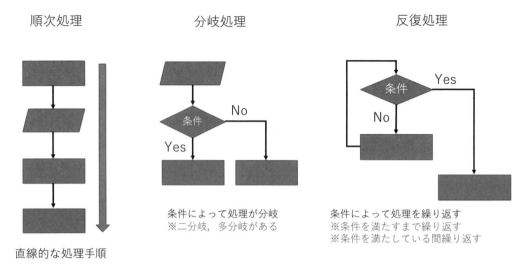

図1 基本アルゴリズム

である。なお，本章では二分岐処理のみを扱うため，以後の分岐処理とは二分岐処理のことを指すものとする。

分岐処理で重要となるのは，条件項目と判断するための条件である。また，条件項目や条件は，「真（True）」または「偽（False）」で判断できる項目でなければならない。

③反復処理

反復処理は，同一の処理を決められた回数や条件を満たしているまたは条件を満たすまで繰り返し行うための処理である。また，順次処理では重複して表現された手順を効率的に表現できるという側面もある。

小学校のアルゴリズム学習は，これら3つの処理手順そのものを教えるのではなく，問題を解決するための考え方の手順として段階的に指導することが求められる。また，問題を解決するのに必要なのは，解決のための手順を一つ一つ考えさせることである。この手順同士のつながりが，アルゴリズムの3つの処理手順のいずれかに分類されることとなる。次に，この手順を何らかの方法（例えば，Scratch[6]等のプログラミング言語）によって具現化する。そして，具現化した結果を確認し，問題解決の手順の正しさや効率性などを検討させ，手順の見直しや改善を繰り返し行う学習となる。すなわち，小学校におけるアルゴリズム学習とは，特別なことを強いる学習ではなく，これまで行ってきた教科指導での問題解決型の学習の中で解決の手順を論理的に構築し，具現化していく学習であると言える。これらのことを，図2に示す1辺が100の正方形を描くための手順を例にすると次のようになる。なお，この例では，順次処理と反復処理の2つのアルゴリズム学習として例示する。

1辺の長さが100の正方形を描くには，長さ100の4本の線分の端点同士が垂直に交わるように接続して描かなければならない。そのための手順は，最初に正方形の下の線分を左から右に描いた場合，次に左回りに90度回転させる。その後，右側の線分を描いて左回りに90度回転させる。同様に上側，左側のそれぞれの線分を順次描く手順となる。このことをコンピュータに与える命令として具現化すると

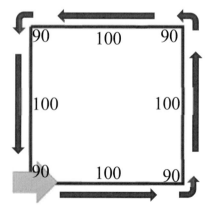

図2 順次処理によって正方形を描く手順の例

図3　1辺の長さが100の正方形を描くための順次処理の手順例

図4　1辺の長さが100の正方形を描くための反復処理の手順例

図3のように表すことができる。なお，ここでは，1つの命令を1つのブロックの形式で表にする。この命令を表記するブロックを便宜上命令ブロックと呼ぶこととする。また，1段目の命令ブロックは，プログラムの開始を示すものである。

2段目以降の命令ブロックは，正方形を描くための手順を1つずつ表している。2段目以降にある「100進む」は，線分を描くための命令ブロックである。3段目の「左に90度回転」の命令ブロックは，進行方向から左回りに90度向きを変えるためのものである。4段目以降は，線分を描く，進行方向を回転する2種類の命令ブロックを順次つなげることで正方形を描くことができる。すなわち，前述した正方形を描く手順を1つずつ命令ブロックに置き換えて具現化したことになる。そして，各命令ブロック間のつながりは，上からの順に直線的につながる順次処理となっていることが分かる。しかし，具現化時に同じ命令ブロックを4回繰り返して記述することは，効率的に具現化したとは言えない。そこで，処理を4回繰り返していることに注目することで，図4に示すように，反復処理に修正することができる。反復処理を具現化するには，繰り返すのが一定回数なのか，条件を満たしている間または満たすまでの間なのかを考慮する必要がある。さらに，どこからどこまでの処理手順を繰り返すのかを考えて具現化する必要がある。図4の例では，命令ブロック「繰り返し4回開始」と「繰り返し終了」の間に「100進む」→「左に90度回転」の2つの手順を記述し

ている。これにより，「100進む」→「左に90度回転」の2つの手順を4回繰り返す処理手順として具現化できたことになる。また，図3の例よりも効率的に具現化できたことになる。

次に，問題「与えられた数字nが3の倍数かどうかを判定するための手順」の解決の手順を例示する。この例は，分岐処理のアルゴリズム学習の例である。この問題を解決するためには，まず与えられた数字nとは何かを考える必要がある。これは具現化する方法によって異なるものである。例えば，プログラミングとして考えるのであれば，コンピュータが何らかの方法によって算出した数字なのかキーボードなどを用いて人がコンピュータに入力した数字なのかによって具現化の方法が変わる。ここでは，キーボードなどを用いて人がコンピュータに入力した数字を与えられた数字nとしたときの手順を検討する。

この例で重要となるのは，「真/偽」で判定できる条件項目と，判定する条件の2つを正しく考えることである。まず，条件項目を設定するためには，3の倍数がどのような数字なのかを検討しなければならない。3の倍数は，3で割った余りが「0」になる数字である。また，その条件としては，入力された数字nを3で割った余りが「0」の場合を「真（True）」，それ以外を「偽（False）」とすることで二分岐を確立することができる。すなわち，「nを3で割った余り」が条件項目となり「= 0」を条件と設定することで判定することができる。そこで，これらの考え方を命令ブロックにより具現化した結果を図5に示す。なお，図5は，上半分に手順例を示しており，左下の真偽の項目は回答に応じた分岐のため

図5 入力した数字が3の倍数であるかを判断するための手順例

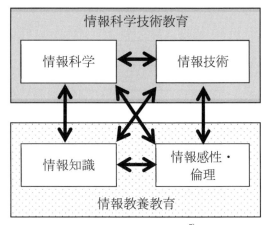

図6 情報科学技術教育[7]

の判断を，右下はそれぞれの判断結果に応じた表示内容を示している。

図5の手順の2段目の命令ブロックはキーボードから数値や文字などを入力するための命令ブロックである。2段目の命令ブロックが実行されることによりキーボードから値を入力するための待機状態となる。例えば，キーボードから「9」を入力した場合，入力された「9」は変数「n」に代入される。そのため，先に検討した条件項目「nを3で割った余り」のnの値が9と決定したため，「9÷3」の結果から余りを算出することができる。また，条件として「＝0」とすることで余りが「0」か「それ以外」に結果を分岐することができる。判定後の事後処理は，「(変数「答え」に代入された値)を3で割った余り＝0」が「真(True)」の場合「nは3の倍数だね」，「偽(False)」の場合「nは3の倍数じゃないよ」と表示する手順となる。これらのことから，与えられた数字nが3の倍数かどうかを判定するための手順をコンピュータに与えるプログラミングとして具現化できたことになる。

以上のように，小学校で求められるアルゴリズム学習は，問題を解決するための手順を考え，「プログラミング的思考」の定義に従って具現化する学習となる。しかし，学習には，その成果を評価することが求められる。これまでのアルゴリズム学習において情報技術の側面からの評価は，全ての処理が正しく記述されていることが正答の基準として扱われてきた。そのため，一カ所でも処理の記述を間違えれば誤答として評価されてきた。しかし，この評価方法では，具現化する前の学習者の思考を正しく評価

することができないという課題がある。逆に，非効率な手順を考えてそれを具現化し，実行した結果が正しいとしても「プログラミング的思考」が養成されたと判定できるかを考えなければならないという課題もある。そこで，学習者の論理的な考え方と具現化する技術の2つの側面から評価する方法について，情報科学技術教育の観点から検討する。

2．情報科学技術教育と評価基準

情報教育を情報科学と情報技術を融合させた立場から情報科学技術教育として捉えた研究がある[7]。情報科学技術教育の概要を図6に示す。図6に示すように，この研究では，知識的な側面である人間のコミュニケーションや人間の感性・倫理を情報教養として全体の基本に位置付け，その上に情報に関わる科学（情報科学）と技術（情報技術）の2つの教育・学習内容をバランス良く行うことが学校教育に必要であるとしている。すなわち，数理的な考え方を基にした学習と具現化する技術を基にした学習を人間の行動の規範となる教養の上に指導することが大切になるという考えである。この考え方に即した情報基礎教育としてプログラミング教育があり，問題解決に必要なアルゴリズムをプログラミング言語によって具現化する教育であると言える[8]。このことを小学校プログラミング教育の概念に置き換えると，「論理的に考えていく力」が情報科学であり，「コンピュータに意図した処理を行うように指示することができるということを体験させながら」が情報技術の考え方となる。すなわち，「プログラミング

表1　情報科学の観点からの評価項目と評価基準

処理内容	評価項目	評価基準
順次処理	①処理手順の方向性	開始位置から終了位置（結果）に向かう方向が正しく考えられているか
	②処理手順の経路	目的達成のための道筋を最後まで考えられているか
	③順次処理の考え方	目的達成に必要な一つ一つの処理の流れを考えられているか
分岐処理	④分岐の考え方	条件によって後続処理の場合分けがなされることを考えられているか
	⑤分岐の後続処理の考え方	後続処理を正しく考えられているか
	⑥分岐の条件設定の考え方	目的に適した条件が考えられているか
	⑦分岐の条件や判定結果等の考え方	分岐の条件を正しく判断し，条件と判定の整合性がとれているか ※真／偽で判定できる条件項目と判定結果に応じた後続処理が考えられているか
反復処理	⑧開始と終了の関係性	反復処理では開始と終了の関係が考えられているか
	⑨反復条件の考え方	反復処理では条件指定によって繰り返されることが考えられているか。 ※記述された処理の流れから必然性のある数字となっているか

表2　情報技術の観点からの評価項目と評価基準

処理内容	評価項目	評価基準
順次処理	①方向性の記述	順次処理の方向性に従って正しく記述できているか
	②経路の記述	開始から終了まで正しく記述できているか
分岐処理	③条件項目の記述	分岐処理の条件項目を記述できているか
	④条件の記述	分岐処理の条件を記述できているか
	⑤後続処理（真）の記述	条件判定（真）の後続処理を記述できているか ※正答でなくても方向性の記述が正しければ良い
	⑥後続処理（偽）の記述	条件判定（偽）の後続処理を記述できているか ※正答でなくても方向性の記述が正しければ良い
反復処理	⑦開始の記述	反復処理の開始を記述できているか
	⑧反復条件の記述	反復処理の条件を記述できているか
	⑨終了の記述	反復処理の終了を記述できているか
	⑩開始と終了の間に処理を記述	反復処理の開始と終了の間に適切な処理を記述できているか

的思考」を評価するためには，情報科学と情報技術の両方を評価しなければならない。さらに，前段階であるアルゴリズム学習の中で，学習者の考え方（情報科学）と具現化（情報技術）した内容の双方を評価する基準が必要である。

　情報科学のように数理的な思考を伴う考え方を重視した評価を行うためには，アルゴリズムを段階的に理解する状況を反映した評価基準が必要である。そこで，順次，分岐，反復の処理ごとの特性を考慮し，具体的な評価基準を検討する。また，情報技術は，使用するプログラミング言語の種類によって変化する文法や構造によって左右されない普遍的な評

価基準を検討する。提案する情報科学と情報技術の評価基準をそれぞれ表1と表2に示す。

2.1　順次処理の評価

　順次処理は，前述したように問題解決に必要な手順を順次行う処理である。そのため，問題解決に向けた処理の方向性や道筋，そして順次進行する処理の流れについての考え方が重要である。さらに，処理の流れを正しく具現化することができているかを評価することも大切である。しかし，全ての処理が正しく具現化できていることを評価することと，順次処理を正しく考えられているかを評価することは異なるものである。そこで，一つの手順ごとの記述

を評価することが求められる。そこで，順次処理の評価基準として次のように設定した。

(1) 情報科学の観点からの評価

問題解決には，問題から手順を導き出す考え方と結果から手順を導き出す考え方の2種類がある。前者は手続き型言語の考え方であり，後者は非手続き型言語の考え方である。ここでは，アルゴリズム学習の具現化として手続き型プログラミング言語を想定しているため，問題から手順を導き出す方向性を評価する（表1①）。次に，問題解決のための道筋として正しい手順を最後まで考えられているかを評価する（表1②）。そして，順次進行する手順によって問題解決の流れを構築できているかを評価する（表1③）。具体的な評価は，次のようになる。

例えば，図2で示した「1辺の長さが100の正方形を描く手順」の正答が図3に示すように「辺の描画→回転→辺の描画→……→回転」である問題に対して「辺の描画→辺の描画→……→辺の描画」と回答した例においては，正方形が4つの辺をつないだ図形であり，描画には4本の線分が必要であるという考え方はできていると判断できる。そのため，「①処理手順の方向性」として，開始位置から終了位置（結果）に向かう方向は正しく考えられていると判断できる。次に，「②処理手順の経路」の観点では，1本の線分を描き終わった後，次の線分を描くために描画する方向を変更しなければならないという考え方が抜けている。そのため，問題解決に必要な手順を最初から最後まで正しく考えることができていないと判断できる。また，「③順次処理の考え方」の観点は，目的達成に必要な一つ一つの処理の流れを考えられているかを判定するものである。上述したように4本の線分を描くことが問題解決に必要であり，そのためには順番に線分を描画しなければならないという処理の流れの考え方はできていると判断できる。以上のことから，順次処理に対する情報科学の3つの観点の正答数3に対し，この誤答例では「①処理手順の方向性」と「③順次処理の考え方」の2つの観点から捉えた考え方ができているため正答数2と評価することができる。

(2) 情報技術の観点からの評価

順次処理を情報技術の評価の観点から評価するには，順次処理の方向性に従って正しく記述できてい

るかを判断する「①方向性の記述」（表2①）と開始から終了まで正しく記述できているかを判断する「②経路の記述」（表2②）がある。例えば，前述の誤答例では，上から順に命令が実行されるという順次処理の道筋は分かっていると判断できる。しかし，正方形を描く手順の記述の観点では，描画する方向を変化させる考え（情報科学）ができていないが，線分を4本描画するための記述（情報技術）ができていると言える。そのため，完全正答を求める従来の評価では，一律に誤答と判断される回答であっても，回答内容を表2の①と②の評価基準で判断すれば，4本の「長さ100の辺の描画」を上から順に記述できているため，「①方向性の記述」は正答と判断できる。次に，開始から終了まで正しく記述できているかを判断する「②経路の記述」は誤答と判断できる。そのため，正答数2に対して誤答例の判定は正答数1となる。

2.2 分岐処理の評価

分岐処理には，分岐に必要な条件項目，条件，後続処理の3種類の考え方とそれを具現化する能力を評価する必要がある。そこで，分岐処理の評価基準を次のように設定した。

(1) 情報科学の観点からの評価

分岐の考えとして重要なのは，条件に応じて後続処理が分かれることである。そのため，条件によって後続処理の場合分けがなされることを考えられているかを評価する「④分岐の考え方」（表1④），後続処理を正しく考えられているかを評価する「⑤分岐の後続処理の考え方」（表1⑤），目的に適した条件が考えられているかを評価する「⑥分岐の条件設定の考え方」（表1⑥），分岐の条件を正しく判断し，条件と判定の整合性がとれているかを評価する「⑦分岐の条件や判定結果等の考え方」（表1⑦）の4つの観点から考えることができる。そこで具体的な評価は，図5で示した「入力した数字が3の倍数であるかを判断するための手順例」では次のようになる。

この問題では，分岐に必要な条件式は「n を3で割った余り＝0」となる。この条件式の後続処理として「真（True）」または「偽（False）」のそれぞれの場合ごとに処理が記述されていれば「④分岐の考え方」はできていると判断できる。また，仮に具現

化した後続処理の手順の記述が誤っていたとして
も，後続処理の方向性が考えられているため，「⑤分
岐の後続処理の考え方」を考えられていると判定で
きる。さらに，問題解決の目的に適しており，かつ
「真（True）」または「偽（False）」で判断できる条
件（この例では，「＝0」）となっているかどうかによ
り「⑥分岐の条件設定の考え方」ができているかを
判断できる。例えば，条件式を「3の倍数だったら」
と考えた学習者がいたとする。この学習者は，この
条件式により結果を真/偽に分けることができると
誤った考え方をしていることとなる。すなわち，条
件の結果を真/偽で判断するためには，論理的な条
件式として，条件項目と条件が必要であるというこ
とが理解できていないと判断できる。最後に，「⑦分
岐の条件や判定結果等の考え方」の判定において
は，真/偽で判定できる条件項目と判定結果に応じ
た後続処理が考えられているかを判断する観点であ
る。上述した誤答例の条件式の回答だったとして
も，真/偽に応じた後続処理が正しく記述されてい
れば（真/偽が逆転していなければ）「⑦分岐の条件
や判定結果等の考え方」はできていると判断でき
る。

(2) 情報技術の観点からの評価

　分岐処理を情報技術の観点から評価するために
は，分岐処理の条件項目を記述できているかを評価
する「③条件項目の記述」（表2③），分岐処理の条
件を記述できているかを評価する「④条件の記述」
（表2④），条件判定（真/偽）の後続処理を記述で
きているか評価する「⑤後続処理（真）の記述」（表
2⑤），「⑥後続処理（偽）の記述」（表2⑥）がある。
前述の例と同様に「与えられた数字nが3の倍数か
どうかを判定するための手順」を基にすると次のよ
うになる。

　分岐処理のための条件式には，条件項目とそれを
論理的に判断するための条件が正しく記述されてい
ることを評価する必要がある。この問題の例では，
条件項目「nを3で割った余り」，条件「＝0」とな
り，条件式「nを3で割った余り＝0」となる。こ
の条件項目が問題解決の目的に適した記述となって
いるかを判定するのが「③条件項目の記述」である。
また，その条件項目の判定結果が真/偽の論理的に
分けることができる条件が記述されているかを判断

するのが「④条件の記述」である。すなわち，正し
い条件式を記述できていれば③，④の両方が正答と
判断できるため，正答数2となる。しかし，条件項
目または条件のいずれかが誤っていれば正答数1と
なる。

　分岐処理にとって次に重要なのは，条件判定の結
果によって後続処理が分岐することである。条件式
が正しく記述できていたとしても，後続処理が真/
偽で逆転していたり，誤った後続処理が記述されて
いたりする場合がある。そこで，条件式の判定結果
（真/偽）によって分岐した先の後続処理の記述が問
題解決の方向性の記述として正しいかどうかを判断
する必要がある。その判断するための評価の観点と
して「⑤後続処理（真）の記述」，「⑥後続処理（偽）
の記述」の2つを設けている。ただし，この2つの
観点は処理手順の一部が誤っていたとしても，条件
判定の結果に即した方向性が記述されていれば正答
と判断する。これは，ここでの評価が分岐処理に関
する情報技術の評価であるためである。後続処理に
分岐処理以外の処理手順が含まれていればそちらの
評価基準から判断する必要がある。

2.3　反復処理

　反復処理は，同一の処理を回数や条件によって複
数回繰り返し行うための処理である。しかし，順次
処理を表現するための効率化を図るという側面もあ
る。そこで，反復処理の評価基準を次のように設定
した。

(1) 情報科学の観点からの評価

　反復処理の考え方には，繰り返しの開始と終了の
両方が必要であることを考えているか「⑧開始と終
了の関係性」（表1⑧）と，条件指定によって繰り返
される回数が変化することが考えられているか「⑨
反復条件の考え方」（表1⑨）の2つの観点がある。

　例えば，図4に示した1辺が100の正方形を描く
手順の場合，「100歩動かす」→「左90度回転」を
4回行っている。この時，この2つの手順を表す命
令ブロックが反復処理の命令ブロック「4回繰り返
す」に挟み込まれるように配置されていれば「⑧開
始と終了の関係性」は考えられていると判断でき
る。また，繰り返す回数（この例では4回）を正し
く記述できていれば，繰り返す条件指定を正しく考
えられていると判断できる。表1の観点⑦，⑧の2

つが正答であれば，正答数2と評価する。

（2）情報技術の観点からの評価

　反復処理を情報技術の観点から評価するには，開始を表す命令が記述できているか「⑦開始の記述」（表2⑦），反復する回数の条件指定が正しく記述できているか「⑧反復条件の記述」（表2⑧），終了を表す命令が記述できているか「⑨終了の記述」（表2⑨），そして反復処理の開始と終了の間に繰り返す処理を適切に記述できているか「⑩開始と終了の間に処理を記述」（表2⑩）の4つの観点がある。

　図4の例では，「4回繰り返す→100歩動かす→左90度回転→繰り返し終了」のように長さ100の線分を描き左回りに90度回転するという2つの手順を4回繰り返す手順が記述されていれば，表2の⑦から⑩の全てが正答となり，正答数4と評価する。

3. おわりに

　小学校におけるプログラミング教育で求められている「プログラミング的思考」の育成は，アルゴリズム学習の充実と正しい評価をすることによって育成されるものである。そのためには，論理的な考え方の観点である情報科学と概念を具現化する情報技術の2つの観点から評価し，児童を評価することが必要である。そこで本章では，情報科学と情報技術のそれぞれの観点に基づく評価基準を，アルゴリズムの3つの基本処理である順次処理，分岐処理，反復処理を対象に提案した。この評価基準により，これまでの完全正答による評価では把握することが困難であった児童の考え方と具現化の関係性を見出すことができるだけでなく，児童がつまずいている考え方や具現化の内容を明確にすることで，児童の実態に応じた指導につながることが期待できる。

（川島芳昭，菊地章）

第3章　低学年児童のための学習アプリ開発を題材とした
小学校プログラミング教育の実践

1．総合的な学習の時間における小学校プログラミング教育の実践

　学習指導要領では，算数，理科，総合的な学習の時間においてプログラミング教育に関する扱いが示されている[1]。本章では，総合的な学習の時間における小学校プログラミング教育に着目する。

　総合的な学習の時間での実践事例は，プログラミング教育の手引き（第二版）において，「情報化の進展と生活や社会の変化」を探究課題として学習する場面，「まちの魅力と情報技術」を探究課題として学習する場面，「情報技術を生かした生産や人の手によるものづくり」を探究課題として学習する場面という3つの場面におけるプログラミング教育が示されている[2]。「情報化の進展と生活や社会の変化」を探究課題として学習する場面では，「身の回りのさまざまな製品やシステムが，プログラムで制御されており，それらが，機械的な仕組みとは違った利点があることをジュースの自動販売機のプログラムの作成を通して体験的に理解する」といった学習活動が想定されている[3]。「まちの魅力と情報技術」を探究課題として学習する場面におけるプログラミング教育では，「『まち』の中で魅力的な情報発信をしているものについて考える活動の中で，身近な生活にコンピュータやプログラミングが活用されていることや，それらが『まち』の魅力を発信することに寄与していることに気付かせ，自分が考えるまちの魅力を自分の意図する方法で発信するタッチパネル式の案内表示を作成する際にプログラミングを取り入れる」といった学習活動が想定されている[4]。「情報技術を生かした生産や人の手によるものづくり」を探究課題として学習する場面におけるプログラミング教育では，「自動車工場にある先端の情報技術について意見交換する中で，『プログラムで命令すれば，同じ原理の車をつくることができるのではない

か』ということに気付かせ，障害物を自動的に避ける自動車や車線はみ出し防止機能が付いた自動車等，自分が作ってみたいと思う自動車をプログラミングを取り入れて作成してみる」といった学習活動が想定されている[5]。

　これらの例示に共通するのは，身近な生活や社会における情報技術やそれを支えているプログラミングの存在に気付き，プログラミングの知識や考え方を用いて身近な生活や社会をより良くするためにどうすべきか，何ができるのかということを，探究活動を通して主体的に考えることが求められている。このような探究活動において，身近な生活や社会の中からコンピュータの働きで解決できる問題を発見し，問題から課題を見出し，解決を目指すためには，その問題の持ち主，つまりユーザーの視点に立つことが重要である。身の回りのあらゆる情報技術は，それを利用するユーザーが存在している。児童が取り組む探究活動を方向付けるのはユーザーのニーズであり，成果物の評価や改善は開発者としての視点だけでなく，ユーザーとしての視点が重要になってくる。小学校プログラミング教育が中学校，高等学校でのプログラミング教育の土台になることを考えると，小学校段階において発達段階に即してユーザーと開発者の両方の立場から情報技術を捉える体験をすることが肝要であると考えられる。

　そこで本章では，総合的な学習の時間においてユーザーのニーズに基づいた課題を解決する探究活動を中心とした小学校プログラミング教育の実践を試みた。具体的には，低学年児童（主に2年生）のための学習アプリ開発を題材とした実践を紹介する。

2. 実践のデザイン

1. 単元の構成

総合的な学習の時間において，低学年児童のための学習アプリ開発を題材とした探究活動を15時間の単元計画で実施した。1～7時間では，順次処理・反復処理・条件分岐処理等のプログラミングに関する基本的な学習を行った。本章では以下に示す8～15時間目の授業実践について紹介する。なお，本単元では2～3人（全9グループ）のグループを活動の基本単位とした。

第8時
　めあて：作成する学習アプリを考えよう
　内容：事前に行った低学年へのアンケートをもとにどのような学習アプリのニーズがあるのかを分析し，どのニーズに応える学習アプリを開発するのかについて考える。

第9時
　めあて：学習アプリの計画書を作ろう
　内容：学習アプリに必要な機能やプログラムの流れ，画面遷移等をペーパープロトタイピング（紙とペンで試作を行うこと）の手法を用いて構想しプログラミングの計画を立てる。

第10・11時
　めあて：計画書をもとに学習アプリを作ろう
　内容：児童の作成した計画書をもとに指導者が用意したベースプログラムを参考に学習アプリのプログラミングを行う。

第12・13時
　めあて：作った学習アプリを見直そう
　内容：学習アプリのデバッグやグループ間の意見交換等を通して，さらに自分達の意図する動きに近付くように改良を行う。

第14・15時
　めあて：体験会で学習アプリの良さを伝えよう
　内容：開発した学習アプリをユーザーである低学年の児童に体験してもらい感想等を得ることで単元の学習活動を総括する。

2. 授業の構成

授業の構成は次の通りである。導入の10分程度で前時までの復習やめあての確認等を行う。その後，各時間の学習内容に応じたグループ活動を行う。最後の5分において，ふりかえりをポートフォリオシート（図1）を用いて行い，次時の学習内容の予告を行う。グループ活動では，児童の様子を観察し適宜，助言を行う。

図1　ポートフォリオシート

3. 実践の対象者およびプログラミング環境

兵庫県内のT小学校6年生26名を対象に単元計画における8～15時間目の授業実践を行った。

プログラミング環境は，Scratch1.4のオフライン版をWindowsタブレットPCにインストールして使

用した。

1．評価項目

小学校プログラミング教育の大前提は，プログラミングに親しむことであり，プログラミング嫌いの児童を生み出さないことが重要である。そこで，本実践が児童のプログラミング教育に対する興味・関心・態度に与えた影響を検討した。加えて，プログラミング教育の手引き[6] に示されているプログラミング教育で育成を目指す資質・能力に関する児童の変容についての調査と本実践に対する感想の自由記述も実施した。

児童のプログラミング教育に対する興味・関心・態度では，宮川らの[7] プログラム作成における情意評価尺度を参考にした。この尺度は，4つの因子と18項目の質問からなる中学生を対象とした尺度である。本実践では，小学校6年生が対象ということを考慮し，4因子の各質問項目からそれぞれ2〜3項目を抽出した上で本実践の内容に合わせて，以下の10問からなる質問項目を用意した。回答方法は「とてもあてはまる」から「全くあてはまらない」の4件法とし，本実践の事後に調査を行った。

① 知識の習得感
1.「プログラミングの学習」の授業を受けて，プログラムの作り方が理解できた。
2.「プログラミングの学習」は簡単だった。

② 継続への欲求
3. プログラムについてもう少しくわしく学習したいと思った。
4. Scratch が家にあれば，自分でもやってみたい。
5. 自分の作ったプログラムにもっといろんな工夫をしていきたいと思った。

③ 充実感
6.「プログラミングの学習」は楽しく学習できた。
7.「プログラミングの学習」へ前向きに取り組めた。
8. この学習を通して，やれば自分でもプログラムを作ることができるという気持ちになれた。

④ 課題への集中度
9. 授業中，がんばって取り組もうとしていた。
10. 授業中，先生の説明をよく聞くことができた。

プログラミングに関する意識の変容に関しては，文部科学省の小学校プログラミング教育に関する有識者会議の議論のとりまとめ[8] を参考に以下の15問からなる質問項目を用意した。質問項目は，コンピュータやプログラミングを用いた問題解決に対する自信，コンピュータやプログラミングを用いた問題解決に対する意欲・態度に関する項目の2つに区分される。回答方法は「とてもあてはまる」から「全くあてはまらない」の4件法とし，本実践の事前と事後に調査を行った。

① コンピュータやプログラミングを用いた問題解決に対する自信
1. コンピュータで何か問題を解決しようと思ったとき，解決に向けた計画を立てられる。
2. コンピュータで問題を解決するためのプログラムに，どんな命令が必要か考えられる。
3. コンピュータで問題を解決するためのプログラムを作ることができる。
4. コンピュータで問題を解決するためのプログラムが正しいかどうか，何回も確かめられる。
5. コンピュータで問題を解決するためのプログラムが，間違っていたらすぐに直せる。
6. コンピュータで問題を解決するためのプログラムを，他の人にも分かるように伝えられる。
7. コンピュータで問題を解決するためのプログラムについて，他の人のアドバイスを受け入れられる。
8. 他の人のコンピュータで問題を解決するためのプログラムにアドバイスできる。
9. コンピュータで問題を解決するためのプログラムをもっと良いものにできる。

② コンピュータやプログラミングを用いた問題解決に対する意欲・態度
10. コンピュータで社会や自分の生活をより良くしたい。

11. 自分や他の人の得意なことを生かしながら，協力してコンピュータで問題の解決方法を考えたい。
12. コンピュータの働きを理解して，積極的にコンピュータで問題を解決したい。
13. 色々な人の立場にたって，コンピュータで問題を解決したい。
14. 今まで学んできたことを生かして，コンピュータで問題を解決したい。
15. コンピュータでまだこの世にはないものやアイデアを生み出したい。

2．実践の結果と考察

(a) 第1時

第1時では，単元目標の確認と各グループで取り組む課題の検討を行った。

具体的な内容としては，まず，本単元全体の学習目標を確認した。本単元の学習目標は，「プログラミングで自分のアイデアをかたちにしよう」とした。5年生の時に学習したコンピュータやプログラミングの社会的な役割に関する知識やプログラミング的思考等を用いて，協働的に各グループで設定した課題の解決（ニーズに応じた学習アプリの開発）を目指し，2年生の児童に対して実施したアンケート（図2）の結果をもとに各グループで開発を目指す学習アプリの課題を決定した。

〈授業の様子〉

2年生のアンケートにおいて，国語では漢字(95.24%)，算数では九九（71.43%）や足し算(52.38%)，生活では身近な生き物（57.14%），図工では絵（66.67%），音楽では歌（61.90%）や楽器の演奏（52.24%），体育ではボール運動（61.90%），その他では，PCの操作（61.90%）や英語（52.38%）に関するニーズがそれぞれ高いことが分かった。また，自由記述では，パズル，間違い探し，クイズ等の形式に対するニーズも確認できた。これらの情報を児童に提示し，グループごとに開発する学習アプリの課題を検討させた。検討の結果決定した各グループの課題（教科等と内容）を以下に示す。

1班　図工：絵
2班　音楽：楽器の音色や動物の鳴き声
3班　図工：色

プログラミングの学習　アンケート
（　）年　名前（　　　　　　）
「プログラミングの学習」で６年生が２年生のために学習のやくに立つアプリを作ってくれます。そこで，どんな学習のアプリがあればいいか教えてください。あったらいいなと思うものを丸でかこんでください。（なんこでもいいです）
【算数】
足し算　引き算　九九　時間　長さやかさ　形
【国語】
ひらがな　カタカナ　かん字　文　たん語　音どく
【生かつ】
学校たんけん　町たんけん　みぢかな生き物　しょくぶつのそだてかた
【図工】
絵をかく　工作　かんしょう　アニメーション作り
【音楽】
うた　がっきのえんそう　かんしょう　さっきょく
【たいいく】
体つくりうんどう　ボールうんどう　マット・とびばこ・てつぼう　ダンス
【そのた】
えい語　ポルトガル語　パソコンのそうさ　学習しゅうかん
ほかにもこんなアプリあったらいいな，と思うものがあればじゆうに書いてください。

図2　低学年のニーズに関するアンケート

4班　国語：漢字
5班　国語：ことわざ
6班　算数：九九
7班　算数：足し算
8班　国語：漢字
9班　生活：学習用具の準備や正しい生活

児童はアンケートから得られたニーズを意識しながら，実際に開発が可能かどうか既習内容と照らし合わせたり，アプリにしたときにおもしろいものになるかどうか考えたりしていた。また，自由記述からアイデアを得ているグループもあった。

(b) 第2時

第2時では，課題解決に向けた計画を立てた。

具体的な内容としては，前時で決定したテーマに沿って具体的にどのようなアプリを開発していくのかについて検討し計画を立案した。ワークシート（図3）を用いてアプリの名前，役割分担，コンセプト，スケジュールの決定，学習アプリの各画面を付箋に描き，そのつながりを整理しながら試作を行うペーパープロトタイピングを行った。

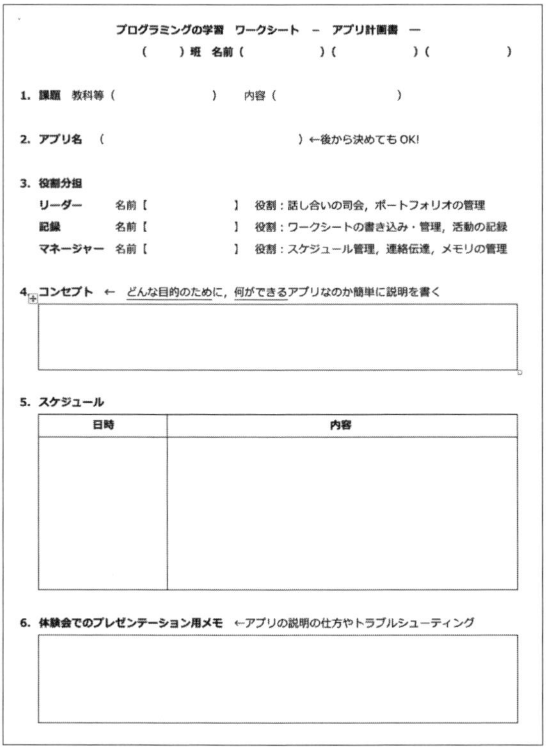

プログラミングの学習　ワークシート　－　アプリ計画書　－
（　　）班　名前（　　　　）（　　　　）（　　　　）

1. 課題　教科等（　　　　）　内容（　　　　）

2. アプリ名　（　　　　）←後から決めても OK!

3. 役割分担
リーダー　名前【　　　】　役割：話し合いの司会，ポートフォリオの管理
記録　名前【　　　】　役割：ワークシートの書き込み・管理，活動の記録
マネージャー　名前【　　　】　役割：スケジュール管理，連絡伝達，メモリの管理

4. コンセプト　←　どんな目的のために，何ができるアプリなのか簡単に説明を書く

5. スケジュール

日時	内容

6. 体験会でのプレゼンテーション用メモ　←アプリの説明の仕方やトラブルシューティング

図３　学習アプリの計画用のワークシート

〈授業の様子〉

アプリの名前に関しては，後で考えてもよいと指示したので多くのグループが仮の名前をつけていた。役割分担に関しては，各グループのメンバーがそれぞれの特性を生かせるように決定していた。また，コンセプトに関しては，どのような方法でどのような力を付ける学習アプリを開発するのか明確に表現するように指示した。各グループのコンセプトを以下に示す。

1班　パズルを制限時間以内に完成させることで，絵柄を想像して組み合わせることができるようになるアプリ

2班　三択クイズに答えることで，動物の鳴き声や色々な音を知ることができるアプリ

3班　同じ色のパネルを組み合わせるパズルをすることで，色を見分ける力がつくアプリ

4班　少しずつ漢字が見えてきてその漢字がなにかを当てることで，漢字を好きになれるアプリ

5班　ことわざの穴埋めクイズをすることで，ことわざを知ることができるアプリ

6班　三択クイズをすることで，九九が分かるようになるアプリ

7班　三択クイズに答えることで，足し算が分かるようになるアプリ

8班　二択クイズに答えることで，漢字が苦手な人が簡単に漢字を覚えられるアプリ

9班　間違い探しゲームをすることで，間違った過ごし方をせずに正しい生活を送れるように気を付けることができるアプリ

次に上記のコンセプトに基づいたペーパープロトタイピングでは，すべてのグループがゲーム形式の学習アプリを計画したので，画面は多少の差異はあるものの，スタート画面，遊び方の説明画面，問題画面，正解画面，不正解画面，ゴール画面等で構成されていた。児童はこれらの画面を描いた付箋を貼ったり剝がしたりしながら画面遷移の計画を立てていた。プロトタイプの例（8班）を図４に示す。この例では，クイズに正解したときは次の問題に，不正解だったときは初めの画面に戻るといった画面遷移が矢印で示されており，児童が条件分岐的な考え

図４　ペーパープロトタイプの例（8班）

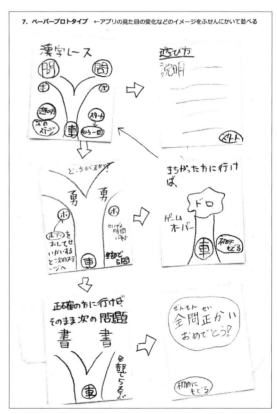

を用いて学習アプリの計画を立てている様子が見られた。

(c) 第3・4時

第3・4時では，前時の開発計画に基づいて学習アプリのプログラミングを行った。

具体的な内容としては，事前に筆者が作成した各グループの学習アプリのベースプログラムを実行しながら基本的な動作を確認し，プログラムと実行結果の関係を理解する活動を行った。その後，ペーパープロトタイプで計画した動作に近づくようにプログラミングを行った。

〈授業の様子〉

ベースプログラムを理解する段階では，Scratchのプログラムが各スプライト（オブジェクト）に分かれて表示されるという仕様に戸惑う児童が多く見られることが予想された。そこで，各スプライトのプログラムのつながりを理解する上で重要な「送るブロック」と「受け取るブロック」を用いたメッセージングについては，全体で説明を行った。その後，児童は何度も実行をくり返しながら「Aのスプライトをクリックしたら，Bのスプライトのプログラムに飛ぶ」といったベースプログラム全体のプログラムの流れを理解していった。

そして，自分たちの意図する学習アプリにするために必要な画像や音声，また，それらを表示したり再生したりするためにどの部分に新たな命令ブロッ

図6　ベースプログラム（8班）

クを付け加えればいいかグループで話し合いながらプログラミングを行った（図5）。ベースプログラムの一部を図6に示す。8班は，車のスプライトが選択した漢字に向かって走っていくようなアニメーションを計画していた。ベースプログラムには，仮のスプライトを用意した。車のスプライトには，各問の初めに初期位置に戻るプログラムと，漢字のスプライトがクリックされたら車が移動するプログラムが書かれている。

(d) 第5・6時

第5・6時では，主に学習アプリの改良を行った。

具体的な内容としては，第3・4時から引き続き，学習アプリの作成を行いとりあえずの完成を目指した。そして，ある程度完成したグループ間でお互いの学習アプリを使用してもらい，その感想からの改良点を考え，学習アプリの改善を行った。

〈授業の様子〉

他のグループに学習アプリを使用してもらうことで，内容をよく理解していると思っていた自分たちでは気付かなかった不具合を見つけたり，さらに面白くするための工夫に気付いたりするグループが多く見られた。たとえば，8班では，とりあえずの完成の段階では，正解した後，次の問題に進むボタンを押さずに漢字のスプライトを押してしまうと車が画面外に向かって動いてしまうという不具合に気付

図5　プログラミングしている児童の様子

いた。この不具合に関しては，正解の画面のスプライトを漢字のスプライトに重ねてクリックできないようにすることで回避していた。また，背景がずっと同じだと単調だということで，1問ごとに背景が変わるような処理を追加した。さらに，説明の吹き出しや，正解したとき・不正解だったときに録音した音声が再生されるようなプログラムも追加した。

このように，誰かに使ってもらうことが改良のためのアイデアを生み出すきっかけになっている様子が見られた。完成したプログラムの一部を図7に示す。

(e) 第7・8時

第7・8時は，学習アプリの体験会を行った。

具体的な内容として，第7時は1年生，第8時は2年生を招待し，各グループの開発した学習アプリをローテーション形式で体験してもらうアプリ体験会を実施した。体験会で6年生の児童は，1，2年生の誘導や操作の補助，そして使用している様子の観察等を行った。体験会終了後，1，2年生から感想を聞いたり，アプリを使用している様子の観察から気付いたことを発表したりすることで単元のまとめを行った。学習指導案における第8時の展開を図8に示す。

〈授業の様子〉

第7時は，ユーザーが1年生だったということもあって学習アプリの使い方等が分からず，6年生もサポートの仕方に戸惑う様子が見られた。しかし，第7時での経験が第8時に生かされ，2年生をユーザーとした体験会では，困っている児童に対し適切なサポートができていた（図9）。とはいえ，学習アプリの使い方に関しては，アプリ内で音声や文字で説明されていたので多くの2年生の児童は，戸惑うことなくアプリを楽しむことができており，サポートの必要自体少なかった。自分たちが作った学習アプリで一喜一憂している下級生を見守る6年生は，人の役に立つ喜びを感じ，充実した様子であった。

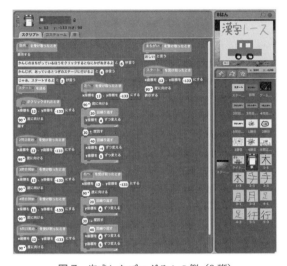

図7　完成したプログラムの例（8班）

図8　第8時の展開

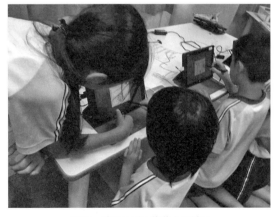

図9　学習アプリ体験会の様子

(f) 成果物

成果物の例を以下に示す。

(1) 絵合わせパズル（1班）

使用したスプライト：27個

使用したステージ：3個

反復処理：あり　条件分岐処理：あり

変数：なし　音声：あり

1班の開発した「絵合わせパズル」は，1枚絵を9等分したパネルをランダムに配置し（図10），パネルをドラッグしながら並べなおし（図11），元の絵が何を表しているのかを当てるというものである。初めは，パネルの配置が毎回同じであったが，乱数の命令ブロックを用いてパネルの初期位置が変わるように工夫していた。

(2) カラースライドパズル（3班）

使用したスプライト：24個

使用したステージ：1個

図10　絵合わせパズル①（1班）

図11　絵合わせパズル②（1班）

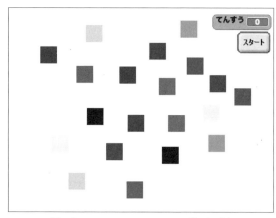

図12　カラースライドパズル①（3班）

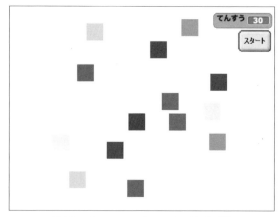

図13　カラースライドパズル②（3班）

反復処理：あり　条件分岐処理：あり

変数：あり　音声：あり

3班の開発した「カラースライドパズル」は，同じ色のパネルをドラッグ操作でぶつけることで得点が入るというものである（図12）。同じ色のパネルは，接触すると消え，点数の変数に数値（10）が加算される（図13）。ぶつけたら消えるところまではベースプログラム通りだが，パネルをぶつけたときに「○○を○秒言う」ブロックや音声ブロックで色の名前を日本語と英語で勉強できる機能を新たに追加していた。

(3) 目指せ！ことわざマスター（5班）

使用したスプライト：30個

使用したステージ：1個

反復処理：あり　条件分岐処理：あり

変数：なし　音声：あり

5班が開発した「目指せ！ことわざマスター」は，

図14　目指せ！ことわざマスター①（5班）

図16　漢字レース①（8班）

図15　目指せ！ことわざマスター②（5班）

図17　漢字レース②（8班）

選択肢から1つ選んで空白部分にドラッグしていき，ことわざを完成させるというものである（図14）。選択肢のスプライトが問題文にぶつかると正誤の判定が行われる（図15）。プログラムとしては，選択肢のスプライトに，問題文のスプライトにぶつかるまで「マウスポインターへ行く」という命令を繰り返している。そして，正解の選択肢であれば正解のメッセージ，不正解の選択肢であれば不正解のメッセージが送られ，正解画面，不正解画面のスプライトがそれを受け取るようになっている。

(4) 漢字レース（8班）

　使用したスプライト：24個
　使用したステージ：5個
　反復処理：あり　条件分岐処理：あり
　変数：なし　音声：あり

8班の開発した「漢字レース」は，2つの漢字から正しい方をクリックしていくというものである。モチーフは自動車レースで，漢字をクリックするとその漢字に向かって車が動いていく（図16，17）。8班は，背景を切り替えるプログラムを使って世界中をドライブしているような要素を入れたり，前述したように正解画面や不正解画面に録音した音声が再生されるようにプログラムをしたり，ユーザーを楽しませようとすることを強く意識していた。

(g) 実践の評価

本実践における児童のプログラミング教育に対する情意の調査結果を表1に示す。

その結果，すべての因子において平均点が3を超えており，本実践において児童は総じてプログラミング教育に対して好意的な情意を持ったことが示唆された。特に課題への集中度の結果から，ほとんどの児童が課題に対して主体的に取り組むことができていたことが窺える。これは，低学年の児童という具体的なユーザーを設定し，ユーザーの存在とその

表 1　本実践における児童のプログラミング教育に対する
　　　興味・関心・態度

	平均	標準偏差
知識の習得感	3.21	0.55
継続への欲求	3.53	0.42
充実感	3.53	0.47
課題への集中度	3.75	0.35

4 件法

ニーズをイメージしやすい課題を提示したことが影響したのではないかと考えられる。自由記述では、「プログラミングなんて全然知らなかったけど、自分で作ってみると考える力が身についた」（知識の習得感）、「次に作るときはレベルを変えられるようにする等、もっと難しいプログラミングがやりたいです」（継続への欲求）、「アプリなんてできるのかなと思ったけど、やってみたら意外と楽しかった」（充実感）、「スクラッチで絵を描くのが鉛筆で描くより難しかったですががんばりました」（課題への集中度）、等の感想が得られた。本実践では、各グループのアプリのイメージに基づいたベースプログラムを自分たちの意図に近付けていくかたちでアプリの開発を行った。ベースがあることで児童は、プログラミングに対して歯ごたえを感じつつも乗り越えられる適切な難易度であったのではないかと考えられる。

　次に、本実践における児童のプログラミングに関する意識の変容の調査結果を表 2 に示す。

コンピュータやプログラミングを用いた問題解決に対する自信では、プログラミングによる探究活動を体験することで、課題の設定、課題解決のための計画の立案、計画の実行、デバッグ、協働的な活動等に対する自信を獲得したことが示唆された。

コンピュータやプログラミングを用いた問題解決に対する意欲・態度では、既習内容を生かしたり、協働的に問題解決に取り組もうとしたりする態度が涵養されたことが示唆された。また、色々な人の立場に立ってコンピュータで問題を解決しようとする態度に関する質問項目の平均値が向上しており、ユーザーと開発者の両方の立場から情報技術を捉えようとする態度を本実践のねらい通り育成することができたのではないかと考えられる。

　自由記述では、「2 年生が楽しくやってくれてすごくうれしかったです」、「正解したときの笑顔がとてもうれしかったです」、「簡単そうにしていた子もいたし、難しそうにしている子もいたので分かりやすく説明しようと思いました」、「今度は社会に役立つアプリを作ってみたいです」等の感想が得られた。また、低学年の感想では、「私たちのために作ってくれてうれしいです」、「私も 6 年生になったら（アプリを）作ってみたいです」といった記述がみられた。

　これらの感想から、アプリ体験会のようにユーザーに成果物を使用してもらい、フィードバックを得る活動は探究活動の振り返りにおいて重要な要素であると考えられる。ユーザーである低学年の児童

表 2　本実践における児童のプログラミングに関する意識の変容

	平均		標準偏差		t	
	プレ	ポスト	プレ	ポスト		
1. コンピュータで何か問題を解決しようと思ったとき、解決に向けた計画を立てられる。	2.35	2.88	0.89	0.65	$t(26)=2.90$	**
2. コンピュータで問題を解決するためのプログラムに、どんな命令が必要か考えられる。	2.08	3.27	1.02	0.67	$t(26)=5.06$	**
3. コンピュータで問題を解決するためのプログラムを作ることができる。	1.96	3.31	1.08	0.68	$t(26)=6.08$	**
4. コンピュータで問題の解決のためのプログラムが正しいかどうか、何回も確かめられる。	2.46	3.35	1.07	0.69	$t(26)=4.96$	**
5. コンピュータで問題を解決するためのプログラムが、まちがっていたらすぐに直せる。	2.69	3.19	1.01	0.75	$t(26)=2.39$	*
6. コンピュータで問題を解決するためのプログラムを、他の人にもわかるように伝えられる。	2.42	3.04	0.81	0.77	$t(26)=3.33$	**
7. コンピュータで問題を解決するためのプログラムについて、他の人のアドバイスを受け入れられる。	3.04	3.38	1.08	0.75	$t(26)=1.61$	n.s
8. 他の人のコンピュータで問題を解決するためのプログラムにアドバイスできる。	2.38	3.15	0.85	0.67	$t(26)=3.95$	**
9. コンピュータで問題を解決するためのプログラムをもっと良いものにできる。	2.38	2.96	0.90	0.87	$t(26)=2.44$	*
10. コンピュータで社会や自分の生活をより良くしたい。	3.38	3.54	0.90	0.65	$t(26)=0.81$	n.s
11. 自分や他の人の得意なことを生かしながら、協力してコンピュータで問題の解決方法を考えたい。	2.96	3.38	0.92	0.57	$t(26)=2.28$	*
12. コンピュータの働きを理解して、積極的にコンピュータで問題を解決したい。	2.96	3.19	0.77	0.69	$t(26)=1.36$	n.s
13. 色々な人の立場に立って、コンピュータで問題を解決したい。	2.77	3.31	0.95	0.62	$t(26)=3.38$	**
14. 今まで学んできたことを生かして、コンピュータで問題を解決したい。	2.92	3.46	0.89	0.71	$t(26)=3.03$	**
15. コンピュータでまだこの世にはないものやアイデアを生み出したい。	3.35	3.50	0.75	0.65	$t(26)=1.00$	n.s

4 件法　　　　　　　　　　　　　　　　　　　　　　　　　　†：$p<0.1$　*：$p<0.05$　**：$p<0.01$

にとっても，アプリ体験会はプログラミング教育に対する好意的な印象を与え，学習に向けた意欲付けを図る効果もあると考えられる。

4．まとめと今後の課題

　本章では，低学年児童のための学習アプリ開発を題材とした小学校プログラミング教育の実践について紹介した。その結果，低学年というユーザーを明確にした上で適切な難易度の問題解決に取り組むことが，児童のプログラミング教育に対する情意や自信，意欲や態度を高める可能性が示唆された。

　今後は，地域の人々の問題をプログラミングで解決する探究活動等，より身近な生活や社会の問題解決にアプローチしていく授業実践の開発等が必要であろう。

（黒田昌克，森山潤）

第4章　プログラミングを活用した加法・減法の計算の学習

1. 算数科におけるプログラミング学習の概念

2017年公示の小学校新学習指導要領では，プログラミングを体験しながらコンピュータに意図した処理を行わせるために，必要な論理的思考力を身に付けるための学習活動を実施することが位置付けられた[1]。これにより，小学校においてもプログラミング教育が必修化されることとなった。小学校におけるプログラミング教育とは，「プログラミング的思考」などを育成することであり，コーディングを覚えることが目的ではない[2]。

小学校学習指導要領には，算数，理科，総合的な学習の時間においてプログラミングを行う学習の場面が例示されているが，教科としての位置付けはなく，プログラミングを実施する単元を位置付けていく学年や教科等を決定する必要がある[3]。

小学校学習指導要領算数科第3の(2)では，「プログラミングを体験しながら論理的思考力を身に付けるための活動を行う場合には，児童の負担に配慮しつつ，例えば第2の各学年の内容の〔第5学年〕の「B 図形」の(1)における正多角形の作図を行う学習に関連して，正確な繰り返し作業を行う必要があり，更に一部を変えることでいろいろな正多角形を同様に考えることができる場面などで取り扱うこと」とされている[4]。算数科では，この繰り返しの見方・考え方をアルゴリズムの考えとし，学習する。他にも筆算の学習において，計算と筆算の手順の関連性を理解することで，手順に沿って確実な計算ができることに気付かせることが可能である。

算数科ではこのような活動を行うことで，問題の解決には必要な手順があることと，正確な繰り返しが必要な作業をする際にコンピュータを用いるとよいことに気付かせることができる。

2. 授業計画

学習指導要領に例示されている学習場面以外の単元においてもプログラミング教育が可能であるか，また，プログラミング学習の教科としての位置付けがない小学校低学年において，算数科におけるプログラミング学習が有効かつ適切であるのかを検証すべく，実践を行った[5]。

実践は，小学校2年生の児童を対象に，プログラミング学習を通して，児童が数学的な概念がテクノロジーと関係していることを理解することを目的として行った。児童は，第1学年に1位数の加法及び減法，第2学年に2位数の加法及び減法，簡単な場合についての3位数の加法及び減法とその筆算方法について学習している。授業は，算数科の時間に，加法と減法の学習をプログラミング学習と関連させて行った。プログラミング学習ロボットを用いた足し算のプログラミング学習と，タブレット上でプログラミング学習のソフトウェアを使用した足し算・引き算の学習の2部構成である。なお，本授業で使用したコースは，学習指導要領の第2学年までに学習する内容に基づき，1位数の加法によるコースから，簡単な2位数の加法と減法によるコースまで，様々なレベルの問題からなる。

3. 活用教材

小学校低学年を対象にしたプログラミング教材を　2つ選択した。以下にその特徴を示す。

1. プログラミング学習ロボット

プログラミング学習ロボット「PETS」[6]は，2017年より学校現場への提供がスタートした教材である。PETSという名前は，プログラムの特徴である順番に命令が実行されるSTEPを逆から記述したものである。図1にプログラミング学習ロボット（PETS）の外観を示す。

図1　プログラミング学習ロボットの外観

また，ソフトウェアとしては，プログラミング学習支援ソフトウェア「動かしてみよう！」[7]を使用した。プログラミング学習支援ソフトウェアは，2017年4月から学校現場への提供がスタートしたプログラミング教材である。図2に実践で活用した画面を示す。

1.1　プログラミング学習ロボットの特徴

プログラミング学習ロボット（以下，PETS）は触って学べるプログラミングロボットである。ロボットの上部に前後左右の移動を支持する命令ブ

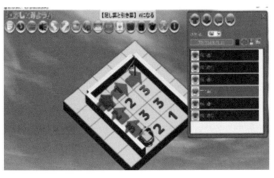

図2　プログラミング学習支援ソフトウェア

ロックを，移動する順番に差し込むことでプログラミングする。ロボットはその指示されたプログラム通りに移動することで，プログラムによってロボットという物体が実際に動く。子どもたちはプログラミングという行為を，ロボットを動かすという遊び的な感覚で体験し学ぶことができる。

PETSには標準添付として，課題テキストとコース・カードが同梱される。3×4マスのA2サイズのコース上に，ゴールと障害などのカードを配置し，PETSがスタート地点からゴールまで移動するようにプログラミングする。プログラミングという概念を，ゲーム的な課題を楽しみ，クリアしながら体験して学ぶ。

1.2　小学校での利用

PETSはプログラミングの最初のステップとして，視覚的・直感的にも有効なビジュアルプログラミングなど，PCやタブレットを使ったプログラミング教育の前段階での利用に適している。

先行研究から，PETSは授業の準備が簡単であり，PCやタブレットがなくても学習が可能であることが示されている[8]。学校の設備的な問題や，児童の学びの状況として，PCやタブレットを利用できない状態でも，プログラミング的思考を学ぶことができるし，A2サイズのコースが平らに広げられる所があればどのような場所であっても学習できる。

また操作が非常に簡単である。電源を入れ，命令ブロックを順番に挿し，スタートボタンを押すだけである。プログラミングは命令の意味，記述の方法，実行の仕方などを覚えないと体験することはできないが，PETSは幼児でもすぐに利用できる。学校で利用する際には，マニュアルを作成することや，操作に対するフォローなどが不要となる。

この操作の簡単さは，教員のPETS操作方法習得時間が短くすむことにも繋がる。ビジュアルプログラミングなど，できることが豊富な環境は，操作方法習得に時間やセンスが求められることがある[9]。

PETSにプログラミングした命令ブロックは，実行されている命令が赤く光る。これは，どこでプログラミングのミス（バグ）が起きたのかを，教員と児童が共有しやすいことに繋がる。直進すべき場所で間違った動きをした際には，その間違った動きをさせた命令がバグであり，その命令を別の命令に差

し替えることで修正ができる。

1.3　オプションや機能の拡張

PETS下部には，標準でカラーセンサが搭載されている。センサのスイッチをONにすることで機能が有効となり，PETSが走行するコース上の色によって振る舞いが変わる。PETSの基本機能を全てクリアした児童向けに，複雑なプログラミング課題に挑戦させることができる。

オプションでは，PETSに超音波センサを取り付けることができる。前方に壁があるかを判定し分岐処理を学ぶ。これを利用することで，プログラムの基本的要素である「順次処理」「反復処理」「分岐処理」をPETSで学ぶことができるようになる。

また，PETSの本体にBluetooth基板を追加搭載し，PCやタブレットで作成したプログラムをダウンロードし実行することも可能である。Google Blockyでグラフィカルプログラミングができる。これによりセンサや計算を利用した高度なプログラミングが実現できるようになる。

2.　プログラミング学習支援ソフトウェア

2.1　プログラミング学習支援ソフトウェアの特徴

プログラミング学習支援ソフトウェアは，作成したプログラムを画面上で3次元シミュレーションできるソフトである。プログラミング学習ソフトの場合，作成したプログラムを動かすには画面上の画像を2次元で動かすか，ロボットに接続して動作を確認するケースが多い。

プログラミング学習支援ソフトウェアはロボットに接続しないでも，画面上でロボットの動きを3次元シミュレーションで再現可能である。そのため，作成したプログラムの修正，確認を画面の中だけで完結できる。本実践において，プログラミング学習支援ソフトウェアでは，70問のプログラミング学習用の問題を用意した。小学生低学年から解ける問題から，比較的難しいレベルのものまで用意されている。そのため，個々のレベルに合わせてプログラミング学習が可能である。

2.2　小学校での利用

先行研究[10]から，小学校算数での活用の可能性の報告があったことを受けて，本実践では，小学校2年生を対象にした算数科での実践を試みた。

プログラミング学習支援ソフトウェアでの，プログラミング作成には3つの方法がある。まず1つ目は図2のような小学生低学年でも簡単に操作できるモードである。このモードだと画面上で矢印を見ながらプログラムを作成できるため操作性も非常に簡単で覚えやすい。小学校の場合どうしても中高学年でないと難しい教材ソフトが多いが，プログラミング学習支援ソフトウェアの低学年用モードだと実際に小学生の低学年でも簡単に操作できている。

2つ目，3つ目のモードはともにScratchのようなビジュアル言語を使用したブロックを組み上げてプログラムを作成する方法である。簡単なモードからプログラミングを学習して，高学年では難しいモードでプログラミングを学習することも可能になる。

2.3　プログラミング学習支援ソフトウェアの問題作成機能

プログラミング学習支援ソフトウェアには，問題を画面上で作成する機能も搭載されている。画面上のマス目の上に障害物のモデルや壁を配置したり，数字を配置して算数の問題を作成したり，文字の入った旗を配置して順番に倒していく問題も作成できる。

図2のような数字を配置した算数の問題は，青い数字が足し算，赤い数字は引き算を表しスタートからゴールの旗まで計算をしていき答えの数字に合うルートを考えながらプログラムを作成していく。

これらを応用することで，キーワード文字の入った旗を順番に倒していく問題などが作成できる。例えば，「大正」「昭和」「平成」の3つの旗を配置して時代の古い順番に旗を倒していく問題を作成したりすることができる。これら作成した問題は共有フォルダやファイルサーバで共有できる機能もある。先生が作成した問題を児童全員で解くことも可能になる。

また，問題を解いた成績をファイルで出力することや，リアルタイムで成績管理することができる補助機能も使用することが可能である。

4．授業概要

1．授業期日および対象

本授業は，2016年2月に，45分の1校時時間を配当して，群馬県の公立A小学校で実施した。対象は，小学校2年生84名（1学級28名，3学級）である。実践は，多目的室で実施した。

2．単元の構成

算数科の「たし算の筆算」と「ひき算の筆算」の全20時間のうち，第20時間目（45分間）にプログラミング学習と関連させた授業を行った。プログラミングに関する実践は2月に行った。

3．授業展開

①導入

1学級28名の児童を3～4名の9グループに分け，グループでPETSとタブレットを1台ずつ使用した。

導入では，まず実物のPETSがコースを走る様子を児童に見せ，動きを確認させる。そこで，見本で見せたコース通りに動かすためには，前・左・右を指示するコマンドブロックが必要であり，これらの組み合わせにより，車体を自由に動かせることを捉えさせる。PETSの電源の入れ方や，スタートボタン，使用する際の注意事項の説明と，コマンドブロック一つ一つの意味の確認を行う。児童は始めに，PETSの使い方やコマンドブロックの操作の仕方を，ゲームのように学ぶ。図3のように，4×3のマスが配置されているコースにおいて，スタートから，爆弾を避け，ケーキのマスを通って，お城までゴールさせる。児童は，左右の矢印が示されているコマンドブロックの意味を，車体を曲げて動かすのではなく，左右に向くという意味で使用することなどを学習し，コマンドブロックの意味の理解を示していた。

②展開1

次に，図4のような「足して5になるコース」を考えさせる。ワークシートをグループに1枚配布し，ロボットを動かす前に答えを出すルートや式などを記述させる。その後，S（スタート）から出発し，前に進む・右に向く・左に向く命令ブロックを使用し，G（ゴール）までのプログラミングを行う。今回のコースでは，後ろに進む・繰り返す命令は必要ないため，事前に2種類の命令ブロックは除いた。コースは「足して5になるコース」を拡大コピーしたものを使用した。自力解決の時間を設け，グループごとに様々なルートを何パターンか考えさせ，答えを出す方法は1つだけではないことに気付かせる。

ワークシートには，いくつかのルートを書き込むことができるように作成した。また，グループ学習

図3　導入のコース

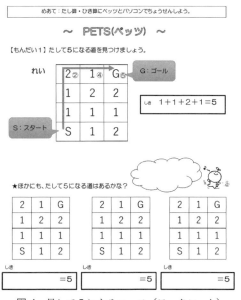

図4　足して5になるコース（ワークシート）

を取り入れたことで，ゴールまでいくルートを真剣に話し合う様子や，グループで協力して間違いのある個所を追究する様子が確認された。

③展開2

授業の後半は，プログラミングソフトウェアを使用して，タブレット上で操作をする。はじめは前半と同じように「足して5になるコース」を他にも考え，実行させることで，タブレットやソフトウェアの操作方法を理解させる。その後，「足して15になるコース」を3パターン考え，実行させる（図5）。いくつかのルートを考えさせることは，プログラミングロボットと同様に様々なルートがあることに気付かせることが目的である。

次に，足し算・引き算をして答えが6になるコース，10になるコース，12になるコースを各3パターンずつ考えさせる。タブレットを使用することで簡易に命令を変更・実行することができ，PETSを動かすよりも，時間を短縮してプログラミングを行うことができた。初めは答えが1桁の足し算から，答えが2桁になる足し算，そして足し算と引き算を必要とする問題へとスモールステップで進めたこと

で，児童は問題を細かく分析しながらプログラミングを行っている様子であった。

児童からは，「間違っても簡単に直せる」「正解かどうか音が鳴るから分かりやすい」といった意見があった。図6に，足し算・引き算をして答えが6になるコースの動き方，図7に足し算・引き算をして答えが10，12になるコースを示す。

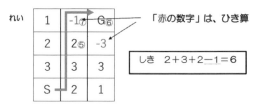

図6　足し算・引き算をして答えが6になるコース

 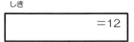

図7　足し算・引き算をして答えが10,12になるコース

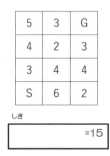

図5　足して15になるコース

図8　実践の様子

5．調査

1．調査項目

授業実践の後，表1の質問項目を用いて児童の意識の変容を調査し，本実践の有効性を検討した。各質問項目に対して「とてもあてはまる」から「ほとんどあてはまらない」までを順次，4～1点に点数化し，平均，標準偏差を求めた。さらに，本実践におけるプログラミングの各思考過程（Q10-13）とプ

ログラミング教育において重要と考えられる批判的思考や創造性の素地となる態度（Q14-17，Q18-23），及び技術リテラシー（Q24-26）との関連性を検討するために，プログラミングの各思考過程を説明変数，批判的思考態度，創造的態度，技術リテラシーをそれぞれ目的変数とした重回帰分析を試みた。なお，調査に関しては，回答の不備等があった8名を除外した76名を有効回答者とした。

表1　調査の質問項目

		情意に関する質問項目
Q1	達成感	この学習で問題をかい決するためのプログラムを思い通りに作ることができた。
Q2	満足感	この学習は、楽しかった。
Q3	困難感	この学習は、むずかしかった。
Q4	納得感	この学習は、よくわかった。
Q5	意義	この学習は、自分にとって大切だと思った。

		知識・技能に関する質問項目
Q6	知識（利用）	生活のいろいろなところで、コンピュータが使われていることがわかった。
Q7	知識（仕組み）	プログラムがどのようにコンピュータやロボットを動かしているかわかった。
Q8	技能（ペッツ）	「ペッツ」を使ってけいさん（プログラミング）することができた。
Q9	技能（動かしてみよう）	「うごかしてみよう」を使ってけいさん（プログラミング）することができた。

		プログラミングの各思考過程の内省尺度を基にした質問項目
Q10	問題理解過程	問題をコンピュータでかい決するためにどんなプログラミングを作ればいいか考えた。
Q11	機能構成過程	プログラムの中で命れいのじゅん番やならべ方を考えた。
Q12	部分的点検過程	プログラムがあるてい度できたら、まちがいがないかたしかめた。
Q13	全体的点検過程	かんせいしたプログラムで問題がかい決できるかたしかめた。

		批判的思考態度を基にした質問項目
Q14	探究心	ぎ問に思ったことを自分で調べようとした。
Q15	論理的思考	理由を見つけながらすじ道を立てて考えようとした。
Q16	証拠の重視	はっきりとしたしょうこを大切にしようとした。
Q17	客観性	出来るかぎり自分の思いこみだけではんだんしないようにした。

		創造的態度を基にした質問項目
Q18	柔軟性	はっきりとした答えがない問題でも受け入れて取り組もうとした。
Q19	分析性	もんだいを細かく分けて考えようとした。
Q20	進取性	新しい考えやアイデアをすすんで取り入れようとした。
Q21	持続性	と中で投げ出さず、さい後まであきらめずに問題に取り組もうとした。
Q22	想像性	いろいろなアイデアを思いうかべようとした。
Q23	協調性	他の人ときょう力して問題に取り組もうとした。

		技術リテラシーに関する質問項目
Q24	情報技術への興味	社会をよりよくするためにコンピュータの仕組みをもっと知ろうと思う。
Q25	ガバナンス	社会をよりよくするためのコンピュータの使い方について考えようと思う。
Q26	イノベーション	社会をよりよくするためのコンピュータを使った新しいアイデアを考えようと思う。

表2　調査結果

			平均	標準偏差
情意	Q1	達成感	3.53	0.64
	Q2	満足感	3.82	0.53
	Q3	困難感	2.91	1.10
	Q4	納得感	3.82	0.45
	Q5	意義	3.64	0.58
知識・技能	Q6	知識（利用）	3.58	0.57
	Q7	知識（仕組み）	3.66	0.60
	Q8	技能（ペッツ）	3.72	0.56
	Q9	技能（動かしてみよう）	3.80	0.46
プログラミングの各思考過程	Q10	問題理解過程	3.55	0.74
	Q11	機能構成過程	3.53	0.77
	Q12	部分的点検過程	3.43	1.01
	Q13	全体的点検過程	3.59	0.75
批判的思考態度	Q14	探究心	3.41	0.90
	Q15	論理的思考	3.26	1.00
	Q16	証拠の重視	3.45	0.82
	Q17	客観性	3.43	0.84
創造的態度	Q18	柔軟性	3.61	0.71
	Q19	分析性	3.21	0.91
	Q20	進取性	3.59	0.72
	Q21	持続性	3.86	0.53
	Q22	想像性	3.45	0.76
	Q23	協調性	3.51	0.74
技術リテラシー	Q24	情報技術への興味	3.71	0.61
	Q25	ガバナンス	3.57	0.77
	Q26	イノベーション	3.30	0.98

n＝76

2．調査結果と考察

各質問項目の回答結果を表2に示す。

Q3の困難感は、4に近付くほど難しく感じている子どもが多いということを表している。それを考えると中位点2.5に比較的近い結果なので、課題等の難易度は適切だったといえる。その他の全ての項目において平均値が極めて高いため、この授業実践は、児童にとって満足のいくものであったと考えられる。

2.1　批判的思考態度

次に、本実践におけるプログラミングの各思考過程と批判的思考態度の関係性を重回帰分析によって検討した結果を表3に示す。本実践においては、決定係数（R^2）が0.3以上の項目について影響があったとみなす。表2より、問題理解、機能構成、部分点検の各思考過程が探究心の向上に影響を与えている可能性が示唆された。問題をプログラミングで解決するためにはどうしたらよいか考え、必要な命令を組み立て、何度も繰り返し問題の解決を目指す思考過程において、いろいろな情報や知識を求めようとする態度が向上したのではないかと考えられる。

2.2　創造的思考態度

プログラミングの各思考過程と創造的態度の関係性を表4に示す。柔軟性、分析性、想像性、協調性において影響が示唆された。

柔軟性については、1つの問題について何度も異なるルート（計算）がないか考えさせたことで、柔

軟な発想が求められたと考えられる。

分析性については，初めの問題は答えが1桁の足し算から，答えが2桁になる足し算，足し算と引き算を必要とする問題へと，スモールステップで進めたことで，児童は問題を細かく分析しながら，プログラミングを行っていたことが起因しているといえる。また，問題の解決方法を模索し検証を行う過程において，常に分析的な見方が必要だったことが起因であると考えられる。

想像性については，たし算・ひき算の問題が徐々に難しくなる中で，既習のプログラミング方法を活用し，アイデアを出しながら課題を解決したことが関係すると考えられる。問題解決の方向性が定まっていない段階において，想像的な思考が働き，徐々に解決方法が具体化する中で分析的な思考にシフトしていったのかもしれない。

3～4人のグループでプログラミングを行ったこ

とで，仲間と協力してプログラムを考えたり，デバッグをしたりする場面で意見交流が盛んに行われたことが協調性に影響したと推測される。

2.3 技術リテラシー

プログラミングの各思考過程と技術リテラシーの関係性を表5に示す。技術リテラシーにおいては，3項目ともに，問題理解過程と部分点検過程が影響を与えたことが示唆された。問題理解過程に関しては，4つの思考過程の中で一番現実的な問題（社会）とのつながりがイメージしやすい課程であったため，技術リテラシーに大きな影響が出たと考えられる。一方で，部分的点検過程に関しては，プログラムをデバッグする中で修正が即時に反映され結果が出るというコンピュータの特性が情報技術としてのコンピュータに対する興味や社会における役割を認識するきっかけになったのではないかと考えられる。

表3 プログラミングの各思考過程の批判的思考態度への影響

	探究心			論理的思考			証拠の重視			客観性		
	B	$SE\ B$	β	B	$SE\ B$	β	B	$SE\ B$	β	B	$SE\ B$	β
問題理解	0.36	0.14	0.30 *	0.22	0.17	0.17	0.23	0.14	0.21	0.08	0.14	0.07
機能構成	0.26	0.13	0.22 *	0.32	0.15	0.25 *	0.30	0.12	0.29 *	0.34	0.12	0.32 **
部分点検	0.21	0.10	0.23 *	0.21	0.12	0.21	0.09	0.09	0.11	0.22	0.10	0.26 *
全体点検	-0.06	0.13	-0.05	0.10	0.15	0.08	0.10	0.13	0.09	0.03	0.13	0.03
R^2	0.30			0.26			0.27			0.27		
F	$F_{(4,71)}=7.73^{**}$			$F_{(4,71)}=6.2^{**}$			$F_{(4,71)}=6.41^{**}$			$F_{(4,71)}=6.46^{**}$		

n=76

* : $p<0.05$ ** : $p<0.01$

表4 プログラミングの各思考過程の創造的思考態度への影響

	柔軟性			分析性			進取性			持続性			想像性			協調性		
	B	$SE\ B$	β	B	$SE\ B$	β	B	$SE\ B$	β	B	$SE\ B$	β	B	$SE\ B$	β	B	$SE\ B$	β
問題理解	0.23	0.11	0.24 *	0.15	0.13	0.12	0.16	0.13	0.16	0.13	0.09	0.18	0.33	0.11	0.32 **	0.13	0.11	0.13
機能構成	0.19	0.10	0.21	0.26	0.12	0.22 *	0.15	0.11	0.16	0.12	0.08	0.17	0.29	0.10	0.30 **	0.30	0.10	0.32 **
部分点検	0.10	0.08	0.15	0.30	0.09	0.33 **	0.13	0.09	0.19	0.13	0.06	0.24 *	0.16	0.08	0.21 *	0.24	0.08	0.33 **
全体点検	0.22	0.10	0.24 *	0.28	0.12	0.23 *	0.01	0.12	0.01	0.10	0.10	0.14	0.01	0.10	0.01	0.07	0.10	0.07
R^2	0.36			0.42			0.15			0.28			0.41			0.40		
F	$F_{(4,71)}=9.86^{**}$			$F_{(4,71)}=13.06^{**}$			$F_{(4,71)}=3.17^{*}$			$F_{(4,71)}=7.03^{**}$			$F_{(4,71)}=12.51^{**}$			$F_{(4,71)}=11.77^{**}$		

n=76

* : $p<0.05$ ** : $p<0.01$

表5 プログラミングの技術リテラシーへの影響

	情報技術への興味			ガバナンス			イノベーション		
	B	$SE\ B$	β	B	$SE\ B$	β	B	$SE\ B$	β
問題理解	0.29	0.10	0.35 **	0.29	0.12	0.28 *	0.39	0.13	0.29 **
機能構成	0.07	0.09	0.09	0.09	0.11	0.09	0.03	0.12	0.02
部分点検	0.18	0.07	0.30 *	0.22	0.09	0.29 *	0.47	0.09	0.49 **
全体点検	-0.07	0.09	-0.09	0.08	0.11	0.07	0.08	0.12	0.06
R^2	0.31			0.32			0.50		
F	$F_{(4,71)}=7.99^{**}$			$F_{(4,71)}=8.38^{**}$			$F_{(4,71)}=17.89^{**}$		

n=76

* : $p<0.05$ ** : $p<0.01$

6．おわりに

　以上の結果，本実践に関して次の2つのことが考えられる。

(1) 児童は，自分たちの考えたルートを，プログラミング学習ロボットを使用して動かすことができることにおもしろさを感じ，違うルートがないかグループで協力して何度も考え，操作していた。その結果，技術リテラシーに大きな影響が見られ，本実践を通して数学的な概念がテクノロジーと関係していることの理解につながったと考えられる。また，算数が苦手な児童も積極的に計算することに繋がり，プログラミング学習を通して算数の授業を行うことは有効であった。

(2) 本研究で使用したプログラミング学習ロボットはコンピュータを使わなくても良いことや，矢印のブロックの組み合わせで簡易にプログラミングできることから，児童たちはすぐに操作方法を理解し，プログラミング及び計算に熱中していた。後半のプログラミングソフトウェアを使用したプログラミング学習では，計算し，動かしたルートが正しいか効果音に合わせて表示されることや，タブレットを使用したことで，児童たちはゲームのような感覚で楽しみながらプログラミングをしている様子であった。簡単にプログラムをリセットできることや，画面上で車体を動かすことができることからも，短時間にたくさんの問題を解くことが可能であった。実践後，児童からは「計算するのが楽しかった」，「プログラミングっておもしろい」，「もっとやりたい」等の感想を聞くことができた。授業を参観した教員や管理職の教員らからは，「普段なら難しく思っている算数であるが楽しそうにやっていた」，「簡単にプログラミングができて面白い」などのご意見が寄せられた。どちらの教材も，活動的に学習に取り組むことができ，アンケートの結果や，児童が生き生きと計算に取り組む様子からも，小学校低学年の児童に適したものであった。

　今後は，算数以外での教科の中でのプログラミング教育を通して，各教科固有の目標を踏まえつつ，プログラミング教育の本質である「身近な問題の解決に主体的に取り組む態度の育成や，各教科での学びをより良くするためのコンピュータ等活用と社会の構築」を実践したいと考える。また，小学校におけるプログラミングの学習と，中学校技術・家庭科技術分野との連携も視野に入れた教育実践研究を進めていきたい[11]。

（村上綾香，山本利一，本村猛能）

第5章　算数科第6学年「縮図や拡大図」の学習を支援する プログラミング学習

1．はじめに

近年，第四次産業革命や人工知能・IoT等が急進し，社会の変化が予測される。そのような中で，コンピュータは，人々の生活の様々な場面で活用されており，身近な物の多くにもコンピュータが内蔵され，生活を便利で豊かにしている。日常生活のあらゆる活動において，コンピュータなどの情報機器や，それによってもたらされる情報を適切に選択・活用して問題を解決していくことが不可欠な社会が到来しつつある。コンピュータを理解し，活用していく力は，これからの社会を生きていく子どもたちにとって必要不可欠なスキルであるといえる[1]。

コンピュータをより適切，効果的に活用していき，主体的に活用することにつなげるためには，その仕組みを知ることが重要であり，コンピュータに自分が求める動作をさせることができるとともに，コンピュータの仕組みの一端を窺い知ることができる「プログラミング」の教育を行うことが重要視されている[2]。

諸外国においても，論理的思考能力の育成，情報技術の活用に関する知識や技術の習得，高度なICT人材の育成など，目的は国の社会的背景に依存するが，初等教育の段階からプログラミング教育を導入する動きが見られる。初等教育段階では，英国（イングランド），ハンガリー，ロシア，オーストラリア，フィンランドが必修科目として実施している[3]。

このような社会背景を受け，2017年に告示された学習指導要領では，小学校段階におけるプログラミング教育の必修化が示され[4]，同様に，小学校から高等学校[5]までの一貫したプログラミング教育の重要性も示された。

文部科学省が取りまとめた小学校プログラミング教育の手引き（第二版）[6]によると，小学校段階におけるプログラミング教育では，"「プログラミング的思考」を育むこと"，"プログラムの働きやよさ，情報社会がコンピュータ等の情報技術によって支えられていることなどに気付くことができるようにするとともに，コンピュータ等を上手に活用して身近な問題を解決したり，よりよい社会を築いたりしようとする態度を育むこと"，"各教科等での学びをより確実なものとすること"がねらいとされている。そのため，教科等における学習上の必要性や学習内容と関連付けながら計画的かつ無理なく確実に実施されるものであることに留意する必要があることを踏まえ，小学校においては，教育課程全体を見通し，プログラミングを実施する学年や教科，単元を位置付ける必要がある，ことが示されている。

ここでいうプログラミング的思考とは，「小学校段階におけるプログラミング教育の在り方について（議論の取りまとめ）」[7]において，"自分が意図する一連の活動を実現するために，どのような動きの組合せが必要であり，一つ一つの動きに対応した記号を，どのように組み合わせたらいいのか，記号の組合せをどのように改善していけば，より意図した活動に近付くのか，といったことを論理的に考えていく力"とされている。諸外国が進めるコンピュテーショナルシンキングと比べると，プログラミング的思考の意味は狭義の捉え方であり，今後の方向性については，検討する必要がある[8]。

文部科学省の示す小学校段階のプログラミング教育は，「各教科等での学びをより確実なものとすること」を目的に実施されている。2017年告示の小学校学習指導要領[9]では，算数科，理科，総合的な学習の時間において，具体的な単元やその取扱いについて例示がなされ，児童がプログラミングを体験しながら，論理的思考力を身に付けることが明記された。

本実践においては，算数科の「B 図形」の学習の際にプログラミングを活用した事例[10]を紹介する。

2．算数科におけるプログラミング教育

1．算数科におけるプログラミング教育

算数科においては，「例えば第2の各学年の内容の〔第5学年〕の「B 図形」の（1）における正多角形の作図を行う学習に関連して，正確な繰り返し作業を行う必要があり，更に一部を変えることでいろいろな正多角形を同様に考えることができる場面などで取り扱うこと」と示されている[11]。

算数科において，プログラミング学習を実施する際は，算数科の目標を踏まえ，算数・数学的な思考力・判断力・表現力等，また論理的思考力を身に付けるための活動を行う必要がある。また，算数科では，問題解決したのち，問題解決の仕方を振り返り，問題解決の方法をより簡潔・明瞭・的確なものに高めたり，それを手順としてまとめたりするという学習活動が多く行われる。このような学習の中で，児童は問題の解決には必要な手順があることに気付いていく。算数科におけるプログラミング学習ではこのような活動を行うことで，問題の解決には必要な手順があることと，正確な繰り返しが必要な作業をする際にコンピュータやプログラミングを用いるとよいことに気付かせることができる。

2．小学校第6学年算数科「縮図や拡大図」

本実践では，小学校第6学年算数科「縮図や拡大図」を取り上げた。小学校における図形学習は，基本図形の概念を学年ごとに積み重ね明らかにすることを中心とする学習が展開される[12]。これらの学習の中では，図形の性質は，その大きさや位置などに関係がないことを学び，それらを捨象して，図形の分類や弁別を行ってきている。第5学年の第6単元「合同な図形」において，初めて複数の図形の関係を扱い，対応する辺の長さや角の大きさに着目して，図形をとらえる。

本単元は，合同な図形から発展させ，形が同じで大きさが違う図形について比較考察させて，縮図や拡大図の概念を明らかにするものである。2つの図形が形も大きさも同じであるときに合同という。縮図や拡大図は，大きさを問わず，形が同じであるかどうかの観点から図形を捉えたものである。互いに縮図や拡大図の関係にある図形については，その対応している角の大きさは全て等しく，対応している辺の長さの比はどこでも一定である。

縮図や拡大図の意味や性質を理解させ，縮図や拡大図を描いたり，実際の長さや縮図上の意味や性質を理解させ，縮図や拡大図をかいたり，実際の長さや縮図上の長さを求めたりする能力を伸ばすことに主眼を置くとされている。

また，この単元は，その学習の後，具体的な事物の縮図や拡大図の考えを活用して求めたりする時，その形の概形を捉える学習へと発展させ，中学校数学科においては，「合同」，「相似」において再度整理するものである。

3．「縮図や拡大図」の算数科での学習内容とプログラミング学習の関係

第6学年，B 図形の「縮図や拡大図」では，"図形を構成する要素及び図形間の関係に着目し，構成の仕方を考察したり図形の性質を見いだしたりするとともに，その性質を基に既習の図形を捉え直したり日常生活に生かすこと"，"その中で，プログラミングを学習支援として用いる場面は，図形の性質を利用した測量である"ことが示されている。

第6学年では，木の高さや校舎の高さなどを，縮図や拡大図の考えを活用して求める。また，湖の面積等を求める際に，その形の概形を捉え，面積を求める指導を行う。この単元で，児童がプログラムしたロボットの動きを基に，「拡大図」を形成するプログラミングを活用して，整数倍の拡大図を作図する取り組みを行う。画面による作図と，ロボットの実機による作図などを行うことで，実験を通してそれらの知識を確認するものである。

3. 活用したプログラミング教材

本実践で活用した，プログラミング教材は，プログラムを画面上で作成して3次元上でシミュレーションできるソフトウェア「動かしてみよう！」である。図1にその操作画面を示す。画面上でシミュレーションできるとともに，ロボットを接続して動作を確認することも可能である。ロボットに接続し，拡大図を作図した物を図2に示す。

また，本活用教材は，Scratchベースのビジュアルプログラミング言語を使用しているため，小学生でも分かりやすくプログラミングを学ぶことができる。実践では，動作の確認場面で，画面のみでシミュレーション（ロボットの軌跡を表示）を通してプログラムの修正，確認をした。最後にロボットを接続して動作を確認することとした。本授業で児童が作成したプログラムをPC上で動作させたロボットの軌跡を図3に示す。

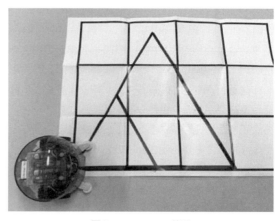

図2　ロボットの軌跡

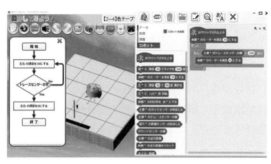

図1　ソフトウェアの操作画面

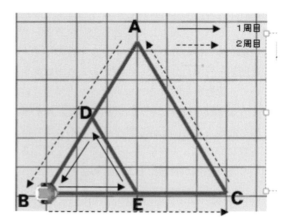

図3　ロボットの画面上での軌跡

4. 実践事例の提案

1. 実践の期日，対象，時間

授業実践は，2018年10月に公立小学校で実施した。小学校6年生24名（1学級）を対象とし，算数科「縮図や拡大図」の単元を行った。また，プログラミング学習は，算数科「縮図や拡大図」の単元における配時計画9時間の中の第4, 5時間目（45分間×2）に，プログラミングを活用した学習を実施した。

2. 学習環境および事前指導

授業実践はコンピュータ室で実施した。また，児童24名には，それぞれ1人1台「動かしてみよう！」のソフトウェア教材が備わっているコンピュータを配備した。

児童は，事前学習でソフトウェア教材を使用したプログラミング方法を学習する問題演習を行い，教材の基本的操作（プログラミング方法）は習得している。

3. 指導方略（プログラミング学習の活動をどのように算数の中に組み込むか）

指導に当たっては，既習事項である，「倍」，「割合」，「比と比の値」とを関連付けて指導を行う。

単元の導入においては，縮図や拡大図は，元の図形に対して，対応する角の大きさがそれぞれ等しいことと，辺の長さの比が等しいことを明らかにさせる。そして，方眼の図を用いて，縮図や拡大図を分別したり作図をしたりする活動にとりくませ，縮小や拡大の意味についての理解を深めさせる。

本単元において，児童が拡大図の作図を行う際は，縮図や拡大図の作図においては「合同な図形」で学習した三角形を描くときの3つの決定条件である「1つの辺の長さを使うこと」，「2つの辺とその間の角の大きさを使うこと」，「1つの辺の長さとその両端の角の大きさを使うこと」を想起させながら，辺の長さの比や角の大きさを用いた三角形の作図と，1つの点を中心とした三角形や，四角形の作図に取り組ませることに留意したい。ここでは，縮図や拡大図の性質が活用されていることや作図のポイントなどを見つけていく過程を大切にし，作図についての技能も高めていくことができるようにする。

縮図や拡大図を描くにあたって，方眼の縦，横の双方の向きに同じ縮尺拡大したものを用いたり，一つの頂点に集まる辺や長さの比を一定にして書く必要がある。このような縮図や拡大図の意味や特徴について，作図をすることを通して理解できるようにする。

今回はコンピュータに意図した通りの縮図，拡大図をかかせるためのプログラムを考えることによって，縮図や拡大図の描き方の決まりを見つけたり，考えた方法がどんな縮図，拡大図の描き方でも当てはまるのかを思考させたりする。

児童間での意見交流を通して拡大図を描くプログラムは，決まったものではなく，様々なプログラムがあることに気づかせることに重点を置く。いくつかの事象から類似性を見出して規則を一般化するという数学的思考と，意図した動きを記号の組合せで実現するプログラミング的思考を働かせることによって，図形の性質についてより深く学ばせたい。2017年告示の小学校学習指導要領における題材の関連図を図4に示す。

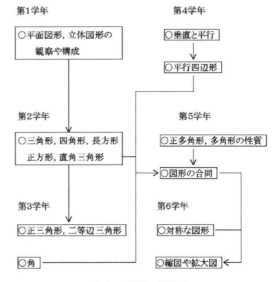

図4　題材の関連図

4. 学習目標

本授業の学習指導の目標は，算数科「縮図や拡大図」の視点から，「図形の形の特徴に注目して，拡大図を描くことができること〈数量や図形についての技能〉」とした。また，小学校段階におけるプログラミング学習の視点から，算数科の学習支援をするとともに，「様々なプログラミングの中から，より汎用性の高いプログラムがあることに気付くこと」を目標とした。

5. 配時計画

1校時：拡大図，縮図の意味や性質について理解する。
- 方眼を用いて作図したいろいろな図形の中から，形が同じとみることができるのはどれかを考える活動に取り組む。
- もとの図形と形が同じ図形について，対応する辺の長さの比や角の大きさを調べる。
- 「拡大図」「縮図」の意味を知る。

2校時：縮図や拡大図の性質の理解を深める。
- 拡大図，縮図の分別をする。
- 方眼を手がかりに，拡大図，縮図を描く。
- 拡大図，縮図の性質を確かめ，対応する辺の長さや角の大きさを求める。

3校時：辺の長さや角の大きさを用いて，拡大図，縮図を描くことができる。
・1辺を基にした，拡大図の描き方を考える。
4・5校時：1つの点を中心とした拡大図，縮図を描くことができる。
・1つの点を中心とした拡大図の描き方を考える。
・四角形に適用して縮図や拡大図を描く。
・プログラムを作って画面上に作図する。
6校時：おもな基本的平面図形が拡大図，縮図の関係になっているかを調べる活動（ロボットを活用したプログラミング）を通して，既習の図形に対する見方を深める。
・二等辺三角形，正三角形，長方形，正方形，平行四辺形，ひし形，正五角形，正六角形が拡大図，縮図の関係になっているかを調べる。
・対応する角の大きさと辺の長さの比に注目し，拡大図を描くプログラムを考える。この説明に活用した板書例を図5に示す。
7校時：縮尺の意味について理解している。
・縮図の縮めた割合を求める。
・「縮尺」の意味を知る。
・縮尺の表し方をまとめる。
8校時：縮図を描いて，実際の長さを求めることができる。
・直接には長さを測れない校舎の高さを求める方法を考える。
・縮図を描いて実際の校舎の高さを求める。
9校時：学習内容の定着を確認し理解を確実にする。
・「しあげ」に取り組む。
・学習のまとめと，生活への応用を考える。

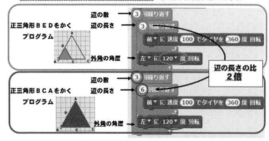

図5　拡大図を描くプログラムの学習支援

6．第4・5校時の指導過程と学習内容

①問題提起

「問題：正三角形BDFの2倍の拡大図，正三角形BACを描くプログラムを考えよう」と提起した。

②既習事項の確認

初めに，前時に学習した，1つの頂点を中心とした拡大図，縮図の書き方である「1つの辺の長さを使うこと」，「2つの辺とその間の角の大きさを使うこと」，「1つの辺の長さとその両端の角の大きさを使うこと」の3つを復習した。

また，プログラミングでの拡大図，縮図の書き方の見通しを持たせるため，ワークシートを使用し，正三角形の2倍の拡大図は，元の辺の長さの2倍ですべて等しいこと，角度はすべて60°で等しいことを押さえた。

③課題把握

学習課題：辺の長さの比と辺の本数に注目し，拡大図を描くプログラムを考えよう。

④解決の見通し

学習課題からどのようなプログラミングを作成するか見通しをたてた。プログラミングを作成する際，辺の本数，辺の長さ，回転する角度，回転する回数に注意をさせた。

⑤自力解決

自力解決で，拡大図を描くプログラミングを作成した。1人2つ以上考えるよう促し，様々なプログラミングの方法があることに気付かせるよう留意した。

⑥発表と話し合い活動

児童が個人で考えたプログラミングを，2人1組で発表し，話し合い，プログラムの加除修正を行った後，実際に正しい拡大図を描くことができるか，シミュレーションを行った。

⑦まとめ

対応する角の大きさを等しくし，対応する辺の長さを2倍，3倍…に変えたプログラムをつくることで，拡大図を描くことができる。

⑧適応問題の解決

正三角形の拡大図の書き方やその図形の特徴を押さえた上で，正五角形の拡大図を描くプログラミングを考えた。正三角形と違い，1つの内角が108°で

あることや，角が5つあることに着目させて，回転させる角度や，繰り返す回数を変更させて，正五角形の拡大図の作図を行った。児童が作成した正五角形のロボットの軌跡を図6に，そのプログラミングの一例を図7に示す。

⑨学習の振り返り

プログラミングで行ったことの振り返りだけでなく，元の図と拡大図との関係に触れて，算数科としての振り返りも行った。

⑩学習のまとめ

図形についてプログラミングを使って考えた道筋をクラス全体で共有すると共に，学習のまとめを行う。

7．児童が作成したプログラミングの一例

児童は，学習の理解の程度に合わせて様々なプログラムを作成した。このプログラムから児童の思考過程や理解の程度を掌握することができる。児童が作成した繰り返しを使用しないプログラムを図8に，タイヤの回転数を使用したプログラムを図9に，繰り返しとタイヤの回転数を使用したプログラムを図10に示す。

右回転を使用したプログラムを図11に，辺の本数と辺の長さを考え，繰り返しを使用したプログラムを図12に示す。

8．実践結果と考察

授業後に，同市内小学校教員20名が参加し，授業の検討会を実施，下記の意見を聴取した。

児童のプログラミングを観察した結果，「児童はプログラムを順序立てて考えることに面白さを感じている」，「1つのプログラムだけでなく他に方法はないか考えていた」，「何度もプログラミングを修正しながら動作を確認していた」などの意見が多く寄せられた。これらのことから，本実践の「拡大図の書き方の特徴である対応する角が等しいこと」や，「対応する辺を2倍，3倍とすれば良いこと」に児童はプログラミングを通して気づき，算数的な見方・考え方が身に付いたと考えられる。

これらのことから，プログラミング学習を通して，算数科「縮図や拡大図」の目標である「図形の特徴に注目して拡大図を書くことができる」ことを達成していたことが推察される。

大多数の児童は，複数のプログラムを考えることができ，適応問題で繰り返し他の多角形のプログラミングを行うことができた。

また，振り返りの時間において，プログラミングの作図と手書きでの作図を比べることを通して，プログラミングでの作図は，「速く，簡単，正確」に作図できることや，話し合い活動の際に，別の児童と自らのプログラミングを比べたことで，プログラミ

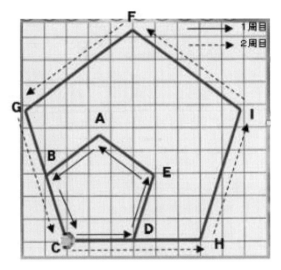

図6　五角形の画面の一例

図7　児童が作成した五角形のプログラム例

ングの方法は様々であることに気付くことができた。このことから，「様々なプログラミングの中から，より汎用性の高いプログラムがあることに気付くこと」を達成することができたと推察される。

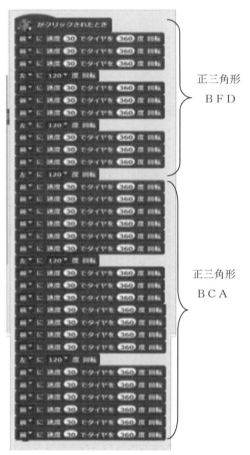

図8 繰り返しを使用しないプログラム

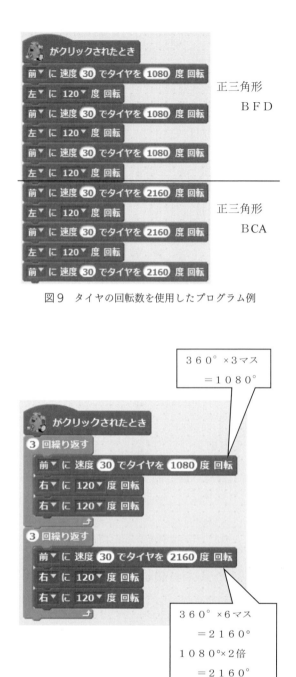

図9 タイヤの回転数を使用したプログラム例

図10 繰り返しを使用したプログラム例

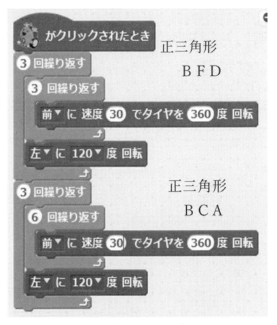

図11 右回転を使用したプログラム

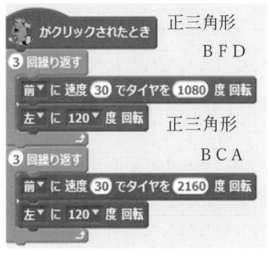

図12 繰り返しを使用したプログラム

5．おわりに

　本実践では，小学校算数科の第6学年「縮図や拡大図」の学習を支援するプログラミング学習の指導過程を検討し，授業実践を通してその効果を検証した。以下にその結果をまとめる。

(1) 算数科「縮図や拡大図」の学習を支援するため，小学校6年生へのプログラミング学習の指導過程を提案した。

(2) 本実践で活用したソフトウェアに対して，児童は短時間でそのプログラミング方法を習得することができた。

(3) 本授業において，拡大図の作図をプログラミングで行うことによって，児童は，元の図形と拡大図の図形の辺の長さや角の大きさの関係を理解していたため，より図形や，拡大図の形の特徴を意識することができた。

(4) 本授業実践を通して，プログラミング学習において，算数科の学習支援が可能であり，算数科の学習目標とプログラミング学習の目標の双方が達成可能であるとの知見を得られた。

　以上の授業実践とその結果から，今後は，算数科の他単元の学習指導の支援としてのプログラミング学習の授業実践や，初等教育における他教科の学習支援としてのプログラミング学習の授業実践の検討を進めていきたい。

(山本利一，篠塚祐香里)

第6章　照度・温度センサを活用した「日なたと日かげ」の プログラミング学習

1．はじめに

　近年，科学技術離れ，理科離れの問題が指摘されている[1]。このような問題を解決する1つの打開策として，科学的なものづくりを通して科学技術のすばらしさに触れることが挙げられる[2]。科学的なものづくりとは，自分の手で作る楽しさを感じることで，科学への興味・関心を深め，自ら学ぶ意欲の創出を目指し，具体的には，子どもが，自ら電子工作をし，工作後に楽しむことで，ものづくりできる自信と，技術を切り口とする身近な科学技術に興味を持つようになることである。さらに，科学技術的なものづくりの活用により，理科の学習内容と日常生活や実社会の関連を図ることが期待できること，科学技術的なものづくりを通して，人間形成ができること等，ものづくりの有用性を挙げられる[3,4]。

　義務教育における科学技術的なものづくりは，中学校学習指導要領技術・家庭科技術分野と理科に明記されているが，小学校学習指導要領には，理科のみ明記されている状態である[5]。そのため，中学校では複数教科で担っている役割を1教科で担っていることになり，小学校の子どもにとって理科におけるものづくりは貴重な体験であると言える。

　これまでの理科におけるものづくりでは，学んだことを活用したり，理解を深めたりすることが中心であった。しかし，2017年に公布された新学習指導要領において，日常生活との関連を図り，目的を設定し，計測して制御するといった考え方に基づいたものづくり活動の充実が示された[6]。このため，理科におけるものづくり活動にプログラミングが導入されることが期待できる。プログラミングについては，新学習指導要領において必修化となり，子どもがプログラミングを体験しながら，論理的思考力を身に付けるための学習活動が示されると共に，算数，理科，総合的な学習の時間におけるプログラミングが例示されている。しかし，新しい学習指導要領には，プログラミングについての具体的な授業の流れが明記されていないため，すぐに教育現場で実践できないことが問題である。このような問題を解決するには，理科でのプログラミングを導入した授業実践を創造していくことが必要である。

　先行研究を調べてみると，数少ない理科におけるプログラミングを導入した事例として，小学校第6学年単元「人と他の動物の体」において，心拍センサを付けて心拍を測ってプログラミングすることで，体の仕組みについて理解を深めた事例がある[7]。他にも単元「電気の利用」で，さまざまなセンサ等を用いて電気を利用した新しい道具の活用を行った事例もある[8]。これらは，興味深く先端的な授業である一方，体験に終始してしまい，理科教育において重要視される問題解決学習になっていない課題が存在する。

　そのため，本実践では，理科のものづくり場面に着目して，プログラミングを導入したものづくりにおける製作過程を通しての問題解決学習を行うこととする。理科におけるものづくりとは，自分の手で作る楽しさを感じることで，科学への興味・関心を深め，自ら学ぶ意欲の創出を目指し，具体的には，子どもが自ら製作を行い，製作後に楽しむことで，ものづくりできる自信と身近な科学に興味を持つようになることである。このようなものづくりの活用により，理科の学習内容と日常生活や実社会の関連を図ることが期待できること，ものづくりを通して人間形成ができること等，ものづくりの有用性は，数多く報告されている。

　上記のような理由により，理科においてプログラミングを導入したものづくりを通した問題解決学習を推進するため，3つの視点を決めて授業実践を行った。

(a) カリキュラムマネジメントを通したものづくり【視点1】

学校全体で教科を超えて，独自に各教科のカリキュラムを考えていくことも必要である。各教科等の内容を相互の関係で捉え，教科・領域横断的な学びにおける視点で，その目標の達成に必要な教育の内容を組織的に配列していくことは，子どもの学びの充実につながる。小学校段階でこのようなプログラミング教育を検討するにあたり，適切な時数の配置が必要となる。しかしながら，現状ではプログラミング教育をするためのカリキュラムについては明確な位置付けがなく各校の裁量に委ねる部分が多い。そのため，与えられた時数の中で，できるだけ短時間でプログラミングを導入する必要がある。そこで，総合的な学習の時間において，プログラミングを行う際の基本的な知識や技能の習得を扱い教科（理科）の時数を確保することとした。

(b) オープンエンドな問題をトライ＆エラーを通して解決するものづくり【視点2】

子どもが自分の考えを見直し改善を図る機会を充実させていくためには，子ども自身が自分の考えを顕在化し，自他の考えの違いや学習の前後における考えの変化を捉えることができるようにする必要性があると考えた。その具体的な手だてとして，製作物を改良していくものづくりが有効であると考えた。ものづくりを通じて子どもは，自分の考えを製作物という形で顕在化することができる。また，子どもが自分の作った製作物に対し，改良して実現したい思いや願いを持つことで，自分の考えを見直す必要性が生まれ，目的意識を持って学習に取り組めるだろうと考えた。

観察，実験によって活用・検証して生じた問題を解決するために，製作物の改良方法を考え改良を実現していくことを通して，子どもが主体的に取り組み，自分の考えを見直し改善していく。また，学んだことを活用して製作物を改良することで，子どもは更新された自らの考えを製作物という実体として，目で見て捉えることができる。その結果，製作物を改良していくものづくりを実感し，自分の考えを見直そうとする必要性を更に強く感じることができると考えた。このようなものづくりを行うことを

図1 ものづくりにおける問題解決の過程

通しての問題解決学習は，より意図した活動に近づくのかといったことを論理的に考えていくことにつながると考えた。

そこで，子どもが製作物の段階的な改良に取り組むものづくりを学習展開の柱とした。そして，観察・実験で活用・検証しながら改良するオープンエンドなものづくりを行う場面を配置することにした。また，ものづくりの過程の中に観察や実験を位置付けることにより，問題解決学習として子どもが自分の考えを見直し改善を図る機会を充実させることができると考えた。そこで，本研究では，ものづくりにおける問題解決の過程を［製作］，［観察・実験による検証］，［製作物の見直し］，［改良計画の立案］，［製作物の改良］という5つのステップに分けることとした（図1）。

(c) 協働するものづくり【視点3】

理科のものづくりにプログラミングを導入する際の子どもの学びを考える視点としては，どのような知識や技能を習得したかではなく，どのような学びの過程を経たのかに重点を置くこととした。目指す具体的な学びの過程は，各個人の考えが集団の中での学び合いにより変容すること，個人が集団から知識を共有し新しい知識を創造することが挙げられる。このような学びを実現するには，言語活動における教える力・聞ける力が必要となってくる。そこで，子どもが自分の考えを見直し改善する機会の充実，友達と学び合える機会の充実を図るために，授業中は自由に立ち歩いて情報交換してよいことを伝えた。

2．授業実践概要

(a) 実践した単元

小学校第3学年理科単元「日なたと日かげ」

(b) 題材

「理科でつかう明るさ・温度センサをつくろう」

(c) 題材のねらい

理科授業に活用できる明るさや温度を測定できるセンサを製作することを通して，友達と教え合い聞き合いながら試行錯誤してプログラミングを行い，プログラミング的思考を育成し，実際に明るさや温度をセンサに数値化して表示させることで，明るい場所は温度が高く，暗い場所は温度が低いという理科における学びを深める。

(d) 指導計画（5時間扱い）

表1 指導計画（[ ]は，ものづくりにおける問題解決の過程；図1参照）

時	教科 （領域）	学習内容
1	総合的な学習の時間	コンピュータの操作方法（クリック，ダブルクリック，ドラッグのやり方，USB端子の差し込みと取り外し）を身に付ける。
2	総合的な学習の時間	マイクロビットにプログラミングして，自分の考えた表示画面をマイクロビットの電光掲示板に映す。
3	理科	［製作］［観察・実験での活用と検証］ マイクロビットにプログラミングして，明るさや温度を測れるセンサをつくり，マイクロビットで明るさや温度を測定する。
4	理科	［製作物の見直し］［改良計画の立案］ 1台のマイクロビットに温度と明るさを表示させるにはどうするか，点灯したままの電光掲示板の温度や明るさの表示が，どうしたら消えるのだろうかを考える。
5	理科	［製作物の改良］ 1台のマイクロビットで明るさと温度が測れ，表示が消える明るさ・温度センサをつくる。（明るさ・温度センサを改良しよう）
6	理科	つくった明るさ・温度センサで，日なたと日かげの明るさや温度を測る。

(e) 教材

専門的なコンピュータ言語を使ったプログラミングを小学校段階で行うことは時間的にも難しく，また，その教育的意図とは違ってしまう。このことから，小学校段階でプログラミングを導入するためには，小学生の発達段階に応じた教育用のプログラミングソフトを利用することが必要になると考える。そこで，教材は，マイクロビットを使用した。マイクロビットは，イギリスの国営放送局であるBBCが主体となってプログラミング教育を推進するために開発したマイコンボードである。開発環境はマイクロソフト社が開発したブロックエディタを使い，Scratchのようにブロックを組み合わせてプログラミングを行うことができる（図2）。

マイクロビットは，光を受けて発電し，その発電量を電光掲示板に数値化することにより，照度（明るさ）を測定できるセンサとして活用できる。また，温度センサも内蔵されていて，温度の測定もできる。それらのセンサをプログラミングして製作する際には，1人1台のマイクロビットを活用し，子どもがそれぞれ考える明るさ・温度センサを試行錯誤して製作する。また，製作後，子どもがプログラミングした明るさ・温度センサを使って日なたと日か

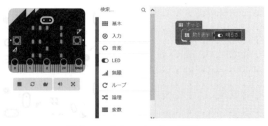

図2　マイクロビットの画面

げの明るさと温度を測定したり，明るい場所，暗い場所の明るさや温度を数値化したりして，明るさと温度の変化を定量的にとらえることを通して，理科の学びを深めていくこととする。

3．カリキュラムマネジメントを通したものづくり【視点1】

小学校第3年生の子どもは，入学してからの期間も短く学校でのPCの使用経験が少なかった。そこで，総合的な学習の時間において，コンピュータの操作方法を学ぶこととした。具体的には，クリック，ダブルクリック，ドラッグの操作，USB端子の差し込みと取り外しである。基本的な技能をしっかり習得することを目的として，クリック，ダブルクリック，ドラッグは，楽しく練習できる専用のソフトを使用した。また，USB端子の差し込みと取り外しは，必ず1人2回以上を行うこととした。

次にプログラミング体験を行った。ここでは，プログラミング（コンピュータに出す命令を作ること）という言葉の意味を知ることや基本的なプログラミングの技能を身に付けることを目的とした。

そこで，まずマイクロビットの電光掲示板に簡単なアルゴリズムで点灯制御してみることとした。それは，画面左側のシミュレータで試してから，PCにUSBをつなぎ，マイクロビットにデータを送り点灯制御させることであった。しかし，これらの一連の活動は，技能差が生じるため，できる子どもとできない子どもに分かれる傾向があった。そこで，最初，グループ4人で1台のコンピュータを使用してプログラミングを行い，マイクロビットにデータを送信して点灯制御することとした。具体的には，教師が提示した基本的な技能を習得させるための簡単な点灯制御のアルゴリズム（「ずっと，アイコンを表示」等のブロック）で，マイクロビットの電光掲示板を点灯制御することである。そして習得を確認した後，1人1台のマイクロビットを活用して，個人でマイクロビットの電光掲示板を点灯制御することとした。

最初に4人のグループで行うことは，大変効果的であった。簡単な点灯制御のアルゴリズムであるが，最初から個人でやると教師の対応も増え時間がかかる。しかし，グループにすれば，教師の対応はグループ単位のため激減する。さらに，理解に時間がかかる子どももグループの友達が行う様子を見ることで，理解が促進されている場面が見られた。その後，できたグループから，個人の技能の確認・定着を行うこととしたが，その際には，全員ができてから自由にプログラミングすることを伝えた。すると，子どもたちは自由にプログラミングしたいため，全員ができることを目指して，自然に教え合う姿，聞き合う姿が見られた。このような子ども同士で教え聞き合うことは，大変効果的で，一人ひとりの一定の技能の定着を短時間で行うことができた。

その後，子どもたちは，1人1台のマイクロビットでさまざまな点灯制御のアルゴリズムに挑戦し，自由試行しながらプログラミングを楽しむことができた（図3）。

子どもたちは，もっと時間をかけてより複雑な制御に取り組むことを希望したが，基本的な技能の習得を目的としたため，2単位時間で終了とした。短時間であるため，順次のアルゴリズムしかできなかったが，基本的なプログラミング技能を身に付けるには十分であった。このことから，プログラミングを導入する際には，教師が子どもにどんな技能を身に付けさせたいか明確な目的を持って取り組むことが時間短縮につながることが示唆された。

図3　マイクロビットで点灯制御する様子

4．オープンエンドな問題をトライ＆エラーを通して解決するものづくり【視点2】

(a) 製作

 総合的な学習の時間を通して，コンピュータの操作技能や簡単なプログラミング技能を習得した子どもたちに，教師は明るさセンサとそのアルゴリズムを提示した（図4）。明るくなったら数値が高く表示され，暗い場合は，数値が低く表示される明るさセンサは，子どもたちの興味・関心を高めた。また，別のマイクロビットで温度センサを同様に提示すると，「つくってみたい」と大きな声をあげた。

 そこで，理科におけるものづくりの一環として，明るさセンサや温度センサを製作することとした。子どもたちは，総合的な学習の時間の経験を活かして，明るさセンサ，もしくは温度センサをつくっていった。ブロック3つを組み合わせるとできるセンサは，短時間で製作することができた。

図4　明るさセンサのアルゴリズム

(b) 観察・実験での活用と検証

 比較的短時間で製作できたため，実際に学校内外で，明るさや温度を測定してみることとした。子どもたちにとって学校内外での測定は，とても楽しく，魅力的なものであった。明るさセンサを製作した子どもは，明るさが数値として表示されるため，温度を体感で感じた。また，温度センサを製作した子どもは，明るさを体感で感じることで，理科で学習する内容である「明るいところは暖かく，暗いところは涼しいこと，日なたは暖かく，日かげは涼しい」ことを体感で感じていった（図5）。

 しかし，センサを活用して「不便だな」と感じる問題点にも子どもたちは気づき始めた。実際に自分

図5　明るさや温度を測定する様子

の製作したものを活用してみると検証することにもつながり，自分が製作したセンサの問題点がはっきりしてくる。子どもたちは，自分の製作したセンサを見直し始めた。

(c) 製作物の見直し

 子どもたちの製作したセンサは，測定できるが，常に数値が表示されているセンサであった。また，1台のマイクロビットでは，明るさしか測定できないため，他の子どものマイクロビットで温度を測定しなければならなかった。子どもたちは，口々に自分のマイクロビットについての問題点を挙げた。その際の実際の会話を表2に示す。

表2　子ども同士の会話

A児：ずっとつきっぱなしだよね。おかしくない？
B児：うん。確かに数字も読みにくいし。
C児：電気の無駄遣いだよ。
A児：あとさ～，自分のマイクロビット1台で明るさも温度も出た方が，楽じゃない。
C児：ね～。1個で2つのことできないし。
A児：もっと便利にならないかなあ。

(d) 改良計画の立案

　このような場面で，教師は，子どもたちの製作したセンサの問題点を明確にすることとした。問題点の1つ目として，「マイクロビットの電光掲示版の表示がつきっぱなしであること」が挙げられた。次に，問題点の2つ目として，「明るさと温度を1つのマイクロビットで測れないこと」が挙げられた。この2点の問題を解決するために，「明るさと温度を1つのマイクロビットで測れて，電光掲示板の表示が消えるセンサをつくろう」と課題を設定し，改良計画を立てることとした。子どもたちは，「表示を消す，ブロックを探そう」「Aボタン，Bボタンを使って，違うものでつくれないかな」と改良に対しての具体的なイメージを持っていった。これは，総合的な学習の時間での自由試行が，改良に対しての具体的なイメージを持つことに有効であったことが窺える。

(e) 製作物の改良

　製作物を改良する場面では，教師はあえて特別な支援は行わず，「全員が，明るさと温度を1つのマイクロビットで測れて，表示が消えるセンサをつくる」という課題を確認した。また，オープンエンドな問題解決学習となるように，明るさと温度が1つのマイクロビットで測れ，電光掲示板の数値が消えるセンサができれば良く，正解のアルゴリズムは1つではないことを伝えた。すると，子どもたちは，それぞれに自分の考えを基にプログラミングを行って，センサを改良していった。すると，ボタンAが押されると温度が表示され，自動的に表示が消えるアルゴリズムに改良する子どもが現れた。また，AとBボタンを両方押すといつでも表示が消せるアルゴリズムに気づき，センサを改良する子どもが現れた。さらに，ボタンAを押すと明るさを測ることができ，ボタンBを押すと温度を測ることができるようなボタンによって表示する内容の違うアルゴリズムができることに気づき，1台のマイクロビットで明るさも温度も測定できるセンサに改良していった。オープンエンドな問題解決学習であるため，目的である明るさと温度が1つのマイクロビットで測れ，電光掲示板の数値が消えるセンサが製作できる

多くのアルゴリズムに子どもたちは気づくことができた。今までは，順次するアルゴリズムしか考えられなかったが，分岐するアルゴリズムに気づいていった。

　その際の実際の会話を表3に示す。

表3　子ども同士の会話

D児：明るさと温度，1つしか測れないよ。
E児：1個のマイクロビットで両方はできるようになるって，AボタンとかBボタン使うのかな。
F児：うん，絶対ボタン使わないと両方1台ではできないよ。
D児：やってみようよ。なんか，おかしい。うまくいかないよ。
E児：そうだ。Aボタンの時とBボタンの時の2つにブロック分けて試してみようよ。
D児：お〜。できた。これ，2つ使えるんだ。発見だよ〜。

　表3から窺えるように，子どもたちは，トライ＆エラーを繰り返しながら，明るさ，温度を1台のマイクロビットで測れ，表示が消えるセンサを製作することができた。

　改良を終えた子どもがさらなる改良を希望したため，そのアルゴリズムをホワイトボードに書き出し記録に残した後，新しい改良を行うこととした。このようにアルゴリズムを記録しておくと，他の子どもの参考になることにも加え，さらなる改良の際に自分自身で振り返ることもできる。

　この場面でも，全員のセンサができてから明るさや温度を学校内外に測定することを伝えた。すると，子どもたちは，早く全員のセンサをつくりみんなで明るさや温度を測定できることを目指してプログラミングを自然に教え聞き合う姿が見られた。このように教え聞き合うことによって，1人1人の明るさ・温度センサの製作が比較的短時間で行うことができた。

　授業終了後の感想には，「センサを改良したら，明るさと温度が1台で測れるようになった。マイクロビットの数字はいつでも消せるような工夫ができた。自分の考えたプログラムをつくるには，いろいろやってみないといけないし，ブロックのつなぎ方を工夫しないといけない。すごくたくさんしっぱいしたり，試したりしたけど，とても楽しかった。勉

図6 改良された明るさ・温度センサで測定する様子

強じゃないみたいだけど，思ったよりたくさん考えるので，すごい頭を使った」と書いた子どもが見られた。

これは，製作物を改良することを通して，アルゴリズムの組み合わせをどのように改良していけば，より意図した活動に近づくのかということを論理的に考えている姿であると考えられる。このことから，子どものプログラミング的思考が育成されるきっかけになることが示唆された。

改良された明るさ・温度センサは，ボタンを押すと表示され，自動的に表示が消えたり，意図的に消したりすることができる。さらに，1台のマイクロビットで明るさも温度も測定できるため，子どもの活動の幅が広がっていった。そして，自らつくったセンサを活用して，学校内外の明るさと温度の測定を行い，明るさの違いによって温度が変わるという新しい事実を定量的につかむことにより，改良前のセンサを使用したとき以上に実感を通して理科の学びを深めていった（図6）。

5．協働するものづくり【視点3】

普段の学校生活では，どの子どもも休み時間に遊ぶ子どもとばかり授業中において行動する傾向がある。しかし，本研究における理科のものづくりでは，全員ができることを目指しているため，プログラミングを自然に立ち歩き学び合い聞き合いながら，あまり遊ばない子どもと学び合う姿が見られた。教師は，このような教え聞き合うことを子どもが行うとき，「これ，どうやったらできたの」，「すごいね。新しいブロックの組み合わせを発見したよ」等と，提示して可視化すること（他の子どもに伝えること），また，「分からないって言えることが大切だし，言えれば誰かが教えてくれるよね」，「困っている友達に教えられるって，すごいね」等とクラスの子どもが教え聞き合うことを共感し，称賛するように心がけた。すると，徐々に子どもの学習する様子に変化が見られた。今まで，隣同士での教え聞き合いであった子どもたちが，授業中盤には，隣同士を超え，男女もバラバラというようなクラス全体での教え聞き合いに変化していった（図7）。子どもは，自分が学ぶために，教え聞き合い協働して行動するようになってきた。

また，自由に立ち歩き教え聞き合うことで，自分の考えていたアルゴリズムと違っても「このアルゴリズムでもできるんだ」と友達の考えを受け入れ，今までの考えを新たな考えにつくりかえていく姿も見られた。具体的には，子どもが自分のアルゴリズムに友達のアルゴリズムを取り入れる姿が見られたことである。子どもは，自分が学ぶために，教え聞き合い協働して行動するようになってきた。

また，生活記録（毎日提出する日記）から，子どもにとって，プログラミングは楽しい活動であったことが窺える。また，友達と一緒に考えるとできる良さを感じていることも窺えた。このことから，クラスの友達と協働でプログラミングを行うことは，楽しさや友達と学び合う価値を感じることが示唆された。

（林康成，村松浩幸）

図7　隣同士での学び合いが，クラス全体での学び合いに変化していく様子

第7章 小学校社会科における防災コンテンツのプログラミング

1. はじめに

　情報化の進展は私たちの予想を超える速さで社会に大きな変革を起こしてきた。今後もこれまでよりもさらに高度に情報化された社会になっていくことが予測されている。こうした流れの中で，2020年より小学校でのプログラミング教育必修化となった[1]。2017年告示の小学校学習指導要領解説[2]ではプログラミング学習のねらいを，児童が情報を主体的に捉えながら，何が重要かを主体的に考え，見いだした情報を活用しながら他者と協働し，新たな価値の創造に挑んでいけるようにするための情報活用能力の育成や，教科等で学ぶ知識及び技能等をより確実に身に付けさせることだとしている。現場ではこれらに対応するべく，多くの研究や実践が行われ，その結果プログラミング教育の教材やツールは次第に充実してきている。しかし，実践事例が少なく，現場ではモデルとなる授業が必要とされている現状がある[3]。

　先行研究や過去の実践事例から，諏訪市の「相手意識に立つものづくり科」のような相手意識の要素を取り入れることで創作意欲などに効果があること[4]が明らかになっていた。実践を行う学級では社会科と総合の時間を使って防災学習をしていたことから，小学校社会科で児童が地域に向けた防災のデジタルコンテンツをプログラムする授業を開発し，実践をした。同時に本実践では，自身のこれまでのプログラミングの実践では活動が個別化して技能差が広がりなかなか協働できにくい状況があった。これに対応すべく，本実践ではライブラリ実践の考え方を取り入れた。

　ライブラリ実践とは，ある機能を持った短いプログラム（以下「ミニプログラム」と呼ぶ）を子どもたちが作り合い，共有することで，どの児童でもプログラムを作り上げられるようにする実践手法である[5]。こうした協働的な取り組みは，児童自身が児童なりに知的な成果物（知的財産，以下知財）を生み出しているといえる[6]。この知財の考え方をライブラリ実践に組み込むことで，お互いのアイデアや成果物であるプログラムを通して，制作しあった児童同士が互いを尊重する気持ちも芽生え，活動がより協働的に変容していく一助になるのではと考えた[7]。

2. 授業の設計

(a) 実践した単元

　2017年度小学校学習指導要領社会第5学年の内容イ（イ）「地形や気候などに着目して，国土の自然などの様子や自然条件から見て特色ある地域の人々の生活を捉え，国土の自然環境の特色やそれらと国民生活との関連を考え，表現する」場面で，これまで学習してきた防災についての学習のまとめとして行った。

(b) 使用ツール

　Scratch2.0

(c) 授業を通しての学習のねらい

　本授業では，小学校社会科におけるプログラミング学習の授業であるので，社会科のねらいと，プログラミング教育のねらいのそれぞれを図1のように設定した。

教科	ねらい
社会科	災害に対して地域や関係の人々がどのような思いで備えをしているのか、何が大切なのかを考え、自分たちの手で地域を災害から守ろうとすることができるようになる。
プログラミング	プログラミングの基本的な技能を身につけると同時に、情報機器に関心をもち、積極的に活用しながら他者と協働して社会をよりよくしようとすることができるようになる。

図1　授業のねらい

(d) 協働的なプログラミングのための授業構成

 従来型のプログラミングの授業では主に、設計からプログラム改良に至るまで、基本的には個人の作品を個人で作成していくものが自身の実践を含めて多かった。一方、開発した授業では協働を意識し、全体で必要となる機能ごとのミニプログラムを開発し、それらを集めて学級のライブラリを作成する。その後はライブラリの中からプログラムを引用してプログラムを作成し、その作品で、また新たにライブラリを更新していく流れで授業を構成した（図2）。

 授業では、児童らはまず全体で必要となる機能を予想し、その機能ごとのミニプログラムを個人で作成する。作成したミニプログラムは、全員ライブラリと名付けたファイルに名前を付けて保存することとした。ミニプログラムの名前の付け方は、引用しやすくするため、ライブラリ作成時は機能と名前とした。これによって、苦手意識の強い児童にはハードルを下げて、苦手意識を低下させると共に、全体として協働して制作ができるようにした。ミニプログラムを集めたライブラリが完成した後、ライブラリの中からプログラムを引用（リミックスを含む）するというルールを提示し、児童らがライブラリから他の児童のミニプログラムを参考、改造、組み合わせるようにした。引用した後に作成したプログラムの名前は、引用関係が分かるように引用したプログラム名と作った人の名前を付けるようにした（図3）。ファイルは何月何日というように毎回新しいものを作り、引用の様子を追って観察できるようにすると共に、遡って引用したり、誤って他人のプログラムを上書き保存されても復元したりできるようにした。また、児童のプログラムを集めた紙媒体のアナログライブラリ（図4）を開発した。これによって

図3　ファイルの名前の付け方

図4　紙媒体のライブラリ

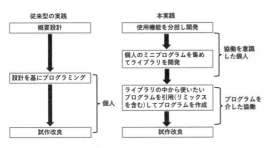

図2　プログラミングの授業構成

図5　引用関係の掲示

コンピュータに苦手意識を持つ児童が苦手意識をあまり感じることなく引用できると考えた。教室内では，壁に児童同士の引用関係を大きく図式化し，引用開始から2時間目の第4時から壁に掲示した（図5）。これによって，互いに引用し合っている様子を可視化し，価値付けることで，引用することの良さを実感し，児童の引用し合いたいという意識を喚起した。これらの支援によってお互いのアイデアや成果物であるプログラムの引用を通して，制作しあった児童同士が互いを尊重する気持ちも芽生え，より協働的にプログラミングできるようになるのではないかと考えた。

3. 実践の様子

(a) 実践の概要

実践はN小学校5年生38名（男子19名女子19名）を対象に実施した。実践の第1時と2時では，Scratchのバージョンが変わり，操作に慣れるためということで，いきなり本番のプログラムを作る前に必要になると予想される機能ごとにミニプログラムを作成し，それを学級のフォルダに集めるという課題を提示した。それまでのプログラミングでは苦手意識を持ち，積極的になれない様子であった児童らも，ミニプログラムの作成は意欲的に取り組み，たくさんのミニプログラムを作成した（図6）。

第3時からはライブラリの中の自分以外の人の作ったプログラムを引用してリミックスしたりしていいというルールをこちらから提示した。また，ファイル名は引用したファイルの名前と新たなファイルの名前を組み合わせて付けるように児童らに提示をした。また引用しやすいように学級内数名のプログラムを集めた紙資料も配布した。児童らは，最初に得意な児童らを中心に大きな抵抗感を示し，許可を取るように求めていたが，次第に積極的に引用し合いアイデアを共有することに抵抗を感じなくなり，他の人に自分のプログラムを使うように勧めたり，教えたりする姿が見られた。苦手意識が強い児童らは紙資料や友達のプログラムを活用し，積極的に取り組んでいた（図7）。

子どもたちはプログラミングが得意な児童もそうでない児童も協働しながら互いのプログラムをより高度なものにしていった（図8）。第5，6時では似た避難経路の友達とおよそ2人1組グループを作ってプログラミングをするようにした。1人1つで4方向であったPC画面を2台ずつ横並びとして画面とし，右はプログラムのスクリーン，左はライブラリで他の人のプログラムを閲覧用に使うようにした。ライブラリを閲覧しやすくなったことで，役割を分担しながら2つのスクリーンを効果的に活用して協働してプログラミングしていた（図9）。

7時目では公開に向けて，自分たちの作成したプログラムがこれで公開できるかどうかを，学級内で

図6　実際のライブラリ

第 7 章 小学校社会科における防災コンテンツのプログラミング　　107

図 7　紙のライブラリでプログラムする児童

評価しあう時間を設けた。子どもたちはお互いのプログラムに真剣に見入り，使いやすさや分かりやすさなど使う人のことを考えながら評価し合っていた。そして相互評価の結果を基に修正を行い，プログラムを完成させた（図10）。

　8時目では相互評価の結果を基に修正を行い，プログラムを完成させた。完成したプログラムは学校内のPC教室で，1週間2時間目休みに公開した。児童らは1つのプログラムに1人ずつ付き，使い方のガイドと解説のために対応した。1週間で学年も性別も様々な100人近くの人に使用してもらった。子

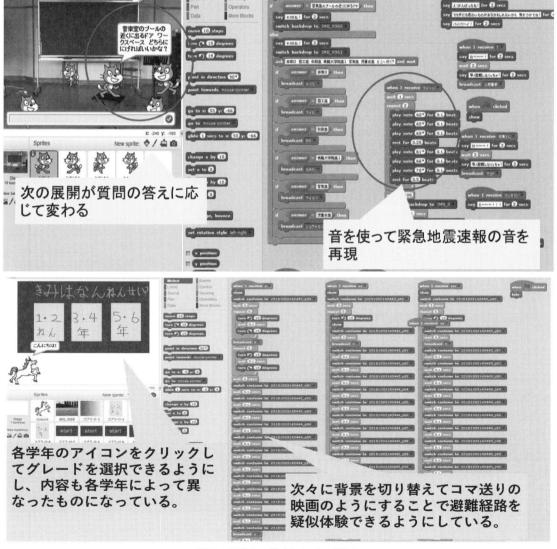

図 8　児童らの作成したプログラム

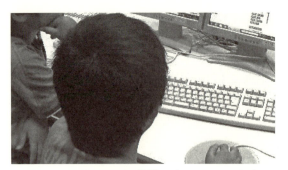

図 9　ライブラリを見て協働でプログラムする児童

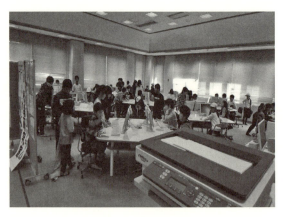

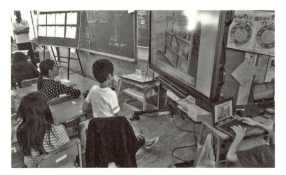

図 10　評価しあっている児童ら

どもたちは自分のプログラムの説明だけでなく，友達のプログラムの説明も行うなど，学級をあげて情報発信をしていた（図 11）。

(b) 児童らの変容

協働してプログラミングすることで，プログラミングが得意な児童は，「他の人に引用してもらえる作品をつくる」と次回の目当てを記述するなど，自分が作ったプログラムが引用され，使われることや，自分の知識が誰かの役に立つことに喜びを感じ，さらなる創作意欲に繋がっていった（図 12）。苦手な児童も友達のプログラムを足がかりにしてスキルが向上し，さらにライブラリに自分の作品をアップすることを通して自信を付け，積極的に活動に参加するようになっていった（図 13）。

学級全体として，引用したりされたりしながら防災コンテンツを作成する中で，プログラミングのスキルが向上するとともに，協働して新たなものを創造したり，問題を解決することの良さを感じ，それが教科内容の学習の深まりや，活動への意欲へと繋がっている様子であった（図 14）。

図 11　公開時の様子

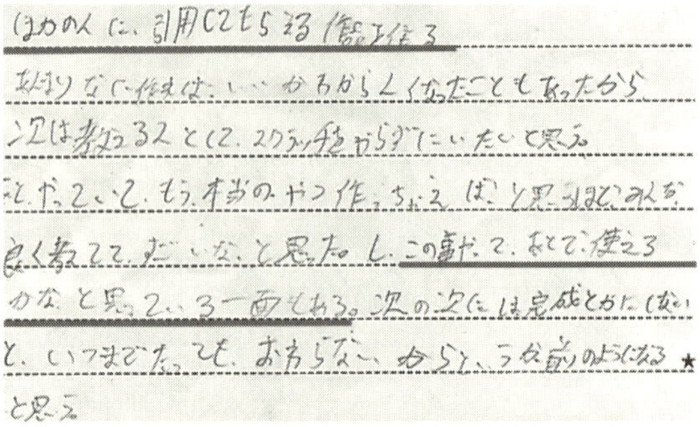

ほかの人に、引用してもらえる作品を作る
あまりなにもせずにいいかわからなくなったこともあったから
次は教えることにして、スクラッチをがんばりたいと思う
それだっていて、もう本当のやつ作っちゃえばと思うほどみんな
良く教えてくれていいなと思ったし、この事だって、あとで使える
かなと思っている一面もある。次の次には完成とかにしない
と、いつまでたっても終わらないから、一分前のようになる ★
と思う

図 12　得意な児童の振り返り

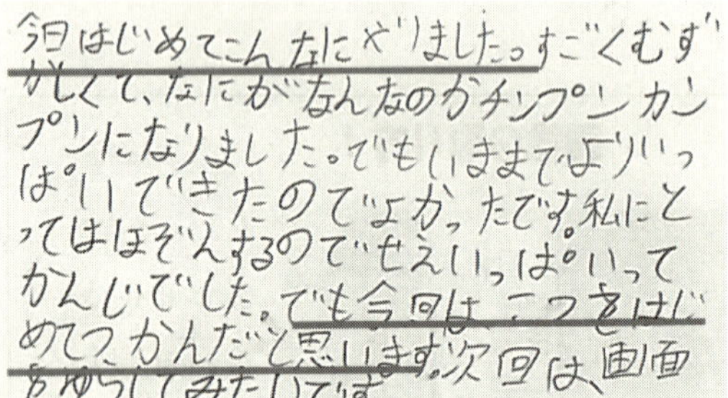

今日はじめてこんなにやりました。すごくむず
かしくて、なにがなんなのかチンプンカン
プンになりました。でもいままでよりいっ
ぱいできたのでよかったです。私にと
ってはほぞんするのでせえいっぱいって
かんじでした。でも今回はこつをはじ
めてつかんだと思います。次回は、画面
をゆらしてみたいです。

図 13　苦手な児童の振り返り

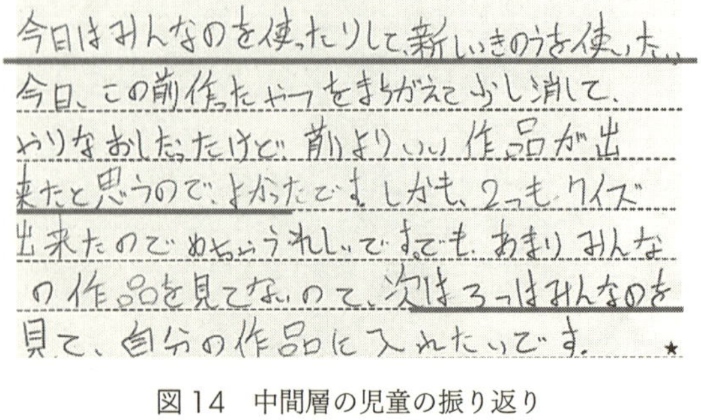

今日はみんなのを使ったりして、新しいきのうを使った。
今日、この前作ったやつをまちがえてふし消して、
やりなおしたったけど、前よりいい作品が出
来たと思うので、よかったです。しかも、2つもクイズ
出来たのでめちゃうれしいです。でも、あまりみんな
の作品を見てないので、次は3つはみんなのを
見て、自分の作品に入れたいです。 ★

図 14　中間層の児童の振り返り

4．おわりに

　本実践は，小学校社会科における防災コンテンツのプログラミングの授業を協働的な学びの要素をいれて開発した。実践を通して，教科学習におけるプログラミングの学習においては今回のような表現や発信する場面での活用が一定程度有効であることが示唆された。また，本実践の中におけるユーザー視点からの評価や，実際に使うことを想定するなどの教科学習の視点から問い返してあげることで，教科の学習内容だけでなく，プログラミングへの意欲の向上に有効であることも重要であると考えられる。

　本実践でもう1つポイントになるのが協働的な学びという視点である。ライブラリの考え方や知的財産の考え方を取り入れてプログラミングをすることで活動を協働的にしたことで，スキルと同時に活動への意欲や異なる他者と協働することの良さを学習することができていたことから，プログラミング学習においても，協働的な学びを取り入れることは非常に意義が大きいと言える。

（桂本憲一，村松浩幸）

第8章　小学校における発光教材を利用したアルゴリズム学習

1．アルゴリズム学習と発光教材の親和性

1．アルゴリズム学習を取り上げる意義

2020年の小学校学習指導要領の改訂に伴い，小学校ではプログラミング教育が必修化される。2017年告示の小学校学習指導要領では「児童がプログラミングを体験しながら，コンピュータに意図した処理を行わせるために必要な論理的思考力を身に付けるための学習活動」を，各教科等の特質に応じて計画的に実施することが明記された[1]。

このコンピュータに意図した処理を行わせるために必要な論理的思考力は「プログラミング的思考」とされている。そして，具体的に，「自分が意図する一連の活動を実現するために，どのような動きの組合せが必要であり，一つ一つの動きに対応した記号を，どのように組み合わせたらいいのか，記号の組合せをどのように改善していけば，より意図した活動に近づくのか，といったことを論理的に考えていく力」と定義されている[2]。プログラミング的思考に含まれる要素として，アルゴリズムがある。

アルゴリズムとは，情報処理における処理手順のことである。アルゴリズムは逐次処理としての「順次処理（以下，順次）」，条件に応じた後続処理としての「分岐処理（以下，分岐）」，条件による繰り返し処理としての「反復処理（以下，反復）」の基本的な3要素で表すことができる。このアルゴリズムの3要素の理解を評価の観点として取り上げることで，指導者が児童のプログラミング的思考の状況を簡易的に把握できると考えられる。

アルゴリズムの理解をプログラミング教育の目標として取り上げることについては学習者の発達段階を考慮する必要がある。発達段階によって，アルゴリズムの3要素を知識として獲得することは難しい可能性がある。しかし，プログラミング的思考に含まれている「自分が意図する一連の活動を実現す

る」ためには，プログラムの構造を理解する必要があり，そのためにアルゴリズムに気付かせることは不可欠である。児童がプログラミングを体験する中で，アルゴリズムに気付き，深い学びにつながるように，学習活動を工夫する必要がある。

2．アルゴリズムと発光教材との関係性

発達段階の個人差を考慮し，プログラムの構造を可視化し，具体的に操作できる効果的な教材の一つに，発光教材が挙げられる。今回用いた発光教材は光の色，発光時間ならびにそれらの順序を制御対象とする教材である。発光教材の利点として，3つのことが考えられる。第1に，プログラムを光の色の変化として視覚的に捉えられることである。発光教材ではプログラムが動作すると，プログラムの流れに応じて光の色が変化する。そのため，児童は出力として光の色の変化から，プログラムの構造を簡単に理解でき，アルゴリズムの気付きにつなげることができると考えられる。さらに，指導者に対しても，児童が作成したプログラムの構造を見取る，光の色の状態から児童が作成したプログラムがうまく動作しているか判断する等，指導上有効な評価に結び付けられると考えられる。第2に，発光教材は光り方のみが変化するため，動作範囲等スペースの制約を受けないことである。動きを制御する教材ではプログラミング後に，動作確認のために他のスペースに移動しなければならないことがある。発光教材は離席することなく動作確認ができるため，児童がプログラミングを行う時間を十分に確保できる。つまり，限られた学習活動の中で，児童がプログラミングに集中できることにつながると考えられる。最後に，光の制御は児童が日常生活に関連付けしやすいため，きれいな光に制御したいという学習意欲を高められることである。感性的な思考が得意な児童の

興味・関心を高める効果を期待できる。このように発光教材を利用することで，小学校でのプログラミング的思考の構成要素であるアルゴリズムの理解とプログラミングへの知的好奇心の育成の両方にアプローチできると考えられる。2017年告示の小学校学習指導要領の例示にも関連するが，小学校理科と総合的な学習の時間に関連させることができる発光教材によるアルゴリズム学習の実践を紹介する。

2．効果的なアルゴリズム学習を実現するPIC-GPE

1．アルゴリズム具現化環境：PIC-GPE

PIC-GPE（PIC Graphical user interface Programming Environment）は，PICマイコンをPCから直接操作できるフローチャートを利用したアルゴリズム具現化環境である[3,4]。

PICマイコンは1個のIC内にCPU，プログラムメモリ，データメモリ，入出力制御に関する機能等が搭載されているものであり，PCよりも安価に，かつ簡単に制御できるものである。児童がPCを使って，他のPCを制御するプログラムを作成することは難しいが，PICマイコンであれば，簡単なプログラムで制御することができる。

PICマイコンはPCと異なり，読み込みモードと実行モードがある。そのため，PICマイコンのプログラミングでは，まず，PCとPICマイコンを接続し，実行できるHexファイル（16進数表現の実行ファイル）を作成する。一般には，PICマイコンを基板から取り外し，PIC-Writerで書き込む必要があるが，限られた授業時間の中で基板からPICマイコンを脱着させることは大変な手間と時間がかかる。開発したPIC-GPE組込教材では基板上のボタン操作によりモードを変更させるとPCで制作したプログラムをPICに簡単に書き込むことができ，大幅な時間短縮を可能にしている。

実際のPIC-GPEの操作画面を図1に示す。PIC-GPEはGUI環境を採用している。児童はマウス操作でフローチャートを作成することで，光の色，発光時間ならびにその順序を制御できる。光の色と発光時間を決定するノードは，「ディジタル出力」のアイコンをドラッグして，中央のフローチャート描画エリアにドロップする。エリアに配置された「ディジタル出力」のアイコンをダブルクリックし，制御対象としてLEDを選択する。その

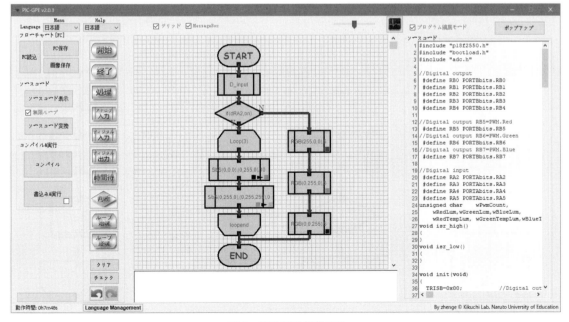

図1　PIC-GPE 操作画面

後，RGBのスライダーを基本色として，白，黄色，マゼンダ，シアンの4色からもマウス操作で色指定することができる。時間は1色につき，0.1秒刻みで10秒まで変化させることができる。発展的な光の色の変化として，2色間のグラデーションを選択することもできる。この機能は，どのように光の色が変化するのか児童の期待感に働きかけることができるので，自由制作場面での活用が効果的である。

色の順番を決めるリンクは，各ノード内に配置された四角いアイコンをドラッグすることで描くことができる。リンクは上から下，左から右に向かって描かれるように設定されており，児童がフローチャートの流れを意識しやすくなっている。また，自動整列のコマンドが用意されており，児童がノードやリンクをたくさん配置しても，視認性の高さを保てるように工夫されている。

作成したフローチャートをプログラムへ変換する機能がPIC-GPEに搭載されており，マウス操作により，フローチャートからC言語のソースコードへ変換する操作を実行することができる。さらに，学習者が自然にコンピュータの翻訳機能を体感できるようにするために，コンパイルを実行する操作ボタンが設定されている。また，PIC-GPEはアルゴリズム具現化環境であるが，発展的なプログラミング学習に対応できるように，変換したC言語プログラムを直接テキスト編集する機能も搭載されている。その

ため，小学校から大学生まで，アルゴリズムの理解から体系的なプログラミング学習まで実践できる点で，PIC-GPEは効果的な教材である。

学校現場で多く使われているのがWindows OSであることを考慮し，PIC-GPEはWindowsマシンで利用できる環境で構築されている。実践で使用したVersionはPIC-GPE v2.0.3である[5]。

2．PIC-GPE上でのアルゴリズムの表現

PIC-GPEはフローチャートを採用しているため，アルゴリズムの3要素を簡単に表現できる。基本的な表現例を図2に示す。順次の表現はノードを一方通行的にリンクで結ぶことで実現できる。先に配置されたノードから順番に処理が進む。分岐の表現は，「判断」の配置と同時に，「ディジタル入力」，「アナログ入力」を配置することで表現できる。入力の配置を必要とするのは，どの入力を判断の対象とするかを設定するためである。「判断」には2つのノードを接続し，「判断」に従って処理が行われる。反復の表現は，「ループ始端」と「ループ終端」を配置することで実現できる。「ループ始端」と「ループ終端」の間にリンクで結ばれたノードが「ループ始端」で設定された回数分繰り返される。この反復の内側には，必要に応じて順次や分岐の要素が含まれてくる。

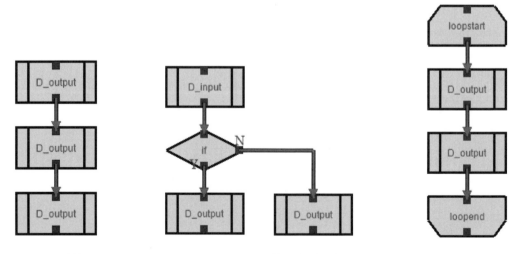

図2　PIC-GPEにおけるアルゴリズムの3要素の表現例（左から順次，分岐，反復）

3. PIC-GPE 組込 LED 発光教材を活用した実践事例の紹介

1. 実践対象者

対象は公立小学校6年生で106名（3クラス）である[6]。これまでにプログラミング学習を経験したことのある児童はいなかった。

2. 実践環境

本実践は同校のPC室で行った。PC室には児童用Windowsマシンが40台設置されていた。Windowsマシンの環境はWindows 8 Pro（64bit），CPUはIntel Core i3-3240 3.40GHzであった。

本実践で使用したPIC-GPE組込LED発光教材を図3に示す。本教材はPICマイコンに書き込まれたプログラムで動作するLED（左上部）が1つ，分岐で反応するスイッチ（下部）が3つ搭載されている。搭載されたLEDはRGBのフルカラーで色を表現できる。このPIC-GPE組込LED発光教材とUSBケーブルを4人グループで1つ使えるように，10セット用意した。

3. 指導計画

本実践は理科と総合的な学習の時間で実施し，4時間構成とした。単元を「コンピュータでランプの光り方を変えよう」と設定し，世界に1つしかない自分だけのLEDの光らせ方をプログラミングすることを学習活動として設定した。PIC-GPE上の処理でフローチャートからプログラムへと変換させていくが，光らせ方のフローチャートを作成することも含めて，以下，プログラミングとする。指導計画を表1に示す。

表1 指導計画

第1時	・エネルギーが光に変換されていることを知る。 ・LEDの光らせ方について理解する。
第2時	・アルゴリズムの3要素を知る。 ・光らせ方の設計図を作成する。 ・PIC-GPEで簡単なプログラムを作成し，実行する。
第3時	・設計図に基づき，プログラミングを行う。
第4時	・作成したプログラムを発表する。

本実践対象者はプログラミングに関する学習経験がなかったことを考慮し，4人1組のグループ内で相談しながら，プログラミングに取り組ませた。LEDの発光時間と光の色の数については，自分だけの光らせ方にすること以外の条件は課さず，学習者の自由な発想をプログラムに表現できるようにした。一方，アルゴリズムの理解状況を確認するために，順次，分岐，反復をできるだけ組み合わせることを条件として設定した。

4. 授業で活用したワークシート

どのようにLEDを光らせたいか学習者が設計すること，また，グループ活動時に光らせ方の設計図を見ながら交流することが，アルゴリズムの理解をより深めると考え，LEDの光らせ方の設計図について自分の考えをワークシートに書かせた。ワークシートには言葉や図，フローチャートを用いるよう指導した。図4に児童Aが書いたワークシートを示す。実際にLEDを光らせた後，改善点が見つかった場合はより自分が納得する光り方を目指してプログラムの改良を認めた。

5. 実践の概要

第1時では，主にプレゼンテーションソフトウェアを活用し，①エネルギーの変換，②光の種類，③光の波長と色に関する学習に取り組ませ，LEDの

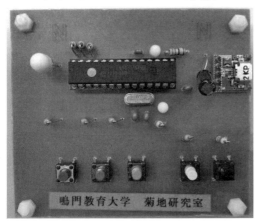

図3 実践で使用したPIC-GPE組込LED発光教材

光らせ方をプログラミングすることを説明した（図5）。

第2時では板書で順次処理，分岐処理，反復処理の用語を知らせ，起床後から登校までの行動を例に使って説明した。その後，LEDの光らせ方を図4に示したワークシートに書かせた。ワークシートには作成するプログラムの内容が明確になるように，文だけではなく，図を用いるように指導した。そして，PIC-GPEの基本的な操作を説明し，ノードを1つだけ使って，プログラミングを行わせた。光らせることができた児童から設計図を基にPIC-GPEによるプログラミングを行った（図6）。

第3時は第2時に引き続き，LEDを光らせるためのプログラミングを行い，完成させた（図7）。早く終わった児童の中には設計図から一部の色を変える等マイナーチェンジを行い，複数のプログラムを完成させている者もいた。

第4時では，図8に示すように制作したプログラムの発表会を行った。なお，プログラムを発表する際には役割分担として教材の光り方を見せる役と，プログラム制作時に工夫したところを発表する役に分担し，発表させた。そして，発表会後に，学習の振り返りを行った。

6．実践の評価方法

本実践に対する評価を尋ねる質問紙を用意した。先行研究を参考として「集中度」，「分かりやすさ」，「楽しさ」，「理解度」，「道具の面白さ」，「学習内容への意識」，「プログラミングへの意識」に関する7項目を設定した[7]。各質問項目に対して，「4：とても

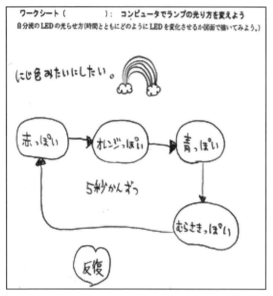

図4　授業で活用したワークシートと児童の回答例

図5　第1時の学習の様子

図7　第3時の学習の様子

図6　第2時の学習の様子

図8　第4時の学習の様子

そう思う」,「3：まあまあそう思う」,「2：あまりそう思わない」,「1：そう思わない」の4件法で尋ねた.

7. 学習効果の検証

(a) 本実践に対する児童の評価

本実践に対する児童の評価について，各質問項目を4件法（とてもそう思う，まあまあそう思う，あまりそう思わない，そう思わない）で回答された結果を「とてもそう思う」を4点，「まあまあそう思う」を3点，「あまりそう思わない」を2点，「そう思わない」を1点とそれぞれ数値化し，平均値を算出した（図9）．

授業については，「楽しさ」（平均 3.76），「分かりやすさ」（平均 3.18），「集中度」（平均 3.17），「理解度」（平均 3.08）のいずれも「まあまあそう思う」の3点よりも高く評価しており，児童の授業に取り組む姿勢が反映されていると考えられる．

また，PIC-GPE組込LED発光教材については「授業で使った道具はおもしろかった」（平均 3.70）と児童に高く評価されていた．簡単な操作で自分の意図する光らせ方を実現することができたためと推察される．プログラミングに対する知的好奇心の項目である「プログラミングについてもっとくわしく知りたい」（平均 2.94）や「今日の学習内容をもっとくわしく知りたい」（平均 3.00）からは，詳しくは説明していないにもかかわらず，初めて体験するプログラミングを肯定的に捉えている傾向があることが分かった．

これらのことから総合的に考えると，小学校の高学年において，LED発光で動作を即時的に確認できるPIC-GPEを利用したプログラミング実践の有効性が示された．また，日常生活と関連が深いLEDの光らせ方をプログラミングさせることで，発展的なプログラミングに関する学習につなげられるような意識を形成できたと考えられる．

(b) アルゴリズムの理解度の評価

次に，PIC-GPEで制作したプログラム（図10）から，学習者のアルゴリズムの理解度を評価した．アルゴリズムの理解度を評価するために，「物事の基本を数理的な思考で理解できる能力」としての情報科学と，「問題に対して情報機器を利用して解決できる（具現化できる）能力」としての情報技術の2つの側面[8]から検討した．先行研究に基づき，情報科学の評価基準①〜⑧，情報技術の評価基準①〜⑩のそれぞれに対し，基準を満たしていれば1点，満たしていなければ0点と評価した[9]．全体の結果を表2に示す．

順次処理について，情報科学の観点では，①処理手順の方向性（100％），②処理手順の経路（100％），③順次処理の考え方（96.9％）と，正答率は100％に近かった．また，情報技術の観点も，①方向性の記述（100％），②経路の記述（100％）であり，正答率は100％であった．これらのことから，ほとんどの学習者が順次処理を理解できたことが分かる．PIC-GPEを使用したプログラミングでは順次処理を直観的に理解させることができ，プログラミングの基礎の習得に効果的であることが示された．

分岐処理について，情報科学の観点では，④分岐の考え方と⑤分岐の後続処理の考え方（ともに

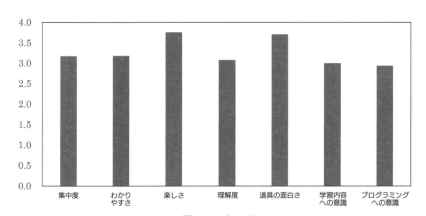

図9 児童の評価

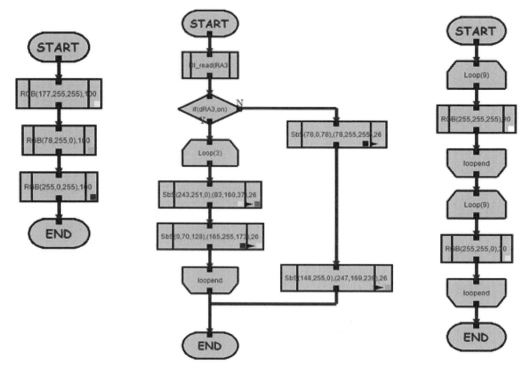

図10 児童が作成したプログラム例（順次，分岐，反復）

36.7%），⑥分岐の条件の考え方（25.5%）と正答率が低かった。

また，情報技術の観点でも③条件項目の記述（28.6%），④条件の記述（27.6%），⑤後続処理（Yes）の記述（36.7%），⑥後続処理（No）の記述（36.7%）と同程度の正答率であった。分岐処理の理解が順次処理，反復処理と比べて，低水準に留まった。このことは，分岐処理における後続処理では実際の動作をフローチャート上で直接指定すれば適切に流れるのに対し，条件の指定にはどのスイッチで反応するかを決める入力部と，スイッチを押した場合，押さなかった場合の光り方を決める判断部の二段階の記述が必要となることに起因するものと考えられる。判断部よりも入力部の記述ミスが多かったことから，後続処理の記述の理解と比べて，分岐の条件の記述の理解が難しい可能性が示唆された。分岐処理の学習活動では入力部を意識した指導を行う必要がある。

反復処理については，情報科学の観点では⑦開始と終了の関係性（62.2%），⑧反復条件の考え方（43.9%），情報技術の観点から，⑦開始の記述

表2 児童が制作したプログラムの全体評価

観点	処理内容	評価項目	合計	正答率(%)
情報科学	順次処理	①処理手順の方向性	98	100.0
		②処理手順の経路	98	100.0
		③順次処理の考え方	95	96.9
	分岐処理	④分岐の考え方	36	36.7
		⑤分岐の後続処理の考え方	36	36.7
		⑥分岐の条件の考え方	25	25.5
	反復処理	⑦開始と終了の関係性	61	62.2
		⑧反復条件の考え方	43	43.9
情報技術	順次処理	①方向性の記述	98	100.0
		②経路の記述	98	100.0
	分岐処理	③条件項目の記述	28	28.6
		④条件の記述	27	27.6
		⑤後続処理（Yes）の記述	36	36.7
		⑥後続処理（No）の記述	36	36.7
	反復処理	⑦開始の記述	61	62.2
		⑧反復条件の記述	44	44.9
		⑨終了の記述	61	62.2
		⑩開始から終了間の記述	58	59.2

（62.2%），⑧反復条件の記述（44.9%），⑨終了の記述（62.2%），⑩開始から終了間の記述（59.2%）と，およそ5割程度の学習者が理解できていた。情報科学の観点における⑧反復条件の考え方では，反復処理の回数を1回に設定したものが多く見られた。なお，反復処理の回数を1回に設定することは，情報技術の観点における⑧反復条件の記述は適切だと判断できるが，順次処理と同じ処理になるために，情報科学の観点から反復の意味を理解できていないと判断できる。多くの学習者は反復処理の回数を1回に設定することで，通常の順次処理に加えて，1回繰り返すとプログラムを理解していたことが推察される。実際のプログラムを動作させ，反復回数と処理の連動性を確認する指導を行う必要があると考えられる。

これらのことから，プログラミング教育の入り口として，順次処理を理解させた後，反復処理，分岐処理へと学習活動を発展的に計画することが重要であろう。

4．今後に寄せて

小学校6年生を対象に，PIC-GPE組込LED発光教材を活用したアルゴリズムの理解を主体としたプログラミングに関する授業を実践し，プログラミングに関する授業実践への評価，アルゴリズム理解度の状況について紹介した。

本実践を通して，明らかになった内容は以下の通りである。

1) PIC-GPEのフローチャート図によって，指導者は学習者のアルゴリズムの理解状況を把握できる。
2) 順次処理によるプログラミングは小学校6年生でも十分に適応できる。一方で，反復処理，分岐処理については段階的な課題を設定する必要がある。
3) 情報科学の理解が情報技術の理解に先行する。小学校のプログラミング教育では，まずはアルゴリズム学習を進め，情報科学の理解が進んだ後に，情報技術の学習を深めることで，プログラミングの学習効果を高めることができる。

本研究で得られた知見から，小学校におけるプログラミング教育では，物事の理解に影響する情報科学の育成をある程度進めた上で，情報機器を利用して解決することに影響する情報技術の育成を図る必要性が示された。また，本研究で検証した評価方法では，情報科学・情報技術の両側面から学習者の理解度を把握できることが示された。換言すれば，アルゴリズムの理解を主体としたプログラミングの学習過程でつまずきが見られた際に，学習者の思考の未習得によるものか，スキルの未獲得によるものかといった学習状況の判断を，情報を専門としていない指導者であっても，簡単に見取ることができる。このことは，個に応じたきめ細やかな指導につながると考えられ，今後の小学校におけるプログラミング教育を行う上での指導者の指針となりうる。

今後は，発展的なアルゴリズムの理解を主体としたプログラミング教育として，アルゴリズムを組み合わせて，より効率的なプログラムの構造構成への意識，他者の解読性を考慮したプログラムの構造構成への意識を高めるための学習活動の開発・検討が課題である。小学校プログラミング教育が情報機器の操作に留まることなく，体系的な情報教育の入口になるよう一層の充実を期待したい。

（阪東哲也，川島芳昭，菊地章，森山潤）

第9章　小学校における音の学習を通したアルゴリズム学習

1.「音楽づくり」×「プログラミング」

1.　小学校の「音楽づくり」と「プログラミング」

　小学校音楽のA 表現は,「歌唱」「器楽」「音楽づくり」で構成されている。「音楽づくり」に関して現行小学校学習指導要領解説音楽編には,「児童が自らの感性や創造性を働かせながら自分にとって価値のある音や音楽をつくる活動」とある。

　低学年で,音の面白さを生かした音遊びや音を音楽にしていくことで音楽の要素を学んでいく。

　中学年になると,既習事項に加え,音の響きや組合せを楽しみながら即興的に表現する。また,音を音楽に構成する過程で自分の思いや意図をもって「音楽づくり」をする。

　高学年では,様々な発想をもって即興的に表現するだけでなく,つくろうとする音楽について見通しをもった「音楽づくり」が指導のポイントになる。

　このように,小学校の「音楽づくり」は,自分がイメージする表現に近付けるために,試行錯誤しながら様々な要素を組み合わせていく活動である。この試行錯誤する過程で「プログラミング的思考」を育むことができると考える。

　歌唱指導,楽器指導などのように,楽譜に合わせて表現する楽しさだけでなく,「音楽づくり」には即興的に表現することの楽しさを味わうことができる。もちろん,歌唱や演奏のように技術面での習得差に音の再現性が左右される場合はある。そこでPC を使って,短いリズムパターンや短いフレーズの組合せや音階を生かした音の並び方を深く思考しながら「プログラミング」していく活動は,PC に児童の思考を記録し,作品を何度も再生させ,「音楽づくり」の可能性を広げる。そして,新たな音楽の楽しさを児童が見出すことができる。

　児童にとっての「音楽づくり」とは,「作曲活動」であり,個人の自由な想像力を刺激し,それを歌唱

演奏することで互いのよさを認め合える,魅力的な表現活動であるといえる。

	指導のねらい	（ア）音楽を特徴付けている要素	（イ）音楽の仕組み
低学年	ア　声や身の回りの音の面白さに気付いて音遊びをすること。 イ　音を音楽にしていくことを楽しみながら音楽の仕組みを生かし,思いをもって簡単な音楽をつくること。	音色,リズム速度,旋律強弱,拍の流れやフレーズ	反復問いと答え
中学年	ア　いろいろな音の響きやその組合せを楽しみ,様々な発想をもって即興的に表現すること。 イ　音を音楽に構成する過程を大切にしながら音楽の仕組みを生かし思いや意図をもって音楽をつくること。	音の重なり,音階や調	変化
高学年	ア　いろいろな音楽表現を生かし,様々な発想をもって即興的に表現すること。 イ　音を音楽に構成する過程を大切にしながら,音楽の仕組みを生かし,見通しをもって音楽をつくること。	和声の響き	音楽の縦と横の関係

　2017 年公示の新学習指導要領では,「音楽を特徴付けている要素」「音楽の仕組み」を学年ごとに記述せず,共通事項として取り扱っている。

　自分が選んで並べた音を演奏することは,児童に多くの刺激を与え,学ぶ意欲を高める。反面,自分

	指導のねらい
全学年共通	ア 音楽を特徴付けている要素 音色，リズム，速度，旋律，強弱，音の重なり，和音の響き，音階，調，拍，フレーズなど イ 音楽の仕組み 反復，呼びかけとこたえ，変化，音楽の縦と横との関係など
低学年	ア 音楽づくりについての知識や技能を得たり生かしたりしながら，次の（ア）及び（イ）をできるようにすること。 （ア）音遊びを通して，音楽づくりの発想を得ること。 （イ）どのように音を音楽にしていくかについて思いをもつこと。 イ 次の（ア）及び（イ）について，それらが生み出す面白さなどと関わらせて気付くこと。 （ア）声や身の回りの様々な音の特徴 （イ）音やフレーズのつなげ方の特徴 ウ 発想を生かした表現や，思いに合った表現をするために必要な次の（ア）及び（イ）の技能を身に付けること。 （ア）設定した条件に基づいて，即興的に音を選んだりつなげたりして表現する技能 （イ）音楽の仕組みを用いて，簡単な音楽をつくる技能
中学年	ア 音楽づくりについての知識や技能を得たり生かしたりしながら，次の（ア）及び（イ）をできるようにすること。 （ア）即興的に表現することを通して，音楽づくりの発想を得ること。 （イ）音を音楽へと構成することを通して，どのようにまとまりを意識した音楽をつくるかについて思いや意図をもつこと。 イ 次の（ア）及び（イ）について，それらが生み出すよさや面白さなどと関わらせて気付くこと。 （ア）いろいろな音の響きやそれらの組合せの特徴 （イ）音やフレーズのつなげ方や重ね方の特徴 ウ 発想を生かした表現や，思いや意図に合った表現をするために必要な次の（ア）及び（イ）の技能を身に付けること。 （ア）設定した条件に基づいて，即興的に音を選択したり組み合わせたりして表現する技能 （イ）音楽の仕組みを用いて，音楽をつくる技能
高学年	ア 音楽づくりについての知識や技能を得たり生かしたりしながら，次の（ア）及び（イ）をできるようにすること。 （ア）即興的に表現することを通して，音楽づくりの様々な発想を得ること。 （イ）音を音楽へと構成することを通して，どのように全体のまとまりを意識した音楽をつくるかについて思いや意図をもつこと。 イ 次の（ア）及び（イ）について，それらが生み出すよさや面白さなどと関わらせて理解すること。 （ア）いろいろな音の響きやそれらの組合せの特徴 （イ）音やフレーズのつなげ方や重ね方の特徴 ウ 発想を生かした表現や，思いや意図に合った表現をするために必要な次の（ア）及び（イ）の技能を身に付けること。 （ア）設定した条件に基づいて，即興的に音を選択したり組み合わせたりして表現する技能 （イ）音楽の仕組みを用いて，音楽をつくる技能

の思い描いた音を演奏したり，何度も同じ曲を演奏することが技術的に難しく表現の楽しさが半減してしまう児童も少なくない。

「音楽づくり」の表現方法として，「歌唱」「器楽」の技能面での児童の技術的なサポートとして，「PCに演奏させる」という選択肢が加わることで，表現することの楽しさをさらに広げる可能性が生まれる。「PCに演奏させる」ための一つの手段として「プログラミング」を行うことは，授業の中で自らの課題を解決することを可能にする。

2．「音楽づくり」×「プログラミング」

様々なアプリケーションで「PCに演奏させる」ことができる。小学校音楽での表現活動で，独創的で自由な発想を生かした表現を楽しむために「音楽づくり」×「プログラミング」の授業にチャレンジする。

「音楽づくり」の指導で『ア 音楽を特徴付けている要素』の部分をプログラミングするには，1つの音について「音の長さ」「音の高さ」「音色」「音の強さ」「音の大きさ」など，様々な「音の要素」の情報をPCに設定する必要がある。見方を変えると，それだけ自由に自分だけの「音楽づくり」ができるといえる。さらに，「プログラミング」で表現することは，何度も同じフレーズを再現できるよさがある。楽譜のように表現したい音楽を記録し，楽器を使って演奏したり，友達と一緒に歌ったりできるため，表現が多様に広がっていく。「音楽づくり」にPCを取り入れることは，表現の可能性を大きく広げる。

『イ 音楽の仕組み』については，音楽の構成を考える際に，決められたフレーズを並べた順番に演奏する「順次」，フレーズやリズムを繰り返す「反復」，さらに，1番カッコ・2番カッコを用いた「分岐」など「プログラミング」との親和性が高い。

3．想像力を形にするためのアルゴリズム

児童は，自分がイメージする「表現したい音楽」に辿り着くために様々な音の要素を試行錯誤しながら決定していく。その過程は，とてもあいまいで再現性は低くなる。各学年に応じて音楽の要素を固定したり，旋律や和音で音の選択肢を絞っていくことで，イメージを具体化していく。楽器を使ったり，

歌ったりしたことを楽譜に起こすことも難しい。

自分がイメージした「表現したい音楽」に辿り着く過程のアルゴリズムを，プログラミングすることで自由な「音楽づくり」が可能になる。

① イメージを絞るためにテーマを設定する。
② イメージを曲想と歌詞で形にしていく。
③ 音楽の要素を選ぶ。（ここで試行錯誤する。）
④ 自分のイメージに近付くように自分の選んだ要素や構成を修正する。
⑤ イメージに近い曲ができるまで繰り返す。
⑥ イメージできた曲を自分で歌ってみる。
⑦ 好きな楽器で演奏してみる。
⑧ 友達と一緒に演奏したり，友達の作品を聴いたりする。
⑨ 思いを伝えたい相手に，歌ったり演奏したりする。

児童の想像力を形にするためのアルゴリズムは，表現の幅を広げる。「プログラミング」で「音の要素」を試行錯誤する作業は，文章を推敲したり，絵の具を混色したりしながら自分のイメージに近付けることに似ている。よりよい形を求めて，初めに抱いたイメージに向かって修正を繰り返す。

児童が，「音楽づくり」×「プログラミング」で課題解決のアルゴリズムを学習することは，論理的に思考する力を養う。さらに，想像力を形にする選択肢を増やし，友達と対話しながら，協働することを可能にする。

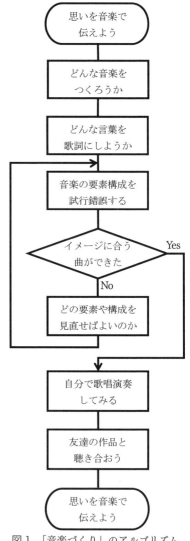

図1 「音楽づくり」のアルゴリズム

2．小学校4年生 音楽「音階から音楽をつくろう」

1．「音階」×「プログラミング」

4年生の「音楽づくり」では，「ア いろいろな音の響きやその組合せを楽しみ，様々な発想をもって即興的に表現すること」「イ 音を音楽に構成する過程を大切にしながら音楽の仕組みを生かし思いや意図をもって音楽をつくること」が指導のポイントになる。

今回の授業は，音階に沿って選んだ「音の要素」をPCで試行錯誤しながらプログラミングして「音楽づくり」の楽しさを味わわせる。導入時に既習の曲や児童が知っている曲が数種類の音によって構成されていることに着目させ，音階が音楽の雰囲気を特徴付けていることをおさえる。さらに，曲想の違いと音の組み合わせの関わりに気付いた児童に，決められた音の組み合わせで演奏することで自由に曲ができる楽しさを味わわせる。自分がイメージした音階を用いた「音楽づくり」を体験した児童に，PCを使った「音楽づくり」を提示する。曲の雰囲気を特徴付けている音階を決め，「PCに演奏させる」よ

うにプログラミングする。

さらに、「プログラミング」での「音楽づくり」に、複数人で協働するペアプログラミングを活動の中心に設定した。友達と対話しながら作業することで、「音楽づくり」のイメージを共有し、「プログラミング」の操作を互いに補うことを期待した。グループでの「音楽づくり」は、複数のフレーズの並べ方を試行しながら「プログラミング」の操作を分担したり、交互に聴き合ったりするなど表現の幅が広がる可能性がある。

「音楽づくり」の学習においては、実際に楽器で音を出したり、歌ったりしながら、曲の全体のまとまりなどを整え、思い描いたイメージを表現できるようにさせたい。そのために本単元では、「ボーカロイド教育版」(YAMAHA)[1]というアプリケーションを活用する。「ボカロ」という名称で児童には馴染みがあり、どんなことができるアプリケーションなのかすぐに理解できた。他のアプリケーションでは、PCに楽器のように演奏をさせられるが、「ボーカロイド教育版」は、PCに歌を歌わせられる。一音に一文字が対応しているため、ピアノなどの電子音で演奏された音を児童が言葉に変換するのではなく、合成音声が歌唱したものに合わせて歌唱する。

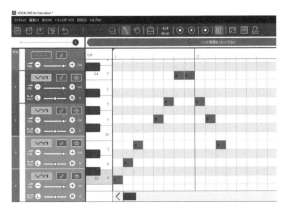

図2　直感的な操作性

歌詞の入力欄と音の入力欄は別々だが、一音に一文字が反映されて再生される。「ありがとう」と入力した言葉が、「ドレミファソ」とマスをタップするとその音程で歌が再生される。もちろん旋律を先に入力してから言葉を入力しても同じように再生される。音楽の要素の試行錯誤に加え、歌詞を瞬時に修正できるため、児童はよりイメージ化しやすくなっている。

白鍵と黒鍵を縦軸に置き、音の長さを横軸に置いたインターフェースは、音の要素の「音の高さ」と「音の長さ」を視覚的に捉えることができる。入力画面では、8分音符を一マスに置き換えて並べていく。「音の長さ」をテープのように可視化したことで、児童の「表現したい音楽」のイメージ化を手助けしている。

さらに、本アプリケーション上で音の並び方を試行錯誤する活動は、作文用紙に書かれた文章を何度も読んで推敲したり、画用紙に描かれた絵を修正したりする活動に似ている。作業を止めた時点の表現が形となって記録されるため、「音楽」を何度も再生して自分のイメージに近付けるように試行錯誤する活動ができる。

児童は、曲のイメージを「だんだん音が上がっていく」「一度盛り上がって下がる」「高いところから一度下がってまた上がる」など音階の変化を音の動きや流れとして捉えている。自分がイメージする音の変化や流れを深く思考し、PCでアプリケーションに入力しながら、何度も入力や再生を繰り返す活動が「プログラミング的思考」を育てる活動になるように授業を計画していく。

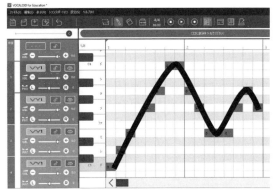

図3　イメージした音の変化を入力

2.「音楽の授業」×「プログラミング」

〈学習のねらい〉

○　音階によって変わる音楽の雰囲気の違いを感じ取りながら旋律をつくり、仕組みを生かして

○ 自分の選んだ音階から音を選んで、試行錯誤しながらプログラミングし、音を音楽に構成し、自分たちでつくった音楽の雰囲気の違いや面白さを伝え合う。

〈授業について〉

本単元は、授業を5時間扱いにし、第一次で音階についての学習、第二次で音階を活用した「音楽づくり」にプログラミングを取り入れた学習、第三次では、完成した音楽を歌唱演奏し、友達の作品と並べて一つのまとまった音楽にする学習を設定する。

次	時	学習内容
一	1	音階で変わる曲の雰囲気を感じよう
二	2	歌でありがとうを伝えよう
	3	音階を使ってプログラミングをしよう
	4	音を組み合わせて音楽をつくろう
三	5	作品を聴き合おう

第1時では、導入として既習の曲やよく知っている曲の音階と雰囲気の違いに着目させた。児童は、都音階の「さくらさくら」、民謡音階の「ソーラン節」、琉球音階の「沖永良部の子もり歌」など、それぞれの音階によって音楽の雰囲気がつくられていることに気付いた。後半では、鍵盤ハーモニカやソプラノリコーダーで音階を演奏する活動を行った。次時で使用するアプリケーションの操作に慣れさせるために、楽器と同様にタブレットを使って演奏する体験も行った。この時点で、今回の「音楽づくり」にPCを取り入れ、自分が選んだ音階で使われている音をプログラミングして自分のイメージを形にしていくことを伝えた。これらの活動を通して、児童はイメージに合った音階で音を選び、組み合わせると容易に「音楽づくり」ができることに興味をもった。

第2時では、同じ音階でつくられた旋律を順番に演奏したり、繰り返し演奏したりすることで、短い旋律が曲になっていくことを体験した。

次に、「ありがとう」をテーマに、音楽の学習グループで感謝の気持ちを伝えたい相手、言葉、フレーズを考える時間を取った。一人あたり4小節の中に、8分音符で32音の文字数という枠を設定した。どのグループも気持ちを伝える相手に「担任の先生」を挙げ、「音楽づくり」とは別に「歌詞」を創作することも児童にとって楽しい作業となった。「ありがとう」を使わずに、担任の先生の好きなものなどを並べるグループも見られた。

授業では、アプリケーションの画面を模したワークシートを用い、児童が初めに想像した曲のイメージを記入し、「プログラミング」のスタート地点にした。これまで学習した「音の要素」や構成を生かしながら、自分の表現したい「音楽」に近付くように試行錯誤を繰り返した。8拍のリズムをつくり、問いと答えになるように友達と組み合わせる。拍の流れにのって演奏する音楽遊びを「音楽づくり」に生かせるようにした。手拍子をしながら言葉を発し、ワークシートに記録していく。

実際には、タブレットの数が限られているため、友達と対話しながら歌を歌ったり、鍵盤ハーモニカで音を探ったりしながら順番を待っていた。

さらに、始まりや終わりの音を音階によって限られた音から選ぶことで、友達のつくった旋律とつながることを確認する。自分のイメージに近付いた旋律をグループ内で聴き合い、一人ずつつくった旋律をどの順番で演奏するか、どの旋律を繰り返し演奏するのか相談する。PCに入力して演奏させ、全体のまとまりを考えながら修正し、歌ったり、演奏したりする。

第3・4時では、自分が選んだ音階に合わせて、楽器で音を探り、PCに入力した音をさらに試行錯誤し、自分の表現したい音楽に近付くようにそれを繰り返していく。児童は、自分が歌った音を鍵盤ハーモニカで探る作業と、アプリケーションに入力した

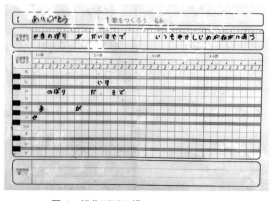

図4 操作画面を模したワークシート

音を合成音声で歌わせ試行錯誤していく作業の両方で「音楽づくり」を楽しんでいた。声で演奏できるアプリケーションの特性は，自分が書いた文章をPCが読み上げるように，客観的に感じ取れたようだ。

複数人でのペアプログラミングで，主体的に創作活動ができるように工夫をした。PCへの入力と楽器の演奏の役割を分担し，互いの表現したいことを補い合いながら交互に操作させた。ペアプログラミングは，児童の主体的に学ぶ姿勢を生み，さらに，児童同士の自然な対話を引き出すのに有効な手立てになった。自分のイメージを音で表現するために友達と対話し，言語化や歌唱をする中で探っていく。限られた時間でPCにプログラミングするために，試行錯誤する時間をワークシート・楽器・歌唱・PCと多様にした。特に，友達とリズムパターンを考えたり，協働して音楽をつくり上げたりする体験は，「音楽づくり」の楽しさを十分に味わえるものになった。

第5時では，グループ内で自分たちの作品をつなげたり，繰り返したりして，「ありがとう」を伝える作品にまとめた。児童は，PCに歌唱させながら一緒に歌ったり，歌う順番を変えたりして作品を修正した。グループでの「音楽づくり」の柱を音階にしたため一人ずつのフレーズを容易につなげられた。

最後に，グループごとにできた作品を担任の先生を招待して発表した。PCと一緒に歌うグループ，PCは使わずに演奏者と歌唱者に分かれるグループなど，発表形態は様々であった。担任の先生からは大きな拍手を受けた。

3. プログラミングは役に立つ

音楽の授業で，「プログラミング」を経験した児童は，音で表現する楽しさを味わった。また，友達の作品とつなげる活動を通して，表現が広がる可能性にも気付いた。「音楽づくり」×「プログラミング」を体験した児童に，授業の感想と一緒に『プログラミングは社会の中でどのように役立っているか』と聞いてみた。

図5　主体的・対話的な学びを生むペアプログラミング

- 人間が間違えずにプログラミングすれば，機械は，正しい動作を永遠に繰り返せる。
- 自分が演奏してロボットに歌わせたり，ロボットに演奏させて自分が歌ったりできる。一人でバンドが組めるかもしれない。
- プログラミングは，なんでもできそう。

「音楽づくり」などの表現活動においてアルゴリズム学習が児童の思考を刺激し，想像力を形にするための一つの手段になっていた。また，自分たちの生活を豊かにするために「プログラミング」は役に立っていると感じている。児童にとって「プログラミング的思考」は，学びを広げ深めるために必要なものになってきている。

（中村直哲）

第III部

中学校におけるプログラミング教育

第1章　小学校から中学校へのプログラミング教育の接続

1．はじめに

　2017年告示の小学校学習指導要領で小学校においてプログラミング教育の必修化が示されたことで，関係諸団体や教育行政，学校現場において，歓迎や戸惑いの声が様々に交錯する中，第Ⅱ部で示された小学校での実践を始め，各地で実践や研修，研究開発が急速に進んできている。特に，技術教育を教育課程の中に正式に位置付けているのが中学校技術・家庭科技術分野（以下，技術科とする）しかない我が国において，小学校段階でプログラミング教育が位置付けられたことの意味は，情報教育の観点のみならず，技術教育の観点からも大きい。

　一方で，1989年に選択領域として情報基礎領域が技術科に位置付けられて以降，様々な実践研究や教材開発研究が行われ，多くの知見，成果が蓄積されてきており，さらに新しい学習指導要領にも対応する新たな研究が進展しつつある。小学校で進みつつあるプログラミング教育の取り組みが中学校でのプログラミング教育の中心となる技術科にスムーズに接続されることは，今後の大きな課題になろう。そのためにはこれまでの実践的，学術的蓄積を活用することが重要である。本章では，こうした課題意識の上に，小学校から中学校へのプログラミング教育の接続について，小・中連携自体の要点および中学校の要点について検討を試みる。

2．小・中学校連携の要点

　小学校から中学校へのプログラミング教育の接続の要点について，「教育課程の連携」，「教材の連携」，「指導・支援の連携」の3つの観点から検討を進める。各観点での小・中間の連携の要点を表1に示した。

　「教育課程の連携」については，小学校段階，中学校段階それぞれにおいて育てるべき資質能力や教育内容をどのように系統的に設定するか，教育課程のスコープとシーケンスの検討が必要になろう。小学校段階でのプログラミング教育自体，いくつか先行

事例や研究はあるものの，本格的な実践は緒に就いた段階なので，教育課程の理論研究と共に，各地で行われている実践の成果の収集や分析が不可欠である。同時に，学習指導要領や関連資料のみならず，海外の動向など，比較教育の知見も重要であろう。さらに教育課程の連携をより確かなものにするためには，各段階で育成する資質能力や教育内容の妥当性を把握するための評価方法研究も重要である。

　「教材の連携」については，小学校段階，中学校段階それぞれの段階性や共通性，発展性を見ていく必

表1　プログラミング教育における小学校と中学校の連携の要点

教育課程の連携	教材の連携	指導・支援の連携
・資質・能力の系統性 ・教育内容の系統性 ・他の教育内容との連携 ・実践知の蓄積・活用 ・実践研究の蓄積・活用 ・比較教育の蓄積・活用 ・評価方法研究の蓄積・活用	・段階性 ・共通性 ・発展性・実践知の蓄積・活用 ・教材開発研究の蓄積・活用	・指導の連携 ・支援の連携 ・外部との連携

要がある。特に小学校のプログラミング必修化に伴い，対応するプログラミング教材や教育プログラムが様々なところから提案，開発，販売されており，一種プログラミング教育バブルとも言える状況である。これらの状況を見つつ，技術科での知見も活用しながら，小・中学校間での適切な「教材の連携」について検討していく必要があろう。

「指導・支援の連携」については，後述するように技術科教員が直接小学校に出向き小学生を指導する指導の連携，また直接的でなくても授業展開や教材検討の相談相手になったり，技術科の教材を貸し出たりする等の支援も考えられる。さらには，プログラミング教育に関して，企業，NPO，ボランティア等の民間あるいは，工業高校，高専，大学，研究機関等の中等・高等教育機関といった外部団体が小・中学校のプログラミング教育を支援している事例も急速に増えてきている。技術科教員が直接的に小学校に関わらなくても，こうした外部団体・機関を介して連携をすることも考えられる。

以下，各観点について具体的に見ていく。

(1) 教育課程の連携

小学校から中学校への「教育課程の連携」について，学習指導要領でも教科間の連携がより進められると共に，幼稚園から高等学校まで見通した教育課程のイメージも中央教育審議会から提唱されている[1]。小学校段階のプログラミング的思考の育成やプログラミングの体験の上に，中学校段階で，技術の見方・考え方を基に，プログラミングおよび情報技術についての問題解決に取り組む中で，情報技術に関する技術的素養の育成が望まれる。

教育課程の編成の上で小学校から中学校への接続を考えるときに，教育課程の連携は不可欠であろう。プログラミング教育に関する小・中学校の教育課程の検討については，プログラミング教育について先行している諸外国の動向を概観しておく必要がある。例えば，太田らは初等中等教育において全国レベルでプログラミング教育を実施している英国や，オーストラリア，米国の教育課程を調査・分析している。その結果，「小学校低学年ではロボットやパズルを使用して手順の指示を行い，小学校高学年ではビジュアル言語を使用して分岐や反復を含むプログラムを制作し，中・高等学校ではテキスト言語を使用して複数のデータ型やモジュールを含むプログラムを開発する」といった教育内容の傾向や各国の Computational Thinking の考え方[2]をまとめている。世界的にプログラミング教育が広まっている中，我が国の教育課程の検討にこうした比較教育の成果の蓄積や活用は必要であると考える。

比較教育および我が国の歴史的経緯や動向も踏まえつつ，プログラミング教育に関する小・中学校の教育課程案として，山崎らや大森らの提案がある。山崎らは小・中・高等学校の一貫した技術・情報教育の視点から，技術教育固有の対象「情報・システム・制御」における内容構成において，鍵概念として「コンピュータシステムとネットワーク利用」「プログラミング」を検討対象とし，キープロセスを「技術的課題プロセス」として校種間連携や他教科間連携を考慮した学習到達水準表を提案している[3]。また，大森らは，山崎らの提案をさらに改善し，先進事例を分析した。その結果，先進事例からは，構造化プログラミングの「順次構造」，「反復構造」，「条件分岐構造」を用いて，カリキュラム・マネジメントに基づく「社会に拓かれた教育課程」を編成していることや，発達段階に沿って6年間を通じてスパイラルアップ的に繰り返して体験させていたこと等を報告している[4]。このように学術的視点からプログラミング教育の教育課程を検討していくことは重要である。また，山崎らの学習水準表の提案と共に，「プログラミング教育で育成する資質・能力の評価基準」[5]なども提案されているが，同時にその評価方法の研究も実践が進む中で重要になってくる。こうした評価方法には，技術科を中心とした技術教育の知見を役立たせることができるのではないかと考えられる。

この他にもプログラミング教育の学年別や指導計画については様々な提案があり，文部科学省も小学校プログラミング教育の考え方や教育課程での位置付け，カリキュラム・マネジメント例，実践事例等の紹介を手引として，第一版と第二版を公開している[6,7]。実践が進むにつれ，実践知や研究成果が蓄積されていく。小・中さらに高等学校も含めて一貫した教育課程の全体像が見えてくれば，小・中・高等学校とそれぞれで取り組まれている実践をつなげていく地図にもなり，小学校から中学校へと教育内容

をスムーズに接続させていく一助にもなり得る。

学術的な成果と実践的な成果を踏まえつつ，一般社団法人日本産業技術教育学会としても技術教育のみならず，情報教育や教育工学の諸学会とも連携し，組織的に教育課程の検討，さらには評価基準や評価方法の検討も進めていく必要があろう。そして，プログラミング教育の取り組みを教育課程に適切に位置付けると共に，技術教育の側からも意味付け，小・中学校間の連携を図っていく必要もあろう。

(2) 教材の連携

小学校と中学校の「教材の連携」の対象には，主にプログラミング言語やツールなどのソフトウェア，制御教材やマイコンボードのようなハードウェア，テキストやワークシート，説明資料などの補助教材の3つが考えられる。

教育用プログラミング言語は，大別すると，Scratch[8] に代表されるブロック型（ビジュアル型）の言語とテキストベースのコード型言語に分かれる。理解のし易さや操作性からすると，ブロック型言語が入門的でコード型言語はより発展的だと考えられる。しかし，ブロック型言語の代表であるScratch が入門的だから低機能かというとそうでもない。ブロック型でありながらもオブジェクト指向で設計され，並列処理も可能である。また，2019年段階の最新版 3.0 では音声合成や多言語翻訳といったクラウドサービスや AI 技術の活用もされている。また，メジャーなマイコンボードや制御教具との連携なども可能になっている。その一方で，ブロック型とコード型 (JavaScript) を相互に切り替えられるプログラムエディタ[9] や Ruby のように，ブロック型とコード型を同一言語で実現し，発展的に取り組めるようにしている言語もある[10]。ブロック型，コード型と単純に分けるのでなく，児童生徒の経験を踏まえながら，取り組みたい課題や環境および発達段階に応じ，段階的に適切な選択をしていく必要がある。もちろん小・中学校間でのスムーズな接続を考えると，使用する言語やツールについて，発展性を考慮しつつも，共通化が図られていることが望ましい。実際ブロック型の言語やツールも Scratchの UI を軸に一定の標準化が図られつつある。

ハードウェア教材に関しては，各種マイコンボードや制御教材の開発・販売が急増しており，改良が進んでいる。その一方で，技術科に関わって取り組まれて来た教材や教材開発研究の蓄積も活用できるであろう。例えば，西澤は，小学校4年生の図画工作の授業において，中学校の計測・制御教材であるロボットカーを活用した実践を展開している[11]。新しい教材の導入・活用と共に，技術科の既存教材の活用も有効である。こうした展開を実現するためには，「指導・支援の連携」で詳しく示すが，小・中学校間での実践情報の共有が不可欠であろう。

一方，ハードウェア教材は，安価な教材も様々開発・販売され始めているが，小学校で実践するとなると，どうしても予算がかかる。そこで自治体によっては，市内の学校間で共通性を持たせ，まとめて購入あるいはレンタル契約をして，高額になるハードウェア教材を準備し，各学校で順番に使用するなどの工夫をしているところも出てきている。また，学校単独でも，PC などのハードウェア同様に，レンタル制にして導入コストを抑える試みも始まっている。小学校段階でこうした制御系が活用されるようになれば，技術科の授業もより高度あるいは深い内容に取り組むことも可能になろう。

このような市町村全体での動きについては，例えば自治体が策定する教育の情報化推進計画や ICT 環境整備計画の中に項目を設定し，施策として実施していくことで，教材の整備を充実させることができる。もちろん，広域的に教材を共通化することで，各校の実践がそれに縛られ，多様性が失われるという危惧もあり得るが，プログラミング教育の平均水準を高める効果への期待の方が大きいのではないかと考えられる。

テキストやワークシートなどの補助教材も，小学校向けに様々に工夫されたものが出てきている。ここでは技術科での教材や実践研究の知見の活用も有効であると共に，技術科教員が小学校でのこれら教材の情報を知ることで，技術科の指導に生かしたり，教育内容の検討に参考になることも期待できる。同時に，小・中学校間での教材研究や実践研究の知見や成果の共有も重要である。この点において，一般社団法人日本産業技術教育学会はじめ関連学会の果たすべき役割は，教育課程の連携同様に大きいと考えられる。

（3）指導・支援の連携

　小学校から中学校への接続を考えた際に大きな課題となる点が，学校間あるいは学級間による実施状況や指導状況の差異である。これは現在でも，例えばキーボード操作や文字入力を伴うアプリケーションの使用経験等でも多くの技術科教員が実感しているところである。同様のことがプログラミング教育でも起こりうると考えられる。そこで必要になるのが，小・中学校間での実践や指導情報の共有である。この点については，実現しやすいのは小・中学校一貫校もしくは義務教育学校においてであろう。こうした学校での実践の中での各学年における教材や課題の適時性，効果，教育内容の段階性や発展性などを俯瞰しやすいため，その実践知は，他校においてプログラミング教育の小・中学校の連携を進める上で参考になる点が多いのではないかと考えられる。関連する実践研究の展開や成果の発信が望まれる。

　通常の小・中学校での実践情報の共有は，学区単位で実施する方法，市内等，教育行政単位での情報等の担当者会議の活用が考えられる。情報共有を円滑にするためには，情報共有をシステム化する必要がある。小学校教員側では，中学校の様子や小学校でどこまでの実施を望まれているか等，中学校側の状況を把握できる。中学校側でも，各小学校の実践状況を知ることは，技術科の授業運営のみならず他教科での展開も含めて参考になるであろう。

　この一環として，前述の教材の連携よりさらに一歩踏み込んだ技術科教員によるプログラミング教育の支援も考えられる。初めてプログラムに触れる中学生に対する指導の知見は，小学生に対する指導にも生かせる実践知が多々含まれていると考えられる。また，計測・制御教材については，小学校の理科の電気でのプログラミングの内容にも関連する。教材情報や指導方法は小学校側にも参考になる点があると考えられる。また，このように技術科教員が小学校教員を支援することはもちろん手がかかるが，中学校入学前の児童らのプログラミングに対する経験や資質能力を高め，学校間，学級間の差異を少しでも平準化しておくことに寄与できれば，中学

校側のメリットも大きい。プログラミングという具体的な教育内容を両者で共有できれば，こうした連携も一定取り組むことが可能ではないだろうか。

　もう一歩踏み込んで，技術科教員による小学校での直接的な指導も考えられる。山本・藪田は，兼務命令を受けた技術科教員と小学校担任教員が共同で指導した実践を分析し，共同指導の有効性や段階的な課題設定の有効性を報告している[12]。また，プログラミング教育には，教員のみならず企業やNPO，研究機関等の外部団体・機関の関わりも多い。外部団体や機関との連携については，文部科学省も推奨している[7]。学区内の小学校を支援している外部団体・機関を通して，実践情報を共有する等，小・中連携へとつなげていく外部との連携も考えられる。

　「指導・支援の連携」について山崎らは，プログラミング教育の小・中・高等学校各校種間連携・一貫教育推進について検討し，小学校高学年における「技術・情報教育」の専科教員やカリキュラムコーディネーターの配置等に加え，教員養成系教育におけるプログラミング教育の充実を図る必要性を提案している[13]。専任教員配置の実現は現実的には困難度が高いが，ここで述べてきたような技術科教員との連携や情報共有はその一助になり得る。また教員養成におけるプログラミング教育の充実は大きな課題である。この課題に対し，信州大学教育学部でもICT活用の授業の中で各コースにおいてプログラミング教育や体験を実施している[14]。こうした授業の中で，学生らが小学校におけるプログラミング教育について実践的に学ぶと共に，中学校の様子を知ることも，小学校から中学校への接続の一助になろう。

　ここまで述べたように，「指導・支援の連携」について，指導，支援，外部との連携の中で，実践情報を共有する段階から，教材や指導法などを支援する段階，さらに実際に指導をして支援する段階など，各校，各地の状況に応じて適宜判断しながら，小学校から中学校へと指導や支援をスムーズにつなげていく仕組みや取り組みが今後必要になってくるであろう。

3．中学校の情報技術に関する内容の要点

1．中学校での改訂の要点

次に，学習指導要領をベースにした中学校での情報技術に関する内容の要点の整理と共に，小学校からの接続の方向性について検討をする。2017年告示の中学校学習指導要領技術科の改訂の要点を図1に示した[15]。また，技術科における情報技術の内容の変遷と技術的流行を表2にまとめた。「D 情報の技術」として，ネットワークを活用した双方向性のコンテンツのプログラミングとプログラミングによる計測と制御の2つが主な内容となった[15]。そして学習プロセスとして，課題を見いだし，技術的に解決していく問題解決が中心となっている。

内容的には，表2に示したように，情報の蓄積と検索の時代から，蓄積と検索は日常化し，さらに蓄積された情報を分析し，活用される時代へと社会は移ってきている。こうした流れを踏まえ，今後の教育内容やコンテンツを検討していく必要もある。例

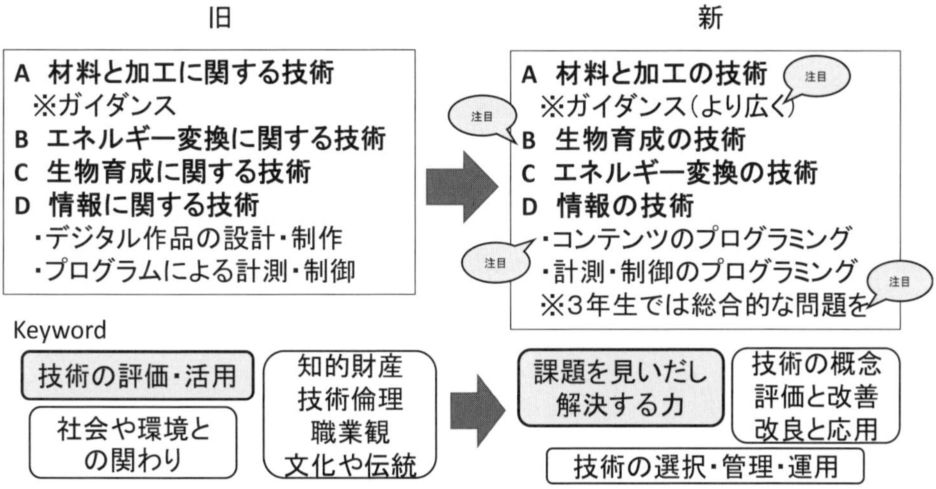

図1 技術・家庭科技術分野改訂の要点

※村松浩幸：技術・家庭（技術分野）の改訂ポイントと学校の対応課題，よくわかる小学校・中学校新学習指導要領全文と要点解説，教育開発研究所，p.89（2017）より引用

表2 技術科における情報技術の内容と技術的流行

技術科の情報技術に関する教育課程と PC 環境	技術的流行	技術科の主コンテンツ
1989 年　選択情報基礎領域導入 スタンドアロンの PC	オフィスアプリ	BASIC 言語での簡単なプログラミング アプリの基本操作
情報化時代の幕開け		
2008 年　D　情報に関する技術として必修化 インターネットとつながる PC	インターネット	ディジタル作品 計測と制御
情報の蓄積と検索		
2018 年　D　情報の技術として拡充 情報システムとネットでつながる PC	AI・クラウド IoT，ブロックチェーン	ネットワークを利用したコンテンツの プログラミング プログラミングによる計測と制御
蓄積された情報の分析と活用		
次の改訂		ネット＋制御（IoT），AI 活用教材

えば，現在のコンテンツのプログラミングと計測制御は，AIやIoTの進展を考えると連携したり，一体化していく技術や活用が一般的になっていくと考えられる。それらに対応した教材等のコンテンツを開発・検討していく必要もあろう。

2．小学校から中学校への課題の発展

中学校では，小学校でのプログラミングの体験等を踏まえて，さらに発展させて，社会における情報技術の役割を理解させ，問題を解決する力と共に，情報技術を適切に選択，管理，運用する資質能力の育成が必要になっていく。小学校段階でのプログラミングの体験や身に付けたプログラミング的思考をこうした観点から高度化させていかねばならない。しかし，高度化といっても，単に技術的に難易度が高いことを扱えばいいわけではない。むしろ小学校と中学校で同じ言語やツールを扱っていても，生徒たちが取り組む課題自体が高度化することの方が重要である。

例えば，小学校でScratchを使って国語の物語をアニメ化したり，音楽を作ったりしたという学習を踏まえ，中学校では，同Scratchを使っても，生活や社会の中の問題から課題を見いだし，プログラムを用いて解決できる課題を設定することである。言語やツール自体も年々進化を遂げているために，生徒らがやれることもより敷居が低く高度なことを実現できるようになっている。図2は，Scratch3.0の音声合成と翻訳機能を活用した簡単な翻訳プログラムの例である。クラウドサービスと連携することで，ブロックを組み合わせるだけでこうした機能を

図2 音声合成と翻訳機能を活用した例

実現できる。小学校では，英語の学習の中で英語に興味を持たせたりするのに活用もできるであろうし，中学校では，こうした機能を用いて，例えば訪日する海外の方々とのやり取りに活用できるアプリ制作なども可能であろう。その中で，単にプログラミングをするということだけではなく，使用場面やユーザーのことを考えたUIや機能等，様々な観点からの検討が必要になる。そして実際にユーザーに試してもらい，評価し，それを踏まえて改良するという課題解決の学習プロセスが重要である。

同様のことは，プログラミングによる計測と制御の内容にも言える。例えば，小学校の理科においてLEDとセンサの組み合わせで簡単な制御を学んで来た生徒らが，中学校では，公共の場所や防災での活用，さらには情報伝達での活用等，LEDの制御でもより高度な課題設定が考えられる。その際に，社会的，経済的，環境的な観点から，適切な解決方法を選択していくといった学習活動も考えられる。

以上のように，中学校では，小学校よりも高度な教材や高度な言語，ツールの活用もさることながら，生徒が取り組む課題が，社会的により高度になり，より意味を持つような課題設定や問題設定をすべきであろう。

4．おわりに

小学校から中学校へのスムーズな接続は，中1ギャップに象徴されるように，プログラミング教育のみならず，学校教育全体の大きな課題である。小学校から中学校へのスムーズな接続には，小・中学校間の連携が不可欠であるが，学校現場においては，当然連携を阻害してしまう様々な状況や要因が存在することは言うまでもない。しかし，こうした課題を順次解決していくことで，これまで理論やスローガンの域をなかなか脱しえなかった小中高一貫の技術教育実現の道を開く端緒になる可能性もある。そして内容的にも，小学校段階の実践を踏まえながら，中学校段階でより深く本質的な情報技術による問題解決の学習を展開していく必要がある。そのためにも学校現場と研究者が連携し，実践知と理論知を融合したプログラミング教育の実践と教育研究を進めていくことがこれまで以上に重要になってくるであろう。今後の研究と実践の進展に期待したい。

(村松浩幸)

第2章　設計学習を意識した授業用マイコンボード開発とプログラミング

1．エネルギー変換技術と計測・制御技術との円滑な接続

1．作品のアイデアを広げたい

　2017年告示の中学校学習指導要領[1]では，内容D「情報の技術」の(3)「計測・制御を用いた問題の解決」において，「生活や社会における問題を，計測・制御を用いたプログラミングによって解決する活動[2]」を想定している。生徒が見いだした問題を解決するために，設計の学習では「計測・制御システムを構想[2]」することが求められている。これは，単に計測・制御ボードから部品1〜2個（LEDやモータ等）を制御する程度の設計ではなく，問題の解決につながる電気回路を構想して，それをプログラミングによって制御することが求められているものと解釈できる。

　筆者が勤務する学校の生徒に，コンピュータを用いて自動的に制御できる作品のアイデアを考えてもらったところ，扉の開閉やCDトレイの動作，カーテンの開閉のように，モータを用いて往復直線運動する動作を考えた生徒が多かった。しかしこの動きは，計測・制御ボードからモータをON/OFFするだけでは，リンク機構等を用いても実現が難しい。プログラミングによってモータを正転/逆転させることができれば，センサからの入力と組み合わせて，動作を工夫することができるし，生徒の作品のアイデアを実現しやすいのではないかと考えた。

2．電気回路の学習をもっと生かしたい

　当時の計測・制御学習での利用を想定した市販教材では，単体でモータを正転/逆転できるものが少なかった。モータの制御が生徒にとって難しいものや，プログラムの自由度が低いものも多く，生徒のアイデアを実現するのは難しかった。

　また，計測・制御ボードで制御したい出力側の電気回路の設計は，学習指導要領の内容C「エネルギー変換の技術」で学習した内容を生かすことができる。しかし，本校生徒の実態では，電気回路の設計での学習と，計測・制御学習における出力側の回路の設計とが，うまく結び付いていなかった。生徒自身で電気回路を設計し，それを計測・制御ボードによって自動制御する，という学習の流れができれば，生徒の学習が有機的に結び付き，技術によって問題を解決する力（技術的課題解決力[3]）をさらに高めることができるのではないかと考えた。

　以上の実態から，生徒の設計力を育てるためには，電気回路を設計する学習と計測・制御システムにおける電気回路とプログラムを設計する学習とを有機的に関連付けるための指導計画と，それに合う計測・制御学習用の教材が必要であると考えた[4]。

2．リレーを活用した計測・制御システムの設計学習案

1．指導計画と教材に必要な要件

　本章において，指導計画の立案と計測・制御用の基板を準備するために考慮すべき要件を，次のように整理した。

要件1：計測・制御作品において，出力側の電気回路を設計する学習課題を設定できること。

要件2：計測・制御作品の設計において，電気回路をON/OFFするスイッチを制御する程度で，作品を構想できること。

要件3：生徒が容易にモータを正転/逆転させる電気回路を設計できること。

要件4：内容C「エネルギー変換の技術」の学習から，計測・制御作品における出力側の電気回

路を設計すると，学習の過程をスモールステップで円滑に接続すること。

2．リレーの利用

Arduino等のマイコンボードにモータを直接接続すると，制御に必要な電圧や電流等の電気的条件を考慮した電気回路やプログラムの設計が必要となる。すると，中学生にとって設計の難易度が高くなりすぎることが懸念される。

そこで，要件2と3を満たして，設計の難易度が適切になるように，2回路C接点型リレー（図1）を利用することにした。リレーの利用により，出力側の電気回路をマイコンボードへ直接接続しなくてよいため，リレーの入力側にコンピュータを，リレーの出力側にモータを動作させる電気回路を，それぞれ構成すればよいことになる。こうすることで，生徒が出力側の電気回路を設計しやすくなり，またマイコンボードの出力電流が微弱であっても，出力側の電気回路を制御しやすくなると考えた。

図1　今回使用した2回路C接点型リレー

3．電気回路にリレーを組み込む学習ステップ

2回路C接点型リレーを2個用いて，生徒が設計した電気回路を，計測・制御ボードで制御できるようにするため，両者を円滑に接続できるよう，設計学習の指導計画を，次の6つのスモールステップに分割して構想した。

〈学習ステップ1〉

電気回路の学習で，正しい電気回路をつくり，回路の基本的な構成を理解する（図2）。

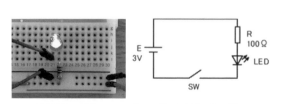

図2　学習ステップ1で扱う電気回路の例

〈学習ステップ2〉

並列回路の例（図3）や，トランジスタ1個を用いたスイッチング回路の例（図4）を作りながら理解し，例示された電気回路の一部を設計変更させる。

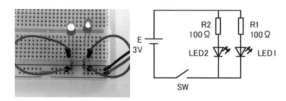

図3　学習ステップ2で扱う並列回路の例

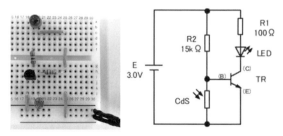

図4　学習ステップ2で扱うスイッチング回路の例

〈学習ステップ3〉

計測・制御システムの仕組み（センサ，コンピュータ，アクチュエータで構成されること）を，スイッチング回路の仕組みと対応させて理解する。

〈学習ステップ4〉

生活課題型の計測・制御作品のアイデアと，出力側の電気回路を設計させる。この時，電源には直流電源（乾電池）を用い，スイッチ1個で電気回路全体をON/OFFできるように設計させる。

〈学習ステップ5〉

計測・制御ボードを用いて，電気回路のスイッチをリレー1に置きかえ，センサ1とプログラムで制御する（図5）。ここまでを，全生徒に必修とする。

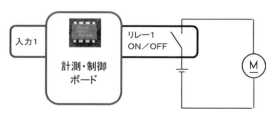

図5　学習ステップ5で扱う計測・制御の構成例

〈学習ステップ6〉

直流電源の極性切替回路をリレー2に置きかえ，センサ2とプログラムで制御する（図6）。出力側の電気回路にモータを接続した場合，この極性切替はモータの正転/逆転に対応する。このステップの学習は，生徒の進度に応じて任意とする。

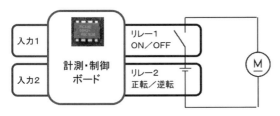

図6　学習ステップ6で扱う計測・制御の構成例

以上のような学習ステップで設計の学習を進めていくことで，電気回路の設計と，計測・制御システムの設計とを有機的に関連付けることができると考えた。

また，電気回路を設計する力と，計測・制御システムを設計する力の相乗的な育成を図りつつ，生活や社会における問題を解決する計測・制御作品のアイデアを広げやすくなると考えた。以上の考え方で構想した指導計画案を，表1に示す。

表1　構想した指導計画案（時数：25H）

主な学習内容	時数	学習活動例
a. 電気回路の構成 ※内容C（1）	4H	○【ステップ1】基本回路の理解 ○電気の安全な利用
b. 簡単な電気回路の設計 ※内容C（2）	4H	○【ステップ2】並列回路，トランジスタを用いたスイッチング回路
c. 計測・制御のしくみ ※内容D（3）	3H	○計測・制御システムの仕組み，プログラミングの基礎 ○【ステップ3】スイッチング回路とボードとの対応理解
d. 生活に役立つ「ミニ自動装置」の設計・製作 ※内容C（2）+D（3）	14H	○【ステップ4〜6】生活課題型の計測・制御作品の設計・製作 ○技術による問題の解決 ○完成発表会，レポート

3．リレーとPICマイコンを活用した授業用マイコンボードの開発

1．PICAXE-08M2の活用

2節で構想した指導計画は，市販の汎用マイコンボードや，計測・制御学習用のボードを活用しても実践可能である。本事例では，前述の要件1〜4を満たす教材として，英国Revolution Education社がPICマイコンを使って開発したPICAXE-08M2を活用した事例を紹介する。PICAXE-08M2は8つの端子があり（図7），アナログ入力，デジタル入力，デジタル出力が可能である（表2）。

表2　PICAXE-08M2の各ピンの機能（概略）

PIN		機能
C.0	Serial OUT	プログラム転送時に利用
C.5	Serial IN	
C.1 C.2 C.4	IN/OUT/ADC	デジタル入力，デジタル出力，アナログ入力
C.3	IN	デジタル入力のみ

今回PICAXEを選んだ理由として，次のようなものが挙げられる。

・仕組みや動作が分かりやすい。
・安価で生徒の個人所有が可能である。
・プログラミングは，BASICに類似したテキスト型言語，フローチャート方式，Scratchのようなブロッキー方式などを選択できる。

 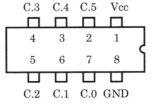

図7　PICAXE-08M2の端子配置（上面図）

2．授業用マイコンボードの開発

前述の学習ステップや指導計画に合うよう，インタフェースや出力を簡素化した授業用マイコンボードをブレッドボードを用いて製作した（図8）。

PICAXE-08M2 の仕様上の制約から，開発した授業用マイコンボードの仕様を次のように設定した（図9）。

(a) 入力は，アナログ1個（端子 C.2），デジタル1個（端子 C.3）として，各種センサやマイクロスイッチを接続できるようにした。

(b) リレー1（電源の ON/OFF）は出力端子 C.1 に，リレー2（直流電源の極性切替）は出力端子 C.4 にそれぞれ接続して，プログラムから制御できるようにした。

PICAXE-08M2 では，専用のプログラミング環境である Picaxe Editor が必要である（本章の執筆時点でのバージョンは 6.0.9.3）。また，PICAXE にプログラムを転送するために，専用のダウンロードケーブルが必要である。このケーブルは，USB 端子とステレオ・ミニプラグ端子（φ3.5）とが1本につながった形状である。そのため，PICAXE とシリアル通信するためには，ステレオミニジャック（φ3.5）型の端子が必要だが，これは簡単に自作することもできる。今回は，ブレッドボード用のダウンロードケーブルコネクタを利用した。

3．LED を点灯させるプログラム例

センサを用いず，端子 C.1（リレー1）を制御して LED1個を点灯させるプログラムの例を図10に示す。これに，端子 C.4（リレー2）を制御して極性を切り替える動作を加え，LED2個を交互に点灯させるプログラムの例を図11に示す。このような例を通して，順次処理と反復処理を理解させる。

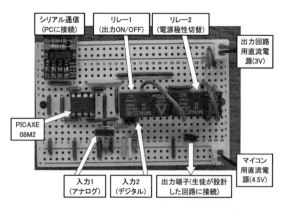

図8　今回開発した授業用マイコンボード[4]

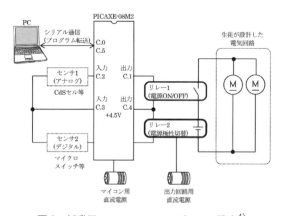

図9　授業用マイコンボードのブロック構成[4]

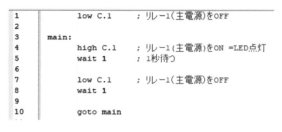

図10　リレー1で LED を点灯させるプログラム例

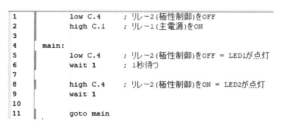

図11　LED2個を交互に点灯させるプログラム例

4．センサを用いたプログラム例

次に，入力1（アナログ入力）と入力2（デジタル入力）を利用した制御について学習する。

入力1には，CdS セルや土壌センサ等を接続できるようにしている。例えば，CdS セルを接続して，周囲が暗くなったらリレー1を ON にする接続例を図12に，プログラム例を図13に示す。BASIC に似

たプログラム言語のため，生徒でも容易にソースコードを読み解くことができる。

入力2はデジタル入力のため，マイクロスイッチを接続して，その状態によってリレー2（直流電源の極性切替）を切り替えることができる。図14と図15は，入力1に接続したCdSの状態によってリレー1を，入力2に接続したマイクロスイッチの状態によってリレー2をそれぞれ制御して，LED2個を交互に点灯させるサンプルである。

図14の接続例では，LED2個を並列に接続しているが，これをモータ1個に置きかえることで，モータの正転/逆転を，図15と同じプログラムで実現できる（図16）。

サンプルプログラムが同じであることは，生徒の作品のアイデアを広げるために重要であると考えられる。また，入力1，2と出力側の電気回路，そこで用いる負荷によって，プログラムの構造（ロジック）が代わるため，サンプルプログラムのパラメータ（数値）を変えるだけのような安易なプログラム設計にはなりにくいと考えられる。

このように，サンプルプログラムを作りながら，入力1,2と出力1,2（リレー1,2）の使い方を学習することで，分岐処理を理解するとともに，順次・反復・分岐を組み合わせたプログラミング的思考を育てることができる。さらに，生活課題型の作品のアイデアが広がり，実用的な計測・制御作品の完成につながりやすくなると考えられる。

図14　入力1,2とリレー1,2でLEDを交互に点灯させる接続例

```
1           low C.1         ;リレー1(主電源)をOFF
2           low C.4         ;リレー2(極性制御)をOFF
3
4   main:
5           readadc C.2, b2 ;入力1(アナログ)の値を取得 0-255
6           if b2 < 200 then
7             if pin3 = 1 then ;もし，入力2(デジタル pin3)がONならば
8               high C.4    ;リレー2(極性制御)をON = 逆転
9             else           ;そうでなければ
10              low C.4      ;リレー2(極性制御)をON = 正転
11            end if
12            high C.1       ;リレー1(主電源)をON
13
14          else
15            low C.1        ;リレー1(主電源)をOFF
16
17          end if
18
19          pause 500
20          goto main
```

図15　入力1,2とリレー1,2利用のプログラム例

図12　CdSセルを用いて制御する接続例

```
1           low C.1         ;リレー1(主電源)をOFF
2           low C.4         ;リレー2(極性制御)をOFF
3
4   main:
5           readadc C.2, b2 ;入力1(アナログ)の値を取得 0-255
6           if b2 > 60 then
7             high C.1      ;リレー1(主電源)をON
8           else            ;そうでなければ
9             low C.1       ;リレー1(主電源)をOFF
10          end if
11          pause 500       ;500ミリ秒待つ
12
13          goto main
```

図13　CdSセルを用いて制御するプログラム例

図16　入力1,2とリレー1,2でモータを制御する例

4．センサ2個とリレー2個でプログラミング的思考の育成を

1．センサ2個でプログラミング的思考を育てる

　学習ステップ4では，授業用マイコンボードの仕組みを理解させながら，センサを2個用いてリレー1を制御するプログラムの設計と，リレー1でON/OFFできる電気回路の設計に取り組むことができる。センサを2個用いる電気回路を設計するのは，中学生の段階では難しいが，これを計測・制御ボードとプログラムによって実現することは，中学生でも可能である。スイッチング回路から計測・制御ボードへと学習を接続することによって，コンピュータの特徴や便利さに気付きやすくなり，プログラミングや作品づくりへの意欲が沸いてくる。さらに，センサ（入力）を2個にすることで，小学校プログラミングよりもレベルアップした論理的思考（プログラミング的思考）を育むことができる。

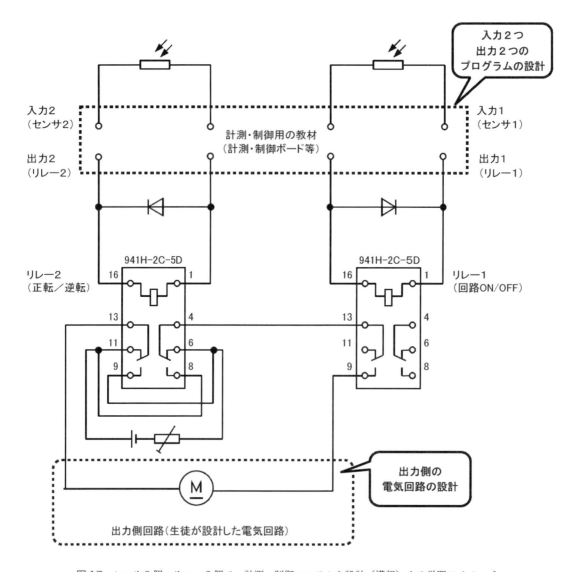

図17　センサ2個，リレー2個で，計測・制御システムを設計（構想）する学習のイメージ

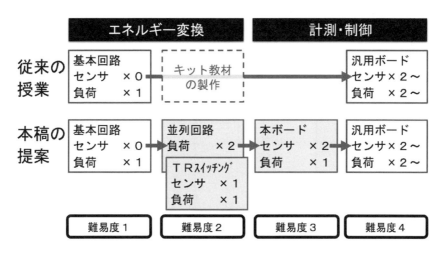

図18 エネルギー変換学習と計測・制御学習との円滑な接続イメージ

2．リレー2個で生徒の創造性を豊かに育む

授業用マイコンボードを用いた作品設計の方法が分かれば，生徒の生活上の問題を解決するための作品を構想し，必要なセンサの選択や，プログラムの設計，リレー1を用いて電源をON/OFFする出力側の電気回路の設計や，それを実装するケース等の設計へとつなげることができる。発展的な作品として，リレー2を用いて出力側回路の電源極性を切り替える作品を構想することもできる（図17）。

出力側の電気回路にモータを1個組み込めば，主電源のON/OFFとモータの正転／逆転を生徒が容易に実現できるため，計測・制御作品のイメージの広がりを期待できる。本校生徒の場合，授業用マイコンボードを利用した作品のアイデアとして，カーテンの開閉，植物に水を与える装置，踏切やクリスマスツリーの点滅などが挙げられた。

3．学習の難易度を段階的に設定する

生徒が構想する作品の設計を，センサと負荷の数を基準にして段階的に難易度を高めようとすると，次の（a）から（d）のような順序が考えられる（図18）。

(a) センサの無い，負荷1個の基本回路の学習
(b) 負荷を2個にした並列回路，及びトランジスタ，センサにあたる素子1個，負荷1個で構成される簡易なスイッチング回路
(c) センサ2個，負荷1個をプログラムで計測・制御する仕組み
(d) センサ2個以上，負荷2個以上をプログラムで計測・制御する仕組み

このとき，（a）と（b）をエネルギー変換の学習で，（c）と（d）を計測・制御の学習で扱うことが適当と考えられる。また，本章で紹介したようなPICAXE-08M2を利用したマイコンボード（図19）でも，他の計測・制御ボードを利用しても，同様の考え方で設計の学習を進めることができる。それぞれの学習を独立してとらえず，円滑に接続するような指導計画によって，生徒の計測・制御作品のアイデアが広がるとともに，それを生徒自身の力で実現することができるようになると期待できる。

5．まとめ

本章では，リレーを用いることで，エネルギー変換の学習と計測・制御の学習とを円滑に接続できることを提案した。また，それに合う計測・制御ボードを準備することと，スモールステップで学習を進める指導計画を準備することが有効であることを紹介した。

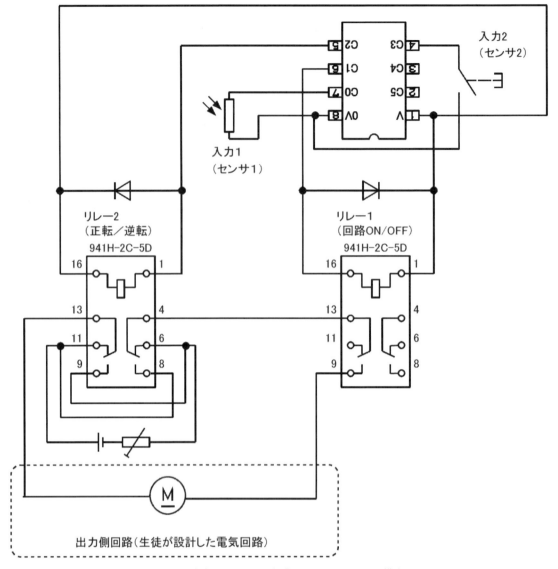

図19 本章で開発した，授業用マイコンボードの構成

　従来は，走行型のロボット教材を用いて，プログラムによって計測・制御する学習を通して，情報処理の仕組みを理解することに重点が置かれていた。今回の学習指導要領の改訂では，計測・制御システムの設計が求められている。生活課題型の作品づくりを通して，プログラムの設計力（プログラミング的思考力）や，出力側の電気回路の設計力を高めることで，コンピュータを用いた問題解決能力（技術的課題解決力）を育てていきたい。

(尾崎誠)

第3章　状態遷移図を利用したプログラミング

1．状態遷移図を利用したプログラムによる計測・制御教材の開発

　平成24年度から完全実施されている中学校学習指導要領技術・家庭（技術分野）[1] から学習内容D「情報に関する技術」のプログラムによる計測・制御が必修化された。プログラムを考える際に自分の考えを整理し，より良い課題解決のための処理手順を生み出す手段として，フローチャートの利用が推奨されている[2]。これを受けてフローチャートを利用する教材や学習方法が研究されている[3-5]。これらの研究では学習者の興味・関心や知識・理解が図られたり，学習した内容を生活に活かそうとする実践的な態度が育成されたりすることが示唆されている。

　しかし井戸坂らは，フローチャートでは反復処理の始点と終点が分かりづらくなることや，矢印のつなげ方が分からなくなる生徒がいること等を指摘している[6]。また藤田らはプログラムの構想段階でフローチャートを使用する学習方法と使用しない学習方法を比較した場合に，後者の学習方法の方が，フローチャート作成力とプログラム作成力が共に高いことを報告していることから「フローチャート作成をプログラム作成の前提としない学習方法が効果的であった」[7]ということを示している。これら2つの論文はフローチャートの記述が難しく，プログラムを制作する前に処理の流れを構想するツールとしては問題があることを示しているといえる。

　プログラムを制作する前に処理の流れを構想する活動はプログラムを設計する活動にあたる。プログラムの設計活動には細かい処理方法から考えるのではなく，大まかな処理の流れから考えるのが妥当である。なぜならこのことにより制作物の全体像が把握できることに加え，制作するプログラムの見通しを持ちながら，制作目的を達成できるかどうかを判断することができるからである。そこで，プログラムを構想する段階で，全体像を把握するツールとして状態遷移図を利用する学習方法が有効ではないかと考えた。そして，プログラムの構想段階で状態遷移図を利用できるよう，状態遷移図の作成からプログラミングに移行できる計測・制御システムを開発した。さらに開発した計測・制御システムによる授業を中学校で実践し，この有用性を検討した。本章ではプログラムの設計活動，開発した計測・制御システム，評価試験，結果，考察，まとめの順に述べる。

2．プログラムの設計活動

1．現行学習でのフローチャートの取り扱い方とその問題点

　現在のフローチャートの利用方法は処理内容の全体像を把握するために扱われているのではなく，処理手順を考えるために利用されている。例えば中学校技術・家庭（技術分野）の教科書[8,9] や先行研究[3-5),10-12]においてフローチャートの用途は，以下の2種類である。

　(1)　プログラムの処理手順を検討する。

　(2)　既存のプログラムや身の回りの製品の処理の流れを示す。

　(1)は情報処理の手順を図式化すると共に，処理の手段として順次・反復・分岐等があることを学ぶ。(2)はできあがったプログラムの処理の流れを示すために利用されている。さらに身近な製品を順次・反復・分岐等の処理の流れから捉え直し，学習のまとめとして利用されることが多い。

　これらの学習は，プログラムを記述するために処

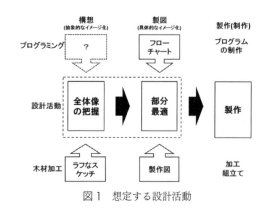

図1 想定する設計活動

理の流れを図示することが主な目的となっており，プログラムの全体像を把握することを目的としていない。なぜならフローチャートはプログラムを記述（コード化）することを目的にした図であるからである。筆者が想定する設計活動とは，構想の段階で大まかな処理の流れを把握することから始まり，部分最適の後にプログラムを記述（コード化）する流れを踏むことだと考えている。図1に想定する設計活動の流れを示す。図1に示すように設計活動は「全体像の把握」から始まり「部分最適」，「製作」の順に行う。木材加工の学習は，構想がラフなスケッチから始まり製作図を完成させ，加工組立ての過程へ移行する。この流れと同じようにするならばプログラミングは構想から始まり，処理の流れを図（製図）で表現した後，プログラムの制作という流れになる。フローチャートはコード化を前提とした図であるため，木材加工でいう製作図にあたると考えられる。ところがラフなスケッチにあたる図，すなわち全体像を把握するための図に関しては現行の教科書では示されていない。そこで設計活動の流れが全体像の把握から部分最適の検討の順に展開されていないという問題を解決する必要があると考えた。

2. プログラム制作における設計活動

ものを作るためには，目的を達成するために必要な要素や条件等を製作前に整理し，作るものの全体像を構想してから製作計画を立てるという設計活動が行われる。しかしプログラムの設計活動において最初からフローチャートを利用すると具体的な処理方法を考えることが中心となるため，設計活動に不可欠な全体像の把握が困難になる。なぜなら学習者は構想の段階で全体像を見通すことなく，いきなり部分最適から始まる学習が展開されてしまうからである。設計活動に必要なことは構想の段階で全体像を大まかに把握することであり，具体的な処理手順を考えることではない。そこで設計活動のツールとして全体像を把握するために利用できる図を検討した。

3. フローチャート以外の処理の流れを表す図

今日のソフトウェアシステム開発では生産性の向上や品質改善を図るため，さまざまな処理の流れを表す図が利用されている。例えばUMLのユースケース図やクラス図，シーケンス図，状態遷移図，アクティビティ図，DFD（Data Flow Diagram），HIPO（Hierarchy plus Input Process Output）等[13,14]がある。これらを利用することでシステムの構成や処理方法の大まかな流れを図に示すことができ，開発者同士で考えを共有したり，開発者と顧客の間で製品の構成を説明したりすることができるようになる。これらの作業では開発者が制作する目的や条件に合わせて，構想を共有できる最適な図を選択する。

本章で使用したい図は，計測・制御の学習を初めて学ぶ学習者（初学者）が使うことと，全体像が把握しやすいことを考慮した。また作成に使う記号が単純で処理の流れが見やすく，コード化に近い表現ではなく，大まかな処理の流れが表現できる図がふさわしいと考えた。以上のことを考慮し，本章では状態遷移図を採用した。

4. 状態遷移図について

状態遷移図とは「ある状態が変移して別の状態になり，状態の個数と入力の個数が有限の場合には，状態と遷移と動作の組み合わせからなるふるまいをグラフィカルに表現するために使われる図」[15]のことである。状態遷移図は自動制御の構成要素を状態として認識する。その状態はイベントがない限り，その状態を保持し，イベントが発生すると別の状態に遷移する。つまり状態遷移図は入力と出力に着目した表現方法である。本項ではフローチャートと状態遷移図の違いについて簡易バッテリーチェッカー

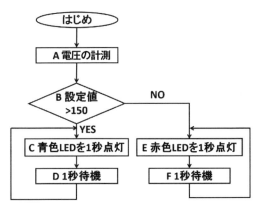

図2　バッテリーチェッカーのフローチャート

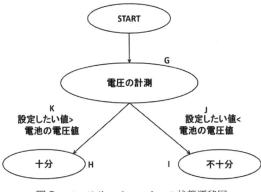

図3　バッテリーチェッカーの状態遷移図

を例に説明する。例示する簡易バッテリーチェッカーは電圧から電池の残量を判断する。簡易バッテリーチェッカーのフローチャートと状態遷移図の例を図2と図3に示す。

図2と図3で示した簡易バッテリーチェッカーは「電圧の計測」から電池の残量が「十分」である電池と「不十分」である電池という場合分けをする。図2のC・DとE・Fはそれぞれ図3のH「十分」とI「不十分」という2つの状態にまとめられる。これにより難しいと考えられる反復の矢印を省略することができる。条件分岐は特別な記号を使用せず状態の外側に記述することで（図3のJ・K），分岐の記号がいらない。状態遷移図は簡易バッテリーチェッカーの状態が変化する条件を入力として捉えることで，簡易バッテリーチェッカーの全体像を表現する。

状態遷移図では細かい処理の流れに注目せず，大まかな処理の流れをまとめて記述するため，全体像の把握には有効である。フローチャートにはない状態遷移図の利点を以下に示す。

（1）反復の要素や分岐の特殊記号がなくなるためこれらの矢印による学習者の混乱が生じにくい。
（2）「入力」と「出力」に着目するため全体像が把握しやすい。
（3）イベントにより状態が遷移するため各要素（状態）との関係性が分かりやすくなる。

以上の利点からプログラムによる計測・制御の学習において構想をまとめるツールとして状態遷移図を利用する学習方法を考えた。なお制御工学で利用される状態遷移図はこれに加えて状態遷移図表を作成する。しかし本研究ではあくまで初学者が全体像を把握するという目的で利用するため，厳密な使用方法に準拠せず状態遷移図表の作成は行わないことにした。

3. 開発した計測・制御システム

1. 開発仕様

状態遷移図の作成からはじまり，プログラムを制作するまでの学習の流れを実現できる計測・制御システムの開発を目的とする。これを実現するためには状態遷移図の作成を行い，その後部分最適を行い，プログラムを記述（コード化）する流れの学習を可能にする必要がある。さらに中学校学習指導要領に準拠しなければならないので，開発する計測・制御システムは以下の順で処理できる機能が求められる。

（1）状態遷移図を作成できる。
（2）状態ごとのプログラムを制作できる。
（3）制作したプログラムを基板に転送できる。
（4）転送したプログラムの動作を基板で確認できる。
（5）状態遷移図とプログラムの保存と読込みができる。

(6) 計測したデータと転送したプログラムの動作の両方を確認できる。

2. 利用する基板

本章で利用する基板[16]の回路図と外観をそれぞれ図4に示す。この基板はブレッドボードに接続して使用することを想定して開発された。アナログセンサは最大3端子，出力端子は最大8端子利用可能である。アナログ計測は0〜5（V）までの電圧を256段階に変換する処理を行う。この変換値をプログラムの引数として設定する。出力は図4のD1-D8端子と音（1オクターブ）とLCDに表示する文字の3種類である。この基板は授業者の題材によってセンサや出力方法を自由にアレンジできるように開発された。アナログセンサの計測データや制作したプログラムの転送はシリアル通信で行う。転送したプログラムは外部EEPROM（図4）に保存される。保存されたプログラムを実行したり，接続したセンサで計測したり，電圧を出力したりすることができる。

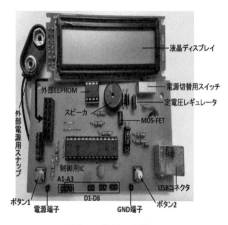

図4 基板の外観

3. 開発したシステム

開発したシステムの制作にはProcessing[17]を利用した。Processingを選択した理由を以下に示す。
- 外部ライブラリが豊富であること
- アプリケーションとして任意のフォルダに保存でき，使用する際レジストリの変更を必要としないため，学校現場で特別なインストール作業が不要であること
- シリアル通信が可能であること

設計活動の構想段階で考えを整理し，制作の全体像を把握することができるという目的を達成するために，システム上で状態遷移図を作成できるように留意した。開発したシステムでは「状態遷移図の作成」，「プログラムの制作」，「アナログ計測値のグラフ表示」の3つの機能を提供する。

(1) 状態遷移図の作成

図5に状態遷移図の作成機能の処理の流れを，図6-aに状態遷移図の「メニュー画面」をそれぞれ示す。学習者は図6-aの「メニュー画面」から状態遷移図の作成を開始する。図6-aの「状態作成ボタン」を選択すると，システムは図5の「状態ラベル作成」状態に遷移する。「状態ラベル作成」状態の画面を図6-bに示す。図6-bの「状態ラベル」は「状態作成ボタン」を選択するたびに初期状態，状態2，状態3，…の順に状態6まで作成される。次に矢印を作成するためには矢印の始点となる「状態ラベル」にカーソルを合わせ，マウスのセンターボタンを押すと，システムは図5の「矢印作成」状態に遷移する。その時「状態ラベル」の上に「遷移先リスト」を表示する。「遷移先リスト」が表示された画面を図6-cに示す。表示された「遷移先リスト」から遷移する状態を選択することで図6-cの矢印が作成できる。最後に図6-aの「イベントラベルリスト」を選択すると，システムは図5の「イベントラベル作成」状態に遷移し，「イベントラベル」が作成される。「イベントラベル」が作成された画面を図6-dに示す。「イベントラベル」は図4のA1，A2，A3の各アナログ入力に対して「大なり」，「等しい」，「小なり」の3つと，基板にある2つの「ボタン1 ON」，「ボ

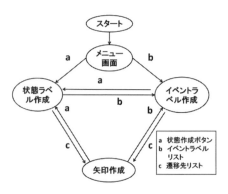

図5 状態遷移図作成画面の処理の流れ

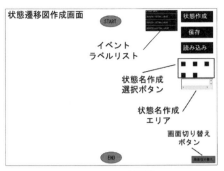
a　メニュー画面

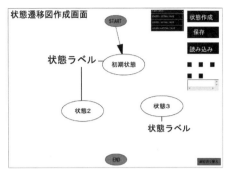
b　状態ラベル作成画面

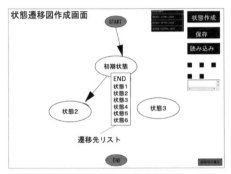
c　矢印の作成

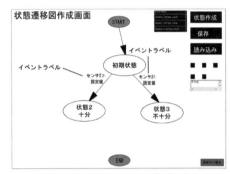
d　イベントラベルの作成画面

図6　状態遷移図の作成の処理の流れ

タン2　ON」の「イベントラベル」がある。各「イベントラベル」は最大5つまで表示させられる。また図6-aの「状態名作成エリア」で状態名の記入をする。図6-aの「保存ボタン」と「読込みボタン」で状態遷移図の保存と読込みの機能を追加した。

　このような操作方法で学習者は「状態ラベル」，「イベントラベル」，「遷移先リスト」を選択し，マウスのドラッグ操作でラベルの配置を整えながら，状態遷移図の作成を行う。この機能を使って状態遷移図を作成し，プログラム制作前に全体像を把握し，制作するプログラムの見通しを持たせるために利用する。

（2）プログラムの制作

　図6-aの「画面切り替えボタン」をクリックすると，「状態遷移図作成画面」から「プログラム編集画面」に切り替わる。図7にプログラム編集画面を示す。プログラムは日本語で記述できるようにした。状態遷移図を作成したときの名前が状態名として編集画面に反映される。プログラムは状態遷移図で作成した状態ごと制作する。各状態のプログラムの編集エリアは別々に制作するため，図7の「編集エリア選択ボタン」から任意の編集エリアを選択する。

　表1に主な制御命令の一覧を示す。表1に示した制御命令を使って，プログラムの制作を行う。

　図8に図2と図3で示したバッテリーチェッカーのプログラムを示す。「初期状態」，「状態2」，「状態3」の各プログラムは状態ごとの画面に切り替えて作成する。図6-dの「初期状態」のプログラムは図8の①〜⑤で，①はプログラム全体の開始を表す。②は引数で指定した秒数だけ待機する命令を表す。③・④は計測値74と75を受けて，電池の残量が「十分」という状態と「不十分」という状態に遷移し各プログラムを実行する命令を表す。学習者は状態遷移図の作成で作成した状態名を記述することができる。⑤はプログラム全体の終了を表す。図6-dの「十分」状態と「不十分」状態のプログラムはそれぞれ⑥〜⑫と⑬〜⑲で⑥と⑬はそれぞれ「十分」・「不十分」状態のプログラムの開始を表す。⑦・⑭は反復命令で，引数が0の時は無限に繰り返す。⑧・⑮は出力するポートを引数で指定する。⑨・⑯は指定

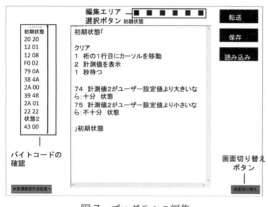

図7　プログラムの編集

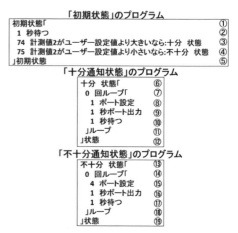

図8　バッテリーチェッカーのプログラム

表1　主な制御命令と動作説明

内容	センテンス	動作説明
開始	初期状態「	プログラムの開始を示す。
終了	」初期状態	プログラムの終了を示す。
出力	X　ポート設定	「D1～D8」の出力ポートを10進数で指定する。
	X　秒ポート出力	指定したポートをX秒間出力する。
反復	X　回ループ「	引数回反復し，反復の始点を示す。X = 0の時は無限ループとなる。
	」ループ	反復命令の終点を示す。
ブレイク	ループを脱出	反復処理から脱出する。
分岐	X　計測値1がユーザー設定値より小さいなら	設定値より小さい時，次の命令を実行する。
	X　計測値1がユーザー設定値より大きいなら	設定値より大きい時，次の命令を実行する。
	X　計測値1がユーザー設定値と同じなら	設定値と同じ時，次の命令を実行する。
	X　おしたら	引数で指定したスイッチに入力がある場合，次の命令を実行する。
	X（状態名）　状態	サブルーチンを呼び出し，引数の言葉でどのサブルーチンか特定する。
サブルーチン	X（状態名）　状態「	サブルーチンの開始を示す。引数でサブルーチンを指定する。
	」状態	サブルーチンの終了を示す。
待機	X　秒待つ	次の命令を実行するまで，X秒待つ。
音出力	X　ド	X秒間「ド」の音を出力する。同様にして「レ・ミ・ファ・ソ・ラ・シ・ド」の音を出力できる。
計測値の表示	X　桁の1行目にカーソルを移動	LCDの1行目，X列から指定の文字や記号，計測値を表示する。
	X　計測値を表示	「Ax」のアナログ計測値をLCDに表示する。

（注：Xは引数を表す。）

したポートに出力する時間を引数で指定する。⑪・⑱は反復処理の終了点を表す。⑫・⑲はそれぞれのプログラムの終了を表す。

制作したプログラムは図7の「転送ボタン」で基板に転送される。制御命令はバイトコードに変換され，引数とともにシリアル通信で基板に転送される。転送された制御命令のバイトコードは図7の左側に表示される。状態遷移図の作成と同様に図7の「保存ボタン」と「読込みボタン」でプログラムの保存と読込みの機能を追加した。

(3) アナログセンサのグラフ表示

図7の「画面切り替えボタン」を選択すると，「プログラム編集画面」から「計測値のグラフ表示画面」に切り替わる。アナログセンサの計測結果はリアルタイムでグラフ表示することができる。計測値と時間の関係をグラフ表示できる。図9にグラフ表示画面を示す。図9の「チャンネルボックス」から，AN1，AN2，AN3，ALLのうち1つを選択する。0～5Vの電圧を256段階に分けた値がPCに転送され，0から255の値がグラフで表示される。チャンネルボックスの選択を解除するとグラフ表示が終了する。ALLを選択すると，A1～A3の3端子に入力されている計測値を同時にグラフ表示する。この機能を使って基板から転送された計測データを分析し，状態遷移の入力条件の引数として利用する。

開発したシステムを使って，静岡県内の公立中学校の2年生 (80名) において評価試験を行った。授業の様子を図10に示す。

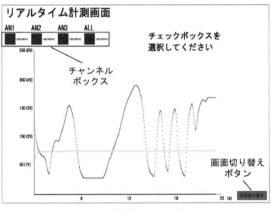

図9 計測値のグラフ表示

図10 授業の様子

4．評価試験

評価試験では以下の内容を確認することを目的とした。

(1) 開発した計測・制御システムを使って構想からプログラム制作の流れを理解した学習ができるか。
(2) 生徒は本システムを利用して状態遷移図を作成することから始まり，これをもとに部分最適したプログラムを制作できるか。

題材は2段階の簡易バッテリーチェッカーの制作を課題とした。授業計画を表2に示す。

1限目は計測・制御のガイダンス的な内容で，簡易バッテリーチェッカーのサンプルとエアコン等の自動制御の仕組みを解説しながら状態遷移図を紹介した。2限目はブレッドボードに基板とLEDが接続された教材を配布し，LEDを点灯させるプログラムを経験させた。3限目はLEDの点灯を繰り返し，状態が遷移するプログラムの制作を行った。4限目は電池の計測を行い，図11に示すような状態遷移図を作成し，簡易バッテリーチェッカーの構想を行った。5，6限目は各生徒がサンプルプログラムを参照しながら，制作したい簡易バッテリーチェッカーを制作した。なお実践では状態遷移図という言葉が難しく生徒の混乱を招かないための配慮として，授業中は「状態マップ」という呼称を用いた。

表2 授業計画

時限	授業目標	時間
1	自動装置には入力と出力があることを確認できる。	1
2	ポート出力ができるサンプルプログラムを記述できる。	1
3	分岐・反復のサンプルプログラムを記述できる。	1
4	各生徒が制作したい簡易バッテリーチェッカーの構想ができる。	1
5	各生徒が制作したい簡易バッテリーチェッカーのプログラムを制作できる。	1
6	各生徒が制作したい簡易バッテリーチェッカーを制作できる。	1
	計 6時間	

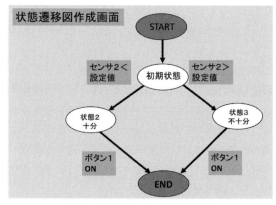

図11 生徒が作成した状態遷移図

5. 結果および考察

　第4節の目的(1)に関しては，表2の流れに沿い，サンプルを参照して制作した結果，約8割（65人）の生徒が簡易バッテリーチェッカーを制作することができた。このことから本システムを使った，構想からプログラム制作の流れを実現する学習は可能であることが分かった。第4節の目的(2)に関しては，約6割（48人）の生徒が音の高さや出力時間を調整したり，LCDに出力する文字を工夫したりすることができた。このことから，本システムを用いて，目的(2)の部分最適のプログラムを生徒が制作することができることが分かった。全体の約8割の生徒は図11のような状態遷移図を作成し，全体像を把握してから各状態のプログラムを制作する流れで学習を進めることができることが分かった。そのような学習ができた理由として，本システムを使用することによって図11で示したように，「十分」状態や「不十分」状態等のプログラムを別々に確認できたために，各状態プログラムの関連を考えながら作業することができる生徒にとって分かりやすい学習になったことが考えられる。また教員が各状態のプログラムの指導を順を追って行うことができたため，プログラム制作の支援がしやすくなったことも要因である。さらに状態遷移図で簡易バッテリーチェッカーに必要な機能を整理することができたため，生徒が作成した「十分」状態のプログラムは何を満たしたら目的が達成できるのかを考えやすくなったことも完成する割合を上げた原因となったと考えられる。

　授業時間内に制作できなかった2割の生徒は，状態遷移図の作成でつまずいていたことが分かった。この理由には状態遷移図作成の支援不足やシステムのバグによる操作の遅延が考えられる。しかし本授業終了後個別に対応した結果，目的のプログラムを制作することができた。このことから本システムを活用する上で状態遷移図の作成に十分に時間をかけることが必要であることが分かり，授業実践をする上での課題であることも分かった。

　また全体の約6割の生徒は音の高さや出力時間の調整やLCDに出力する文字を調整する等，各生徒の目的を満たすプログラムを制作するという部分最適ができた。これは本システムが，全体像把握と生徒の目的を満たせる制御命令の両方をそなえていることを意味している。このことから本システムを用いたプログラム制作は状態ごとにプログラムを考えるため，プログラムの全体像を把握しやすくなり，生徒の「創意・工夫」を促したとも考えられる。

6．まとめ

　評価試験から開発した計測・制御システムでプログラムによる計測・制御の学習を行うことができることが分かった。このシステムは中学校学習指導要領に準拠しているため，簡易バッテリーチェッカー以外の題材でも利用可能である。また状態遷移図から部分最適のプログラムを制作できることも分かった。本システムを用いることで全体像の把握から，部分最適の流れを支援することが可能であると考える。これにより計測・制御の学習に設計を取り入れた学習方法を展開できた。今後の課題として状態遷移図の理解に時間がかかることが分かったため，生徒のつまずきを分析し，検討する必要がある。また大まかな全体像の把握に状態遷移図を利用し，部分最適にフローチャートを利用する流れの学習方法も試み，状態遷移図とフローチャートの両方を扱う授業も今後検討したい。

（紅林秀治，増田麻人）

第4章　計測・制御を考慮したプログラミング

1. 計測・制御の基礎

1. 計測技術

　計測とは，現実の状態を認識するための方法の一つである。認識対象に応じて様々な技術が用いられており，計測する素子や装置をセンサと呼ぶ。表1に示すように物理的な認識対象である物体の有無，照度，位置，角度，距離，速度，加速度，温度等を計測するための各種センサは，工業用として多数利用され，身の回りの製品に内蔵されている。また，人間のもつ五感である視覚，聴覚，触覚，味覚，嗅覚にそれぞれ対応するセンサとして，カメラ，マイク，圧力センサ，味覚センサ，臭気センサ等がある。

　センサは認識対象に応じてアナログ信号またデジタル信号を出力する。アナログ量を認識対象とするセンサであっても，内部にアナログ量をデジタル信号に変換するAD変換機能を備え出力するものもある。アナログ信号を出力するセンサをコンピュータで利用する場合，増幅器やフィルタ回路等を介して入力ポートに接続し，AD変換回路を通してデジタル信号に変換した後，情報処理する。

　図1に示すように，アナログ信号を一定の間隔で標本化しデジタル信号の列に変換した場合，その間隔の2倍を超える周期をもつ周波数成分までをもつアナログ信号を元に戻すことができる。この定理を標本化定理という[1]。例えば，音楽用CDに記録されているデジタル信号は，アナログ信号である音声を$22.7\,\mu$秒毎に標本化したものである。$22.7\,\mu$秒の2倍の周期$45.4\,\mu$秒に対応する周波数は約22kHzであり人間が聞くことのできる周波数を十分にカバーしている。

　さらに，AD変換時に必要な分解能が得られるように量子化が行われる（図1）。一般に量子化の分解能はビット数で示され，この値が大きいほど1段階が細かくなり，量子化に伴う誤差も小さくなる。例えば，音楽用CDに記録されているデジタル信号は，16ビットで量子化されている。

2. 制御技術

　日本工業規格（JIS Z 8116）では，制御を「ある目的に適合するように対象となっているものに所要の操作を加えること」と定義している。直接的または間接的に人が操作量を決める制御を手動制御といい，制御システムを構成し自動的に行われる制御を自動制御という。

　主な制御信号に対する制御対象とその機器例を表2に示す。とくに，制御信号に基づき物理的な運動を与える機器をアクチュエータと呼ぶ。

　例えば，図2に示すように教材として多用されている車輪移動型ロボットの場合，本体の状態を人が把握しつつ操作盤を操作し有線または無線を介して本体に備えられている制御回路を動作させ，所望の

表1　主なセンサの種類

計測対象	センサ例
物体の有無	マイクロスイッチ，リードスイッチ，光電センサ
照度	CdS，フォトトランジスタ，CCD
位置	ポテンショメータ，リニア・エンコーダ
音	マイク
角度	ポテンショメータ，ロータリ・エンコーダ
距離	超音波センサ
速度	ドップラセンサ
加速度	圧電素子
角加速度	ジャイロ
温度	バイメタル，熱電対，サーミスタ
湿度	抵抗変化型湿度センサ
磁気	リードスイッチ，ホール素子

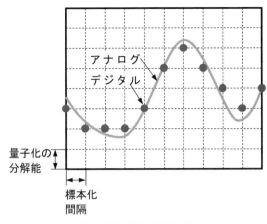

図1 標本化と量子化の例

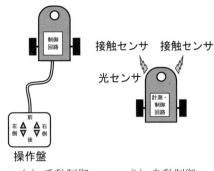

(a) 手動制御　　(b) 自動制御

図2 車輪移動型ロボットの制御例

表2 主な制御対象

制御信号	制御対象	制御機器例
物理的な運動	電気	スイッチ
電気	物理的な運動	直流モータ, 交流モータ, サーボモータ, ソレノイド
電気	光	LED, 電球
電気	熱	ヒータ, エアコン（ヒートポンプ）
電気	音	スピーカ
電気	電気	リレー, 半導体
電気	物理的な運動	電動ポンプ
油圧	物理的な運動	油圧シリンダ
空気圧	物理的な運動	空気圧シリンダ

方向に本体を移動させる場合，手動制御となる（図2(a)）。一方，接触センサや光センサを備え，本体に備えられている計測・制御回路が，計測結果に応じて設定された目的を達成するように移動させる場合，自動制御となる（図2(b)）。

自動制御の方法として，大別してシーケンス制御とフィードバック制御がある。シーケンス制御は，あらかじめ定められた順序または手続きに従って各工程の制御を逐次進めていく制御方法である。定められた順序で機器を動作させる順序制御，制御対象の状態が定められた条件になったとき制御対象を動作させる条件制御，制御対象への動作が時刻や時間で決まる時間制御，および制御対象に対する個数や動作回数等によって動作を決める計数制御を組み合わせて実現する。

例えば，全自動洗濯機は，給水，洗濯，排水，給水，すすぎ洗い，排水，脱水の各工程を順序制御，時間制御，および，条件制御を組み合わせて行い，衣類の汚れを落とす。

一方，フィードバック制御は，制御対象の出力を目標値に一致させるように，センサを用いて状態を計測し，目標値と出力の差（以下，偏差という）を入力側に戻しながら操作量を生成する方法である。コンピュータを用いたフィードバック制御では，制御対象の位置，光，温度，圧力等の状態をセンサで検出し，プログラムによる処理結果に応じて，アクチュエータを用いて電動，油圧，水圧，空気圧等の機械的な動作に変換し，制御対象を一定の状態に保つ。

例えば，室温を目標となる温度に自動調節するように制御する場合，図3に示すように，制御器となるエアコンによって熱量が制御対象となる室内の気体に対して操作される。制御量である室温は，センサによって計測され，目標値と比較されエアコンに入力される。外気温や日射等の外乱によって室内の気体の状態が変化しても，フィードバック制御によって目標値を維持するように自動調節される。

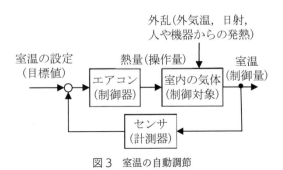

図3 室温の自動調節

フィードバック制御において，操作量が不適切に生成される制御器を構成すると，目標値に調節できず発散したり，振動したりして不安定な状態になる。そのため，外乱を考慮し目標値に調節できる制御器を設計する必要がある。一般に制御器は，制御対象のもつ特性を把握し，微分方程式等で表して設計する。

最も単純な自動制御方式として，計測器の状態に応じて，操作量をオンまたはオフのいずれかとするオン・オフ制御がある。例えば，バイメタルを用いて温度を検出し，設定された温度より高くなるとヒータをオフにし，逆に低くなるとオンにする制御方法がある。しかし，オン・オフ制御では，制御量を目標値に近付けることができず振動してしまうことが欠点である。

次に，自動制御方式の一つであるPID制御について述べる。比例制御であるP（Proportional）制御は偏差に比例した操作量とする。比例定数が大きいと早く目標値に近づくようになるが，大きすぎると目標値を超えてしまうオーバーシュートが発生し不安定になる。積分制御であるI（Integral）制御は，過去の一定期間分の偏差の累積値を利用して，残留偏差を小さくする。微分制御であるD（Diferentialまたは Derivative）制御は，偏差の時間的な変化を利用して，目標値が急に変更されたり外乱等が発生した場合に目標値に早く近付ける。なお，I制御とD制御はそれぞれ単独で用いられることはなく，P制御と併用しPI制御またはPID制御とする。PID制御において最適な操作量が得られる3つの定数を求めるために限界感度法等の様々な手法が提案されている[2]。

一般的な自動制御方式では，無段階の操作量に対応して対象を制御する必要がある。例えば，エアコンのヒートポンプを動作させるモータは，インバータと呼ばれる電気回路を用いて無段階に制御する。特に，コンピュータによる制御では，電気信号のオンとオフを繰り返し切り替えることで，周期に対するオンの時間比率を示すデューティ比（％）に応じて電力を操作するPWM（Pulse Width Modulation）制御が用いられることが多い。この制御ではオンまたはオフの状態を繰り返すため，制御に伴うエネルギー損失が少ないことが特長である。図4（a）〜（c）にPWM制御の信号例を示す。

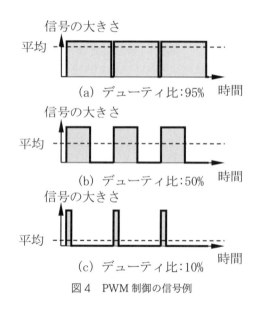

図4　PWM制御の信号例

2．中学校における計測・制御学習の位置付け

1．計測・制御学習の必要性

古代エジプト時代より計測・制御技術を用いた様々な機器は発明されてきたが，主に物理法則に制約されるため自由度の高い制御方法を実現できなかった。コンピュータの発明でプログラムによってセンサから得られた情報を処理する制御器を構成できるようになり，高度かつ高い自由度をもつ制御が可能になった。一方，コンピュータは，演算，制御，記憶，入力，および，出力の5つの機能から構成され，一種の計測・制御技術を実現した機器として見なすことができる。PC等の様々な情報機器の普及とともに，一般教育においても，情報技術の基礎的な仕組みの一つである計測・制御技術を取り扱う必要性が高まった。

2．計測・制御の学習内容

前節で述べた背景から，中学校技術・家庭科（技術分野）（以下，技術科と略記）における計測・制御に関わる学習内容は，1998年に告示された技術科

の学習指導要領の「B 情報とコンピュータ」の内容(6) プログラムと計測・制御において,「ア　プログラムの機能を知り,簡単なプログラムの作成ができること」,「イ　コンピュータを用いて,簡単な計測・制御ができること」として初めて盛り込まれ,選択して履修させることが規定された。この内容の指導では,プログラムの必要性と機能について知らせ,課題解決するための簡単なプログラムの作成,ならびに,身近な生活の中でコンピュータを用いた計測・制御が利用されていることを知らせ,目的に応じた簡単な計測・制御ができることが求められた[3]。

その後,様々な計測・制御機能を備えた情報機器がインターネット等の情報通信ネットワークに接続され利用されるようになり,計測・制御技術に関する学習の必要性がさらに高まった。

2008年に告示された技術科の学習指導要領では「D 情報に関する技術」の内容(3) プログラムによる計測・制御において,「ア　コンピュータを利用した計測・制御の基本的な仕組みを知ること」,および,「イ　情報処理の手順を考え,簡単なプログラムが作成できること」が必修として規定された。この内容では,計測・制御するプログラムを作成し,コンピュータを用いた計測・制御の基本的な仕組みを知り,簡単なプログラムを作成でき,情報処理の手順を工夫する能力を育成することが求められた[4]。

スマートフォンやIoT（Internet of Things,モノのインターネット）技術の加速度的な普及とともに,新しい知識・情報・技術が政治・経済・文化をはじめ社会のあらゆる領域での活動の基盤として飛躍的に重要性を増す知識基盤社会の時代となり,課題解決能力や創造力の育成が求められるようになった。

2017年に告示された技術科の学習指導要領のD 情報の技術の内容(3) では,生活や社会における問題を計測・制御のプログラミングによって解決する活動を通して,「ア　計測・制御システムの仕組みを理解し,安全・適切なプログラムの制作,動作の確認およびデバッグ等ができること」,および,「イ　問題を見いだして課題を設定し,入出力されるデータの流れを元に計測・制御システムを構想して情報処理の手順を具体化するとともに,制作の過程や結果の評価,改善および修正について考えること」が必修として規定された。

生活や社会において利用されている情報技術を踏まえて問題を発見し,課題を設定し,計測・制御を行うプログラムを制作することによって課題解決する能力を育成するとともに,計測・制御システムの仕組みを理解させ,安全かつ適切なプログラムを制作するために,ねらいどおりに動作しているか確認し,デバッグ等ができるように指導することが求められている[5]。

以上述べたように,技術科における計測・制御の学習内容は,当初の「簡単な計測・制御ができること」から,学習指導要領の改訂毎にレベルアップし,「計測・制御システムを理解し,構想・評価・改善できること」となり,その内容の位置付けはますます重要となっている。

3. 計測・制御のプログラミング・モデルとプログラミング例

1. プログラミング・モデル

計測・制御のプログラミング・モデルを図5に示す。プログラムを実行するコンピュータに対して,1つまたは複数のセンサと制御対象がそれぞれ入力ポートと出力ポートに接続されている。なお,コンピュータ・アーキテクチャによっては,ポートと呼ばず,メモリ・アドレスの一部を入力用,出力用として割り当てているものもある。

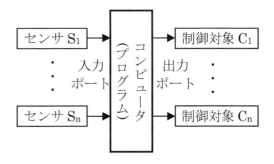

図5　計測・制御のプログラミング・モデル

デジタル信号に対応する入力ポートでは，0または1の1ビットの情報をプログラムが読み取り処理する。アナログ信号に対応する入力ポートでは，プログラムの指示によって分解能に応じて必要なビット数のデジタル信号にAD変換され，プログラムが読み取り処理する。ここでAD変換に必要な時間を考慮してプログラムを制作する必要がある。

入力ポートの前にフィルタ回路がない場合，ノイズによる影響を少なくするため，特定の周期で入力ポートから情報を複数回読み取り，多数決をとる処理やメディアンフィルタを適用する処理が用いられる。例えば，スイッチの状態を入力する場合，チャタリングと呼ばれる機械的な接点の振動状態の継続期間より長い周期で3回読み取り，同一になるまで無視する方法等が用いられる。その他，センサの特性に応じて，入力ポートの前に電子回路を配置したり，読み取り用プログラムを用いたりする場合がある。

出力ポートでは，0または1の1ビットの情報に対応するデジタル信号を制御対象に出力する。制御に必要な操作量の分解能が2を超える場合，操作量に応じてパルス幅を変更するPWM信号（図4）を出力する。さらに，PWM信号はローパス・フィルタ回路を介してアナログ信号に変換され制御に用いられることもある。また，1つの制御対象に出力ポートを複数割り当て様々な制御機能を実現するものもある。

次に，計測・制御のプログラミング・モデルに基づく基本的な情報処理の流れを図6に示す。まず，使用する各ポートを入力用または出力用として初期化し，入力ポートの場合，デジタル信号またはアナログ信号用として設定する。プログラムに必要なメモリの確保と初期化等の情報処理を行う。必要とされる入力ポートから情報を入力し，各種情報処理を行う。その結果に応じて，必要とされる出力ポートに情報を出力する。終了条件が不成立の場合，前記の処理を繰り返し，成立したらプログラムを終了する。図6中に点線枠で示したものと同様の処理内容を複数個組み合わせて順番に処理することもある。

なお，計測・制御する処理内容によっては，正確な周期でプログラムの一部を実行したいことがある。この場合，コンピュータが備えるタイマ機能と

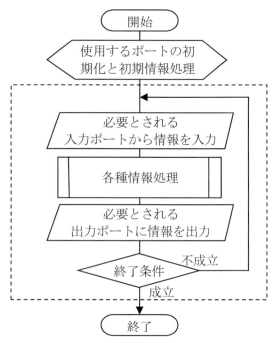

図6　計測・制御の基本的な情報処理の流れ

割り込み処理を用いる。タイマによって割り込みが発生すると，主となる情報処理を中断し，あらかじめ設定したプログラムの一部を実行する。その処理が終了すると中断前の処理に自動的に戻る。その他，入力ポートの状態変化に応じて割り込み処理を発生する機能等がある。

2．プログラミング環境

計測・制御を行うプログラムは，一般的にセンサからの入力情報に応じて対象を制御する際にリアルタイム性を必要とする。リアルタイム性とは，プログラムの実行時間や実行間隔を正確に指定できる機能である。WindowsやLinux等のPC用オペレーティングシステム（OS）は，リアルタイム性が乏しいため，計測・制御用教材は，PC本体にセンサや制御対象を接続する方法ではなく，内蔵したコンピュータによってプログラムを動作可能な計測・制御用教材として構成されている。

計測・制御するプログラムは，PC上で動作するプログラミング環境を用いて制作し，USBケーブルや有線LAN，無線LAN等の通信手段を介して計測・制御用教材にダウンロードし，その教材内でプログラムを実行する方式が採用されている（図7）。

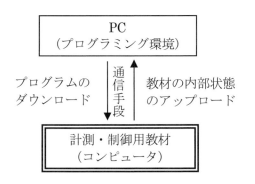

図7　計測・制御用教材のプログラミング環境

さらに，プログラミング環境によっては，教材の内部状態をアップロードし表示する機能をもつものもある。

プログラミング言語は，主に科学技術計算を目的として1950年代に文字を組み合わせて処理手順と内容を構成する手続き型言語としてFORTRAN等が開発された。その後，処理手順を明確にするため構造化プログラミングの考え方を取り入れたC言語が開発され，様々な派生言語を生み出している。さらに，ソフトウェアの大規模化に伴い，オブジェクト指向と呼ばれるプログラミング手法が提案された。この手法では，ある状態を保持するデータとそれを処理する機能をまとめたオブジェクトを定義し，様々なオブジェクトを組み合わせて処理を行う。以上述べたプログラミング言語をここではテキスト型プログラミング言語と呼ぶ。

テキスト型プログラミング言語を用いて計測・制御を行う場合，計測対象や計測対象に対する各処理を行う命令語や関数ライブラリとして提供されたものを組み合わせる。なお，教育用として提供されているプログラミング環境では，図6に示した「使用するポートの初期化と初期情報処理」を明示しなくても利用できるようになっている。

テキスト型プログラミング言語は，あらかじめ命令語や構文の書式を修得する必要があること，記述ミスや論理的な誤りを見つけ出し修正する作業であるデバッグの難易度が高い等の理由により，プログラミングを初めて学習するものにとって修得が困難であることが指摘された。そのため，命令語や処理構造を示す視覚的なブロックや矢印等を組み合わせてプログラミングできるビジュアル型プログラミング言語が開発された。特に，2006年に発表されたScratchは，Smalltalk環境の一つであるSqueakをベースとしてMITメディアラボが開発した[6]。Scratchは子供を含むプログラミングの初心者向けとして普及し，計測・制御機能を備えるブロックを追加することで，計測対象や計測対象に対する各処理を行う。

ビジュアル型プログラミング言語は初心者にとって学習しやすいという長所を備えているが，処理内容が増えると二次元的に広がり全容が把握しづらいこと，コンピュータで行われている処理の仕組みが把握しにくいこと，職業用，一般用として多用されているテキスト型プログラミング言語との対応がとりにくいこと等の理由により，発達段階に応じた学習内容のレベルに応じて，テキスト型プログラミング言語への切り替え時期を考慮して教育利用することが望ましい。

プログラミングを効率的に支援するため統合開発環境（IDE: Integrated Development Environment）が用いられる。IDEはプログラムの作成・支援やデバッグ機能を備えたソフトウェアであり，対話型操作環境を持つものが多い。テキスト型プログラミング言語用IDEでは，プログラムの記述ミスに対するデバッグ支援機能として，命令語の色わけ表示，構造を示すカッコの組み合わせや区切り記号の表示，日本語の全角や半角の区別，英字の大文字と小文字の区別等がある。また，プログラムの論理的な不具合に対するデバッグ支援機能として，ブレイクポイント（無条件，条件付き）の設定，ステップ動作，変数の状態表示，メッセージ表示等がある。一方，ビジュアル型プログラミング言語を制作する環境では，あらかじめIDEに類似した機能を備えることが多い。また，ビジュアル型プログラミング言語のIDEによっては，制作したプログラムをテキスト型プログラミング言語に変換する機能を備えるものもあり，ビジュアル型からテキスト型に橋渡しするような教育を行う場合に活用できる。

3．プログラミング例

前述のように，制御方法は，シーケンス制御とフィードバック制御，および，両制御の組み合わせに大別される。中学校における教育では，シーケン

ス制御のプログラミングから始め，簡単なフィードバック制御のプログラミングに発展させていく方法が望ましい。

例えば，図2(b)に示した車輪移動型ロボットを用いた学習例として，図8に示すように点Aから正方形の外周に沿って点Aに戻るように移動させるプログラムの制作がある。このプログラムは，図9に示す流れ図のとおり，シーケンス制御となる。なお，図9の流れ図中に示した前進時間（a秒間）と回転時間（r秒間）は，学習者が実験をして決定する。

この流れ図を参考にして，変数を利用せずビジュアル型プログラミング言語の一種であるアーテック製Studuinoのブロックプログラミング環境を用いて処理内容を構成した例を図10に示す。ここで，DCモータM1とM2はそれぞれ車体の左輪と右輪を駆動し，a=6, r=2としている。ブロックプログラミング環境は，テキスト型プログラミング言語のC言語に類似したAruduino言語に変換できる。変換されたプログラムを抜粋したものを図11に示す。

実際に教材として利用されている車輪移動型ロボットは，駆動用モータに印加される電圧が，本体に搭載している電池の電圧となっていることが多く，電池の消耗によって電圧が低下していき，aおよびrが同一の値であっても，移動した結果が異なる。この解決方法として，灰色の床面の場合，図8に示した正方形の外周に沿って黒色テープを貼るとともに，銀色の円盤を点Aに貼る。光センサを用いてロボット下部の状態を検知するフィードバック制御を導入する。ここで，車輪移動型ロボットの光センサは前方に1つ備え，下部の色の濃さを検出する。光センサの初期位置は，点Aを示す円盤上でなくテープ上にあるものとする。

図12にフィードバック制御を考慮した動きを実現する流れ図を示す。ここで，回転時間（r秒間）は，学習者が実験に基づき決定する。この流れ図を参考にして，ブロックプログラミング環境を用いて処理内容を構成した例を図13に示す。r=1としている。Aruduino言語に変換されたプログラムを抜粋したものを図14に示す。計測結果を考慮したフィード

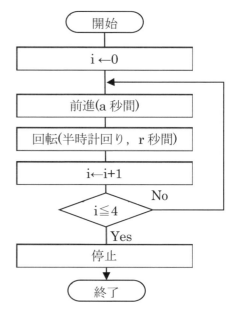

図9 車輪移動型ロボットを図8のように移動させるプログラムの流れ図（シーケンス制御）

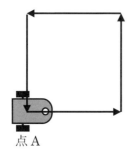

図8 車輪移動型ロボットの移動例

図10 図9に示した流れをビジュアル型プログラミング言語で表現した例

```
void RobotMain() {
    board.DCMotorControl(PORT_M1,NORMAL);
    DCMOTOR_POWER(PORT_M1,40);
    board.DCMotorControl(PORT_M2,NORMAL);
    DCMOTOR_POWER(PORT_M2,40);
    int loopCounter0 = 4;
    for (int i = 0;i <loopCounter0; i++) {
        board.Timer(6);
        board.DCMotorControl
                (PORT_M1,REVERSE);
        board.Timer(2);
    }
    DCMOTOR_STOP(PORT_M1,BRAKE);
    DCMOTOR_STOP(PORT_M2,BRAKE);
}
```

図11　図10をテキスト型プログラミング言語に変換した例（抜粋）

図13　図12に示した流れをビジュアル型プログラミング言語で表現した例

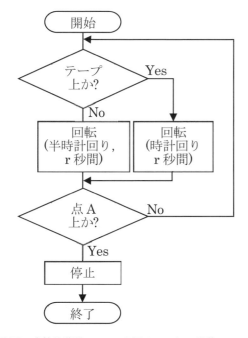

図12　車輪移動型ロボットを図8のように移動させるプログラムの流れ図（フィードバック制御）

```
void RobotMain() {
    DCMOTOR_POWER(PORT_M1,40);
    DCMOTOR_POWER(PORT_M2,40);
    while (!(LIGHT_SENSOR(PORT_A6)>80) ) {
        if ( (LIGHT_SENSOR(PORT_A6)<20) ) {
            board.DCMotorControl
                    (PORT_M1,NORMAL);
            DCMOTOR_STOP(PORT_M2,COAST);
        } else {
            DCMOTOR_STOP(PORT_M1,COAST);
            board.DCMotorControl
                    (PORT_M2,NORMAL);
        }
        board.Timer(1);
    }
    DCMOTOR_STOP(PORT_M1,BRAKE);
    DCMOTOR_STOP(PORT_M2,BRAKE);
}
```

図14　図12をテキスト型プログラミング言語に変換した例（抜粋）

バック制御を行うことによって，動作結果の確実性が高まることに気付かせる。

（伊藤陽介）

第5章　生物育成に関連させたシミュレーションプログラム

1．複数の内容を併せて学習するための情報技術

1．はじめに

　中学校学習指導要領の改訂に伴い，教科全体で大幅な学習内容の増加が図られた[1]。中学校技術・家庭科の技術分野では，これまで「A 技術とものづくり」と「B 情報とコンピュータ」の2つの学習内容，必修・選択を含め12項目から9項目または10項目が実施されていた。しかし，改訂により，「A 材料と加工に関する技術」，「B エネルギー変換に関する技術」，「C 生物育成に関する技術」および「D 情報に関する技術」の4つの学習内容で10項目に再編成され，すべての項目が必修となった。

　「C 生物育成に関する技術」では，「(2) 生物育成に関する技術を利用した栽培または飼育について，次の事項を指導する。」において「ア　目的とする生物の育成計画を立て，生物の栽培又は飼育ができること」と示されており，栽培または飼育を行う環境が十分に整っていない学校でも実施しなければならない。そのため，教育現場では生物育成に関する技術が必修化となった影響は大きい。さらに，「D 情報に関する技術」では，「(3) プログラムによる計測・制御について，次の事項を指導する」において「イ　情報処理の手順を考え，簡単なプログラムが作成できること」と示されており，より専門的な内容となっている。これら学習内容を正しく理解するためには，入出力を備えた制御機器を用い，実際にプログラミングを行うことが望ましい。しかし，教育現場では新たな制御機器の購入が難しいだけでなく，プログラムが半角英数字で英語に近い言語であることから，やる気をなくす生徒もいるとの声を聞くことも多い。そのため，生徒が受動的な態度にならず，自主的に体験的な活動ができ，興味・関心・意欲が高まるような教材が求められている。

　このような問題を抱えているにもかかわらず，授業時間数に変化はなく，技術分野では3年間で87.5時間しかない。したがって，少ない授業数でも十分な指導ができる教材が求められている。

2．応用する情報技術

　情報に関する領域では，現実空間とコンピュータによって生成された仮想空間（Virtual Reality, VR）を融合してユーザーに提示する方法として，複合現実感（Mixed Reality, MR）という技術の研究が行われており，医学やロボット開発などさまざまな分野で使用されている[2]。この複合現実感のうち，現実空間に仮想空間を重ねることで仮想物体が現実空間に実在しているように見せる技術のことを拡張現実感（Augment Reality, AR）という。技術の進歩により，スマートフォンやタブレットのモバイルアプリケーションなどにも利用され，身近なものとなった。MR や AR では，現実環境と仮想空間を同時に扱うため，それぞれの空間の情報を補完・増強し合うことができる。この技術を応用し，医療・福祉，インテリアデザイン・都市計画，ナビゲーションシステム，作業支援などのさまざまな領域に対して実用化のための研究がなされている[3,4]。したがって，この技術を教育に導入することは有効であると考えられる。一方で，高度情報化に伴い身近に多くの情報機器があふれており，学校教育においても文部科学省が教育の情報化を推進している。したがって，その情報機器の持つ機能を正しく理解し，何ができるのかを授業を通して学ぶことが重要であると考えられる。

　次節では，「生物育成」に関する教材のペットボトル稲[5-7]と，「情報」における拡張現実感を応用した技術を用いて，両内容を合わせて学習することができる，生物育成に関連させたシミュレーション教材について概説する。続いて，本教材の有効性および

教育的な応用について示し，最後に，本教材に関する「情報」の将来展望について述べることとする。

2．「生物育成」と「情報」の両内容を併せて学習できるシミュレーション教材

1．対象

生物育成の学習内容として「ペットボトル稲」，情報の学習内容として「拡張現実感」を教材の対象に用いた。なお，本章ではイネ（*Oryza sativa* L.）について，植物種として表現する際には，植物学・生物学的見地から「イネ」と記述し，「ペットボトル稲」など用語として定着している表現には「稲」を用いることとした。

2．「生物育成」の学習内容

生物育成の学習内容の対象としてイネの簡易栽培教材である「ペットボトル稲」を用いた（図1）。ペットボトル稲は，ペットボトルを栽培教材としてイネを育てる，作物栽培に関する教材である[8]。栽培の管理が容易で使用スペースが小さく，重量が軽いといった特徴を持つ教材であり，生徒自身が個別で管理しやすいという利点から「バケツ稲」とともにイネの栽培教材として普及している[9]。さらに，国民一人一人が自ら食について考える習慣を身に付けることや，健全な食生活の実践を目指した食育基本法[10]が施行されたことから，イネの栽培は，食育という観点からも重要な意味をもつと考えられる。そのため，ペットボトル稲は今後も多くの小・中学校での利用が見込まれる。

イネの栽培では，日照，害虫被害や気温変化などの自然環境を相手に，栽培技術を駆使しながら，収穫を目指す必要がある。特に施肥については，与える肥料の量やタイミングの組み合わせが重要であり，イネの生育および収穫量を左右する大きな手立てとなる。そこで，生育をよく観察し，イネが必要とする手立てを検討していくことは，栽培技術を学ぶ上で必要不可欠といえる。

したがって，イネの生育や収穫量を左右する施肥に関するパラメータ（量やタイミング）が生育状況に与える影響をシミュレーションにより示すことができれば，生物育成の内容をより深く学習することができると考えられる。

3．「情報」の学習内容

情報の学習内容の対象として，拡張現実感を応用した情報技術を用いた。拡張現実感とは，人が現実環境から受ける物理情報に対して，コンピュータが生成したデジタル情報を重ね合わせることによって，現実世界の情報を強化する技術のことである。拡張現実感を用いた教材の研究の多くは，情報を可視化し，イメージさせやすくすることで生徒の理解向上を目的としている[11-13]。これに対し，現実世界から得られる情報と拡張現実を用いた教材から得られる情報を比較することにより，結果に対する考察に利用でき，複数の内容を併せて学習することができると考えられる。拡張現実感を実装するために，C/C++言語用のプログラミングライブラリであるARToolKit[14]を用いた。ARToolKitは，紙に印刷されたパターンマーカをカメラで読み取り，そのマーカ上にPCで作成した3Dオブジェクトをオーバーレイ表示するアプリケーションを容易にプログラミングすることができる。

4．シミュレーション教材の概要

開発したシミュレーション教材の概要図を図2に示す。本システムは，Tablet PCと各種ARマーカ

図1　イネの簡易栽培教材「ペットボトル稲」

から構成される。使用した Tablet PC はディスプレイの背面にカメラを有しており，Tablet PC を向けた方向の映像を取得することができる。取得した画像内に AR マーカが認識されると，取得した映像にイネの CG モデルを重ね合わせた合成映像がディスプレイに表示される。本教材は，Tablet PC のカメラを使用することができる場所であれば，屋内外にかかわらずどこでも使用することができる。

　本システムでは，5 種類の AR マーカを使用している。イネの CG モデルなどの表示位置を決定する基本マーカ，イネに与える肥料の量を決定する肥料マーカ，表示するイネの成長段階を決定する成長マーカ，収穫結果をおにぎりの個数で表示させる収穫量マーカ，イネの CG モデルを任意の角度に変化させる回転マーカである。これらマーカを組み合わせ，カメラがマーカを認識するとマーカの組み合わせに応じたイネの CG モデルやおにぎりの CG モデルが，基本マーカ上に表示される。マーカの仕様およびマーカの組み合わせによる CG 表示アルゴリズムについては，3 節以降で詳細に説明する。

　シミュレーションとは，通常は現実の現象や物体から特徴的な要素を抽出して数学的にモデル化を行い，動作を模擬的に再現することを示す。本研究では，イネの生育を数学的にモデル化するのではなく，1 つのパラメータである「肥料の量」を変化させながら，実際にペットボトル稲を屋外の自然環境下で栽培して得られた画像データ，収量構成要素，草丈，分げつ数の実測値データ（福岡教育大学にて栽培実施）[15] から構成される育成データベースを用いて，パラメータの組み合わせによってイネの生育状況を再現するようにした。したがって，数学的な成長モデルを使用した理論的なシミュレーションではなく，実際の育成データに基づくシミュレーションによってイネの育成をシミュレートする。

　本システムの使用者は中学校生徒を想定している。実在の人や栽培しているペットボトル稲と CG モデルの大きさを比較させたいため，カメラの構図は人の身長を考慮しなければならない。したがって，カメラでマーカを認識しやすいように，地面から 650mm の位置に基本マーカを，900mm の位置に回転マーカを設置した（図 3）。実際に児童（小学 5 年生）が使用している様子を図 4 に示す。基本マー

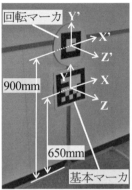

図 2　システムの概要図　　図 3　マーカーの座標系

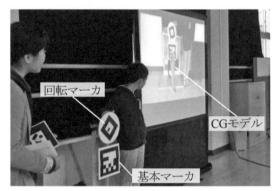

図 4　実際に児童が使用している様子

カの中心は，座標系の原点に設定されている。通常は座標の原点に CG モデルが表示されるが，座標変換によりイネの CG モデルが地面上にあるようにした。おにぎりの CG モデルは，確認しやすいように基本マーカ上に表示されるようにした。さらに，座標変換により，回転マーカを回転させた回転量だけ，イネの CG モデルが回転するようにした。これにより，イネの成長過程を 360°回転させて全体を観察することが可能となる。モデル空間の視点を変更することは，ゲームなどで経験した生徒は多いと予想される。しかしながら，拡張現実感を用いた映像の中で，回転マーカを操作し，ものを全角度から観察する経験は，情報分野の画像処理技術を体験的に学ぶ上で極めて重要な内容である。

5. 使用したパラメータとマーカの仕様

　本システムで使用したペットボトル稲のパラメータとマーカの仕様をそれぞれ表 1 と表 2 に示す。実際に，自然環境下で栽培されたペットボトル稲の画

像データと，草丈・分げつおよび収量構成要素などから構成される育成データ[15,16]（福岡教育大学で栽培し，得られたデータ）を基に，本研究で使用するパラメータを決定した。材料には，日本型品種であるコシヒカリを供試した。土の量は，横に倒した2000mLペットボトルに畑土を1800g充填し，一定とした。さらに，葉齢第6葉期の中苗を1本植えで移植することでペットボトル稲の栽培を開始した。水の量は，大型バット（40L：縦46cm×横60cm×深さ19cm）の中にペットボトル稲を5本ずつ設置し，常にイネの地際から10cm程度の水深を維持するようにし，湛水状態で管理し，一定とした。栽培密度については，株間は20cm程度であり，大型バット間の間隔は30cm程度であることから，各個体が孤立状態ではなく，ほぼ水田栽培に近い状態で一定に保たれていたと判断された。施肥量は通常のペットボトル稲栽培に使用する量（化成肥料8-8-8を元肥で7g，追肥で7g）を1倍量とした。本研究では，施肥量がイネの成長に及ぼす影響を示すため，通常の1倍量の他に，2倍量と3倍量を使用し，3段階とした。なお，この施肥量における1倍量とは，経験上，ペットボトル稲栽培で1個体あたりの籾収量が水田の1株とほぼ同レベルとなる量として設定している量である。また，肥料が過剰であると生育が阻害される可能性もあるが，使用した収量構成要素の実測値データなどから濃度障害などが発生していないことを確認している。成長段階は初期を

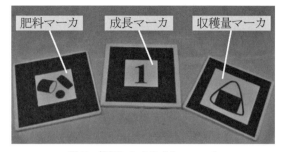

図5 使用したオリジナルマーカ

植え付け時の0日目とし，収穫期までの5段階とした。現時点で，本システムで使用しているペットボトル稲のパラメータは4種類である。

ARToolKitは，オリジナルの絵や図をマーカパターンとして利用できるため，肥料マーカは肥料をイメージした絵，収穫量マーカはおにぎりの絵を使用するなど，中学校生徒にとっても視覚的に分かりやすいものを作成した（図5）。

6．表示させるCGモデル

表示させるCGモデルの例を図6に示す。モデルの倍率は1.0倍と実物大とした。イネのCGモデルの作成には，3DモデリングソフトMetasequoiaを用いた。実際に栽培したペットボトル稲の画像データを参考にしながらCGモデルの外観を作成し，収量構成要素や草丈，分げつ数の実測値データからなる育成データを基に，葉，茎および穂の付き方などを詳細に再現した。さらに，収穫量については，総量が視覚的にイメージしやすいように，グラム表示で表すのではなく，おにぎりのCGモデルを表示さ

表1 ペットボトル稲のパラメータ

パラメータの種類	内容
土の量	一定
水の量	一定
肥料の量	1倍量，2倍量，3倍量
栽植密度	一定

表2 システムで用いたマーカの仕様

マーカの種類	内容	パターン数
基本マーカ	モデルの表示位置	1
成長マーカ	成長段階	5
肥料マーカ	肥料の量	3
回転マーカ	モデルの回転	1
収穫量マーカ	収穫結果の表示	1

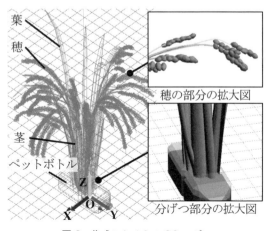

図6 作成したイネのCGモデル

せるようにした。おにぎりのCGモデル1個の重量は，おにぎりの1個に必要な米の量を50gとして作成した。ペットボトル稲10株分の収穫量（総籾収量）がおにぎり何個分になるか換算し，表示させるようにした。なお，ここでは生徒に視覚的に分かりやすく示すためにモデルを「おにぎり」何個分として表現した。単純に籾収量＝白米として表現し，搗精歩合等の精米工程については割愛している。用意したCGモデルは18通りである。

7．CG表示システムのフローチャート

出力するイネのCGモデルを決定するためのフローチャートを図7に示す。イネのCGモデルや，収穫結果を示すおにぎりのCGモデルの表示を決定するためには，肥料の量を決定する肥料マーカ，成長段階を決定する成長マーカ，収穫結果を決定する収穫量マーカ，表示位置を決定する基本マーカを組み合わせて使用する。イネのCGモデルを表示させる際は，肥料マーカと基本マーカの組み合わせによってモデルを決定し，表示させるようにした。収穫結果を表示させる際は，収穫量マーカと成長マーカを組み合わせることで，収穫量を可視化できるようにした。使用者が持つマーカをカメラが認識すると，それぞれに応じてイネのCGモデルかおにぎりのCGモデルが，基本マーカ上に表示される。回転マーカを回転させると，その回転量だけイネのCGモデルを回転させることができる。

本システムの拡張現実感を実装しているプログラムの一部分では，順次処理，分岐処理および反復処理を行っている。順次処理とは，上から順番に演算していくことである。本システムのプログラムで

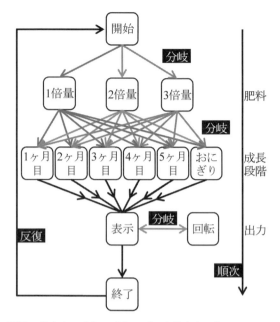

図7　出力するイネのCGモデルを決定するためのフローチャート

は，マーカを認識した後に，それに応じたモデルが表示されることが順次処理にあたる。分岐処理とは，ある条件について条件判定を行い，その結果によって異なる処理を実行することである。本システムのプログラムでは，カメラが認識したマーカの各パターンとの一致度を比較する際や認識した肥料の量と成長段階に応じたモデルの表示の決定をする際，および表示の回転角度を決定する際が分岐処理にあたる。反復処理とは，ある条件が満たされるまで何度も同じ条件を繰り返す処理のことである。本システムのプログラムでは，システム全体やマーカを認識する際などが反復処理にあたる。

3．開発したシミュレーション教材の有効性

1．シミュレーションプログラムの実行結果

拡張現実感を用いて，イネのCGモデルとおにぎりのCGモデルを表示した様子を図8に示す。肥料の量と成長段階に応じた15通りのイネのCGモデルと，収穫量を表す3通りのおにぎりのCGモデルを表示することができた。さらに，CGモデルに陰影や色の設定も施すことにより，肉眼的ではあるが実際の成長過程のペットボトル稲の状態を詳細に設定することができた。これにより，各肥料の倍量に応じて，5段階の成長段階をシミュレートすることが可能であった。

肥料の量を3倍量とし，人とイネのCGモデルの大きさの比較を行った様子を図9に示す。今回の実験では，年齢6歳，身長約120cmの小学1年生を比較対照とした。子どもの身長を考慮に入れ，イネ

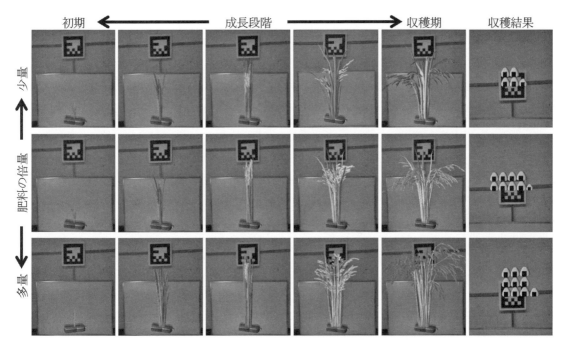

図8 各パラメータに対応したCGモデルを表示させた結果

の表示位置を工夫することで，人とCGモデルの大きさを比較することができた．これにより，人と比較してイネの草丈がどの程度の高さまで成長するか示すことが可能であった．これが拡張現実感の利点であり，本教材の大きな特徴である．

回転マーカを用いてCGモデルを回転させた様子を図10に示す．CGモデルを0度，60度，120度，180度，240度および300度と，回転角度を変更することができており，CGモデルを多方向から観察することが可能であった．

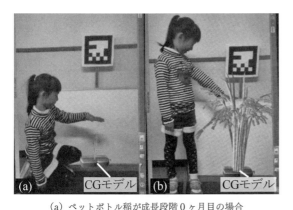

(a) ペットボトル稲が成長段階0ヶ月目の場合
(b) ペットボトル稲が成長段階4ヶ月目の場合

図9 人とCGモデルとの大きさの比較

2. 考察

本システムは，イネの生育状況を3次元で動的に提示することができ，多方向かつ現実とほぼ同じスケールで観察することが可能である．イネの成長をシミュレートすることで，生徒がイネの生育の様子をよりイメージしやすくなることや，パラメータ情報との関連付けが容易になることなどが考えられる．したがって，写真などの2次元情報を提示した際よりも多くの情報を得ることができると考えられる．システムはTablet PCとARマーカという比較的小さな構成にしているため，使用できる場所の制限がなく，モバイル性が高い．したがって，教室内での利用のみならず，教室外や屋外での利用も可能である．さらに，カメラとマーカの距離に応じて拡大・縮小することやマーカによる視点変更は，マーカとTablet PCの距離を変化させることや，マーカをカメラにかざすなど，感覚的な操作によって行うことができる．スマートフォンやタブレット端末などに代表される近年の情報機器では，感覚的操作が主体になりつつある．これらはコンピュータスキルの差に関係なく利用されているため，教育に導入することは有効であると考えられる．生徒に対する

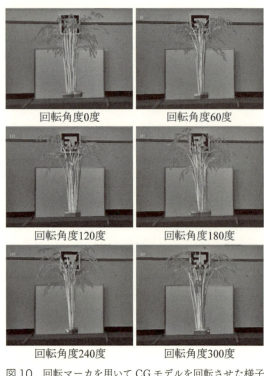

図10 回転マーカを用いてCGモデルを回転させた様子

システム操作の指導時間を短縮することができ，感覚的な操作により，学習者自身が観察したい部分を，簡単に観察できると考えられる。

イネのCGモデルは，実際に栽培しているペットボトル稲や，人の大きさなどと比較ができる。このため，異なった肥料の量を使用した場合のイネのCGモデルと栽培中のイネにおいて，葉や茎の本数および穂の付き方などを比較できる。これにより，パラメータがイネの生育に与える影響を観察させることや，栽培結果に対する考察に活用できると考えられる。さらに，実際の栽培結果と本システムを併用することで，理想的な生育を確認しながら，その通りにならない現実に直面し，その要因を考えることも生物育成に関する技術を学ぶ上で重要な側面であると考えられる。一方，施肥のタイミングや様々な種類の肥料（溶出性の異なる化学肥料や有機肥料等）を施用した際の育成データを参考にし，肥料の種類に応じたモデルをそれぞれ作成すれば，実際の栽培に使用しているものとは異なった種類の肥料を施用した場合のモデルを基本マーカ上に表示することができる。これにより，実際に栽培しているペットボトル稲ではすぐに見ることのできない変化を観察させることで，イネの栽培に対する興味・関心を持続させ，能動的な学習環境を構築できると考えられる。

現在認識しているパラメータ情報を，確認マーカを用いてディスプレイ上に文字表示できるようにした。気温変化や害虫被害など，イネの生育に影響を及ぼすパラメータを複数利用するように拡張した場合，シミュレーションのパターンは飛躍的に多くなる。パラメータや数値を提示することより，どのパラメータを変更すると，イネのCGモデルにどのような変化が見られたかなど，CGモデルとパラメータ情報をより強く結びつけることができると考えられる。さらに，ペットボトル稲はイネの分げつ茎の発生のしかたや，1穂に対する籾の付き方など，中学生の学習レベルにおいては，肉眼的な評価でしか得られない情報があるため，数値情報だけでは考察できない部分がある。したがって，定性的および定量的な指標を提示することによって，生物育成内容をより深く学習することができる。このように，本教材はイネの生育において，自然環境の変化および施肥条件が及ぼす影響を視覚的・数値的に読み取ることができるため，生物育成の難しさや，栽培技術の貢献度についても学習することができる。

本システムの拡張現実感を実装しているプログラムの一部分では，順次処理，分岐処理および反復処理を行っている。これらを適切にフローチャート化することで，情報内容のプログラム学習の際に，順次や分岐，反復といった情報処理の手順の指導に活用できると考えられる。さらに，拡張現実感のような最先端の情報技術を学習することで情報内容の学習に対する動機付けや，興味関心を高めることができると考えられる。

現在のシステムは，肥料の量と成長段階の2種類のパラメータを利用しているが，実際のイネの生育は気温変化や害虫被害などさまざまなパラメータの影響を受ける。したがって，これらのパラメータを増やし拡張することで，より複雑なシミュレーションにすることができると考えられる。

4．複数の内容を併せて学習するための「情報」と将来展望

　生物育成と情報の両学習内容を対象としたシミュレーション教材の開発を行った。ペットボトル稲の成長段階と肥料の量のパラメータを変化させることで，イネの生育過程を感覚的な操作でシミュレートすることができた。開発したシステムを用いて，実際に栽培しているペットボトル稲とCGモデルや人を比較することで，学習の動機付けや考察に活用できると考えられる。さらに，開発したシステムが実装しているプログラムの一部を適切にフローチャート化することによって，情報内容のプログラム学習にも活用できると考えられる。

　高度情報化に伴い身近に多くの情報機器があふれている。これら情報機器を様々な教育分野に活用することが重要である。そこで，スマートフォンやタブレット用に開発した，シミュレーション教材を発展させたモバイルアプリケーションを紹介する[17]。Android OSであれば，どの機器にもインストールすることができる（図11）。アプリケーションを起動させ，印刷したマーカにカメラを向けると，CGモデルが表示される（図12）。枯葉が舞うといった時期の視覚情報や，虫の鳴き声といった聴覚情報も追加し，イネの成長時期が分かるようになっている。図12ではイネの成長5ヶ月目が表示されているが，時期が秋であるため，枯葉が舞い，虫の鳴き声がスピーカーから流れるようになっている。モバイルアプリケーションにすることで，開発した教材を配布できるようになり，教育に情報機器や情報を活用できるようになる。

図12　モバイルアプリケーションを実行させた様子

　近年，情報技術の進歩は目覚しく，IoTやAIが誕生し様々な分野へ応用されている。携帯電話やタブレットPCの性能も格段に向上しており，人間の生活をより便利なものにしている。すでにARを備えたTablet PCも提供され，そのアプリケーション開発環境も充実している。この情報化の流れに対して，教員が敏感に反応し教育現場に情報技術を積極的に取り入れることが望ましく，生徒が常に最新技術に触れる環境を提供することが重要である。

　本章で紹介したARを用いた生物育成シミュレーション教材はVisual C++を用いて開発している。開発には，高度なプログラミング技術が要求され，多くの時間が必要となる。しかしながら，近年ではより簡単に開発できる環境が提供され始めている。

　日本の情報教育は先進国の中でも遅れをとっている。今後，ARのような情報技術を取り入れた教材を開発できる教員が必要であり，中学校技術科教員がその先駆者となり活躍してほしいと願っている。

図11　モバイルアプリケーションにして使用

（下戸健，梅野貴俊，原未希子，平尾健二）

第 6 章　STEM 教育を考慮した中学生による幼児向け ハイブリッド型アプリケーション開発

1．学習者のプログラミング的思考を引き出す STEM 教育題材

STEM 教育は，科学・数学・技術に関わる教育を統合的な視点から捉える点が特徴的であり，欧米諸国を中心に展開されている。英国の場合，National STEM Learning Centre（以下，STEM ラーニング）では，英国の中で STEM 教育や様々な校種のキャリアサポートを提供する最も大きいプロバイダーが存在する（磯部ら，2017：p.203)[1]。STEM ラーニングは，政府や各種公益信託等の支援を受けつつ，STEM 教科に関する興味・成績を向上させる取組を進める。

経済産業省の調査[2]によると，先進 IT 人材とされる人口は，2020 年までに約 4.8 万人も不足するとの予測が出ている。この先進 IT 人材とは，AI，IoT，ビッグデータ等に携わる人材のことをさし，今後ますます需要は伸びていく分野に携わる人材と言える。多くの職業が淘汰されようとしている現代において，STEM 教育の視点を取り入れながら，さまざまな事象を捉え，解決策を練っていくような力は必須であるとも言える。

文部科学省は，2017 年 3 月に次期学習指導要領[3]を告示し，中学校で 2018 年度からの移行措置，2021 年度に完全移行するとした。この中では中央教育審議会答申[4]を受けて「何を知っているか」から「何ができるようになったか」への学びの質の転換の必要性を述べ，さらには主体的・対話的で深い学びの実現の鍵として「見方・考え方」を働かせることが重要であることを強調している。

今回の改訂では，「D 情報に関する技術」において，双方向性のあるコンテンツに関しては，プログラミングを題材として扱うことの必要性が示された。今後，IoT にかかわる授業や AI などを取り込んだ授業というものも増えてくると推察される中，これまでの計測・制御にかかわる授業に加えて新たな可能性を見出していく必要がある。また，次期学習指導要領において小学校にプログラミング的思考をはぐくむ活動が位置付けられた。技術分野においては，今後，それらの学習内容との関連を考えつつ，系統的な学習目標と学習内容を設定した教育実践の蓄積が重要である。

そこで，本章では，STEM ラーニングの資料を参照しつつ，STEM 教育に関する題材開発を紹介する。具体的には，「D 情報に関する技術」において，体験的な学びを進める中で，設計・制作の段階と評価・改善の段階を往還しながら課題解決に迫ることができる姿が見出せるような題材開発を目的とする。主たる方法は，幼児が楽しむことのできるアプリ制作を通して，双方向性をもたせたコンテンツをプログラミングする活動を取り入れながら，課題解決していく学習を展開する。本実践では，授業の様子を初め，ワークシートを用いて以前の自身の考えと比較と制作に対する評価をしながら，制作するアプリの使用対象を一層意識して課題解決を図る姿を追う。

2．題材計画

技術・家庭科で育みたい資質・能力は，「技術によってよりよい生活や持続可能な社会を構築する」資質・能力であることから，表 1 に示すように求める学習者の姿を設定した。表 1 より，資質・能力の高まりに欠かすことのできない見方・考え方につい

ては，本題材を通してどのような姿が見られたときに資質・能力が高まった姿と言えるのか，これまでの題材の姿を基に想起した。具体的には，技術と対象の関係性に着目したことが特徴的である。

また，新潟大学教育学部附属長岡校園[5]では，

表1 技術分野で求めたい学習者の姿

〈技術・家庭科で求める学習者の姿〉 自らの考えをもち，仲間とともに生活の仕方に向き合いながら，家族や社会の一員として自分や家族，社会における課題解決を図る子供
〈本題材で期待する学習者の姿〉 対象者（幼児）のためにこれまで自らが学んで身に付けた技術が生かされていることを実感し，よりよい制作のために他者と協働することのよさも感じながら自らの考えを深め，技術観を磨く子供
〈本題材で資質・能力の高まりのために働かせたい見方・考え方〉 技術は対象が満足したり，願いを実現させたりするために必要なものという認識をもち，技術とその対象との関係を考えることができる

教室等にWi-Fi環境を整備
タブレットPC(windows)型端末＋クレードルのセットをグループに1台，制作したアプリの動作確認のためにタブレットPC型端末(Android)をグループに1台配布（40人学級3〜4名の構成において13グループ程度）

図1 題材を進める上での環境整備

2016年度より文部科学省研究開発指定校に認定され，資質・能力を育んでいる姿を「認知的資質・能力」，「社会的資質・能力」，「実践的資質・能力」という3つの視点で捉えようと研究を進めている。例えば「認知的資質・能力」は知識や技能，思考・判断・表現力に基づいている。本題材で見とりたい学びの姿として想定したものを表2に示し，生徒と共有した。

中学校第3学年を対象とする「D情報に関する技術」におけるSTEM教育を意識した題材の詳細は以下のとおりである。

①題材名
「幼児が夢中になるアプリって」

②題材の目標
情報処理にかかわる知識を活用しながら課題について考えを深め，製品を制作・評価して自らの技術観を高めることができる。

③題材を進めるためのICT機器の環境構成
本研究では，図1のように整備し，環境を整えた。

④題材計画（全9時間）
本実践の題材指導計画を表3に示す。本題材では

表2 本題材で求めたい姿とルーブリック

具体的な姿 \ 資質・能力	知識や技能，思考・判断・表現力「認知的資質・能力」	他とかかわり協働する力「社会的資質・能力」	自らの学びを推進し，省察する力「実践的資質・能力」
資質・能力が働いていると考えられる姿	課題を発見して知識や技能を構成していく姿 根拠を基にデータを変更しながら制作を進めている姿	対象（アプリを使用する幼児）を意識しながらチームで協働していく姿	制作を進めながらこれまで身に付けてきた「技術」を積み重ねることが対象（自分以外）のためになることを実感している姿
表出を期待する姿（A評価）	・アプリを使用してもらううえで，どのようなことを対象は求めるのかを理解している。 ・課題解決のために必要な知識や技能，工夫の仕方や考え方を身に付けて応用している。	・同じ目的をもったグループ内での作業を分担し，より効率よく活動を進めている。	・対象のために構想・設計した内容を状況によって修正したり，変更したりすることを体験から得た根拠をもとに実行している。 ・学習課題を通して社会を見つめ，自分の生活の仕方と社会とのかかわりについての意識を高めている。

168　第Ⅲ部　中学校におけるプログラミング教育

表3　題材指導計画

次 （時数）	主な学習内容
1次 (1)	○これまでに生活を豊かにしてきた技術について まとめよう。 ・2020〜2030年の生活を描いた映像を見ながら，現代の便利さを超える未来の生活に思いをはせ，そこにはさまざまなセンサなど計測・制御技術の恩恵と発展があることを知る。 ・身近な携帯電話やスマートフォン，タブレット端末の発展について説明を聞く。
2次 (5)	○日常的に使っているアプリについて制作者側になって考えてみよう。 ・中・高生向けのアプリ開発を進めている企業の努力を知る。 ・教師が示すアプリをまねながらサンプルアプリを2人1組になって制作する。 ・簡単なアプリを制作するためにペーパープロトタイピングをしながら設計をまとめ，具体像に迫る。
2次 (5)	○幼稚園の先生方のリクエストに応えて幼稚園児が夢中になりそうなアプリを制作しよう。 ・幼稚園職員から提案された内容やリサーチした内容を基に，制作するアプリを設計する。 ・アプリ制作を構想にしたがって進める。 ・幼稚園児がアプリを使用している様子を動画にとり，制作に生かす。 ・制作を進めるうえで実際の幼児の姿から得られたポイントを整理する。
3次 (3)	○幼児の姿から得た情報をもとにアプリを完成させ，評価しよう。 ・整理したポイントをもとにアプリに修正・改良を加える。 ・自分たちが制作したアプリが幼児（対象者）のためになっていることを自覚し，技術の果たす役割を考える。

制作者側に立ってアプリをとらえ，その視点を生かして併設している幼稚園職員のリクエストにこたえてアプリ制作を進める構成とした。また，家庭分野の幼児の学びともリンクし，幼稚園児とも実際に遊ぶ中で改良点も見つけていくことができるような計画とした。

3．教材の説明

本題材を進めるにあたり，クロスプラットホーム対応のスマホアプリ開発プラットホームであるMonaca（https://ja.monaca.io/）を使用した。これまでアプリ開発環境においてはiPhone，AndroidなどOS毎に別の開発言語を用いて開発する必要があることが多かったが，MonacaではHTML5ベースの単一のソースコードで複数OS向けのアプリを開発できるため，効率的な開発をすることができる。

具体的な学習の進め方として，学習者はMonacaサイトにアクセスし，あらかじめグループに与えられたIDとパスワードを入力する。まずアクセスできたグループから初期状態のパスワードを変更させた。次に，必要に応じて画像を検索（もしくは制作）させ，クラウド上に保存させた。すべてMonaca IDEにおける作業はクラウド上に保存が可能であり，授業以外の時間でも編集は可能となっている[6]。

4．授業の実際

授業者は一問一答式のアプリを例示し，「アプリを制作し，タブレットPC型端末で動作させてみよう」という問題を提示した。

サンプルアプリの制作を終えた際の学習者の振り返りを示す（図2）。

「自分だけで問題を作れたのはすごく興味深かっ

た」「難しいが簡単なものならできることが分かった。（中略）アプリはクオリティーが高く，制作者の意図がある」などの記述から，アプリ制作の楽しさを感じたり，アプリの使用者としての視点から，制作者としての視点の変化（追加）があり，社会の実態に目を向けたりしている様子を見ることができ

第6章 STEM教育を考慮した中学生による幼児向けハイブリッド型アプリケーション開発　　169

図4　ペーパープロトタイプの一例

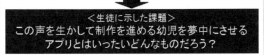

図2　サンプルアプリ制作後の振り返り

図3　アプリ制作のために示した課題

た。

　ここで授業者はパフォーマンス課題として，図3に示す課題を提示した。

　学習者は提示された課題を受け，幼児向けのアプリの内容や構成がどのようなものならいいかを考え始め，幼児の特性や興味をもったものを調べながら，アプリのテーマや，操作のしやすさなどを考えていた。そして，ペーパープロトタイピング用のワークシートに，どのような画面を表示させるか，アプリの流れを考えさせながら，構想をあらわしていった。学習者が実際に構想として記述したものの一例を図4に示す。

　このようなペーパープロトタイプを学習者がお互いに見合うことで，意見を交流させ，アプリ制作の方向性を決めたり，変更を加えたりしていった。

　ここで授業者は，アプリ制作の構想が類似している生徒を3名程度のグループとして編成し，アプリ

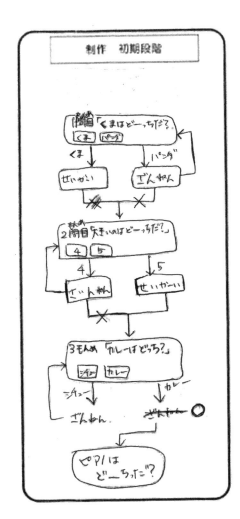

図5　製作したアプリの構想（交流前）

制作をすすめさせた。あるグループの設計図を図5に示す。このグループは，幼稚園児が知っていると考えられる動物を図鑑等で調べたり，幼児がままごとをしながら遊んでいる様子からヒントを得て，料理を題材にしたりしながら問題化していった。さら

には，視覚的に捉えやすいように配置した選択肢を画面上に示し，幼児にタッチさせるアプリの制作を進めることを相談して決め，設計図に反映させていた。

このような設計を基に，学習者はグループ内で必要な画像や図を用意する担当及び，文字の配置や画像の配置について実際にコードを書きながら変更を進める担当，実際にタブレットＰＣ端末で操作を試みる担当，というように仕事を分担した。各担当は，それぞれの気付きの交流と，グループ内での協働を通じて，アプリの完成を目指していった。

そして授業者は幼児との交流場面を設定し，実際に完成したアプリの使用感を試す場を設定した。交流における授業者の願いは，それぞれの学習者が自分たちで改善点を見出すことや，アプリの使用対象である幼児のニーズや思いを一層想起してほしいということであった。

幼児との交流活動を通して，グループで制作してきたアプリについて，改善点を中心に，ある学習者は図7のような記述をしている。

幼児との交流から新たな課題意識が芽生えた学習者たちは，「ボタンを大きくして幼児が押しやすく

図6　幼児との交流の様子

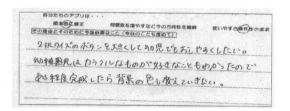

図7　幼児との交流で見出した改善点

したい」の記述に示されている通り，アプリの操作性の向上とアプリの内容の充実についての役割担当を決め，さらに使いやすくなるための方策を考えていった。また，目を引くための色使いや，幼児が使用するときに少し戸惑っていた姿の解消に向けて美術的な要素を含め，再制作に取り掛かっていった。再制作を進める中で，HTMLやJavaScriptについて自ら調べたり，班員と確認しあいながら制作したり，さらにはすすんで教師に聞いたりしながら，幼児が楽しむことのできるアプリ制作という課題に向き合い，学習者自らが新たな可能性を探っていく姿勢が見られた。このような姿は，主体的・対話的で深い学びに向かう姿の一つの表れとみることができ，題材で求めたい姿と合致するものであった。この後，当初のアプリの流れから変更したものを再度書きあらわし（図8），どのような変化を加えたのか自らのグループの変化が見えるようにした。交流という実体験を経て，気づいた内容を設計に反映させ，改良を加えた完成したアプリの一例について，画面をキャプチャーしたものを図9として示す。

授業者は，初めに，完成したアプリを違うグループの学習者に使用させた。その後，1回目の交流時における反応や，幼児の様子から得られた手ごたえや再制作にいたった経緯などを学習者に発表させた。この中で学習者は幼児の実態を把握したことによって変化を加える必要性を感じたことと，そのためには授業で学んだ知識や技能を活用すると共に，アイデアを具現化するために必要な新たな知識や技能も自ら探したり，獲得したりしなければならなかったことを発表していた。また，他の教科でこれまで学んできた色相関や生物に関する知識などを整理したり復習したりしたと発表した学習者の姿もあった。

この後題材のまとめとして，再度，幼稚園児と交流した。生徒たちは，幼児が以前の交流のときよりも使いやすそうだったり，さらに興味を示してアプリを使用したりしている様子を目の当たりにした。

終末では，今回のアプリ制作を通して，これまでの歴史の中で多くの技術が発明され，それが高まってきたことについての学習を行った。また，「技術の高まりにはどんなことが必要だと思うか？」を問い，本題材の体験を基にワークシートに記述させ

第6章 STEM教育を考慮した中学生による幼児向けハイブリッド型アプリケーション開発　　171

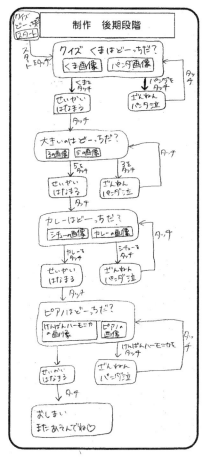

図8　制作したアプリの構想（交流後）

図10　対象を意識した学習の振り返りの記述

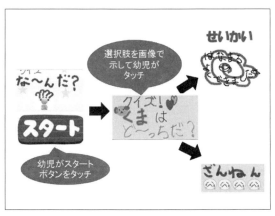

図9　完成したアプリの一例

た。ある学習者は図10のように記述している。

この中にある「より便利に快適に暮らすため（中略）応じていったことで技術は育まれたのだと思う。だれかのためにという思いが技術をはぐくみ，高めてきたのだと思う」といった内容は，技術の見方・考え方の「技術は対象が満足したり，願いを実現させたりするために必要なものという認識をもち，技術とその対象との関係を考えることができる」と合致しているといえる。

また，ある学習者は図11のように記述している。

このような学習者の姿は，技術の高まりを他教科の学習と絡めながら捉え，現在の技術革新の速度について生活場面を想起しながら，今後どのように技術や情報と対応しながら生活をしていくか，その指針を考えようとしていると見ることができる。これらは学びを通して社会を俯瞰するために最適解（optimal solution）よりも洗練の度合いが高い姿，すなわち，最善を尽くした解（最善解，best solution）であると考える。主たる根拠は，決して自分だけがよければいいという独りよがりの姿ではなく，学びを生かしながら技術と社会の関係性について自らの考えを最大限に深めた姿と捉えることができるからである。

このような姿ははぐくみたい資質・能力として示した姿について，技術の見方・考え方を働かせながら資質・能力が磨かれて表出した姿として授業者は判断し，評価した。

5．題材のまとめ

　本実践では，「D 情報に関する技術」において，題材を通してはぐくみたい資質・能力を明確にし，対象のためにアプリ制作をする体験を進めさせた。

　また，タブレット端末や Wi-Fi 環境といった ICT 環境を整え，制作を進めていった。そして即座にトライ＆エラーできることから構想を常に見直し，幼児との交流もしながら，よりよいアプリ製作を進めることができた。この中でプログラミング的思考を身に付け，技術を適切に扱いながら，幼児のために技術を活用していく姿が見られたことは成果と言える。また，プログラミングをしながら課題を解決するために追求していく学習者の姿は，理科や社会，数学，美術等で学んだ既習知識を活用しており，STEM 教育の目指す部分と類似していると考える。さらに，幼児のためのアプリ制作というプログラミングの課題を通し，技術の高まりについて考えた学習者からは，技術の存在価値と技術の社会からの関係性について，自分だけではなく広い視野に立って考えていく姿が見られた。

　今後も，日本がこれまで誇ってきた革新的な発想力や高い技術力を継承し，発展させていくような人材を育てることを目指し，STEM 教育の視点に基づく題材を検討していく。

（保坂恵，磯部征尊）

第7章 ネットワークコンテンツ処理のためのプログラミング

1. はじめに

　PCやスマートフォンが普及し，所持する中学生も多くなった現在，生徒にとって，情報通信ネットワークは，非常に身近なツールになっている。また，使用者の入力に応じて，対話的に情報提供がなされたり，ネットショッピングができたりするサービスも発展してきており，日常生活そのものが変わろうとしている。このような状況の中で，2017年告示の学習指導要領においても「生活や社会における問題を，ネットワークを利用した双方向性のあるコンテンツのプログラミングによって解決する活動」[1] が位置付けられる等，内容が変わってきている。これを受け，ネットワークを利用した双方向性のあるコンテンツのプログラミングにより，情報の技術の見方・考え方を働かせた問題解決的な学習を設定したいと考え，授業の開発を行った。

　N県技術・家庭科研究会で検討を重ねた結果，生徒が主体的に問題の発見と解決を行えるよう，POSシステムを題材としてネットワークを使ったコンテンツの仕組みや特性を理解し，身の回りから見つけた課題を解決する手段として，チャットボットを使ったコンシェルジュサービスのプログラミングを題材として設定した。また，これらの題材を用いた学習の後に，ネットワークを利用したコンテンツの活用方法についての提言を行った。

　開発した授業を実践した結果，ネットワークを使った技術に対する知識が深まり，制約条件の中で，システムの開発および最適化を行うことができた。一方で，プログラミングについて扱う際により丁寧な導入を行ったり，より操作しやすい環境を用意したりする必要があることが分かった。

2. 授業内容の検討

1. 生徒の現状

　情報通信ネットワークやプログラミングに関して，生徒の認識や使用状況についての実態を把握するために，2018年4月，N県N中学校2年生を対象にアンケート調査を行った。有効回答者数は107名（男子58名，女子49名）で，表1のような結果となった。

　この調査の結果，生徒の約半数はポイントカードやネットショッピングの利用経験があり，ビッグデータという言葉の認知度は低い反面，AI（人工知能）という言葉の認知度は非常に高いこと，プログラミングの経験はほとんどないことが分かった。

　このアンケート結果から，情報通信ネットワークを利用した販売情報管理について学習したり，シミュレートしたりすると，生徒にとって身近な学習となり，興味も高められるのではないかと予想された。また，プログラミングについては丁寧な指導が必要であり，段階的に学習していくことが有効では

表1　情報通信ネットワーク等に関する実態調査

		度数	割合
Q1	ポイントカードを使ったことがある	43	40.1%
Q2	ネットショッピングをしたことがある	55	51.4%
Q3	ビッグデータという言葉を聞いたことがある	12	11.2%
Q4	AI（人工知能）という言葉を聞いたことがある	104	97.2%
Q5	プログラミングをしたことがある	24	22.4%

N=107

ないかと考えられた。

2. 指導の見返し

これまでN県では，「情報に関する技術」における「ディジタル作品の設計・制作」で扱う題材については，Webページやプレゼンテーションのデータ作成を位置付け，その表現内容は，生徒会活動や部活動，自分の趣味やお勧め本の紹介等が多かった。この学習は，生徒が意欲的に制作に取り組む反面，著作権や肖像権等に関する配慮から，表現内容が限定されがちになる面があり，また生徒が画面の配色やフォント等の美術的な追究にこだわり過ぎてしまうことから，制作品の評価や発表に十分な時間を充てられなくなってしまったという面も見られた。

「プログラムによる計測・制御」については，センサーカーや信号機のモデル，エスカレーターのモデル等を制御するために，汎用のビジュアルプログラム言語や専用の簡易プログラム言語を使用して学習を進めてきた。この学習においては，社会と情報技術との関わりが理解しやすく，生徒も意欲的に学習に取り組み，処理の手順（アルゴリズム）に関する理解も深めることができたと考えられる。一方で，理解が不十分で，「分かった」「できた」という実感をもてない生徒や，「やってみたら何となくできてしまった」という生徒の姿も見られた。

そして現在，前述のように，情報通信ネットワークを利用したコンテンツは現代生活に浸透してきており，こうした技術に対する理解を深める授業の実践が急務となっている。

そこで，「ディジタル作品の設計・制作」や「プログラムによる計測・制御」で課題とされてきた学習内容の焦点化を行いながら，ネットワークを利用した双方向性のあるコンテンツのプログラミング学習を行うこととした。

3. カリキュラム・マネジメントの推進

学習指導要領の改訂によって，小学校では，プログラミング的思考等の育成を目指した学習活動を，算数科や理科で計画的に実施することが求められている[2]。新学習指導要領の移行期間である現在のところ，ViscuitやScratchなど操作と試行が容易なツールを使った実践がN県内でも散見されるが，今後は，小学校のプログラミングの学習で育成された見方・考え方を働かせることを前提にして，中学校の学習は展開されなければならないと考えられる。

高等学校では，コンピュータと情報の科学の中で，「情報手段の基本的な仕組みを理解させるとともに，提供される様々なサービスを活用できるようにするための基礎的な知識と技能を習得させる。また，アルゴリズムを用いた表現方法の習得，コンピュータによる自動処理の有効性の理解，モデル化とシミュレーションの考え方の問題解決への活用，データベースの活用などに必要な基礎的な知識と技能を習得させる」と，情報通信ネットワークに関する学習を位置付けている。また，発展的な内容として，アルゴリズムとプログラムに関して，「アルゴリズムをプログラム言語を用いてコード化したプログラムとして表現する」[3]ことが指導内容に含まれている。中学校段階でも，その学習を見通して学習展開を配慮する必要があると考えられる。

中学校の数学科をはじめとした他教科等については，グラフの読み取りや統計的な処理に関して，学習内容や学習進度について互いに確認しながら，連携して学習を進めていく必要がある。

4. 育成を目指す資質・能力の明確化

指導の見返しおよび指導要領の内容をふまえ，授業を通してつける力を以下のように設定した。

- ○ 情報通信ネットワークの構成と情報を利用するための基本的な仕組みの理解と，安全・適切なプログラムの制作と動作の確認及びデバッグ等ができる技能
- ○ 他者と協働し，情報の技術の見方・考え方を働かせて，問題を見いだして課題を設定し，課題を解決する力
- ○ 友と共に，新しい考え方によって解決策を構想しようとする態度と，友との問題解決を振り返り，修正しようとする態度

5. 学習過程を支える教材

前述の内容を含め検討を行った結果，知識や技能を十分に習得する場面と，それらを用いて課題を設定し解決する場面とが必要であると考えた。

そこで，知識や技能を習得する場面では鈴木ら

(2017)[4] が開発した「ぽすとピッ！とくん2」[5]（以下，POS体験教材）を，問題を解決する場面では，鈴木ら（2018）[6] が開発した「チャットボットPro」[7] を（以下，チャットボット教材）利用することとし，表2のような学習過程を設定した。

POS体験教材はコンビニPOSを仮想して，買い物体験（図1）と売上の分析（図2），およびオススメ商品のプログラムをすることで仮想店舗経営を行うソフトである。情報通信ネットワークの構成と情報利用の基本的な仕組みの理解を図り，安全・適切なプログラムが制作できる技能を習得や個人情報の保護やサイバーセキュリティの必要性や，問題解決に必要となる見方・考え方に気付くことをねらいとしている。

チャットボット教材はネットワークを利用して，対話的にチャット形式で情報を提供するソフトである。POS体験教材での学習を通して気付いた情報の技術の見方・考え方を働かせて，生活の中の問題を見いだして課題を設定し，解決策を構想し，実践を評価・改善する，といった一連の問題解決的な学習を行い，課題を解決する力を養うことをねらいとしている。また，利用者にとって最適な情報提供手段を，マルチメディアの特性やネットワークの制約条件を基に考える。

今回使用するPOS体験教材とチャットボット教材は，ネットワークとデータベースを用いるという点で共通しており，2つのソフトを使用することで，生徒のプログラムしていく範囲を，段階的に広げていくようにした。

今回の学習では，最初にPOS体験教材のPOS体験モードで学習を行うが，コンビニに見立てた各PCを，PC室の共有ファイルを利用して接続し，買い物の履歴や会員情報の収集と分析を行う。この処理は定型で，変更の余地はない。次にPOSプログラミングモードで学習を行い，ユーザーの年代や性別等の情報に合わせて，生徒が処理の手順（アルゴリズム）を部分的に制作し，修正していく。そして最後にチャットボット教材を使用して問題解決を行う場面では，提供したい情報や使用するネットワークに適したメディアを選択しながら（図3），操作しや

表2 「ネットワークを利用した双方向性のあるコンテンツのプログラミング」の学習過程

学習過程	学習問題	目指す資質・能力					
		知識及び技能		思考力，判断力，表現力等		学びに向かう力，人間性等	
		資質・能力	他教科等・小学校との関連	資質・能力	他教科等・小学校との関連	資質・能力	他教科等・小学校との関連
生活や社会を支える技術	POS体験教材でPOSシステムを体験しよう。	情報通信ネットワークの構成と，情報を利用するための基本的な仕組みの理解 安全・適切なプログラムが制作できる技能	小学校総則*	情報の技術に込められた工夫を読み取り，情報の技術の見方・考え方の気付き	中学校数学科**	進んで情報の技術と関わり，主体的に理解し，技能を身に付けようとする態度	
技術による問題の解決	チャットボット教材を利用して，学校紹介システムを制作しよう。	情報のディジタル化や処理の自動化，情報セキュリティなどに関わる基礎的な仕組みの理解		情報の技術の見方・考え方を働かせて，問題を見いだして課題を設定し解決できる力		自分なりの新しい考え方や捉え方によって解決策を構想しようとしている	
	プログラムの確認・デバッグをしよう。	安全・適切なプログラムの制作，動作の確認及びデバッグができる技能				自らの問題解決とその過程を振り返り，よりよいものとなるよう改善・修正しようとする態度	
社会の発展と技術	制作を振り返り，ネットワークを利用した情報技術について考えよう。	生活や社会に果たす役割や影響に基づいた情報の技術の概念の理解		よりよい生活や持続可能な社会の構築に向けて，情報の技術を評価し，適切に選択，管理・運用したり，改良，応用したりする力		よりよい生活や持続可能な社会の構築に向けて，情報の技術を工夫し創造していこうとする態度	

* 小学校学習指導要領 総則「第3 1 (3)」　　** 中学校学習指導要領 数学科「D データの活用」

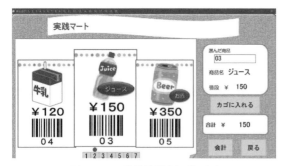

図1　POS体験教材　買い物画面

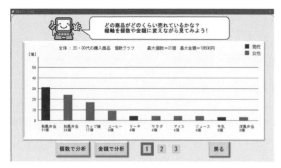

図2　POS体験教材　分析画面

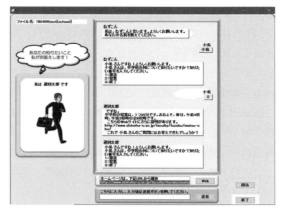

図3　チャットボット教材　情報提供画面

図4　チャットボット教材　プログラミング場面

すい処理手順を考えてプログラムをし（図4），ユーザーとのやりとりの結果を分析しながら，動作の確認や修正，最適化を行っていく。

このように，「情報の技術の見方・考え方」を絶えず働かせていく中で，段階的にプログラミング学習を進め，プログラムの技能を着実に定着させたり，自ら問題を発見して課題の設定や解決を行ったりする力を育みたいと考えた。

6．学習過程の工夫

ネットワークを利用した双方向性のあるコンテンツは，蓄積された情報の分析と活用をすることにより，利用者にとって知りたい情報へのアクセスが容易になるだけでなく，運営者は利用者の動向をしる機会を得ることができる特徴を持っている。そのため，コンテンツをプログラミングしたり，メディアを選択したりする場面では，根拠をもって設計を行うことができる。そのため，チャットボット教材を用いた，ユーザーとのやりとりを分析し，システムの最適化を行う場面では，生徒の学習プリントの記述の中から，地域や来年度入学生を対象とした学校案内システムをテーマに，利用者が知りたいことは何か，発信したい情報は何か，どうすればそれが伝わるかを利用者と制作者の両方の立場で考えることを通して，情報の技術の見方・考え方をより働かせるようにした。また，利用履歴やユーザー評価を参考に，グループで分担した活動やグループ内での検討，相互評価を設定することで，友と関わりながら思考を広げたり深めたりして，問題を解決していく学習展開を設定することとした。

題材の終了段階では，これまで追究してきた問題解決的な学習が，生活や社会における問題と大きく関わっていることを自覚できることを目指した。そこで，AIスピーカーや，大型商業施設のAIコンシェルジュを採り上げ，今まで培ってきた見方・考え方を働かせ，これらの新しい活用方法や，それら技術を用いる際の提言を行う機会を設定した。

３．学習指導の実際

2017年6月から平成2018年12月までの間，長野県内の複数の中学校において，中学2年生を対象に表3，表4の内容で授業実践を行った。また，第57回関東甲信越地区技術・家庭科研究大会，第4分科会で，チャットボット教材を利用した学校紹介システムの最適化を行う授業を，研究提案として公開をした[8]。なお，評価は現行の観点で行った。授業実践の結果，各場面で次のような生徒の反応がみられた。

1．生活や社会を支える技術を知る場面

生徒は，バーコードリーダーを用いたPOSシステ

表3　題材の目標

生活や技術への関心・意欲・態度	生活を工夫し創造する能力	生活の技能	生活や技術についての知識・理解
ア 自分なりの新しい考え方や捉え方によって，解決策を構想しようとしている。 イ 自らの問題解決とその課程を振り返り，よりよいものとなるよう改善・修正しようとしている。 ウ よりよい生活や持続可能な社会の構築に向けて，情報の技術を工夫し創造していこうとしている。	ア 情報の技術の見方・考え方を働かせて，問題を見出して課題を設定し解決することができる。 イ 使用条件に合わせて使用するメディアを判断したり，表示したりする情報の順番や，利用者が使用しやすいようにアルゴリズムを考えることができる。	適切なプログラムの制作，動作の確認及びデバッグができる。	ア 情報通信ネットワークの構成と，情報を利用するための基本的なしくみの理解，セキュリティの必要性の理解している。 イ 各種メディアの特徴を理解している。 ウ サイバーセキュリティの必要性と，その仕組について理解している。

表4　題材展開

学習内容	学習活動	指導・評価（◎）評価	時間
POS体験教材でPOSシステムを体験しよう。	・POSシステムを例に，情報通信ネットワークの基本的なしくみや，個人情報の保護やサイバーセキュリティの必要性について知る。 ・購入情報を基に，年代・性別ごとのオススメ商品を考え，順番に表示されるようにプログラムを行う。	・客と店員，それぞれの立場でPOSシステムを体験し，情報の技術の見方・考え方に気付かせる。 ◎情報通信ネットワークの構成と，情報を利用するための基本的なしくみの理解，セキュリティの必要性を理解する。 知・理アイウ ◎適切なプログラムの制作，動作の確認及びデバックができる。 技能	3
チャットボット教材を利用して，学校の情報を伝えよう。	・ネットワークの技術を使い解決できそうな問題から，課題を設定する。 ・来年度入学予定の小学生が利用することを想定した学校紹介システムを題材とし，システムの構成や内容を構想し，設計する。 ・各種メディアの特徴を生かした情報の提供方法を工夫する。 ・チャットボット教材のプログラムの制作し，安全・適切に動作するようにデバッグをする。 ・使用履歴やユーザー評価を基に，システムを改善し，最適化する。	・チャットボット教材を使い，情報の技術の見方・考え方を働かせて，問題を見いだして課題を設定し解決させる。 ◎使用条件に合わせて使用するメディアを判断したり，表示したりする情報の順番や利用者が使用しやすいようにアルゴリズムを考えることができる。 工・創アイ ◎自分なりの新しい考え方や捉え方によって，解決策を構想しようとする。 関・意・態ア ◎適切なプログラムの制作，動作の確認及びデバックができる。 技能 ◎自らの問題解決とその過程を振り返り，よりよいものとなるよう改善・修正しようとしている。 関・意・態イ	8
制作を振り返り，ネットワークを利用した情報技術について考えよう。	・AIやビッグデータ等，情報通信ネットワークを用いた新しい技術の活用方法について考える。	・学習を振り返らせ，新しい技術とのつながりを考えさせる。 ◎よりよい生活や持続可能な社会の構築に向けて，情報の技術を工夫し創造していこうとしている。 関・意・態ウ	1

ム体験に意欲的に取り組んでいた。また，図5のように，利用者と運営者双方に利点があること，年齢や性別などの個人情報と購入履歴が紐付けされ，ネットショッピングや動画サイトで「おすすめ」として表示されることに気づく学習プリントの記述がみられた。また，人手不足の解消に役立つなど，技術を社会からの要求に照らし合わせて考える記述も見られた。

さらに，買い物体験をする中で，他人になりすまして買い物をしようとする生徒が現れたことをきっかけとして，サイバーセキュリティや個人情報の保護の必要性について扱ったところ，図6のような記述をした生徒の記述もみられた。

この内容の終末に，この仕組みは私たちの生活の他にどのような場面で使えそうか問い記述を促したところ，「スーパーで食材の生産者や生産方法をしることができるシステム」「保健室で手当の仕方を調べられるシステム」「図書館でおすすめの本を紹介するシステム」「小学生に学校紹介をするシステム」などが挙がり，この中から生徒にとって必要感が大きく，利用者のイメージもしやすいと考えられた学校紹介システムを，技術による問題の解決の場面で採り上げることとした。

2．技術による問題の解決問題の場面

学校紹介を行うために利用できるシステムとして，チャットボット教材を紹介した。

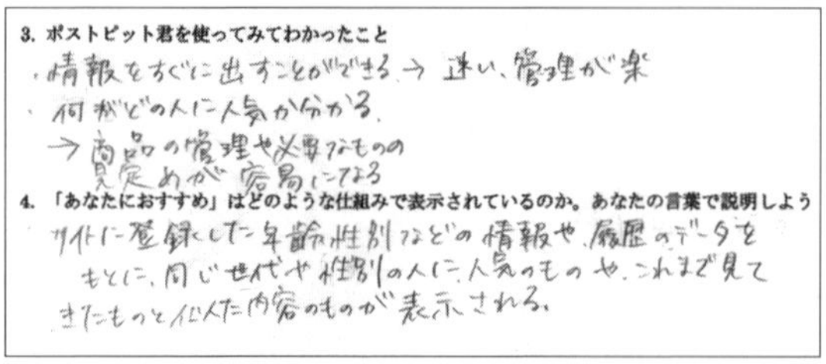

塩尻市教育センターホームページのしおじり先生[9]を例に，世の中で使われているチャットボットシステムの概要について知った生徒たちは，自分たちが製作するチャットボット教材の内容を検討し，小学6年生を対象として部活動について紹介するグループや，地域の大人を対象として校舎配置を説明するグループ等，紹介する相手と，紹介する内容でいくつかのグループに分かれた。

その後，改めて画面を表示する順番や内容を図7から図9のようにホワイトボードにまとめ，学校紹介システムの設計をグループごとに行った。今回は，厳密なアクティビティ図等は用いずに，導入か

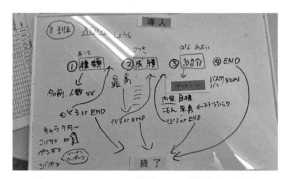

図7　チャットボット教材による学校紹介の設計

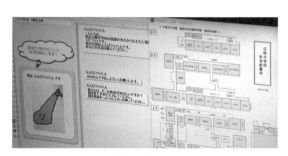

図8　制作したシステムの画面

図5　POSシステム体験の学習カードの記述

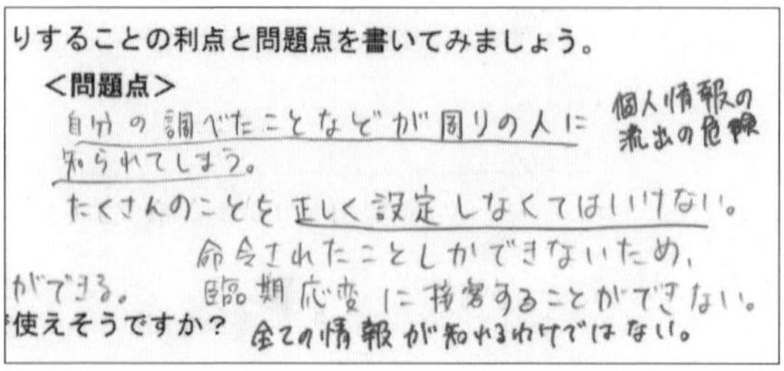

図6　個人情報の保護の必要性に関する記述

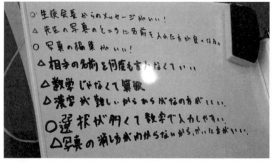

図9　互いに試用し改善のための提案をする場面

ら終末までの分岐内容と処理内容までをまとめた。

設計の後，プログラムを制作した。制作にはおよそ5時間を要した。制作したシステムは，デバッグの後，異なるグループの生徒が試用し，互いに改善に向けたコメントをした。使用者と制作者の観点を行き来しながら，よりよいシステムになるように，改善しようとする姿がみられた。

3. 社会の発展と技術について考える場面

今回は実践を行った学校ごと，実情に合わせて，AIスピーカーや音声案内システム，大型商業施設のAIコンシェルジュ等を採り上げ，システムの新たな活用方法の提言を行った。ここでは，AIコンシェルジュを採り上げたN県N中学校の実践を紹介する。

AIコンシェルジュの仕組みについて知った生徒達が，店舗の案内の他にどんな場面での利用が可能か意見を出し合った。直前に行われていた職場体験学習の経験を基に，工場での利用や無人駅での利用の他，図10のような介護福祉施設等での利用について提案が出された。それぞれのグループは，これまでの学習や制作で得た，見方・考え方を用いて，利用者と運営者それぞれの利点や，個人情報保護のための仕組みについて考えていた。最終的に，AIコンシェルジュサービスを実際に提供する企業に，図11のようにテレビ電話で提案をした。

企業の担当者のコメントから，実際の商品開発の場面でも，同じ観点で提案が行われていること，提案の中には今実際に開発中のものに類似したものが含まれていることを知り，学習内容と社会との関連性を再認識したという発言がみられた。

最後に，技術の活用について提言を行った。「欲しい情報がすぐ手に入るので，情報を選ぶ力をつけていきたい」「人にしかできないことをやるためにAIを活用したい」等の記述がみられた。

図10 介護用システムの提案資料

図11 テレビ電話でシステムの提案を行う様子

表5 実践の事後調査結果

調査項目	Mean	SD	肯定(%)	否定(%)	P値	
[本教材の構成や設計に関する評価]						
Q01 チャットボットシステムを使った学習は面白かったと思う。	3.77	1.09	43(71.7)	17(28.3)	0.00	**
Q02 チャットボットは会話の様にやり取りすることで自分でも作ってみたくなるシステムだと思う。	3.55	1.13	34(56.7)	26(43.3)	0.37	ns
Q03 チャットボットシステムの操作はわかりやすかったと思う。	3.80	1.05	36(60.0)	24(40.0)	0.16	ns
Q04 レビューや利用履歴，データベース検索分析などのデータ分析があることでプログラムをより良くしようと考えたと思う。	3.38	1.17	41(68.3)	19(31.7)	0.01	**
Q05 データ分析はプログラムの改良に役立ったと思う。	3.87	1.12	41(68.3)	19(31.7)	0.01	**
Q06 チャットボットのプログラム作成は面白かったと思う。	3.83	1.07	41(68.3)	19(31.7)	0.01	**
Q07 チャットボットのプログラム作成はわかりやすかったと思う。	3.68	1.07	34(56.7)	26(43.3)	0.37	ns
[本教材の教育効果に関する評価]						
Q08 人間とプログラムが会話の様にやり取りをする仕組みについて理解することができたと思う。	3.77	1.09	40(66.7)	20(33.3)	0.01	*
Q09 チャットボットシステム以外の情報システムについても考えることができたと思う。	3.55	1.13	32(53.3)	28(46.7)	0.70	ns
Q10 これから生活や社会の中で情報システムをうまく活用していきたいと思う。	3.80	1.05	38(63.3)	22(36.7)	0.05	†
Q11 自分でも情報システムを作ってみたいと思う。	3.38	1.17	25(41.7)	35(58.3)	0.25	ns

†<.10 *<.05 **<.01   N=60

4．実践の評価

実践の結果，ネットワークを使った技術に対する知識を深めながら，制約条件の中で，システムの開発および最適化を行うことが可能であることが分かった。また，授業を行った N 県 N 中学校 2 年生 60 名（男子 34 名，女子 26 名）の生徒を対象に，事前・事後調査を実施した。表 5 は鈴木ら（2018）による分析結果である[10]。これによると，Q01 や Q04~Q06 など，学習を面白く感じ，プログラムを改良しようと意欲的だったことが窺える一方で，Q03，Q07 の結果から，プログラムの導入をより丁寧にしたり，操作環境をより簡易にしたりする必要があることも窺えた[11]。

今後もさらに授業を改良し，より多くの生徒の社会を見る目を豊かにできる授業を行いたい。

（小島一生，鈴木隆将，村松浩幸）

第8章　Webアプリケーションを意識したネットワークプログラミング

1．プログラミング題材としてのWebアプリケーション

ネットワークを利用した双方向性のあるコンテンツのプログラミングについては，新学習指導要領から新たに導入された内容となっている。その条件については，

(1) ネットワーク（インターネットや校内LAN等）を用いている。
(2) 双方向性（使用者の入力に応じて出力が変化する機能）を有する。
(3) コンテンツ（デジタル化された文字や音声，静止画等）を対象とする。

の3つの内容を含む必要があり，さらに以下の機能が求められている。

(4) 順次，分岐，反復を対象とすることができる。
(5) プログラムの編集・保存，動作の確認，デバッグ等ができる。
(6) アクティビティ図との親和性が高い。

これらの条件を考慮すると対象がかなり絞られてしまう。Webページ上で動作するWebアプリケーションソフトウェア（以下，Webアプリと略す）は，Webサーバからネットワークを介して，クライアントであるPCやタブレットのWebブラウザ上で実行されるものである。プログラムする対象はもちろんWebページ（コンテンツ）であり，文字や音声，画像，動画といった様々なコンテンツを対象にプログラム可能となる。もちろん，使用者のマウスクリックや入力に応じてWebページを操作できるため，双方向性が備わっている。

2．学校現場で想定されるLAN環境

Webサーバ上でのWebアプリの制作実習を行うことを想定した場合，LAN環境とサーバが必須となる。しかし，PC教室等では情報セキュリティから様々な制約が課せられており，校内LANにWebサーバを設置し，生徒のプログラムをインターネットで公開することは難しいこともある。また，校外のレンタルサーバ等を利用することも考えられるが，情報セキュリティの面から難しい。そこで，インターネットに接続しない疑似的なLAN環境を教室内に設定して実習を行う方法が考えられる。図1は，この疑似的なLAN環境の設定例を示している。

安価な無線LANルータを設置し，インターネットに接続せずに複数台のPCやタブレットなどを設置する。サーバには，通常のWindows OSのPCを割り当て，XAMPP等のフリーのWebサーバ構築用ソフトをインストールし，当該サーバのプライベートIPアドレスをブラウザのURL入力として図のように予め指定しておく。例えば，IPアドレスが192.168.1.10であれば，他のPCやタブレットから制作したWebアプリの実行は，アドレスバーに

図1　疑似LANの構成例

182 　第Ⅲ部　中学校におけるプログラミング教育

「http://192.168.1.10・Web アプリファイル名」を入力することで実行できる。もちろん，ICT 支援員等の協力を得て PC 教室内に一時的にサーバを立てて，利用することも可能である。その場合は，設定するサーバ機の IP アドレスを固定するように設定することが重要となる。通常，ルータのプライベート IP アドレスの自動割振り（DHCP 機能）は，予めプールしている IP アドレスを電源を入れた PC から順番に割り振っていくため，授業毎に IP アドレスが変わってしまう可能性があるので，予め確認しておく必要がある。

3．JavaScript について

　Web サーバ上で Web アプリを制作するプログラム言語としての JavaScript やそのライブラリである jQuery には，順次・反復・分岐の命令があり，プログラムの編集や動作の確認，デバッグが容易となっている。Web ブラウザが動作可能であれば，実行やデバッグが可能となる。また，イベントの動作を記述するアクティビティ図との親和性も高くなっている。

　JavaScript を用いた Web アプリは，サーバからネットワークを介してクライアントに転送されるプログラムであるので，当然（2）の条件も満たすことができる。ここで注意しなければならないことは，あくまでも新学習指導要領では人の入力に対して応答することに限定されていることである。例えば，センサからの入力に対して応答することを「双方向性のある」と解釈することは，学習指導要領の趣旨に外れることになる。また，テキストエディタでソースプログラムを作成し，クライアントの PC の Web ブラウザで JavaScript を実行することは可能であるが，単なる JavaScript ソフトウェア利用のみでは「ネットワークを利用」しているとは言えない場合が多い。高度な双方向性プログラムは Web サーバでの動作となるため，完成した Web アプリは，Web サーバ上にアップロードし，ネットワークを介して正しく動作するか確認する必要がある。

　HTML4.01 では <script> タグには type 属性が必須だったが，HTML5 では type 属性の初期値は type = "text/ javascript" とされており，JavaScript を用いる場合は type 属性を省略してもよいことになっている。このことから HTML5 の標準スクリプト言語は JavaScript であるとも言える。

　なお，JavaScript や jQuery はテキスト型のプログラム言語であり，Scratch のようなビジュアル型プログラム言語ではないが，実用性があり，Web アプリとして活用できる優れたプログラム言語である。細かな文法や書式を最低限学習して，学習方法を工夫することで中学生にも学習することが可能になるものと思える。ここでは紙面の都合上，基本的な最低限の説明に留め，詳しい説明は参考文献を参照されたい。

4．jQuery について

　jQuery[1] は，JavaScript の軽量ライブラリであり，利用に際しては次のルールを守る必要がある。
（1）jQuery のライブラリを設定しておくこと。
　　　jQuery ライブラリを予めダウンロードしておいて利用する場合と，オンラインで URL を指定することで実行時に呼び出す方法がある。
（2）jQuery のプログラムは，必ず $（function ()｛…｝）；の枠内に記述する。
　　jQuery も基本的に JavaScript の命令に置き換えて実行されるが，jQuery の命令は，必ず $（function ()｛…｝）；の枠内に記述する。
　　【例】
　　　 $（function () {
　　　　 $（'body'）.css（'background-color', 'Black'）;
　　　 ｝）;
（3）jQuery の基本命令
　jQuery の命令は，操作の対象となる要素（セレクタと呼ぶ）に対し，そのプロパティや設定を変更する。以下の書式が基本的な書式となる。対象となる

要素が複数あれば，その複数の要素すべてに対して処理が実行されるため，jQuery では反復をほとんど用いない。

$（' セレクタ '）.jQuery のメソッド；

【例】

$（'a'）.attr（'href ', 'http://www.yahoo.co.jp'）；

（4）プロパティを取り出す。

jQuery で要素のプロパティを取り出す方法は，以下のようになる。次の例は，クラス名 kurasu に設定された要素の背景色を取り出し，変数 x に代入している。

var x = $（'.kurasu'）.css（'background-color'）；

（5）イベントを設定する。

jQuery では，要素をクリックしたり，入力フォームにデータを入力したりといったイベントが発生した場合の処理を設定することができる。以下のプログラム例は，クラス kurasu の要素をクリックしたらその背景を赤に変更する動作となっている。

【例】

$（'.kurasu'）.click（function（）{
　$（'.kurasu'）.css（'background-color', 'Red'）；
}）；

5．プログラムの作成，実行とデバッグ

jQuery については，JavaScript のライブラリであるため，JavaScript の実行方法とほぼ同じであるが，jQuery のライブラリを指定する必要がある。また，ソースプログラムは，テキストエディタを用いて作成することができる。ただし，保存する場合は，ファイルの拡張子を ".html" とし，ファイルの種類を「すべてのファイル（"."）」とし，文字コードを「UTF-8」に設定して保存する必要がある。図 2 の例は，簡単な Q&A クイズの正誤判定を行うサンプルプログラムを示している。

○実行およびデバッグについて

保存したファイルのアイコンをダブルクリックすることで，実行することができる。

その際，Web ブラウザの Microsoft Edge や Google Chrome であれば F12 キーを押すことで，開発ツール（デバッガと呼ぶ）を呼び出すことができる。例

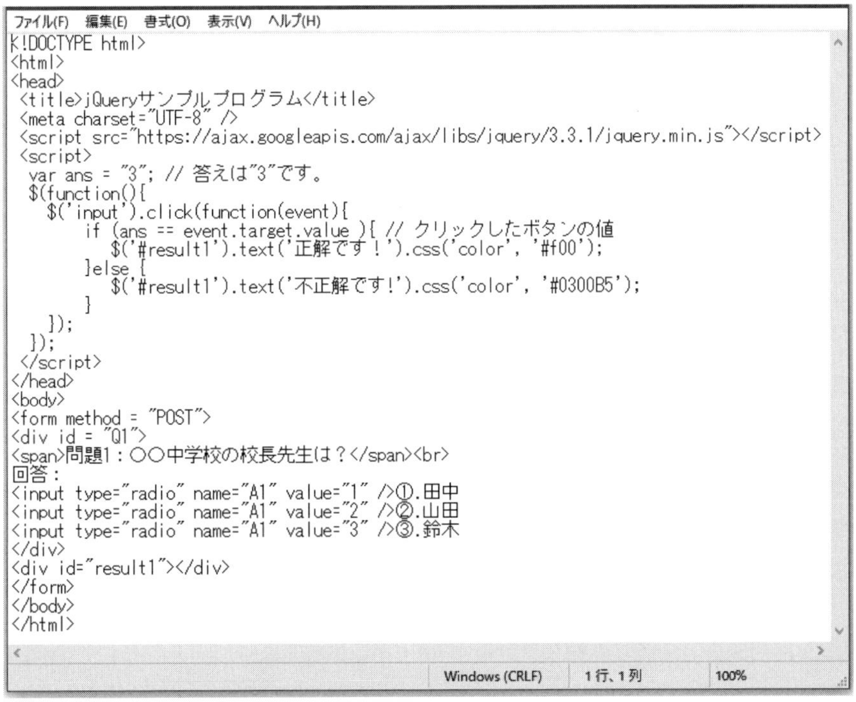
ファイル(F)　編集(E)　書式(O)　表示(V)　ヘルプ(H)

```
<!DOCTYPE html>
<html>
<head>
 <title>jQueryサンプルプログラム</title>
 <meta charset="UTF-8" />
 <script src="https://ajax.googleapis.com/ajax/libs/jquery/3.3.1/jquery.min.js"></script>
 <script>
  var ans = "3"; // 答えは"3"です。
  $(function(){
    $('input').click(function(event){
        if (ans == event.target.value ){ // クリックしたボタンの値
           $('#result1').text('正解です！').css('color', '#f00');
        }else {
           $('#result1').text('不正解です!').css('color', '#0300B5');
        }
    });
  });
 </script>
</head>
<body>
<form method = "POST">
<div id = "Q1">
<span>問題1：○○中学校の校長先生は？</span><br>
回答：
<input type="radio" name="A1" value="1" />①.田中
<input type="radio" name="A1" value="2" />②.山田
<input type="radio" name="A1" value="3" />③.鈴木
</div>
<div id="result1"></div>
</form>
</body>
</html>
```

Windows (CRLF)　1 行、1 列　100%

図 2　Q&A クイズサンプルプログラム

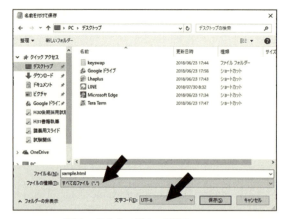

図3　保存する場合の設定について

図5　開発ツールの画面

図4　Q&Aのサンプルプログラムの実行画面

えば，Microsoft Edgeでは，図5のような画面が現れるので，「デバッガ」タブをクリックすることで，ソースプログラムを表示して，jQueryの行番号をクリックすると赤丸が現れる。

これが「ブレークポイント」と呼ばれる一時停止箇所である。プログラムの実行をこのブレークポイントの箇所で一時停止させることができる。再実行は，Webブラウザの「更新」ボタンで行い，ブレークポイントで一時停止するため，図のように「コンソール」タブで変数名を入力することでその時点の変数の値やプロパティの値などを表示することができる。このことで，プログラムが正しく実行されているか確認することができる。

なお，生徒自身にプログラムをコーディングさせることもできるが，文法ミス等により，エラーが発生する可能性が高い場合は，予めプログラムをブロック化しておき，ブロック毎にコピー＆ペーストを用いて切り貼りしながら，プログラムを構成する方がよいと思われる。あるいは，ブロックを関数化し，それを組み合わせることでプログラムを構想するという手立ても検討できる。

6．例示されている題材とプログラム例

2017年告示の中学校新学習指導要領では，生徒自身に問題を見出させ，課題として設定させ，それを「ネットワークを利用した双方向性のあるコンテンツのプログラミング」によって解決させるというものであり，その過程にはネットワークの仕組みや情報モラルの内容を含めることが求められている。新学習指導要領解説に記載された例示には，学校ホームページのQ&Aクイズや簡単なチャット機能が記載され，まず，この2つのプログラミング題材[2]を設定し，それらを解決するプログラム例を以下に示す。

○Q&Aクイズのプログラム

新指導要領解説の例を参考に，学校紹介のホームページ上に学校に関するQ&A方式のクイズを実装するためのプログラム群を作成した。表題と写真のみを挿入した学校紹介のWebページに作成したQ&Aクイズを組み込むことで，双方向性コンテンツとなるように構成している。なお，問題文及び正解の内容は学校紹介とは無関係である。表1に作成したプログラム群のバリエーションを，以下にそのURLを示す。

https://akagi.fukuoka-edu.ac.jp/QA/ファイル名

例えば，上記のURL（hint_hanamaru.html）にア

表1 Q&Aクイズのバリエーション

プログラム例	ファイル名
・写真入りの学校の基本Webページ	basic_web.html
・写真や文字の大きさを変更したWebページ	change_size.html
・Q&A方式クイズの基本プログラム	basic_quiz.html
・背景に色を設定したプログラム	back_color.html
・クイズの問題数を増やしたプログラム	add_ques.html
・正解，不正解の文字色変更プログラム	colored_ans.html
・問題をランダムに表示するプログラム	random.html
・背景に画像を追加し，半透明にしたプログラム	back_trans.html
・花丸のイメージ画像を読み込み，問題に正解した際に花丸を表示するプログラム	hanamaru.html
・不正解の際にヒントを表示するプログラム	hint.html
・花丸とヒント表示のプログラム	hint_hanamaru.html

クセスすることで，図6に示すような実行画面が表示される。これはHTML上に問題文と選択肢を記述し，選択して回答することができるようになっている。選択肢はHTMLの<input type = "radio">タグを用い，ラジオボタンの形式で選択できるようになっている。選択した結果，正解であれば選択肢の下に「正解です！」と表示され，問題一覧の下に花丸の画像が表示される。不正解であれば「不正解です！」と表示され，ヒントが表示される。これらのプログラムについては，先に述べたようにF12キーを押すことでデバッグモードに入り，そのソースコードを参照できる。

本題材は選択肢に応じて表示が変化しているため双方向性があり，数点の画像を使用していることから複数のコンテンツを用いていると言える。また，プログラム内にはif文による分岐，for文による反復の命令が含まれているため，先に示した条件をクリアしている。使用したプログラミング言語はJavaScriptを含むjQueryであり，入力されたデータの操作は行っていないためPHPは使用していない。さらに，本題材はソースコードの可読性を高めることをねらって，1つのHTMLファイルにCSSを含む全プログラムを集約している。HTML内に<script>タグによってJavaScriptとjQueryを埋め込み，プログラム全体を見通せるようにしている。

この題材のHTMLファイル（JavaScriptとjQueryを含む）の一部を図7に示す。全体のプログラムは前述のURLにファイル名を追加したもので当該Webページにアクセスして参照できる。図7に示す通り，プログラムは大別するとJavaScript（jQuery）とHTMLの部分から構成される。まず，HTMLで問題文やラジオボタンの回答欄を設け，JavaScript（jQuery）でラジオボタンがクリックされた際の動作を設定している。次に，各ラジオボタンのvalueをJavaScriptで取得し，あらかじめ配列に記憶しておいた正答と一致するか確認し，一致していれば赤文字で「正解です！」と表示し，花丸を表示する。なお，紙面の都合上最も複雑なrandom.htmlのアクティビティ図のみ図8に示す。このプログラムは，プールされた問題文の配列より1問毎に問題を表示して正誤を表示するプログラムのアクティビティ図となっている。

表2に本プログラム群の一部を利用した学習活動の例を示す。学校紹介Webページの制作からQ&Aのプログラミングまでの流れを示している。

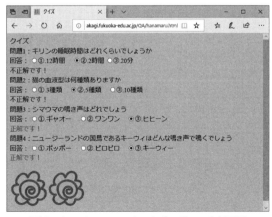

図6　hint_hanamaru.htmlプログラム実行画面

```
<!doctype html>
<html lang = "ja">
<head>
<script>
var ans = ["3", "1", "3", "3"];
var c_ans = 0;
var hint = ["Q1のヒントです"，（中略）];
$function(){
  $('input').click(function(e){
    var nostr = e.target.name.split('');
    var nonum = parseInt(nostr[1]) - 1;
    if (ans[nonum] == parseInt(e.target.value)){
      $('#result' + nostr[1]).text('正解です！').css('color', '#f00');
      c_ans ++;
      hanamaru(c_ans);
    }else {
      var k_hint = "不正解です。<br>" + hint[nonum];
      $('#result' + nostr[1]).html(k_hint).css('color', '#0300B5');
    }
  });
});
function hanamaru(n){
  $('#hanamaru').empty();
  for(var i = 1; i <= n; i ++){
    $('#hanamaru').append('<img src = "hanamaru.png" width = "100" height = "100" />');
  }
}
</script>
</head>
<body>
<form method = "POST">
<div id = "Q1">
  <span>問題1：キリンの睡眠時間はどれくらいでしょうか
  </span><br>
  回答：
  <input type="radio" name="A1" value="1" />①.12時間
  <input type="radio" name="A1" value="2" />②.2時間
  <input type="radio" name="A1" value="3" />③.20分
</div>
<div id="result1"></div>
（中略）
</body>
</html>
```

図7 hint_hanamaru.html プログラム（一部）

○チャットのWebアプリ

チャットのプログラミング題材とそれを解決するプログラムについて説明する．下記のURLにアクセスすることで，図9に示すような実行画面が表示される．

これは，画面右上の名前入力欄にユーザーの名前を入力し，画面下のコメント入力欄にコメントを入力の上，送信ボタンをクリックすることで，左右に吹き出しの形でコメントが投稿されるようにプログラムしたものである．さらに，コメント入力欄の下

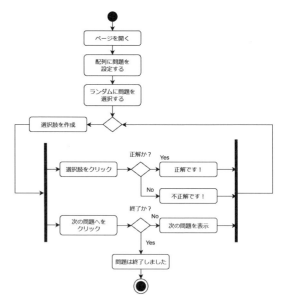

図8 random.html のアクティビティ図

表2 学校紹介Q&Aクイズ制作の学習活動例

配時	小単元	活動内容
1	HTMLタグの説明ができるようになろう．	・タグの名称・役割を知る． ・穴埋め問題を見ながら学校紹介のサンプルプログラムを作成，保存，実行する．
2	簡単な学校紹介のWebページを作ろう．	・オリジナルな学校紹介のWebページを作成する．
2	Webページの仕組みを知ろう．	・Webページに関するキーワード（サーバとクライアント，パケット通信，IPアドレス，URL，プロトコル等）について，班別にキーワードを調べる． ・PowerPointでスライドを作成し，キーワードについて発表する．
2	簡単なQ&Aクイズのプログラムを作ろう．	・プログラムの基本機能を知り，簡単なQ&Aクイズのプログラムを作成する．
2	学校紹介のWebページにオリジナルなQ&Aクイズを構想してみよう．	・学校紹介のQ&Aクイズに掲載する問題を見出し，班別に検討する． ・構想したプログラムをアクティビティ図で表現する． ・プログラムする．

部に画像を選択肢として表示し，その画像がクリックされるとスタンプの形式で投稿される仕組みになっている．コメントとスタンプにはそれぞれ日付

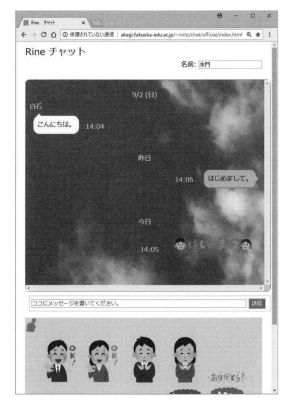

図9　チャットプログラムの実行画面
https://akagi.fukuoka-edu.ac.jp/chat/index.html

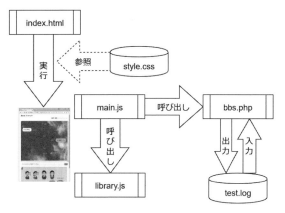

図10　各プログラムファイルの関連性

と時刻が表示され，日付については投稿当日であれば「今日」，前日の投稿は「昨日」と表示されるようにしている．入力した内容が反映されることで双方向性が実現でき，さらに文字情報と画像を併用することで，新指導要領解説に示される「メディアの複合」に対応できるようにしている．

使用した各プログラムファイルの関係を図10に示す．全体の流れとしては，「index.html」でチャット全体を表示し，<link>タグで「style.css」を参照することで，フォントや背景画像などを設定している．さらに，<script>タグで「main.js」と「library.js」を参照することで，動的にページの設定を変更している．また，「main.js」が実行されることによって，PHP言語で記述された「bbs.php」が実行され，投稿されたコメントと対応する投稿者名，日時を保管している「test.log」からデータを入出力することによって，チャット画面に表示されるようになっている．

これらのプログラムファイルのうち，生徒に取り扱わせるのはjQueryを含むJavaScriptで記述されているファイルである「main.js」と「library.js」の2つとなる．さらに，「main.js」で利用される関数はすべて「library.js」にまとめたため，生徒が主に取り扱うのは実質的には「library.js」のみとなる．

前述のQ&Aクイズのプログラミング題材に比べ，ファイルの構成やプログラムが複雑であるため，詳細な説明は省略するが，「library.js」で実行する内容は，以下に示すものとなっている．

(1) 投稿内容の保存（bbs.phpの起動，ログファイル（test.log）への転送）
(2) ログファイル（test.log）の読み込み
(3) 各投稿，投稿者，日時の情報が含まれるタグへのidの割り振り
(4) 日付表示の処理（今日・昨日の表示，当日一度のみの表示）
(5) 時刻の表示位置の変更
(6) 投稿時の画面最下部への移動
(7) 吹き出しの左右振り分け
(8) ページの再読み込み（自動更新）機能
(9) スタンプのCSS変更

以上の処理を各関数にまとめており，これらの処理（関数）を1つのブロックとしてアクティビティ図で記述し，それを正しい流れに組み上げることによって課題の解決に繋がると考える．

このチャットプログラムについても，段階的に学習できるよう表3のようにステップ毎にプログラムを作成している．

それぞれのプログラムは，以下の URL でアクセスすることができる。[id] のところは，表3に示す2桁の番号を指定する。

https://akagi.fukuoka-edu.ac.jp/chat/[id]/index.html

表3　段階的な課題解決とそのプログラム例

id	課題	課題解決の内容
01	吹き出しが左右に分かれていない。	吹き出しを左右に分け，背景色を変更する。
02	機能が散在している。	機能ごとにまとめた library.js ファイルを作成。
03	時刻が表示されていない。	時刻を取得し，表示する。
04	時刻の表示位置が不適切。	左の吹き出しの場合は吹き出しの右下，右の吹き出しの場合は吹き出しの左下に時刻を表示する。
05	日付が表示されていない。	1日1回のみ日付を表示。
06	日付に「今日」「昨日」と表示されていない。	日付の表示について，今日の場合は「今日」，昨日の場合は「昨日」と表示。
07	スタンプが投稿できない。	選択肢から選んでスタンプを投稿できるようにする。
08	スタンプの表示が大きい。	スタンプの画像サイズを調整し，吹き出しを非表示にする。
09	完成版。	

7. 安全なプログラムについて

プログラミングにおいて注意することとして「安全」に配慮する必要がある。ネットワークを介したプログラムの安全とは，悪意がある攻撃に対して備えておくことを意味する。例えば，入力フォームのデータをそのまま document.write メソッドや innerHTML メソッド等を用いて表示する場合，データとして不正プログラムを入れるとそれがそのまま実行されて不正アクセスなどを許してしまう。これをクロスサイトスクリプト（XSS と略す）と呼ぶ。

入力フォームをデータとして利用する場合は，そのようなプログラムの実行を避けるために，タグをエスケープする機能を設定する必要がある。

例えば，JavaScript であれば，以下のような関数を設定し，タグにかかわる記号をすべて HTML のエスケープ文字に置換してしまうことで対応できる。

```
function escapeTags (inData) {
    inData = inData.replace (/&/g, '&amp;') ;
    inData = inData.replace (/</g, '&lt;') ;
    inData = inData.replace (/>/g, '&gt;') ;
    inData = inData.replace (/"/g, '&quot;') ;
    inData = inData.replace (/'/g, '&#39;') ;
    return inData;
}
```

この関数の使い方は，例えば以下のようになる。

```
document.write (escapeTags (inData)) ;
```

8. プログラミング題材について

例示されている2つの題材以外については，小学校における学習教材を題材に設定してみることもできる。小学生を対象としたものであれば，問題の発見や課題の設定が容易であること，Web アプリとして比較的実現が可能であることの利点がある。ここでは，例示としていくつかの Web アプリを提案する。必要に応じて参考願いたい。

図11は，100マス計算[3]を実現する Web アプリ

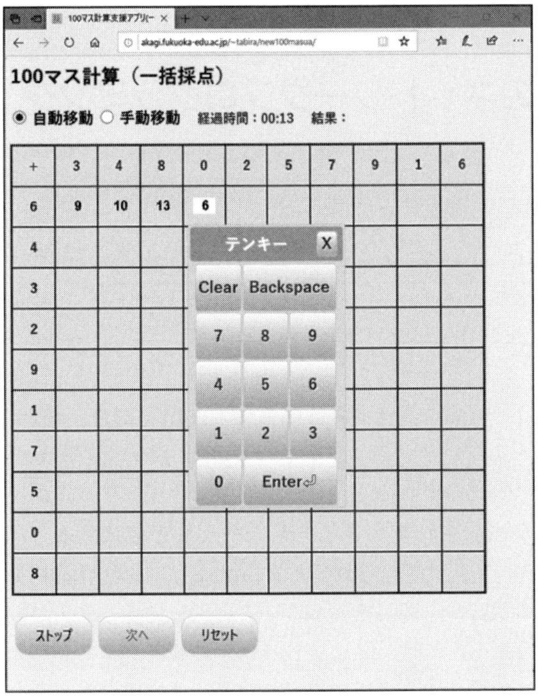

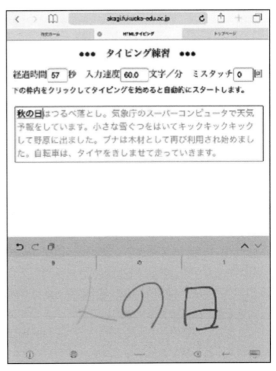

図11 100マス計算のWebアプリ

の画面を示す．左端の縦列と横行の交差するマス目に縦列の数字と横行の数字を足し算したものを入力して正誤判定を行うWebアプリとなっている．

図12に，手書き文字入力などを想定したタイピング練習用Webアプリ[4]の画面を示す．タブレットの手書き入力やローマ字入力はかな漢字変換確定後のデータが入力されるため，PCのタイピング練習ソフトウェアでは対応できない．

図13に，作文構想を支援するWebアプリ[5]を示す．作文の構想段階をKJ法（発想法の一つで，課題に関するキーワード等をカードに記述して整理することで問題解決する手法．考案者である川喜田二郎氏のイニシャルから命名された）によって支援するようになっている．これもタブレットでの利用を想定している．

これら以外にも，英単語に対応したフラッシュカードなどもイラストや写真，動画などを操作する題材として適していると思われる．

（白石正人，水門博一）

図12 タイピング練習用のWebアプリ

図13 作文構想支援Webアプリ

第9章　情報機器変遷調査のためのネットワークプログラミング

1．ネットワークを利用した双方向性のあるコンテンツのプログラミングの特徴

1．中学校技術で学習するプログラミング

　中学校技術・家庭（技術分野）で学習するプログラミングには2つの項目がある。1つはネットワークを利用した双方向性のあるコンテンツのプログラミングであり，他は計測・制御のプログラミングである。内容的には計測・制御のプログラミングが高度となるが，従来の学習指導要領に規定されていなかった新しい内容としてのネットワークを利用した双方向性のあるコンテンツのプログラミングの方がより難しいと学校の先生方は感じているようである。

　ネットワークを利用した双方向性のあるコンテンツのプログラミングでは，「ネットワークの利用」と「双方向性」が規定されている。このとき，文字情報，静止画情報，動画情報，音情報等のインターネット上のマルチメディア情報を扱うことが主となり，また制御（操作）する情報はマウスの動きの検知やモニタに表示する情報となる。これは，コンピュータにネットワークが接続されていればプログラミング学習ができることを意味している。一方，計測・制御のプログラミングでは，コンピュータ内の数値情報や論理情報を処理することに加えて，外部から入る電圧等の物理情報を内部で処理する数値・論理情報へ変換する作業や，内部で処理した数値・論理情報を外部の電圧等の物理情報へ変換する作業が必要となる。計測・制御のプログラミングでは，プログラムでの処理構造が複雑となり，また外部機器との接続も必要となる。そのため，計測・制御のプログラミングよりもネットワークを利用した双方向性のあるコンテンツのプログラミングの方が，情報の処理が容易となる。

2．ネットワークに関連したプログラミング

　インターネットの情報を操作する際には，一般にWebブラウザのソフトウェアが利用される。Webとは蜘蛛の巣状のことで，世界中にネットワークが張り巡らされているインターネットを意味する。一方，ブラウザの語源であるBrouseは本を拾い読みする意味や，商品を買わないで店内を見歩く意味があり，それが擬人化したBrowserの表現がソフトウェアの概念的な名称になっている。インターネット上で検索する場合，ネットワーク上の場所を意味するURI（Uniform Resource Identifier）またはURL（Uniform Resource Locator）を指定してWebブラウザのソフトウェアを利用するが，一般にMozilla Firefox, Google Chrome, Microsoft Edge, Opera, Safari等のWebブラウザが利用される。学校で使用しているコンピュータOSには種々のものがあるため，他の学校とのWeb教材利用の情報交換を行うためには，できればプラットホーム（OS）に依存しないWebブラウザを使用することが望まれる。

　ネットワークを利用した双方向性のあるコンテンツのプログラミングを行う際には，どの位置にあるコンピュータからインターネット上の情報を操作するかを理解することが重要となる。インターネット上のWebサーバが管理する情報をWebサーバ内で操作する際にはWebサーバにプログラムを組み込む必要があり，逆にインターネットを介してWebサーバから情報を取り込んだり送信したりするためには自分用のコンピュータであるクライアントコンピュータ上でプログラムを操作することになる。本章では，クライアントコンピュータ上にHTML（HyperText Markup Language）で記述されたファイルを作成し，その中にJavaScriptでマウスの動きを検知しながら表示情報を変更し，Web検索ができ

るプログラム事例を紹介する。

3．コンピュータ博物館地図操作プログラミング

　現在のコンピュータは，紀元前からの情報機器の集大成として，電子化ならびにネットワーク化を伴って形作られている。この情報機器の変遷は，世界中のコンピュータ関連博物館等で紹介されている。そのため，本章では，世界地図上にコンピュータ関連の博物館を配置し，マウスで操作すると概要が表示され，さらにマウスボタンをクリックするとインターネット上にある当該のコンピュータ関連博物館の Web を表示できるプログラミングについて紹介する[3,4]。

2．紀元前からの計算機器の変遷

1．人類の発祥と扱う数の桁数の増加

　人類の発祥以来，人間は集団生活を行うようになり，移動を伴う狩猟民族としての生活スタイルや定住を伴う農耕民族としての生活スタイルが形作られた。集団生活を形成し，定住生活が進むようになると，地域の共有物の協働作業が必要となり，また政治的な集団の管理も行われるようになる。このとき，数や量の概念が構築されて，扱う桁数も増加してきた。管理する側に納められる年貢や税金は，全体的な視点から効果的に使われるように計算し，公共への還元が成されてきた。約2万年前に描かれたラスコーの壁画には動物が数十頭描かれており，この頃は複数の人間の指で数えることができる3桁程度の数値を扱うことで十分であった。当初は扱う数の桁数が少なくて済んだが，現在では扱う数の桁数は大幅に増大している。神戸市の理化学研究所に設置されており 2012 年から稼働している京コンピュータは，計算スピードは 10PFlops（1秒間に 10 の 16 乗回の浮動小数点計算）の能力を有しており，漢字の京（けい）の桁がアルファベットの K として覚えやすく，K Computer として外国人にも馴染み深いことから，世界的に知られるようになった。理化学研究所の玄関前には 16 桁のそろばんのモニュメントがあり，京の桁の象徴となっている。現在では 100PFlops（1秒間に 10 の 17 乗回の浮動小数点計算）の計算スピードのコンピュータも出現している。我々の生活では日本の国家予算が一般会計約 100 兆円になっており，10 の 15 乗の桁数の数値を生活で扱う時代となっている。

2．文字・数字の記録から計算への発展

（1）文字・数字の記録と計算

　古い文字や数字の記録は石板に刻んだ状態で残っている。紀元前のエジプトのヒエログリフは象形文字として石に刻まれており，紀元後の 300 年から 900 年頃のマヤ文明で使われた 20 進数の数値表現も石に刻まれて残っている。これらは英国の大英博物館で見ることができる。15 世紀から 16 世紀にかけてのインカ文明のキープ（結び縄文字）やユパナ（計算具）はペルーの MARI 美術館で見ることができるが，沖縄でも藁算として結び縄文字が使われており，喜宝院蒐集館や琉球大学図書館に保存されている。

（2）計算具の発達

　計算する道具の最初のものは，ギリシアのサラミス島で発見され，ギリシア国立碑文博物館の玄関を入った正面の壁に飾られているサラミスのアバカス（線そろばん）である。ここには3桁区切りの印が刻まれており，現在の3桁区切りの"，"（英米アジア圏）や"．"（欧州圏）表記の始まりとなっている。イタリアのナポリにある国立考古学博物館には高さ1.5m 程度のダリウスの壺（Web では Persian Vase で検索可能）が鎮座しており，その側面にはテーブル（卓）の上にテーブル（表）を描いてカルクリ（小石）を用いて計算している描画がある。

（3）そろばんの発達

　中国で開発された尺貫法としては，16 進数が使える上2珠，下5珠のそろばんを生み出したが，現在は上1珠，下4珠の 10 進数対応に変化している。

（4）機械式計算器の発達

　機械式の計算器は，シッカード計算器（1623 年），

パスカル計算器（1645年），ライプニッツ計算器（1673年），バベッジの階差機関（1822年頃）と続き，汎用的なコンピュータの概念としてバベッジの解析機関（1833年頃）の原型が完成した。また，日本ではタイガー計算機が広く普及した。機械式計算器の初期に生まれたネイピア棒に見られる補数の概念は四則演算を加算のみでできるため，電気・電子回路の構造を簡単化することができ，現在のコンピュータが発達した要因になっている。

(5) コンピュータの発達

コンピュータの発達では様々な機器が開発されてきた。ドイツのZ3，アメリカのABC，ENIAC，UNIVACに始まり，現在では大型コンピュータ，パーソナルコンピュータ，汎用コンピュータ，スーパーコンピュータ等の形態に発達している。

3．Web環境におけるHTMLならびにJavaScript

1．HTMLの構造

インターネットにアクセスしてマルチメディア等のコンテンツを表示する際には，Webブラウザが用いられる。WebブラウザでWebサーバの提供情報をWebクライアント側で処理する際には，HTMLで記述されたファイルを通してマルチメディアが処理される。その構造は，付け札の意味を持っているタグと呼ばれる制御行から成っている。基本的に"/"なしの"<○○>"タグで始まり，"/"付きの"</○○>"タグで囲まれ，その間の内容が目的に応じて制御される。

タグの種類は数多くあるが，まず必要なタグは<html>であり，これで全体を挟み込む。その中に冒頭説明を表す<head>や本体を意味する<body>のタグが組み込まれる。基本構造は下記のようになる。

```
<html>
  <!DOCTYPE html>
  <html lang="ja">
  <head>
    <meta charset="utf-8" />
    <title> タイトル文字（HTML事例）</title>
  </head>
  <body>
    <center>
      <br>
      <a href="index.html"> <img src="logo. bmp"> </a> <br>
      <h3> <学会連絡先> </h3>
      （一社）日本産業技術教育学会事務支局 <br>
      E-mail：jste@nacos.com<br>
    </center>
  </body>
</html>
```

これをHTML-Sample.htmlファイルに保存し，Webブラウザで表示させると，図1の結果となる。

図1　HTML事例の表示

2．WebにおけるJavaScriptの役割

Webクライアント上で動作するWebブラウザは，HTTPプロトコルに従って，アクセスしているWebサーバからの情報を受け取り表示する。ただ，そのままでは検索結果のリストをクリックしてWebサーバにある情報を表示する等の単純処理のみであり，ユーザーの操作に応じて表示内容を変更したい場合は何らかの方法で本来のWebページ内容とは異なるようにWebサーバ上またはWebクライアント上で情報を変換する必要がある。

Webサーバ用のソフトウェアは，Apacheがよく用いられるが，これに各種機能を追加してWebサーバ上で種々の処理を行うことができる。例えば，CGI（Common Gateway Interface）の利用や，Perl

や PHP でのスクリプト処理，Python や Ruby でのプログラム，Java Servlet 等での処理などを Web サーバ上で実行すると，単なる情報提供としての静的 Web 情報提供から，ユーザーの操作状況等に応じて表示内容を変える動的 Web 情報を提供することが可能となる。

中学校技術・家庭（技術分野）での学習では Web サーバ上のプログラミングを行うことは現実的でないため，Web クライアント上での学習が主体となる。ネットワークを利用した双方向性のあるコンテンツのプログラミングでは Web 環境を使わなくても実践できるが，一例として Web クライアント上に生徒の自作した JavaScript を HTML ファイル内に組み込む事例を紹介する。

3．Web 環境における JavaScript

JavaScript は他のプログラミング言語と同様に順次・分岐・反復の処理が可能であり，加えて Web 情報の処理との接続が容易となる。具体的には，変数や配列の扱いができ，演算子が使え，分岐（if 文，switch 文）や反復（for 文）等の制御文が使えるため，細かい処理も可能となる。ただ，通常は HTML ファイルに組み込まれて動作するため，下記のように，HTML ファイル内に，タグ <script> ～ </script> で挟んで，その間に JavaScript を記述する。

```
<script>
  <!--
  この部分に具体的なプログラムを書く
  // -->
</script>
```

JavaScript を先読みしたい場合は <script> ～ </script> を <head> タグ内に記述し，順次実行したい

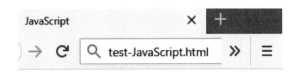

図2　JavaScript 実行事例

場合は <body> タグ内に記述する。<body> タグ内に記述する例を次に示す。結果の表示は図2となる。

```
<!DOCTYPE html>
<html lang="ja">
<head>
    <title>JavaScript</title>
    <meta charset=utf-8;">
</head>
<body>
    <h1> 簡単な JavaScript</h1>
    <hr>
    <script type="text/javascript">
      <!--
      document.write("　練習用文字の JavaScript での出力 ")；
      // -->
    </script>
    <hr>
</body>
</html>
```

4．JavaScript によるコンピュータ関連博物館の地図配置と双方向性検索

1．計算機器変遷の Web 検索

これまでに世界の情報機器変遷に関わる数多くの博物館を訪問しているが，数が多くなると自分自身でも必要な情報の整理が難しくなるため，世界地図上から手軽に訪問博物館の WebPage を見ることができるよう，JavaScript 環境を利用して Web 表示環境を構築した。これまでに訪問した計算機器変遷に関連した世界の博物館の初期画面は，図3のように構成している。ここで，■の印が訪問した博物館を示しており，マウスを当てると印が赤丸に変化するようにしている。さらに，赤丸をクリックすると WebPage の縮小版を表示し，縮小版の左下をクリックすると対象としている本来の WebPage に飛ぶよ

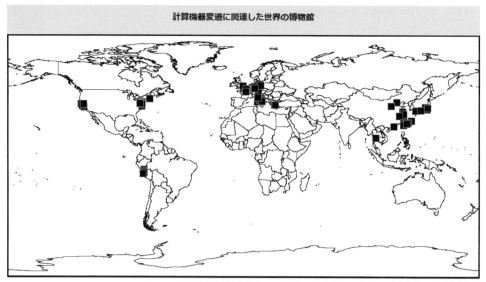

図3 計算機器変遷に関連した世界の博物館

うにしている。

2．構築したJavaScriptと処理構造

構築しているJavaScript環境の構造は次のようになっている。

まず，全体のファイル構成は，HTMLファイルであるComputerMuseums.htmlで表現され，関連するファイル群としてcss, img, jsのフォルダ構成としている。

ComputerMuseums.htmlはWebPageを表示するためのトップにあるHTMLファイルである。内容は次のようになっている。

```
<!DOCTYPE html>
<html>
<head>
    <meta charset="utf-8" />
    <link href="css/reset.css" type="text/css" rel="stylesheet"/>
    <link href="css/comhis.css" type="text/css" rel="stylesheet"/>
    <script src="js/map.js"></script>
    <script src="js/point.js"></script>
    <script src="js/proj.js"></script>
    <script src="js/data.js"></script>
    <script src="js/main.js"></script>
    <title>計算機器変遷に関連した世界の博物館</title>
</head>
<body onload="MAP.launch () ;">
<div id="wrapper">
    <div id="header"> 計算機器変遷に関連した世界の博物館 </div>
    <div id="map"> <img src="img/sys/map.png"/>
    <div id="info">
        <div id="info-header">
            <div id="info-title"></div>
            <div id="info-close"></div>
            <div class="clear"></div>
        </div>
        <div id="info-content"></div>
        <div id="info-footer"></div>
    </div>
    </div>
</div>
</body>
</html>
```

このプログラムでは最初に一括してJavaScriptを読み込むため，<head>タグの中で<script>タグを指定している。なお，<head>タグ内の最初の<meta>タグは文字化けしないための文字コード指定である。

次の2項目は，cssフォルダにある書式処理のた

めのものであり，<link> タグで指定している。reset.
css は画面初期化のための処理であり，comhis.css
は画面の書式設定のための処理である。なお，両者
は CSS（Cascading Style Sheets）と呼ばれる
WebPage の書式を設定するものである。この css
フォルダにある comhis.css は，画面全体の書式とと
もに，マウスが世界地図上の該当博物館の位置に来
ると当該位置の図形を黒色の■から赤色の●に変わ
るように，状況に応じてアイコン画像ファイルを切
り替えできるようにしている。

残りの 5 項目は JavaScript の本質的な部分である
<script> タグであり，JavaScript を意味する js フォ
ルダに配置している。main.js が主たるプログラムで
あるが，それに関連して地図を処理する map.js，表
示状況に応じた丸印等を処理する point.js，博物館の
経度・緯度を地図の縮尺に変換する proj.js，博物館
の位置（経度・緯度）と名称等を指定している data.
js で構成している。

js フォルダにあるプログラムの内，本質的に重要
な意味を成すプログラムである main.js は次のよう
に構成している。

```
MAP.ComHis = function () {
  this.forceShow = false;
  this.proj = new MAP.Proj () ;
  this.mouseover = function (ev) {
  if (this.forceShow) return;
  this.showInfo (ev) ;
};
  this.mouseout = function (ev) {
  if (this.forceShow) return;
  this.hideInfo (ev) ;
};
  this.click = function (ev) {
  this.forceShow = true;
  this.showInfo (ev) ;
};
this.showInfo = function (ev) {
  var el = ev.target;
  var place = data[el.id];
  var title = MAP.$ ('info-title') ;
  title.innerHTML = place['name'];
  var ctn = MAP.$ ('info-content') ;
```

```
  var html = '';
  html += '<div class="pin-img"><img width= "320"
  height="180" src="img/data/' + place ['img'] +
  '"/></div>';
  html += '<div class="pin-dsp">  ' +
  place['dsp'] + '</div>';
  ctn.innerHTML = html;
  var footer = MAP.$ ('info-footer') ;
  footer.innerHTML = '<div class="pin-link"> <a
  target="_blank" href='' + place['link'] + ''> Web
  Page</a></div>';
  var info = MAP.$ ('info') ;
  var p = this.proj.getImgCoord (place['lon'],
  place['lat']) ;
  p = MAP.winPos (p, info.clientWidth + 20, info.
  clientHeight) ;
  info.style.left = (p.x + 10) + 'px';
  info.style.top = (p.y + 10) + 'px';
  info.style.visibility = 'visible';
};
this.hideInfo = function (ev) {
  var info = MAP.$ ('info') ;
  info.style.visibility = 'hidden';
};
  this.closeInfo = function (ev) {
  this.forceShow = false;
  this.hideInfo (ev) ;
  }
}
MAP.launch = function () {
  var comhis = new MAP.ComHis () ;
  var map = MAP.$ ('map') ;
for (var pid in data) {
  var place = data[pid];
  var pin = document.createElement ('div') ;
  pin.className = 'pin';
  pin.id = pid;
  var p = comhis.proj.getImgCoord (place['lon'],
place['lat']) ;
  pin.style.left = (p.x - 8) + 'px';
  pin.style.top = (p.y - 8) + 'px';
  map.appendChild (pin) ;
```

```javascript
pin.addEventListener（'mouseover', function（ev）
{
  comhis.mouseover（ev）;
  }, false）;
  pin.addEventListener（'mouseout', function（ev）{
  comhis.mouseout（ev）;
  }, false）;
  pin.addEventListener（'click', function（ev）{
  comhis.click（ev）;
  }, false）;
}
  var infoClose = MAP.$（'info-close'）;
  infoClose.addEventListener（'click', function（ev）
{
  comhis.closeInfo（ev）;
  }, false）;
}
```

　この中核となる main.js の中では，MAP.ComHis
と MAP.launch の２個の関数を設定している。MAP.
ComHis 関数はマウスが該当場所を通過した際のア
クション（this.mouseover），マウスが離れた際のア
クション（this.mouseout），マウスボタンを該当場所
でクリックした際のアクション（this.click），data.js
から読み取った情報を小さなウィンドウに表示する
機能（this.showInfo）等が含まれている。また，
MAP.launch 関数は，マウスの移動に関連して各種
の指示を出す全体管理のプログラム部分として構成
している。

　今回の JavaScript プログラムでは，特にマウスの
挙動に応じて画面を変化させている。マウスに関す
るイベントは種々あるが，前述のように今回は
mouseover（要素の中に移動）と mouseout（要素の
外に移動），click（マウスボタンを押す）を使用して
いる。なお，this は JavaScript 独自の機能で，前後
関係から自ずと定義される要素を意味する。変数定
義は var comhis のように行い，その属性として
comhis.mouseover や comhis.mouseout を利用する
ことでマウス挙動を変数に取り込んでいる。

　js フォルダには main.js とともに重要となる data.
js ファイルがあり，博物館の位置（経度・緯度）と
名称等を指定している。具体的には下記のように，
名称，縮小画像，説明概要，リンク先 URL，緯度，

経度のデータの羅列として構成している。

```javascript
var data = {
  'Computer History Museum' : {
    name : 'Computer History Museum',
    img : 'Computer_History_Museum.jpg',
    dsp : 'The Computer History Museum is the
    world\'s leading institution exploring the
    history of computing and its ongoing impact on
    society…….',
    link : 'http://www.computerhistory.org/',
    lat : 37.414584
    lon : -122.077292
  },
  'National Cryptologic Museum' : {
    name : 'National Cryptologic Museum',
    img : 'CryptMuseum.jpg',
    dsp : 'The National Cryptologic Museum is the
        National Security Agency\'s principal
        gateway to the public...…..',
    link: 'https://www.nsa.gov/about/cryptologic_
    heritage/museum/',
    lat : 39.112499,
    lon : -76.7743293
  },
  （途中省略）
  'National Museum of American History' : {
    name : 'National Museum of American History',
    img : 'National_Museum_of_American_
    History.jpg',
    dsp : 'The Smithsonian\'s National Museum of
    American History dedicates its collections and
    scholarship to inspiring a broader understanding of
    our nation and its many peoples…….',
    link : 'http://americanhistory.si.edu/',
    lat : 38.891292
    lon : -77.029933
  }
};
```

　なお，世界地図を地域の白地図に変え，この data.
js 部分を学習内容に応じて変化させると，目的に応
じた白地図上の該当箇所をマウスでクリックすると
表示内容が変わる学習事例に発展させることもでき

る。

　cssフォルダとjsフォルダの横にはimgフォルダを置いており，その下にはsysフォルダとdataフォルダを置いている。sysフォルダには世界地図の白地図や，マウスが通過すると変わる博物館の位置を表す黒色■印や赤色●印のpng画像ファイルを置いている。また，dataフォルダには，世界の博物館のWebトップページを縮小した画像を置いている。これらは，マウスの通過やクリックにより，該当する画像が読みだされ，描画される。

3．双方向性コンテンツの利用

　以下，基本画面，世界のコンピュータ関連博物館の検索を伴ったマウス移動時の画面を例示する。当該ページに移動する場合は，小さなWebPageの一番下のWebPageと表記している部分をクリックすると，当該ページが開くようになっている。

　図4は世界で最も大きなコンピュータ博物館の一つである，HNFコンピュータ博物館（Heinz Nixdorf Museums Forum）の位置をクリックした結果である。出てきた画面の左下をクリックすると，本来のHNFコンピュータ博物館に移動する。特に，紀元前から今日に至る情報機器変遷の大きな流れに関連した展示となっている。ある意味で世界一のコンピュータ博物館とも言えるであろう。展示館とは別に大きな倉庫があり，計算機器，電卓，コンピュータ等の数多くのComputingに関わる歴史遺産が保存されている。日本の藁算復元プロジェクトも行われた。

　図5はHNFコンピュータ博物館と同様に世界で最も大きなコンピュータ博物館の一つであるコンピュータ歴史博物館を選択した結果である。米国カリフォルニアのシリコンバレーにあり，特にコンピュータの発達に主眼を置いて展示している博物館となっている。訪問時にはGoogleCar展示や英国科学博物館のバベッジ階差機関の復元物のデモがあった。

　図6は，補数を発明したジョン・ネイピアの計算棒が展示されているフィップル博物館である。また，バベッジの階差機関の実物の歯車も展示されており，英国ケンブリッジ大学のコンピュータ原理開発に関わる知的成果の集約となっている。なお，

図4　HNFコンピュータ博物館（ドイツ）

図6　フィップル博物館（イギリス）

図5　コンピュータ歴史博物館（米国）

図7　国立歴史博物館（米国）

図8　北京故宮博物館（中国）

図9　南通市中国珠算博物館（中国）

フィップル博物館は，ケンブリッジ大学の歴史・哲学学科が運営している。

　図7は米国のスミソニアン博物館群の一つである国立歴史博物館であり，ENIAC を含めたコンピュータの歴史についての展示があった。ただ，最近は展示内容が変わっており，国立航空宇宙博物館の方がコンピュータ関係の展示に力を入れている。

　図8は中国北京にある故宮博物館である。大英博物館が西洋の集大成とすると，こちらは東洋の集大成とも言える。皇帝を崇めることを意識しているのか日時計を上に見るのが印象的で，時計博物館もあり，非常に多くの文化的遺産が収められている。

　図9は南通市にある中国珠算博物館である。ここには世界一のそろばんがあり，幅8m，高さ1.8m，重さ3t，珠1つの重さが6.5kgの大きさである。部屋1つを占めており，圧倒される。

　以上，計算機器発達をテーマとして，そのWeb検索を補助するためにネットワークを利用した双方向性のあるコンテンツのプログラミングについて概説した。この事例が中学校でのプログラミング教育実践に寄与できれば幸いである。

（菊地章）

第IV部

高等学校におけるプログラミング教育

第1章　中学校から高等学校へのプログラミング教育の接続

1．プログラミングの概要

1．プログラミングの役割

　プログラミングの役割を知るためには，他の情報に関わる用語との関係を理解する必要がある。表1に示すように日本工業規格（JIS）では，情報，データ，情報処理，および，データ処理の各用語について明確に定義している。

　まず，情報とデータに関する処理の関係を図1に示す。対象物に関して知りえた事柄を情報として取得し，それを表現したものをデータとする。そのデータを処理することによって，新たなデータを生成し，それを解釈し得られたものを情報とし，新たな主題を読み解く。一般に，コンピュータを用いたデータ処理は，あらかじめ制作したプログラムを実行することによって行われる。

　表1に示したようにプログラミングは「プログラムの設計，記述，修正及び試験」と定義されている。ここで，プログラムとは，問題を解くためのものであり，明確に定義され順序付けられた有限個の規則からなる集合であるアルゴリズムを人工言語の一種であるプログラミング言語で記述したものである。なお，JISではプログラミング言語とプログラム言語を同一用語としているが，本書ではプログラミング言語と表記する。

　プログラムの処理過程を図式的に表現する場合，流れ図（フローチャート，JIS X 0121：1986）や統一モデル化言語（UML: Unified Modeling Language, JIS X 4170：2009）のアクティビティ図等を用いる。その他のプログラミングに関連する用語（一部）のJISによる定義も表1に示す。

2．プログラミング環境と言語

　前項で述べたように，プログラミングは「プログラムの設計，記述，修正及び試験」を意味するため，

表1　プログラミングに関連する用語と定義（JIS X 0001：1994，情報処理用語（基本用語）[1]）

用語	定義
情報	事実，事象，事物，過程，着想などの対象物に関して知り得たことであって，概念を含み，一定の文脈中で特定の意味をもつもの。
データ	情報の表現であって，伝達，解釈又は処理に適するように形式化され，再度情報として解釈できるもの。
情報処理	情報に対して行われる，データ処理を含む操作の体系的実施。
データ処理	データに対して行われる操作の体系的実施。
プログラミング	プログラムの設計，記述，修正及び試験。
プログラム	アルゴリズムの記述に適した人工言語の規則に従った構文上の単位であって，ある機能若しくは仕事の遂行又は問題の解決のために必要な宣言と文若しくは命令とから構成されるもの。
アルゴリズム	問題を解くためのものであって，明確に定義され，順序付けられた有限個の規則からなる集合。
人工言語	使用前から規則が明示的に確立されている言語。
プログラム言語	プログラムを表現するための人工言語。
プログラミング言語	
デバッグする	プログラム中の誤りを検出し，場所を突き止め，取り除く。
流れ図	処理又はプログラムの設計又は文書化のために処理過程，又は問題の各段階の解法を図形表現したものであって，適切な注釈が付けられた幾何図形を用い，データ及び制御の流れを線で結んで示した図。

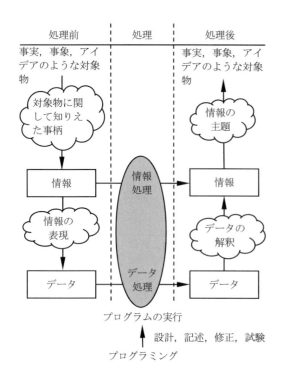

図1　情報とデータに関する処理の関係

それを実現するためのプログラミング環境が必要となる。一般に，プロジェクト管理やプログラム作成，デバッグ支援機能等をひとまとまりにした統合開発環境（IDE: Integrated Development Environment）と呼ばれる応用ソフトウェアを用いることが多い。

プログラムを具体的に表現するためには，人工言語であるプログラミング言語を用いる。プログラミング言語には，CPUが直接実行できる機械語やそれを記号等で表現するアセンブリ言語等の低水準言語と，人間にとって処理内容を分かりやすく表現できる高水準言語がある。さらに，コンパイラを使ってプログラムを機械語に翻訳し実行する方式やインタプリタを使ってプログラムを逐次解釈し実行する方式，プログラムを中間言語に変換し，仮想マシン上で実行する方式等がある。

また，プログラムの表現方法の違いから，文字を組み合わせて表現するテキスト型プログラミング言語と，アイコンや矢印等で示される視覚的なオブジェクトを組み合わせて表現するビジュアル型プログラミング言語がある。テキスト型プログラミング言語は，コンピュータの黎明期から現在に至るまで様々な用途に応じて規格が考案されている。JISで規格化されているテキスト型プログラミング言語例を表2に示す。

一方，ビジュアル型プログラミング言語は，視覚的に処理の流れを把握しやすい，記述ミス等が発生しにくいためデバッグが容易である，あらかじめ言語仕様を学習する必要性が低い，等の理由から，主にプログラミングの初学者向けに利用されている。また，処理内容や入出力関係，データの流れを2次元平面上で明確に表現できることから大規模な計測・制御システムにも応用されている。

規格化されているビジュアル型プログラミング言

表2　テキスト型プログラミング言語例

言語名	登場年	特徴
FORTRAN	1954	世界最初の高水準言語であり，主に科学技術計算用。
C	1972	高水準言語でありながら低水準言語の特徴をもつ。
C++	1983	C言語にオブジェクト指向や例外処理を追加したもの。
Java	1995	仮想マシン上で動作するため，実行するハードウェアに依存しにくい。
ECMAScript (JavaScript)	1995	Webブラウザ上で動作し，オブジェクト指向によりコンテンツを操作。

表3　ビジュアル型プログラミング言語例

言語名	登場年	特徴
Scratch	2006	MITメディアラボ開発。アニメーションやゲーム制作によって学習モチベーションを向上させる。
VISCUIT（ビスケット）	2003	書き換え前後の2つの絵で示すルールを追加する方法により低年齢層からのプログラミングに対応。
プログラミン	2001	文部科学省開発。あらかじめ用意されている絵や背景を組み合わせて容易に制作可能。
Scilab/Xcos	1990	フランス国立情報学自動制御研究所と国立土木学校の共同開発。ブロック線図によってシミュレーションプログラムを制作可能。

語は稀有であり，プログラミング環境と一体化しているものが多い。表3にビジュアル型プログラミング言語例を示す。

3．小・中学校におけるプログラミング教育の位置付け

一般に，プログラミング教育とは，「プログラムを設計・制作するための知識や技術を教えること」であるが，小・中学校におけるプログラミング教育は，大きく異なる文脈で使われる。

例えば，平成29年（2017年）に告示された小学校学習指導要領の総則では，「児童がプログラミングを体験しながら，コンピュータに意図した処理を行わせるために必要な論理的思考力を身に付けるための学習活動」と位置付けられている。さらに，「プログラミング的思考」という新たな用語を作り出し，それを「自分が意図する一連の活動を実現するために，どのような動きの組合せが必要か，一つ一つの動きに対応した記号をどのように組み合わせたらいいのか，記号の組合せをどのように改善していけ

ば，より意図した活動に近づくのか，これらのようなことを論理的に考えていく力のこと」と定義している。

中学校におけるプログラミング教育では，中学校教育が義務教育の一環であることから，プログラミングを専門とする職業人を育成することが目的ではなく，すべての国民に必要な知識や技術・技能，考え方等の基礎的な内容を取り扱う。社会や身の回りの生活において問題を発見し，それを解決するための創意工夫を引き出すこと，資質・能力をプログラミング教育を介して育成することが求められている。

このように，義務教育である小・中学校におけるプログラミング教育の目的は，「プログラムを制作できる資質・能力を育成すること」ではないことが明らかである。主に小学校教育では，論理的な思考力の育成のために，中学校教育では，問題発見・課題解決能力を育成するために，それぞれ，プログラミングという学習活動を利用している。

2．中学校と高等学校におけるプログラミング教育

1．中学校におけるプログラミング教育

中学校におけるプログラミング教育は，平成元年（1989年）に告示された中学校学習指導要領の技術・家庭科（技術分野）（以下，技術科と略記）において初めて規定された[2]。その内容は「F 情報基礎 (2) コンピュータの基本操作と簡単なプログラムの作成」において「ア　コンピュータの基本操作ができること。」および「イ　プログラムの機能を知り，簡単なプログラムの作成ができること。」であった。当時，中学校への教育用コンピュータの普及期であったことから，指導計画の作成と内容の取扱いにおいて，Fの内容は選択して履修させることとされた。また，GUIを搭載したOSは普及しておらず，BASIC等のテキスト型プログラミング言語を用いた教育活動が主に行われていた。

その後，パーソナルコンピュータとインターネットの普及による社会の情報化とともに，情報に関する教育の必要性がとくに高まり，平成10年（1998年）に告示された中学校学習指導要領の技術科では

「A　技術とものづくり」と「B　情報とコンピュータ」の2つの内容で規定された。プログラミング教育に関する内容は，Bの内容 (6) プログラムと計測・制御において，「ア　プログラムの機能を知り，簡単なプログラムの作成ができること。」，「イ　コンピュータを用いて，簡単な計測・制御ができること。」とされた。この内容では，プログラムの必要性と機能を知ること，課題解決するためプログラムを作成すること，身近な生活におけるコンピュータを用いた計測・制御例を知ること，目的に応じた計測・制御をすること等が取り扱われた[3]。このように，プログラミングは，計測・制御と組み合わせて学習することとなっていた。また，内容 (6) についても，選択して履修させることが規定され，すべての国民がプログラミングを学ぶ機会は得られなかった。

21世紀に入り，情報機器の小型・軽量化，インターネットを介した様々なサービスの登場と普及によって情報化社会がより一層高度化し，情報に関わる基礎的な内容の必修化が求められた。平成20年

（2008年）に告示された中学校学習指導要領の技術科では「D 情報に関する技術」の内容（3）プログラムによる計測・制御において，「ア　コンピュータを利用した計測・制御の基本的な仕組みを知ること」，および，「イ　情報処理の手順を考え，簡単なプログラムが作成できること」が規定され，すべての国民がプログラミングについて学習できるようになった[4]。この内容では，計測・制御するプログラムを作成することから，計測・制御の基本的な仕組みを知り，情報処理の手順を工夫する能力を育成することが求められていた。そのため，計測・制御を目的としないプログラミングについて取り扱うことはできなかった。

　世界的な情報産業の拡大に加え，学校教育においても基礎的な情報科学の内容を取り扱い，その見方・考え方を他教科の学習にも波及させることをねらい，2013年から英国では初等・中等教育における教科「コンピューティング」が導入された。プログラミングをはじめとする情報科学教育の重要度が増す中，平成29年（2017年）に中学校学習指導要領が告示された。技術科の内容「D 情報の技術」では「ネットワークを利用した双方向性のあるコンテンツのプログラミング」と「計測・制御のプログラミング」が個別の内容として必修となった[5]。

　それぞれ個別に学習する指導計画も想定されるが，基礎的なプログラミングについて学習した後，それがコンテンツや計測・制御に用いられることを知るような指導計画も考えられる。とくに，「ネットワークを利用した双方向性のあるコンテンツのプログラミング」と「計測・制御のプログラミング」で用いるプログラミング言語の種類が異なる場合，学習者の負担にならないように配慮すべきであろう。

　以上述べたように，中学校におけるプログラミング教育は，技術科において選択的に学習する内容として規定され，当初の「簡単なプログラムの作成ができること」から，学習指導要領の改訂毎にレベルアップし「ネットワークを利用した双方向性のあるコンテンツのプログラミング」と「計測・制御のプログラミング」になり，必修化されたことからも，その学習内容の重要性の高さがうかがえる。

2．高等学校におけるプログラミング教育

　日本の学校教育におけるプログラミング教育は，主に職業教育を目的とする高等学校から始まった。高等学校におけるプログラミング教育は，昭和45年（1970年）に告示された高等学校学習指導要領の工業，商業および理数で初めて規定された。工業では，電気工学Ⅲ，電子実習，電子工学Ⅲ，情報技術実習，プログラミング，数値計算法，電子計算機，プログラム理論，電気実習の各科目で，プログラミングに関わる内容が取り扱われていた。

　とくに，科目「プログラミング」では，「電子計算機のプログラミングについて，基礎的な知識と技術を習得させ，情報を合理的に処理する能力を高めるとともに，プログラミングの実習を通して，電子計算機各部の構成および機構の概要について理解させる。」という目標に対して，（1）基礎的なプログラム，（2）大量データを取り扱うプログラム，（3）複雑な処理のプログラム，（4）言語文法のまとめ，という内容があった。学習指導計画の作成と内容の取り扱いでは，（1）プログラムの作成における思考の過程を重視すること，（2）必要に応じて筆算との比較を行いながら思考させること，（3）プログラミングの具体的な内容は，各学科の専門科目に関係の深いものを選ぶものとする，（4）演習および実際にプログラムを働かせることなどを効果的に組み合わせて行うこと，とされていた。さらに，科目「プログラミング」の学習の基礎の上に，ソフトウェアの開発に役立て基本的な資質を高め，プログラム設計上の基礎的な知識とデバッグなどの技術を習得させるための科目「プログラム理論」も設置されていた。また，商業の電子計算機一般，プログラミングⅠ，プログラミングⅡ，事務機械，理数の計算機数学の各科目で，プログラミングに関わる内容が取り扱われている。これらの内容の取扱いは，現在普及しているコンピュータ関係の用語とやや異なる表現を除けば，今でも十分通用するものである。

　さらに，昭和53年（1978年）に告示された高等学校学習指導要領では，初めて各学科に共通する教科の一つである数学の科目「数学Ⅱ」の内容にプログラミング教育に対応する「(6) 電子計算機と流れ図」が規定された。この内容では，使用する計算機の機

能に応じてプログラムを作成し，実際に計算機にかけて結果が求められるように指導することが求められた。その後，学習指導要領の改訂毎に，数学，工業，商業，理数に加え，理科や家庭等の教科にもプログラミングに関わる内容が追加され，現在に至っている。

　情報化の進展に対応した初等・中等教育における情報教育の推進等に関する調査研究協力者会議平成9年（1997年）において，「情報活用の実践力」，「情報の科学的な理解」，「情報社会に参画する態度」の3観点で情報活用能力を育成することが位置付けられた。普通教育においても情報に関わる教育の必要性が高まり，平成10年（1998年）に告示された高等学校学習指導要領では，普通教育ならびに専門教育に関する教科として，それぞれ「情報」が新設された[6]。

　普通教科「情報」では，情報A，情報B，情報Cの各科目が規定され，選択必修となっていた。プログラミングに関する内容は，科目「情報B」の「コンピュータの仕組みと働き」，「問題のモデル化とコンピュータを活用した解決」で規定されていた。一方，専門教科「情報」では，11科目が設置されていたが，その内，プログラミングを取り扱う内容を含む科目は，アルゴリズム，情報システムの開発等であった。このように，教科「情報」の内容は，情報学と呼ばれる学問体系を基礎とするものが多く，プログラミング教育の位置付けは高いものではなかった。

　一般家庭でも高速通信回線によるインターネットが利用できるようになるとともに，生徒の携帯端末の利用率の著しい向上等により，SNS等を介したトラブルが急増し，社会問題となり「情報社会に参画する態度」の育成，とくに情報モラル教育の必要性が高まった。

　平成21年（2009年）に告示された高等学校学習指導要領では，普通教科「情報」の科目を，社会と情報，情報の科学の2つに再編し，選択必修とした[7]。両科目の内容に，プログラムやプログラミングという用語は規定されておらず，「情報の科学」における内容の取扱いで，「プログラム言語を選択すること」と規定されているのみであった。専門教科「情報」では，アルゴリズムとプログラム，情報システム実習の両科目でプログラミングに関する学習内容が含まれていた。

　2010年代に入ると，情報に関わる産業の巨大化・多国籍化のみならず，様々な社会活動において情報技術が利用されるようになり，それが国益を生み出すことは明白となった。また，インターネットを介した商取引や金融サービス，仮想通貨（暗号資産）の登場によって，情報セキュリティを確保するための知識や技術は，組織のみならず個人でも必須のこととなった。さらに，少子高齢化社会をむかえた日本のような成熟社会になると，新たな産業やサービスを生み出す創造力や問題解決能力の育成がより一層重要になってきた。このような中，世界的に情報教育の流れが，情報の科学的な理解を中心とするものに変わり，とくに，プログラミングに用いられている思考過程を学校教育においても積極的に取り入れようとするようになった。

　平成30年（2018年）に告示された高等学校学習指導要領では，普通教科「情報」において，必須科目として，情報Ⅰを設置し，情報Ⅱを選択的に履修するものにした[8]。情報Ⅰの内容（3）に「コンピュータとプログラミング」を設け，情報の科学的な理解を促進するため，「コンピュータで情報が処理される仕組みに着目し，プログラミングやシミュレーションによって問題を発見・解決する活動」を導入した。情報Ⅱの内容（4）に「情報システムとプログラミング」を設け，「情報システムの在り方や社会生活に及ぼす影響，情報の流れや処理の仕組みに着目し，情報システムを協働して開発する活動」を導入した。専門教科「情報」では，情報産業と社会，情報システムのプログラミング，情報実習の3科目に具体的なプログラミングに関する学習内容が含まれた。

　以上述べたように，高等学校におけるプログラミング教育は，職業教育を目的とする教科から始まり，情報化社会の進展とともに，新たな教科として「情報」が設置され現在に至っている。普通教科「情報」では，学習指導要領の改訂とともに，情報の科学的な理解を推進する内容が充実し，とくにプログラミング教育の重要性が増していることが分かる。

3. 中学校から高等学校へのプログラミング教育

　中学校から高等学校へのプログラミング教育の接続について，平成29年(2017年)告示の中学校学習指導要領と平成30年(2018年)告示の高等学校学習指導要領の普通教科に基づいて考察する。

　中学校におけるプログラミング教育は，技術科の「D　情報の技術」の内容で取り扱われ，「ネットワークを利用した双方向性のあるコンテンツのプログラミング」と「計測・制御のプログラミング」の2つに分かれている。

　一方，高等学校におけるプログラミング教育は，教科「情報」において，科目「情報Ⅰ」では「コンピュータとプログラミング」，科目「情報Ⅱ」では「情報システムとプログラミング」で主に取り扱われる。前者の内容では，「アルゴリズムを表現する手段，プログラミングによってコンピュータや情報通信ネットワークを活用する方法について理解し技能を身に付けること。」および「目的に応じたアルゴリズムを考え適切な方法で表現し，プログラミングによりコンピュータや情報通信ネットワークを活用するとともに，その過程を評価し改善すること。」が規定されている。

　例えば，数学のように，中学校で学んだ内容を包含する形で，高等学校の内容が規定されていれば，プログラミング教育についても，中学校から高等学校へと円滑に接続できると考えられる。しかし，中学校と高等学校で異なる教科名の学習内容としてプログラミングを取り扱うようになっているため対応が不明確であることは否めない。

　教科「情報」においてプログラミング教育を指導するにあたっては，まず中学校の技術科で取り扱った教育内容を知る必要がある。具体的には，技術科で使用されている各教科書や指導書で関連する記載内容を熟知することが望まれる。技術科におけるプログラミングは「コンテンツ制作」と「計測・制御」の両者に対して応用されていることを認識し，改めてプログラミングの基礎的な内容を高等学校で取り扱うことが重要である。

　さらに，中学校と高等学校で同様なプログラミング環境を利用することで，一貫性のある教育活動を行える可能性が高まる。具体的には，現時点で規格化はされていないが，世界的に利用されているプログラミング言語の一つであるPython等が挙げられる[9]。

　　　　　　　　　　　　　　　　（伊藤陽介）

第2章　プログラミング教育とデータ構造

1．プログラミング教育とデータ構造のつながり

　学校教育におけるプログラミング教育では，順序，条件判断，反復等の処理の流れが重視される傾向にあるが，処理の流れを習得するのみでは，コンピュータが行っている情報処理の本質を理解できない。メモリに記録された情報を更新する手順を表現したものがプログラムであるため，その更新に関わる仕組みを知る必要がある[1]。

　プログラムを実行する仕組みを教育する場合，メモリ内に記録されたプログラムがどのように実行されているかについて，指導者は情報の表現方法とデータ構造の関係と合わせて，基礎的な知識をもつことが望ましい。

　データ構造は，様々な用途に応じて既に考案されたものがあり，本章では，配列，スタック，キュー，リスト構造及び木構造を取り上げる。例えば，プログラミング教育の一環として，すでに考案され広く利用されているデータ構造を学習者が改めて案出することに対して一定の教育効果は期待できる。限られた授業時間を有効活用するために，一般的なデータ構造とそれを用いた情報処理方法をあらかじめ説明しておき，学習者は用途に応じて利用するデータ構造を選択することなども考えられる。

　また，プログラミング教育におけるデータ構造の指導方法として，例えば，配列は「教室の机のレイアウト」，スタックは「複数個のボールを保管する筒」，キューは「待ち行列」などのように，実生活の状況と対応させることが挙げられる。

2．データ構造の役割

1．データ構造の概要

　本節では，プログラミング教育を実践するにあたって，必要なデータ構造の役割について述べる。図1に示すように，一般的なコンピュータはCPUとメモリを備えている。メモリには，CPUが一度に処理できる情報ごとに個別の番号を割り振ることが原則である。しかし，PC等で用いられているCPUは，過去との互換性を維持するために，1バイト（8ビット）単位で番号を割り振っている。欧米では道路に沿って連続で地番が割り振られていることに類似していることから，この番号のことをメモリ・アドレス（memory address）と呼ぶ。一般にメモリ・アドレスは16進数で表記されることが多い。

　メモリは，大別してプログラムとデータで利用される。オペレーティングシステム（OS）を搭載している場合，OSに備えられているメモリ管理ソフトウェアによって，必要なメモリ量を割り当てたり，解放したりでき，限られたメモリを有効利用できる仕組みになっている。一部の組み込み型コンピュー

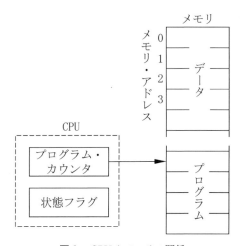

図1　CPUとメモリの関係

タのようにOSを搭載していない場合，利用者が作成したプログラム自身でメモリ全体を管理しなければならない。

プログラムは，CPUが備えるプログラム・カウンタ（program counter）と呼ばれる記憶素子が示す数値をメモリ・アドレスとみなし，そこに記憶されている情報を命令語として解釈する。その命令に従った処理をCPUが行い，プログラム・カウンタの値を更新する。例えば，加減算を行うとその結果に基づき，状態フラグが変化するような電子回路がCPU内にあり，演算結果がゼロになるとフラグがオンになる。このフラグの状態に応じてプログラム・カウンタを変更する命令によって条件判断の処理が行われる。

また，入出力に関係する信号を取り扱う方法として，メモリ・アドレスと入出力ポートを関連付ける方法（memory mapped I/O）と，入出力ポートをメモリ・アドレスとは別な番号で取り扱う方法がある。

プログラムで扱うデータもメモリ内に記憶される。データ構造とは，メモリ内で記録されるデータ型や並び方を示す。

単一のデータ型の種類として，整数型，実数型，文字型，ポインタ型等が挙げられる。表1にデータ型を例示する。

演算速度や演算に伴う誤差を考慮し，整数の範囲内で処理できるものは整数型を用い，それを超えるものは実数型を用いる。整数型の場合，符号を考慮するか否かによって表現できる範囲が異なる。実数型は，浮動小数点数として表現され，符号部，指数部，仮数部から構成される。各部に割り当てるビット数や表現方法の規格としてIEEE754（https://ieeexplore.ieee.org/document/4610935）があり，ほとんどのコンピュータで用いられている。文字は，文字コードとして取り扱われ，整数型の一種となる。表1では，1バイトの文字コードに対応する文字型を挙げている。多言語対応の文字コードを扱う場合，UTF-8（Unicode Transformation Format-8）と呼ばれるコード体系が用いられ，1〜6バイトの可変長で符号化される。なお，文字列はメモリ上に文字コードを連続的に記憶したものであるため，後述するポインタ型によって取り扱う。ポインタ型

表1　データ型（例）

型	大きさ（バイト）	説明
整数型（符号付き）	2	範囲：$-2^{15} \sim 2^{15}-1$
	4	範囲：$-2^{31} \sim 2^{31}-1$
整数型（符号なし）	2	範囲：$0 \sim +2^{16}-1$
	4	範囲：$0 \sim +2^{32}-1$
実数型	4	IEEE754形式の浮動小数点数　符号部，指数部，仮数部（有効桁：7.2桁），絶対値の範囲：$1.2 \times 10^{-38} \sim 3.4 \times 10^{38}$
	8	IEEE754形式の浮動小数点数　符号部，指数部，仮数部（有効桁：16桁），絶対値の範囲：$2.2 \times 10^{-308} \sim 1.8 \times 10^{308}$
文字型	1	文字コード：$0 \sim 255$
ポインタ型	4	範囲：$0 \sim$ FFFFFFFF（16進数）32ビットCPUで用いられる。

は，メモリ・アドレスを示し，データ構造を構成するために用いる。

さらに，構造体と呼ばれる1つ以上の複数種類のデータ型をひとまとまりにして定義し利用する方法もある。

2バイト以上のデータ型の場合，記憶する順番の違いからビッグ・エンディアン（big endian）とリトル・エンディアン（little endian）がある。4バイトのデータ型で両者の違いを図2に示す。

エンディアンは，データのみでは判別できないため，別に識別情報を必要とする。整数型の場合，リトル・エンディアンであれば，その大きさが異なってもメモリ上に記憶される順番と位の関係が保持できるため，現在利用されている多くのCPUで採用されている。

図2　4バイト整数型のエンディアンの違い

2. プログラミング言語とデータ構造

プログラミング言語においてデータ構造を表現する基本的な方法として変数がある。言語仕様によって、変数で取り扱い可能なデータ型は様々であり、一般的にビジュアル型プログラミング言語と比較してテキスト型プログラミング言語の方が多種類のデータ型を取り扱え、複雑なデータ構造を表現できる。

コンピュータのメモリ操作の基本的な仕組みであるポインタ型を変数として取り扱えるプログラミング言語は限られている。コンピュータの仕組みやデータ構造を学ぶことを目的とする場合、ビジュアル型プログラミング言語ではなく、C言語またはC++言語を利用することが望ましい[2]。

一方、プログラミングを容易にするため、あえてメモリとデータ構造の関係を意識させないように、変数の定義やメモリの割り当て、解放等について明示的に記述しなくても、自動的に行うプログラミング言語もあり、初めてプログラミングを学習する場合に適する。

3. データ構造例

1. 配列

同一データ型の複数の要素に対して処理する場合、メモリ内で連続して要素を並べて記憶する1次元配列がある（図3）。配列要素の内容を更新する場合、1次元配列の先頭アドレスを記憶したポインタ型のデータとその要素を示す番号（添字とも呼ばれる）で指定する。

さらに、表のような情報を取り扱いたい場合、2次元配列を用いる。2次元配列のデータ構造は、図4 (a), (b) に示すように2種類ある。(a) では2次元配列を構成する1次元配列が連続的に記録され、その先頭アドレスを示すポインタ型が1つある。(b) では2次元配列を構成する1次元配列の各先頭アドレスを示すポインタ型の1次元配列があるため、各1次元配列が必ずしも連続的に記憶される必要はない。(a) はポインタ型の1次元配列が不要のためメモリを有効利用できる特長はあるが、(b) のように動的に2次元配列を構成できないため、用途に応じてその構造を選択する。同様に、3次元以上の多次元配列も構成できるが、多次元配列にすると要素を示す番号（添字）がその分増加し、プログラムでの表現が複雑になることから、多用することは差し控え、構造体等を利用する方がよい。

2. スタック

プログラムは、副プログラム、関数、サブルーチン等と呼ばれる単位で構成することが多い。このプログラムの単位処理を呼び出した場合、その処理が完了後、元に戻るメモリ・アドレスを記憶しておく必要がある。さらに、複数段階で呼び出されてもよいように、元に戻るメモリ・アドレスを最後に記憶したものから順に取り出す「後入れ先出（LIFO: Last-In First-Out）」というデータ構造が必要となる。このデータ構造をスタック（stack）と呼ぶ。

図5にスタックを模式化した図を示す。スタックは、複数のボールを保管できる筒のように例えられ、ボールを次々と筒に入れていった後、ボールを取り出す際、一番最後に入れたものとなる。ここで、スタックにデータを追加することをプッシュ・ダウン（Push down）、スタックからデータを取り出すことをポップ・アップ（Pop up）という。

スタックを1次元配列で構成したものを図6 (a) に示す。1次元配列と別に、スタックに対して処理するための要素番号を示すスタック・ポインタ（SP: Stack Pointer）を必要とする。プッシュ・ダウ

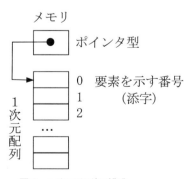

図3　1次元配列の構造

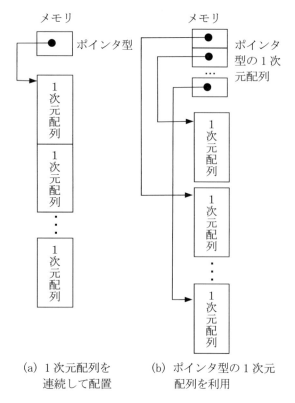

(a) 1次元配列を　　(b) ポインタ型の1次
　　連続して配置　　　　元配列を利用

図4　2次元配列の構造

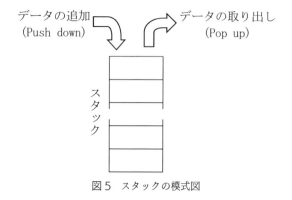

図5　スタックの模式図

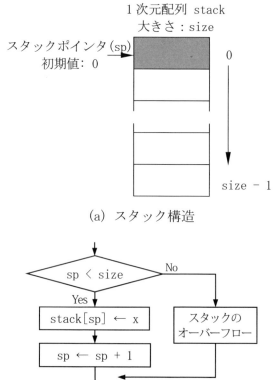

(a) スタック構造

(b) スタックにデータを追加する処理

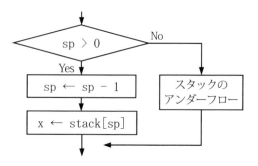

(c) スタックからデータを取り出す処理

図6　スタックの操作方法

ンとポップ・アップの処理の流れをそれぞれ図6(b), (c)に示す。スタックの大きさは有限であるため，プッシュ・ダウンする領域が足りなくなるオーバーフローや取り出すデータがないアンダーフローになると，正常なスタック構造を保持できなくなる。

なお，CPUはSPを1つ以上備えており，メモリ・アドレスの大きい方からスタック領域を確保するため，図6に示したSPの使い方と逆になり，スタックにデータを追加するとSPを減少させ，データを取り出すとSPを増加させる。また，オーバーフローやアンダーフローになると，割り込みを発生して特別な処理を実行する機能をもつCPUもある。

さらに，プログラムの単位処理中のみで利用する変数等のデータの割り当て等のため，スタック内にメモリ領域を確保する方法がある。このメモリ領域をスタック・フレームと呼ぶ。図6 (a)のスタックの構造であれば，利用したいデータ量に対応するメ

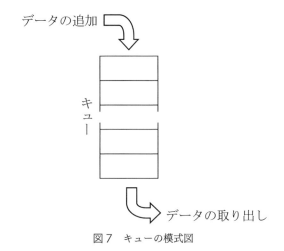

図7　キューの模式図

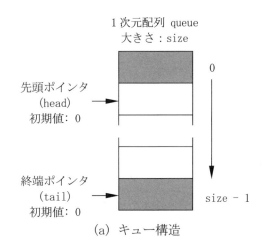

(a) キュー構造

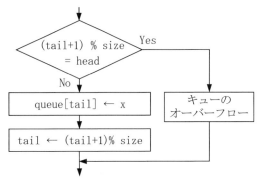

(b) キューにデータを追加する処理（%は剰余）

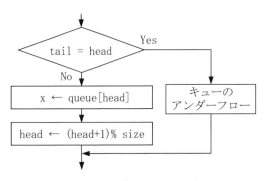

(c) キューからデータを取り出す処理
（%は剰余）

図8　キューの操作方法

モリ分をSPに加算することで確保する．スタック・フレームを解放する場合は，加算分をSPから減算することで行う．

3．キュー

例えば，処理速度が異なる2つのプログラム間でデータを取り扱う場合，データの取りこぼしをなくすために，データを一時的にためておくメモリ領域を必要とする．データの順序を維持するため，このメモリ領域では「先入先出（FIFO: First-In First-Out）」というデータ構造が必要となる．このデータ構造をキュー（queue）と呼び，待ち行列とも言われる．図7にキューを模式化した図を示す．

キューを1次元配列で構成したものを図8（a）に示す．1次元配列と別に，キューに対して処理するための要素番号を示す先頭ポインタと終端ポインタを必要とする．データの追加と取り出しの処理の流れをそれぞれ図8（b），（c）に示す．キューの大きさは有限であるため，データを追加する領域が足りなくなるオーバーフローや取り出すデータがないアンダーフローになると，正常なキュー構造を保持できなくなる．

4．リスト構造

配列はメモリ上に要素が順番に並んで記憶されているため，その構造は単純である．しかし，配列に新たな要素を追加したり，削除したりする場合，他の要素を移動させる処理が発生し，処理効率が低下する場合がある．要素の追加や挿入，削除を頻繁に行う処理に適するデータ構造として，要素（データ）とつながりを示す情報（ポインタ）をひとかたまりにしたノードを組み合わせたリスト構造が用いられる．なお，ノードのつながり方の順番とメモリ内で配置する位置は一致させる必要はない．

ノードを数珠つなぎにしたリスト構造を連結リス

ト構造という。連結リスト構造は，単方向リスト構造と双方向リスト構造に大別される。単方向リスト構造はノードを順にたどれるようにポインタを1つ備えたものであり，双方向リスト構造はノードを正順にも逆順にもたどれるようにポインタを2つ備えたものである。図9（a）と（b）に単方向リスト構造，双方向リスト構造をそれぞれ示す。ここで，網掛けの箱に記載した数字はノードに含まれるデータ例であり，ポインタを矢印で示す。図9（a）の単方向リスト構造の最後のノードのポインタは，終端を示すため，斜線で表現している。多くの処理系ではNULLポインタと呼ばれる0等の特別なメモリ・アドレスが用いられる。

リスト構造に含まれる特定の要素を探索する場合，最初のノードから順にポインタを使ってたどっていき，探索対象の要素かどうか判定する。そのため，配列の要素探索と比較して処理量は増える。

一方，リスト構造にノードを追加，挿入したり，削除したり場合，ポインタを更新することで行え，ノードそのものを移動させる必要がないため効率よく処理できる。図10と図11に，単方向リスト構造の途中にあるノードの削除，挿入手順をそれぞれ示す。同様な考え方で双方向リスト構造に対しても，ノードの追加，挿入，削除ができる。

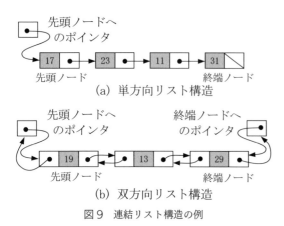

図9　連結リスト構造の例

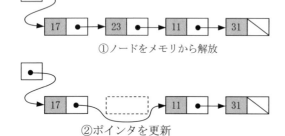

図10　単方向リスト構造の途中のノードを削除する手順

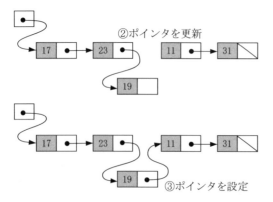

図11　単方向リスト構造の途中にノードを挿入する手順

5．木（Tree）構造

リスト構造のノードに複数のポインタを備え，各ノードを網の目状につながったリスト構造も構成できる。このうち，幹から木の枝が広がるように，1つのノードから複数のノードに次第に分岐していくようにつながった構造を木（Tree）構造という。例えば，図12に示すように，住所表記は木構造に近いものとなっている。

他にも，階層的にフォルダ（ディレクトリ）を作成できファイルを管理するためのファイルシステムでも，木構造が基本となっている。

図13に木構造の用語を示す。一般に，木構造を図示する場合，本物の「木」と逆に，根を一番上に表記する。ここで，○は節点（node）を示し，節点を結ぶ線を枝（branch）という。すべての元となる

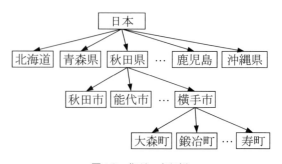

図12　住所の表記例

節点を「根（root）」と呼び，ここから木構造が構成される。図13中で網掛けした節点に着目し，これより上位の節点を「親（parent）」，下位の節点を「子（child）」という。さらに，子を持たない末端の節点を「葉（leaf）」という。

特に，すべての節点において，2本までの枝しかない持たない木構造を二分木（binary tree）と呼ぶ。図14に二分木の構成例を示す。1次元配列で表現した二分木をヒープ（heap）と呼び，これを用いてデータを整列するアルゴリズムとして，ヒープソートがある。

（伊藤陽介）

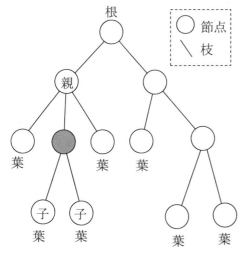

図13　木構造の例と用語

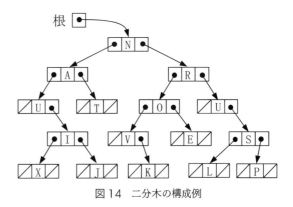

図14　二分木の構成例

第3章　生徒が自ら選ぶソフトウェアによる問題解決の授業実践

1．問題解決の手段としてのプログラミング

1．はじめに

　高等学校教科情報の目標は「情報及び情報技術を活用するための知識と技能を習得させ，情報に関する科学的見方や考え方を養うとともに，社会の中で情報及び情報技術が果たしている役割や影響を理解させ，社会の情報化の進展に主体的に対応できる能力と態度を育てる」[1]とある。

　2018年に告示された学習指導要領[2]においても以下のように示されている。

> 学校教育には，子供たちがさまざまな変化に積極的に向き合い，他者と協働して課題を解決していくことや，さまざまな情報を見極め，知識の概念的な理解を実現し，情報を再構築するなどして新たな価値につなげていくこと，複雑な状況変化の中で目的を再構築することができるようにすることが求められている」

　このように，高等学校の教科「情報」は情報化の進む社会で主体的に課題を見出し，どのように解決するかを考え，行動できる能力を伸長することを目指している。

　未来を担う高校生が，分からないことはスマートフォンで調べればよいと考え，長時間電子機器を触っているがそのほとんどはゲームプレイや動画視聴であるなら，AIに多くの仕事が取って替わられる高度情報社会において職業選択の幅は少なく，本当に生き抜いていけるのか心配になる。ICT技術の利用者，消費者になるための情報リテラシー教育ではなく，普段何気なく使っているゲームやアプリケーションがどのように作られているのか，また自分が遊んでいるコンピュータゲームやソフトウェアが思っているよりも簡単に作れることを実感させ

る，ICT技術の生産者側の教育が必要であろう。

　もちろん，すべての高校生が高度なICT技術者になるわけではないし，その必要もない。しかし，ICT技術がブラックボックスと化すのではなく，使っているゲームやSNSなどのアプリケーションの裏側がどのようになっているのか生徒に興味を持たせることは，今日の情報教育の使命であり，こうしたことが将来，情報関連の様々な職業を選択する契機となるはずである。今回実践した授業では，プログラミングの構造やアルゴリズムを学習するのではなく，ARの概念や作り手側の論理を知るといった，種々のプログラミング技術に関心を持たせることを高等学校共通教科「情報」の使命ととらえている。

2．高等学校における問題解決学習

　問題解決学習とは，生徒自ら問題を発見し，整理分析したのちに解決方法を考え，その方策を用意し，目的や状況に応じて問題に対応すること[3]である。今回実践した情報教育は，生徒の主体性と協調性を前提とした問題解決学習である。

3．高等学校におけるプログラミング

　従来プログラミングに関して人は2種類のタイプに分けられた。2種類を仮にタイプA，Bとする。タイプAはプログラミングを手がける高等教育機関や研究所に所属するような専門家である。タイプBはプログラミングを行わない一般人である（図1）。

　しかし近年では，新たなタイプCの存在が出てきた。近年APIの公開の動きやオープンソースの言語が多数登場し，エディタやその開発環境の発展もめざましい。一般人がやろうと思えば簡単にコードを書いたりブロックを使ったりすることでプログラムを作れる環境がある。また，一般人でも自らのプロ

グラムや作り上げたソフトウェア，開発環境を多くの人に発信でき，公開することが当然の動きとなっている（図2）。将来的にはタイプBは淘汰され，すべての人がプログラミングをすることが求められる社会（Society5.0）となるだろう（図3）。

このような現状を踏まえると高等学校におけるプログラミング教育には2つのアプローチがある。ひとつは，未来の技術者への足掛かりである。ひとつの言語に特化して，開始や分岐，繰り返しといったプログラムの基本構造やFIFOといった基礎的なアルゴリズムを学習することである。もうひとつは，一般人としてICT技術の仕組みや提供者側の論理を知り，技術者より浅いレベルでプログラミングを使う能力の育成である。

次節から示す実践は後者の学習である。生徒が関心のある昨今の代表的なICT技術（ゲーム，アート，音声，自動化，AR，Webデザイン，3D）のソフトウェアを作成させる。その実習を通してソフトウェアが簡単に作りだせることを体感し，ICT技術の仕組みや提供者側の論理を垣間見せることが本実践の第一の目的である。

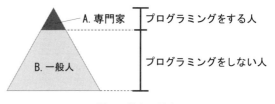

図1　従来の社会

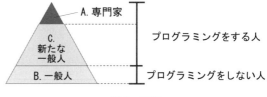

図2　現在

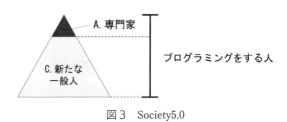

図3　Society5.0

2．授業計画

1．授業概要

複数の技術テーマ（ゲーム，アート，音声，自動化，AR，Webデザイン，3D）のデモンストレーションを教員が行い，生徒は興味を持ったテーマを選択する。選択した技術テーマごとに5〜6人のチームを作成し，チームごとにその技術を使った問題解決に取り組む。問題は生徒に身近なものをそれぞれのチームで定める。生徒に，教員側からの要求条件は，選択した技術を使ってオリジナルな要素を必ず1つ含んだアプリケーション作品（実行できるプログラム）を開発することであると伝えてある。アプリケーション作品を作成するために習得が必要な各技術は基本的に生徒が自分たちで調べることとし，教員は原則教えない。使い方は生徒らが自分で学習しながら進める。生徒は完成した作品と発表資料を他チームの生徒とゲスト（他教科の先生）に発表する。作品の評価は発表後，生徒が相互に行って優秀な作品を決定した。

2．実施環境

授業は2016年2学期に，共通教科「情報」の1年次必修科目「社会と情報」として実施した。普通科1クラス36人から40人の4クラスを対象とした。

(a) 生徒の情報スキル

プログラミング経験者は1クラスに1人程度であった。家でコンピュータを使うことは少なく，使用している場合も動画視聴やゲーム中心であった。

1学期からグループ活動を取り入れており，互いの意見を尊重しながら活発なやりとりができた。

(b) 設備環境

授業実施年度は，時間割の都合上週2時間のうち1時間が普通教室，1時間がコンピュータ室であった。そのため連続してコンピュータ室で実習を行えないという制約があった。普通教室での授業時には他の単元を進めるか，作業ができないグループはデ

ザインや要件決め，コンピュータ室での段取りを決める時間とした。

また，全教室に無線LANを完備しており，普通教室においてもインターネットが使用できる。一人一台タブレット（授業実施当時はAndroid）を3年間貸与しており，生徒はタブレットを自宅に持ち帰り充電して持参する。これにより，普通教室での授業時や休み時間，自宅においても，タブレットを用いて発表資料作成や素材収集，情報収集ができた。選択したテーマによってはタブレットで作業やプログラミングを進められた。話し合いの議事録や進捗状況の確認，発表資料作成にはクラウド[4]を活用し，共有機能や同期性を利用してひとつの資料を複数人で同時に編集，閲覧することができた。

3．事前準備と事前指導

2016年8月に授業実施を決め，準備を開始した。

(a) 事前準備

複数のプログラミング言語，ソフトウェア技術から生徒自身が興味を持った技術，言語を使えるようにするため，できる限り幅広い分野の技術を探した。その際プログラミング環境やソフトウェア利用環境を10月までに整備できるか，生徒が扱える操作性か，費用がかからないか，に注意した。調査，候補の対象となった技術テーマおよび，実際に採択した技術テーマに関しては「3．教材について」で詳しく述べる。

(b) 事前指導

ほぼ全員がプログラミング未経験であることを踏まえ，事前にプログラムの基本構造の確認とプログラミング体験を行った。9月の普通教室授業時の1時間を使用し，タブレットでブロックプログラミング[5]に取り組んだ。プログラミングとは何か，基本構造（開始と終了，分岐，くりかえし）を実際に一人ひとりがブロックを使い確認した。

また，作品制作の際に著作権に配慮できるよう，9月に著作権に関する授業を行った。

4．授業計画

(a) 授業時数と実施時期

授業時数は普通教室時の実施も含めて10時間程度であった。実施時期は2016年10月中旬（中間考査後）から11月下旬であった（図4）。

(b) プロジェクトの流れとチーム構成

はじめに，プロジェクトベースで進める授業（PBL，図5）について授業の進め方，授業の理由，目的，求める結果を説明した。

技術テーマ一覧（タブレットアプリ，デジタルアーツ，演奏アプリ，操作の自動化，AR，Webサイト）を提示し教員によるデモンストレーション後，生徒がそれぞれ取り組みたい技術テーマを選択した。人数の都合上全員が第一希望のテーマに取り組めるとは限らなかった。また提示した以外に生徒から取り組みたい技術を挙げられ追加したテーマもある。

1チームは5～6名で構成した。チームの中で貢献度に差が出ないようにするため，構成員の役割（図6）を明確化した。役割は実際のソフトウェア開

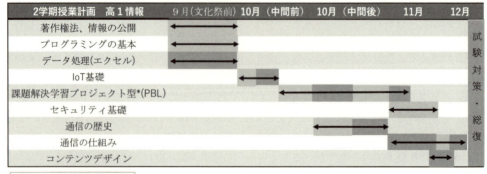

図4　2学期授業計画

図5 プロジェクトの流れ

役割	内容	名前
リーダー	全体の進行、進行把握、報告	
開発	作成の中心	
調査	資料集め、サンプル探し	
デザイン	見易さや、構成の工夫	
発表	プレゼンテーション準備、発表責任者	

図6 チーム内の役割分担表

発のチームを意識した。毎時間中心となるメンバーが変わるように役割ごとのタイムスケジュール（図7）を提示した。

(c) 発表とふりかえり

発表は最後の2時間とした。発表には管理職や担任に案内を出し、見に来ていただいた。発表時間は1チーム5分とした。発表内容は役割分担、選択したテーマとその技術の説明、作品名、作品解説、作品の使用対象者、想定する使用状況、工夫した点、作品のデモンストレーションとした。聞き手は配布

図7 役割ごとのタイムスケジュール

されたふりかえりシート（次節図10に掲載）に発表を聞きながらコメントを書き込み、発表終了後に自分のグループの振り返りを記入した上でファイル提出とした。

3. 教材について

1. 種類の多さの理由

単一のソフトウェア教材やプログラミング言語に限定しないことで、個々の生徒の興味関心、得意不得意を考慮した実習を目指した。アートに関心が高い生徒もいれば、ゲームに興味がある生徒もいる。キーボード入力に苦手意識のある生徒もいれば、マウス操作で線を描くことが苦手な生徒もいる。それぞれがやってみたい、やれるかもしれない、と思う言語やソフトウェアを使って問題解決を目指すことが実際の社会でも役立つと判断したからである。好きこそものの上手なれである。

2. 教材選定方法

(a) 教材候補

2016年8月中旬から9月にかけて複数の技術テーマの環境整備、サンプルプログラミング、事例収集を行った（図8）。

	課題解決学習プロジェクト	道具
①	タブレットアプリ開発	monaca
②	天気予報、地図アプリ	JavaScript,Html5
③	演奏アプリ作成	Scratch,ドリトル
④	アニメーション	Proseccing
⑤	3D作成	blender
⑥	3D設計	CAD,googleSketchUp
⑦	AI活用	Bluemix(watson)
⑧	ロボット	mindstorm
⑨	ロボット	Arduino,ドリトル,Scratch
⑩	GUIの自動化	sikuli
⑪	ゲームアプリ作成	AppInventor
⑫	webページ作成	Jimdo
⑬	ARアプリ作成	wikitude
⑭	ARアプリ作成	Unity,ユニティちゃん,vuforia

図8 教材候補一覧

①タブレットアプリ開発
　使用言語：HTML5
　技術テーマ：タブレットアプリ

使用ソフトウェア：Monaca

参考 URL：https://ja.monaca.io/

Monaca はハイブリッドアプリを作成するプラットフォームである。ハイブリッドアプリとは Web アプリを開発し，アイコンを作成することでタブレットにアプリをインストールしたように見せる技術である。生徒には利用に必要な登録方法を示し，使い方とサンプルコードが記載された本「Monaca で学ぶはじめてのプログラミング」（アシアル株式会社，2016.3）を渡した。

②天気予報，地図アプリ

使用言語：JavaScript，HTML5

技術テーマ：API

Yahoo! や Google が公開している天気や地図に関する API を使って HTML で Web アプリ開発を想定した。使用技術と組み合わせが難易度が高い。生徒は選択しなかった。

③演奏アプリ，音の出るゲーム作成

使用言語：Scratch，ドリトル

技術テーマ：音が出るプログラム

参考 URL：Scratch https://scratch.mit.edu/
　　　　　　ドリトル https://dolittle.eplang.jp/

Scratch は MIT メディアラボによるプロジェクトで提供されている無料のプログラミング環境である。ブロックを組み合わせてコードを記述せずにプログラミングができる。

ドリトルは大阪電気通信大学の兼宗教授による教育用のプログラミング言語である。日本語でプログラムできることに特徴がある。生徒には事前学習でScratchJr を使ったことから Scratch を提示した。Web の Scratch，コンピュータにインストールしたバージョン，タブレットによる ScratchJr の使用方法を示した。使い方は事前学習のみで，サンプルコード等は各自でリミックス機能（Scratch の特徴の一つ。他の人が作ったプログラムとそのコード（ブロックの組み方）をすべて見ることができ，そのまま書き換えて使うことができる）を利用するように指導した。

④アニメーション

使用言語：Processing

技術テーマ：デジタルアーツ

参考 URL：https://processing.org/

Processing は図形描写やアニメーション描写のためのオープンソースの言語である。インストールが必要であり，コンピュータ室のコンピュータ数台にインストールした。生徒にはサンプルコードや使い方ブログを各自で見つけて使うよう指導した。

⑤3D 作成

使用ソフトウェア：blender

技術テーマ：3D アニメーション

参考 URL：https://www.blender.org/

blender は，生徒の使用したいとの声から検討し，技術テーマに加えた。オープンソースの 3D グラフィックス作成のためのソフトウェアである。インストールが必要であり，コンピュータ室のコンピュータ数台に教員がインストールした。生徒は使い方動画サイト等を参考に自分たちで使い方を試行錯誤し，作品を完成させた。

⑥3D 設計

使用ソフトウェア：CAD，GoogleSketchUp

技術テーマ：製図，画像

建築に興味がある生徒がいたため，製図を意識して候補に挙げたが，生徒は選択しなかった。

⑦AI 活用

使用ソフトウェア：Bluemix（watson）

技術テーマ：AI 利用

参考 URL：

https://www.ibm.com/cloud-computing/bluemix/ja/watson

IBM が開発したクラウド上で AI を使う技術。コンピュータの性能と，データ量，難易度の高さに難点があり断念した。

⑧ロボット

使用機材：mindstorm

技術テーマ：ロボットプログラミング

参　考　URL：https://www.lego.com/ja-jp/mindstorms

LEGO を使って組み立て，プログラミングをして動かす。道具が足りず断念した。

⑨ロボット

使用言語：ドリトル，Scratch

使用機材：Arduino

技術テーマ：ロボットプログラミング

参考 URL：https://www.arduino.cc/

機材の数が足りず断念した。

⑩ GUI の自動化

　使用ソフトウェア：sikuli

　技術テーマ：GUI の自動化

　参考 URL: http://www.sikuli.org/

　（http://www.sikulix.com/）

　sikuli とはオープンソースの GUI 自動化のための言語およびその環境である。キャプチャした画像と一致するものを見つけるとプログラムにしたがってクリックや指示された内容をキーボード入力するプログラムが作成できる。インストールが必要である。生徒には起動方法とサンプルコードを紹介しているサイト（OsadaSoft 便利ソフトウェアを公開「sikuli を使って GUI 操作を自動化してみる」https://www.osadasoft.com/sikuli）を示して取り組ませた。各自で他のサイトも参考にして作品を作成した。

⑪ ゲームアプリ作成

　使用ソフトウェア：AppInventor

　技術テーマ：アクションゲーム

　参考 URL:http://appinventor.mit.edu/explore/

　MIT が提供している Android 向けアプリを開発するプラットフォームである。難易度と時間数の問題で選択しなかった。

⑫ Web ページ作成

　使用ソフトウェア：Jimdo

　技術テーマ：Web サイト構築，Web デザイン

　参考 URL：https://jp.jimdo.com/

　Jimdo はクラウドで利用できるドイツ発の Web ページ作成ソフトウェアである。無料登録をすることで使用できる。生徒には実際に Jimdo を使って作ったページを見せ，使い方は公式サイトから使ってみるように説明した。Web デザインについては図書館や本屋で本を各自探して研究するように指示した。

⑬ AR アプリ作成

　使用ソフトウェア：Wikitude

　技術テーマ：ジオコーディング，AR

　参考 URL: https://wikitude.grapecity.com/

　Wikitude は AR 開発用の SDK である。位置情報を使って，マーカーを使わずに AR を作成できる。AR を使ったこともなく，モバイルアプリ開発も未経験の高校生には難易度が高すぎると判断し採用しなかった。

⑭ AR アプリ作成

　使用ソフトウェア：Unity，vuforia

　使用素材：ユニティちゃん

　技術テーマ：マーカー型 AR アプリ

　参考 URL：Unity https://unity3d.com/jp

　vuforia https://developer.vuforia.com/

　ユニティちゃん http://unity-chan.com/

　当時流行した AR ゲーム（ある地点に来てスマートフォンやタブレットのアプリを起動するとキャラクターが画面上に現れ，そのキャラクターを収集するゲーム）を作る試みとして生徒に紹介した。生徒には Unity をインストールしたコンピュータを提供し，AR は自作せずユニティちゃんのカスタマイズ機能で見た目を選択させて利用させた。マーカーの登録には，Web サイト vuforia の利用方法を示し，生徒が用意した画像を自分たちで登録させマーカーとした。事前準備に最も時間と労力がかかったテーマだが，生徒が興味を持ち，教師としてのやりがいも格別であった。

（b）選定基準

　環境設定ができるか，生徒に扱えるか，人数制限，無料でできるか，を基準とした。

（c）生徒に提示した教材と実施チーム数の内訳

　14 種の中から以下の教材をデモンストレーションした。

①タブレットアプリ開発

　タブレットに教員が作成した宝当てゲームアプリを起動し，実演した。

②天気予報，地図アプリ

　教員が API を使用して自作した Web ページに地図が表示される様子と，HTML コードを見せた。

③演奏アプリ，音の出るゲーム

　9 月に事前指導で全員作成体験をした。前述（（a）教材候補③　演奏アプリ，音の出るゲーム）のブロックプログラミングの Web サイトを全員開かせ，公開されている演奏アプリ及びゲームを数点試させた。その際ブロックで組まれたコードも表示し，確認させた。

④アニメーション
　Web 上に公開されているバンド演奏の際の演出として使われている様子や，公式サイトにある作品事例の動画を再生した。また，円を描く程度のごくシンプルなサンプルコードを見せた。
⑤3D 作成
　当初用意していなかった技術テーマである。紹介した他の技術テーマを示した際に，生徒から教えられ，使ってみたいとの声を受けた。その日の放課後に教員端末にインストールし，サンプルを作成し，Web 上の事例紹介や使い方情報を収集して検討した結果，採用した。生徒には Web 上の事例を見せた。
⑥3D 設計
　あらかじめタブレットに無料の CAD ソフトウェアをインストールしておき，文化祭のときの教室設計に使えることなどを話しながら，実際に使ってみせた。また，コンピュータからは GoogleSketchUp を起動して使ってみせた。
⑩GUI の自動化
　解説をせず教員自作のプログラムを実行した。マウスやキーボードから手を放し，画面上のマウスが勝手に動き，クリックしてファイルを開き，文字を入力する様子をみせた。その後開発環境を提示しコードを見せた。
⑫Web ページ作成
　公式サイトにある複数のサンプルを示し，作成画面を使ってみせた。

⑭AR アプリ作成
　自作のサンプルアプリをタブレット上で起動し，登録した画像の上に AR が出現する様子を見せた。
　デモンストレーション後 7 つの教材が生徒に選ばれ実施に至った（図9）。

　生徒が設定したテーマは以下のとおりである。
　() 内は実施チーム数，全部で 30 チームである。
①タブレットアプリ（3）
　・間違えて使われている言葉クイズ
　・宝当てアプリ
　・疑似恋愛体験アプリ
③演奏アプリ，音の出るゲーム（12）
　・アクションゲーム，音ゲー，演奏アプリ他
④アニメーション（4）
　・花火（BGM 付き繰り返し再生）
　・失恋アニメーション
　・円アニメーション（背景としての利用想定）
　・毛玉キャラがはねる演奏アニメーション
⑤3D（1）
　・3D ロゴの音声付学校紹介ショートムービー
⑩GUI の自動化（4）
　・ログインの自動化
　・ドキュメントへの氏名入力の自動化
　・デスクトップから Web 上の音楽動画再生までの自動化
　・対戦ゲームの自動化
⑫Web ページ（3）
　・女子のヘアスタイルサイト

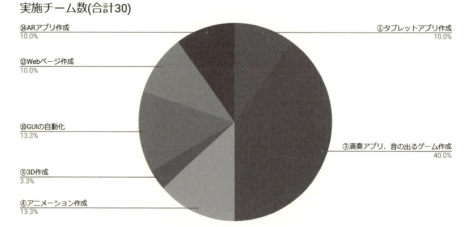

図 9　採択教材と実施チーム数の内訳

・かわいいもの紹介サイト
・制服の着こなしサイト

⑭ AR アプリ（3）
・犬のイラストの上に AR を表示するアプリ
・某政治家の写真に AR を表示するアプリ
・制服の上着の校章に AR を表示させるアプリ

なお，ソフトウェア以外の教材として，ふりかえりシート（図 10）による自己反省，チーム内での成果反省，他のチームへの評価も行った。

＿組＿＿番　名前＿＿＿＿＿＿
班名＿＿＿＿＿＿
月　　日

1.プロジェクトの達成度(100-0)（イメージしたものがどれほどできたか）

%

<理由>

2.プロジェクトで自分が工夫・努力したこと

3.プロジェクトにおける自分を含めたメンバーの貢献度（全員たして 100%となるように示してください）とその理由

出席番号とメンバー名	貢献度	理由
番	%	
番	%	
番	%	
番	%	
番	%	

4. 他の班の発表の感想（良かった点、さらにこういうことがあればよかった）

班名(タイトル)	よかった点	改善点

コメントの追加 [u1]: 必ずひとつずつは記入すること。一言でもよい

5. 授業の感想

コメントの追加 [u2]: 必ず記入（教室授業も含めた一学期全体の感想）

図 10　ふりかえりシート

4．評価について

1．生徒の評価

成果物によるパフォーマンス評価，教員によるポートフォリオ評価，ふりかえりシートによる自己評価，相互評価を行った。

成果物の評価基準は授業のガイダンスで提示した。必ず動作するものをつくること（アイデアは素晴らしいが途中で頓挫して完成しなかった場合は評

価しない），オリジナリティをいれること（サンプルコードを動かしただけは評価しない）とした。IETF[6] のラフコンセンサス＆ランニングコードの考えに基づく評価であると自負している。

ポートフォリオ評価では，毎時間グループリーダーから得るプロジェクトの進捗状況のヒアリング，机間巡視，放課後の取り組み状況を評価した。

自己評価，相互評価ではチーム内での貢献度を全体100として数値で表現し，その根拠も記述させた。

2．授業の評価

ふりかえりシート（図10）と定期考査のアンケートから授業の感想を得，また第10回全国高等学校情報教育研究会での実践報告時に情報教育関係者より意見を得た。

生徒からのコメント
「結構簡単にゲームが作れることが分かった」「この情報の授業がなかったら自分でアプリが作れることも知らなかった」「他の班のクオリティがすごかった」「（他のテーマを）やってみたい」「放課後残らなければひどい出来栄えだったと思う」「やはり時間が足りなかった」「最初の話し合いがぐだぐだでもったいなかった」

3．教材の評価

提示した技術テーマ9種から7種に生徒が取り組んだ（図9　採択教材と実施チーム数の内訳）。30チームのうち最多のチームが取り組んだのは音の出るゲーム作成であった。ARに取り組んだチーム数が少ない理由は，生徒から希望が高かったが難易度の高さから2クラスに1チームが限界であったことによる。Webページ作成を選択したのは全員女子であった。デジタルアーツ，ARのチームが放課後残っている時間が最も長かった。コンピュータ室でしか作業できないことが影響したと考えられる。デジタルアーツ，ゲーム作成は取り組むうちにこだわりが強くなり熱心になっていく生徒が多かった。Webページ作成，操作の自動化のチームは比較的授業時間内のみでできていた。

5．今後に向けて

1．課題

チームの進捗状況管理と作成途中のポートフォリオ評価の仕組みを整える必要がある。進捗管理と途中経過の評価により，さらに質の高い作品や問題解決方法が生み出されると期待する。また，チームごとの技術への理解度と作品の完成度に差があった。テーマごとに必要な基礎知識を学ぶ時間を明示的に用意することで解消されると考える。しかし，技術への理解を深めることに力を注ぐと，本実践の主目的からそれてしまう。どの程度時間をかけられるかによっても違ってくるだろう。

2．期待と発展

今後はさらに生徒の主体性を引き出し，生徒が自らプログラミングへ向かう姿勢の育成が望まれる。

専門家や技術者のみがプログラミングや種々のソフトウェアを扱い，一般の人はただその成果を享受するのではSociety5.0を生き抜けない。プログラムやソフトウェアに関心を持ち，問題解決の手段のひとつとして当たり前にプログラミングをし，プログラミング言語や開発環境を使いこなせる生徒を育てていくことが，高等学校の教科「情報」に期待されることであろう。

（阿部百合）

第４章　コミュニケーションツールの仕組みの理解を目的とした
プログラミング

１．プログラミングによる情報の科学的な理解

1．はじめに

　文部科学省は平成 29・30 年（2017・2018 年）告示の学習指導要領において，小・中・高等学校における「プログラミング教育の必修化」を決めた。その背景にあるのは，経済産業省が発表した「IT 人材の最新動向と将来推計に関する調査結果」のデータであり，2020 年には 36.9 万人，2030 年には 2030 年 78.9 万人の IT 人材が不足すると報告されている。そのため 2020 年より，まずは小学校から段階的にプログラミング教育が始められることとなった。

　そんな中，著者の勤務校では国立教育政策研究所より平成 28・29 年度の２年間，国立教育政策研究所教育課程研究指定校事業（共通教科情報）の指定を受けた。また神奈川県より，平成 28 ～ 30 年度の３年間「プログラミング教育推進指定校」の指定を受けることとなった。これらの研究指定の中で新学習指導要領の「情報Ⅰ」を意識し，プログラミングを通して情報の科学的な理解を深める授業実践が行えないか研究を続けてきた。これからの高等学校の教科情報においてプログラミング“で”何を身に付けさせるのか，それがプログラミングを“書けることだけではなく”，情報の科学的な理解であると著者は考え，実際に行った授業実践を報告する。

2．神奈川県でのプログラミング教育研究

　こうしたプログラミング教育推進の流れを受け，神奈川県の教育課程研究推進委員会「情報」では，プログラミングを取り入れた授業実践の研究推進を続けてきている。その中で大里は，難しいプログラミングの抵抗感を減らすため，図１に示すようにプログラムを未知なるエイリアンの言葉として考え，エイリアンと人の交信をストーリー仕立てにしたプログラミング“を”学ぶ授業実践を行った[1]。また

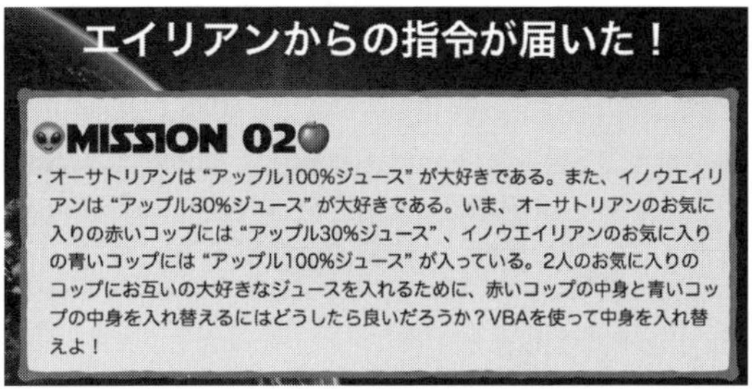

図１　題材の工夫で学習意欲を高めた大里の実践

他の章で記載している暗号化に関わる内容のように，プログラミング“で”公開鍵暗号方式の解読困難性を学ぶ授業実践など，プログラミング教育推進のための教育研究が神奈川県で行われている。

3．プログラミング教育の2つの概念

　これまでの研究実践を踏まえて考えると，プログラミング教育は，2つの学びの概念に切り分けられるのではないかと考えられる。大里の実践のように，プログラミングそのものや，プログラミングの方法を学ぶ，「プログラミング“を”学ぶ」こと。大石の実践のように，プログラミングを手段として位置付け，自分で考え理解した手順を，プログラミングに置き換えて実行することで，情報の科学的な理解を深める「プログラミング“で”学ぶ」ことである[2]。

　「手段」であるプログラミングそのものを学ぶだけではなく，プログラミング“で”何を学ぶのか，授業に導入するねらいを明確にしなければ，プログラミング教育は「手段の目的化」が起こるのではないかと危惧している。表１に本校での共通教科「情報」におけるプログラミング教育実践の一覧を示す。ただ，プログラミングを導入するのではなく，何を目的として，プログラミングを授業中に取り入れるか教師は「ねらい」を明確にしなければならな

表1　本校でのプログラミング実践一覧

プログラミングを取り入れた題材	プログラミング導入のねらい
①基数変換を行うプログラムを制作しよう（言語：ドリトル）	基数変換の手順をプログラミングに置き換え，基数変換の仕組みの理解を深める。
②公開鍵暗号方式の解読の手順を考え，その手順をプログラムで実行しよう（大石の実践）（言語：VBA）	公開鍵の素因数分解の手順をプログラムに実行させ，なぜ公開鍵が簡単に解読されないか検証させる。
③クライアント・サーバシステムの役割をプログラミングで体験しよう（言語：ドリトル）	サーバ役とクライアント役に役割を分けて，その仕組みを体験的に学ばせる。
④車の自動運転化のモデルとなるプログラムを作成しよう（言語：mindstorm）	各種センサの動きに合わせたプログラムを作成することで，車の自動運転化の仕組みを理解し，車の自動運転化がもたらす社会的影響について考える。

い[7]。

4．プログラミング"で"科学的な理解を深める

プログラミングを単に授業に取り入れるのではなく，プログラミングで何を学ばせるのか，明確にした上で，授業に取り入れることが重要である。

表1の①の授業実践は，図2のような「プログラミング"で"基数変換の仕組みを理解する」授業実践である。いきなり基数変換をプログラミングするのではなく，プログラミングの四則演算の手法"を"学び，その後に基数変換を行うプログラミングを行うことで，プログラミング"で"基数変換を学ぶ授業を実践している。

こうしたプログラミング教育の流れを受けて，「プログラミング教育で大切なのは，プログラムの書き方を覚えることではなく，問題解決には必要な手順があり，その一つ一つの手順の意図を理解し，思ったとおりに操る思考力を育てることである」[6]と指摘している。プログラミングはあくまでも目標を達成するための手段の一つであり，目的ではない。コンピュータやネットワークの動作の仕組みをプログラムの手順に置き換え，その意図を思った通りにプログラミングすることが，プログラミング教育のねらいとなるのではないだろうか。

プログラミング"で"学ぶメリットは，自分で考えた手順を，プログラミングの手順に置き換えて考えることにある。これまで自分が手計算でなんとなく教えられた通りに行っていた基数変換の計算手順を，プログラミングという異なる視点からの手順に置き換える過程で起こる試行錯誤こそが，学習者の情報の科学的な理解を深めているのではないかと感じている。

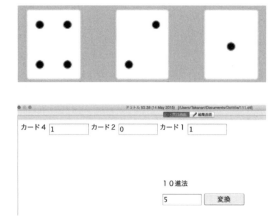 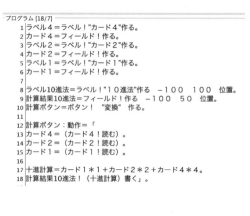

図2　基数変換を行うプログラミングの実践

2．クライアント・サーバシステムの仕組みの理解

1．クライアント・サーバシステムを教える

プログラミングで情報の科学的な理解を深める授業は難しい。教師が教える題材の科学的な面を深く理解していなければ，生徒に深い学びは起こらないからである。また，深い学びのために，プログラミングでその仕組みの理解をどう効果的に学ばせるのか，適切な手立てが必要である。

共通教科「情報」では，情報通信ネットワークの仕組みを教えることになっている。高等学校学習指導要領解説情報編[4]によると，「社会と情報」（2）情報通信ネットワークとコミュニケーション（イ）情報通信ネットワークの仕組みにおいて，「接続の形態はクライアント・サーバ型を取り上げ，クライアントに対してデータを提供するサーバの役割を理解させる」と明記されている。

こうしたクライアント・サーバシステムの仕組みをプログラミングで理解させるためには，この仕組みを生徒たちにとって身近な題材を設定して授業で取り上げることが重要であると考えている。生徒たちが学んだ情報の科学的な理解が，生徒たちの身近なところでどのように活用されているのか，理解して学ぶのと，学ばないのでは，理解の深まりは異なるだろう。

2．身近な題材で学習意欲を高める工夫を

本校で平成28年度と平成29年度に実施した，共通教科「情報」における授業の題材が生徒たちにとって身近で，切実で，実行性があったか，の3点について生徒に実施したアンケート結果を表2に示す。

表2の結果が示すように，①と②は学習指導要領「社会と情報」における（1）（ウ）情報の表現・伝達の工夫，③と④は社会と情報における学習指導要領（1）（ア）情報とメディアの特徴の平成28年度の実践である。

平成28年度の実践を受け，平成29年度の実践は，生徒にとって最も身近なSNSやLINEのトラブルを題材にしたことで，アンケートの結果から題材の切

実感が増すように改善できた。

表2　教科情報における題材についてのアンケート

題材	身近	切実	実行性
①平成28年度 茅ヶ崎西浜高校に必要なピクトグラムを制作しよう	75%	53%	91%
②平成29年度 SNSで起こった出来事をピクトグラムで表現しよう	86%	70%	83%
③平成28年度 大学学長の入学式でのスピーチは周りにどう伝わるか	61%	62%	80%
④平成29年度 LINEトラブルをトーク事例で表現しよう	94%	86%	92%

（回答者数：平成28年度150名，平成29年度141名）

このように，学習の題材においては，目の前にいる生徒らが直面している問題や話題を題材にすることで，生徒の学習意欲が大きく向上し，情報の科学的な理解を促進すると考えられる[3]。

3．LINEを題材に仕組みを教える

このクライアント・サーバ型の仕組みは複雑であり，システムの知識をそのまま教えても生徒の学習意欲は高まらないため，先ほど述べたように，身近な題材に置き換えて考えさせることが重要である。

生徒たちにとってクライアント・サーバ型の仕組みが用いられている題材としてLINEが適切だと考え，これを題材に授業を行った。LINEは，LINE株式会社が提供するSNSである。スマートフォンやPCに対応したインターネット電話やテキストチャットなどの機能を有し，本校ではほぼ100%の生徒が使用しているコミュニケーションツールである。

図3に示すように，LINEのトークメッセージを題材とし，トークメッセージがサーバを介して相手に届く一連の流れをモデル化しプログラミングさせた。

実際のLINEのトークメッセージ送信の仕組み

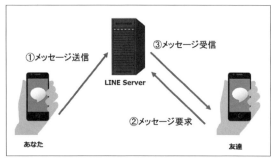
図3　LINEのトークメッセージの送受信の仕組み

図4　LINEのトークメッセージの流れを問いとした

は，①送信側の端末，②LINEのメッセージサーバ，③LINEの通知サーバ，④APNsサーバ，⑤受信側の端末，の5つの端末やサーバを介してトークメッセージが送信されるが，ここでは②・③・④をひとくくりとして，①送信側の端末，②LINEサーバ，③受信側の端末と簡略化したモデルで授業を行った。

4．LINEのデータの流れを問いとした

授業の導入において，LINEのトークメッセージが「あなた」の端末から「友達」の端末までどのように届いているか，図4のような図を示し，データの流れの仕組みを問いとして，生徒たちにデータの流れを矢印などで書き込ませて表現させた。

その結果，9割以上の生徒が図5に示すようなデータの流れを示し表現していた。生徒たちはサーバを書き込むことができておらず，生徒たちは「あなた」から「友達」まで直接矢印を書き込んでおり，

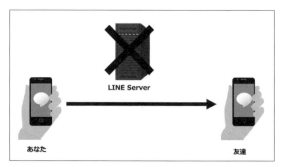
図5　生徒はサーバの概念を理解していなかった

サーバを介してトークメッセージがやりとりされていることを知らなかった。

プログラミング教育において，授業の問いはプログラミングのきっかけづくりである。何を学ぶためにプログラミングを行うのか明確にし，生徒たちが取り組みたいと思う題材を設定した上でプログラミングを行わせることが重要である。

3．コミュニケーションツールの仕組みのプログラミング

1．役割を分けてプログラミングを行う

クライアント・サーバ型の仕組みを1人でプログラミングするのは複雑である。そこで役割を表3に示すように3つの役割に分け，それぞれの役割に合わせたプログラムを作ったり，ドリトルの操作を行わせたりした。プログラミング言語は，サーバ機能を簡単に設定することができる「ドリトル」を使った[5]。

表3　クライアント・サーバ型の3分類

役割	活動する内容
送信役	サーバにメッセージを送信
サーバ役	サーバに送られたメッセージを確認
受信役	サーバにメッセージを要求して受信

2．送信側のプログラミング

送信役はドリトル上のネットワークの接続先を，サーバ役のIPアドレスに設定した。その後に，図6に示すようにサーバ側に「こんにちは」というメッ

セージを送信するプログラミングをした。

```
 9 送信ボタン：動作＝「
10 　サーバー！　"ｍｓｇ"　"こんにちは"書く。
11 」。
```
図6　送信役のプログラム

3．サーバ役のプログラミング

　サーバ役は，送信役から送られてきたメッセージがサーバ上のデータとしてあるのか，図7に示すように，メッセージを確認する作業を行わせた。

図7　サーバ上メッセージの確認

4．受信側のプログラミング

　受信役はネットワークの接続先を，サーバのIPアドレスに設定した。その後に，図8に示すように受信ボタンを押すとサーバからメッセージを受信し，リストにメッセージを表示するプログラミングをした。

```
13 受信ボタン：動作＝「
14 受信メッセージ＝サーバー！　"ｍｓｇ"　読む。
15 受信表示！（受信メッセージ）書く。
16 」。
```

```
かまだ：こんにちは
かまだ：メッセージ
かまだ：見えていますか？
かまだ：メッセージ受信できました？
かまだ：確認してみてください
```

　　　受信

図8　受信ボタンを押すとリストにメッセージが表示

5．与えたソースを拡張し，機能を追加させる

　これらの一連の流れのプログラミングができたら，送信役からのトークメッセージが，サーバに一度格納され，その後受信役に送信される流れを体験させることができる。

　その上で，生徒に与えたソースを拡張し，変更させることで，変更した部分の意図を理解させる活動を行った。図9は図6のソースを書き換えさせた送信側のプログラムであるが，10行目のプログラムを書き換えることで実行結果にどのような変化があるのか考えさせることで，コードの意図を理解させる活動を行った。

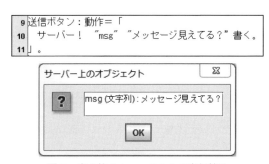
図9　書き換えたコードとその実行結果

6．送信ボタンのプログラミング

　トークメッセージの送受信をスムーズに行うため，図10のように送信ボタンを押すとフィールドに書き込まれたメッセージが送信されるプログラムを行わせた。3人1組でスムーズにトークメッセージの送受信を行わせることができた。

図10　送信ボタンを押すとメッセージを送信

7. 教員機をサーバとしてやり取りを行う

最後に，クラス中の生徒機から教員機にIPアドレスを設定し直し，教員機をサーバ役として，図11のような画面上で全ての生徒たちに全体でトークメッセージのやり取りを行わせた。

一通り，トークメッセージをやり続けたところで，教員機のドリトルを意図的にダウンさせることで，サーバがダウンするとどのような現象が起こるか生徒たちに体験させた。

〈生徒配布用のデータ〉

※サーバのIPアドレスを指定し，送信ボタンを押すと，サーバに"こんにちは"のメッセージを送信する。

〈完成版データ〉

※フィールドにメッセージを書き込み，送信ボタンを押すとフィールドのメッセージがサーバに送信される。また受信ボタンを追加しており，サーバに送られたメッセージをリストに受信することができる。

図11　送信ボタンを押すとメッセージを送信

---

4. プログラミングによる情報の科学的な理解についての考察

1. サーバの役割を発見させるプログラミング

クライアント・サーバ型をプログラミングで体験させた結果，生徒の振り返りから「サーバにデータが集められることの意味を考えさせられた」，「サーバのセキュリティを高める必要性に気づいた」，「送信先のIPアドレスが分からなくても，サーバのIPアドレスが分かれば通信ができる」など，生徒がサーバの役割を発見する振り返りが得られた。

これまでは講義形式でこれらの役割を説明し，知識としてサーバの役割を教えていたが，発見する活動に変化したのは，役割を分けてプログラミングを行い，その役割に応じた仕組みを体験させた結果だと考えられる。

しかしながら，サーバにデータが蓄積されることの意味を考えさせる活動や，役割に応じたプログラミングを行う過程において問題を発見させる活動が不十分ではあったと感じている。

2. プログラミング学習をどう評価するのか

こうしたプログラミングの実践を行っていると，これらのプログラミングをどのように評価するの

か，非常に難しい。プログラミングのコードそのものを評価するべきだという意見もあるが，私はプログラミング"で"学んだことを評価するべきだと考えている。

授業を実施してから2週間後の授業の導入にて，図4を再度提示し，LINEのトークメッセージがどのように「あなた」から「友達」まで届いているか，データの流れを表現させた。170名の生徒に実施した結果，54%の生徒がサーバと正しいデータの流れを書いて表現することができていた。

授業において生徒の評価は，授業のねらいを達成できたかである。そのねらいに合わせた評価を行うべきであり，仮にねらいをコードが書けるようになることと定義するのであれば，そのねらいに合わせてコードが書けているかを評価するなど，設定したねらいに合わせた評価を行うべきである。

3．プログラミングで科学的な理解を深めよう

本校のプログラミングを取り入れた授業実践において，授業後にこれらの仕組みについて，①プログラミングを使わなくても理解できた，②プログラミングを使ったから理解できた，③理解できなかった，の3項目を設定し，生徒にアンケートを実施した。

その中の②プログラミングを使ったから理解できた割合を表4に示す。

これらのアンケート結果が示すように，基数変換や公開鍵暗号方式を用いた暗号の解読の方法について考え，その手順をプログラミングに置き換えて実行させることで，情報の科学的な理解に効果的だといえる。

表4 プログラミングを使い仕組みが理解できたか

プログラミングを取り入れた題材	プログラムを使い理解した割合
基数変換を行うプログラムを制作しよう	66%
公開鍵暗号方式の解読の手順を考え，その手順をプログラムで実行しよう	67%
クライアント・サーバ型の役割をプログラミングで体験しよう	75%

（N=141）

またクライアント・サーバ型の概念については，送信役と受信役など役割を明確化したことで，理解をより深めさせることができたといえる。

4．身近な題材でプログラミングの実践を

プログラミングを授業で導入する時に，導入するねらいを明確化し，そのねらいに合わせたプログラミングとその評価を行えば，プログラミング教育は問題ないと感じている。

著者は科学的な理解にフォーカスして実践を行っているが，情報活用の実践力や情報社会に参加する態度の育成をねらいとして，プログラミングを導入しても問題ないと感じている。その際は，学習者である生徒にとって身近な題材を取り扱えば，学習効果は高まるだろう。

これからのプログラミング教育において，コードの書き方であるプログラミング"を"学ぶだけではなく，プログラミング"で"何を学ぶのか，そこまで踏み込んで授業実践を行っていくべきだろう。

（鎌田高徳）

第5章　問題解決のためのビッグデータ利用

1．ビッグデータ利用の社会的背景

　本章では，問題解決能力育成を目指したビッグデータ活用の授業実践例を紹介する。また，ビッグデータをプログラミングに活用した高等学校共通教科情報「情報Ⅰ」の授業展開についても考察する。

　2016年8月に閣議決定された「日本再興戦略2016―第四次産業革命に向けて―」[1]において第四次産業革命が日本経済の未来を切り開く重要な鍵であることが示された。その第四次産業革命を主導するのがビッグデータ，IoT，人工知能などの情報技術の活用であると言われており，国を挙げてこれらの技術を牽引する人材の育成が図られている。

　デジタルデータが爆発的に増大するビッグデータ時代と言われる今日，学校教育では子どもたちに課題の解決にデータを活用する力を育成する必要性がより一層高まっている[2]。つまり，これからの情報社会を生きる子どもたちは，膨大なデータから必要な情報を獲得し，それを多様化する問題の解決に役立てることのできる力を備えておく必要がある。

　一方，問題解決能力に含まれる論理的思考力を育む教育として注目されているのが，プログラミング教育である。2018年改訂高等学校学習指導要領では，共通教科情報「情報Ⅰ」において，すべての生徒がプログラミング，ネットワーク，情報セキュリティー等の基礎について学習することが示された。さらに，小学校ではプログラミングを通して論理的思考力を育むことが示され，中学校技術・家庭（技術分野）では，プログラミングに関する内容がさらに充実することとなった。

　このように，情報教育への期待が高まる中，小・中・高等学校の系統的な情報教育の実現が求められている。特に，プログラミング教育等を通した論理的思考力を含む問題解決能力の育成が，今後の情報教育に求められる重要な視点である。また，情報社会が発展する中，情報技術をあらゆる問題の解決に活用できる力を育成することが，今後より一層求められている。

2．未来社会に向けた問題解決能力の育成

1．小学校で育む基本的な力

　少子・高齢化やグローバル化が進む日本にとって，情報技術を牽引する人材育成が喫緊の課題となり，国家政策としてプログラミング教育を含む情報教育の充実が図られた。一方，学校教育には，子どもたちが複雑で予測困難な未来社会を逞しく生きるために必要な「問題解決能力」を育成することが求められている。以下に，小・中・高等学校において段階的に育まれる問題解決能力について考察する。

　2017年改訂小学校学習指導要領において，プログラミングを通した「論理的思考力」の育成が求められることとなった。この論理的思考力こそが問題解決能力の基本的な力である。小学校段階では，プログラミングを体験させながら，身近な生活でコンピュータが活用されていることや，問題の解決には必要な手順があることに気付かせるなど，論理的思考力を身に付けさせることが求められている。一方，基本的な能力育成が目標である小学校では，文字入力やデータ保存など情報技術の基本的な操作について着実に習得させることも求められている。

2．中学校技術・家庭（技術分野）で育む力

　1989年の学習指導要領の改訂以来，中学校における情報教育の中核を担っているのが，技術・家庭（技術分野）（以下，「中学校技術」とする）である。中

学校技術は，2017年改訂中学校学習指導要領において「計測・制御のプログラミング」，「ネットワークを利用した双方向性のあるコンテンツのプログラミング」等，情報教育内容のより一層の充実が図られた。また，中学校技術が育成を目指す「工夫し創造する力」は，2017年中学校学習指導要領解説において「このような力は，生活や社会の中でどのような問題に直面しようとも自分なりの判断をして解決することができる力，すなわち問題解決能力にもつながる」と示されていることからも，「工夫し創造する能力」こそが，問題解決能力の基礎的な力であることが分かる。

3．高等学校情報で発展的に育む力

　高等学校の全教科の中でも，とりわけ問題解決的な学習を重視してきた教科が「情報」（以下，「高等学校情報」とする）である。高等学校情報は，「小・中学校段階からの問題発見・解決や情報活用の経験の上に，情報や情報技術を問題の発見と解決に活用するための科学的な理解や思考力等を育み，ひいては，生涯にわたって情報技術を活用し現実の問題を発見し解決していくことができる力を育む教科」と位置付けられている。問題解決能力は，2018年改訂学習指導要領においても重視されており，共通必履修科目「情報Ⅰ」の中では「情報と情報技術を問題の発見と解決に活用するための科学的な考え方」の育成が求められる。また，教育内容の見直しとして，「統計的な手法の活用も含め，情報技術を用いた問題発見・解決の手法や過程に関する学習を充実する必要がある」と指摘されている。このように，高等学校情報では小学校および中学校技術で培われた生徒の問題解決能力を継続的・発展的に向上させることが求められる。

4．産業社会に求められる力

　2017年6月には「未来投資戦略2017—Society 5.0の実現に向けた改革—」[3]が閣議決定され，第四次産業革命に対応した人材育成への投資が決定した。今，産業社会に求められているのは，「情報技術を活用して多様化する課題に創造的に取り組む力」である。第四次産業革命が進展する中で，基礎知識としての情報に関する能力，さらには先端情報技術を牽引する能力を身に付けた人材の必要性が高まっている。今後は，あらゆる問題を解決するために情報技術を活用し，快適で安全安心な持続可能な社会を構築する力が求められる。

　産業社会においても強く求められている問題解決能力の基本的な力は，学校教育の系統的な情報教育に基づいて育成される。図1に，小学校から中学校，そして高等学校や産業社会に向けた継続的な問題解決能力育成を示す。情報教育による問題解決能力育成の中心的な役割を担うのが，中学校技術と高等学校情報であり，小学校のプログラミング教育を通して育成された論理的思考力を，中学校技術と高等学校情報において発展的に向上させ，それを産業社会へと繋げていくことが，快適で安全安心な持続可能な社会を構築する生徒の育成に欠かせない視点となる。

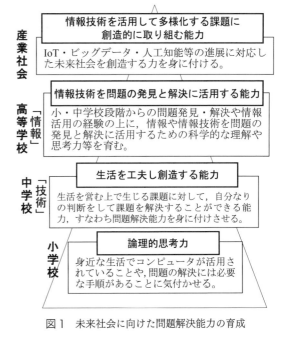

図1　未来社会に向けた問題解決能力の育成

3．ビッグデータを利用した高等学校情報の授業実践

　小・中・高等学校の系統的な情報教育を通して，情報技術を利用しながら問題解決を図る力を育成す

ることが求められている。本節では，ビッグデータを活用した問題解決的な授業実践例を紹介する。

ビッグデータは，総務省統計局などから容易に入手することができるが，データは数字の羅列にとどまっているものが多く，生徒が視覚的に把握することが難しい。そこで，ビッグデータを視覚的・直感的に把握することができる地域経済分析システムRESAS（Regional Economy (and) Society Analyzing System, 以下RESASとする）[4]を授業に用いる。

1. 地域経済分析システムRESASの活用

高校生にとって，ビッグデータは直接的に使用する場面も少なく，馴染みの薄い用語である。そこで，ビッグデータを視覚的に捉えることができるRESASを授業に用いる。RESASとは，地方自治体の様々な取り組みを情報提供の側面から支援するために，経済産業省と内閣官房まち・ひと・しごと創生本部事

図2　「まちづくりマップ」から表示できる図とグラフ

務局が連携して開発したシステムである。RESASには，多様かつ膨大な官民ビッグデータが集約されており，それらを表1に示す8つのマップに基づいて可視化することができる。マップには，信頼性の高い統計資料が揃っているだけでなく，スマートフォンのGPS機能をベースとする個人では得られない集積データなども集められている。また，図2のように，指定地域の状況をアニメーションにより視覚的に把握することができるうえ，ボタン一つでグラフを表示することもできる。RESASは，簡単に客観性・信頼性のあるビッグデータに触れることができるため，授業用教材として用いるのに適したシステムである。

2. 体験入学中学生のビッグデータ利用

RESASを使うことで，誰でも簡単にビッグデータを扱うことができる。2017年W県W高等学校の中学生を対象にした体験入学において，RESASを使った授業を実施した。はじめに，ビッグデータとは何かを説明し，その後RESASを使ってW県の現状を調べさせるなど，簡単なビッグデータ活用を体験させた。

授業後に，今後の授業内容の検討や改善に活かすためである旨を伝えた無記名のアンケートを実施し，中学3年生33名（男17名，女16名）から回答を得た。設問に対して4件法（4：そう思う，3：ややそう思う，2：あまりそう思わない，1：そう思わない）から得られた結果を表2に示す。表2より，体験入学中学生の多くが「ビッグデータに興味を示し，問題解決にビッグデータが活用できそうだ」と感じていることが分かった。また，中学校技術で身

表1　RESASの8つのマップと主なメニュー

マップ	主なメニュー
人口マップ	人口構成，人口増減，人口の自然増減，人口の社会増減，新卒者就職・進学，将来人口推移，人口メッシュ，将来人口メッシュ
地域経済循環マップ	地域経済循環図，生産分析，分配分析，支出分析，労働生産性等の動向分析
産業構造マップ	全産業の構造，稼ぐ力分析，企業数，事業所数，従業者数，付加価値額，労働生産性
企業活動マップ	表彰・補助金採択，創業比率，黒字赤字企業比率，中小・小規模企業財務比較，海外への企業進出動向，研究開発費の比較，特許分布図等
観光マップ	目的地分析，From-to分析，宿泊施設，外国人訪問分析，外国人滞在分析，外国人メッシュ，外国人入出国空港分析，外国人移動相関分析等
まちづくりマップ	From-to分析，滞在人口率，通勤通学人口，流動人口メッシュ，事業所立地動向，施設周辺人口，不動産取引
雇用／医療・福祉マップ	一人当たり賃金，有効求人倍率，求人・求職者，医療需給，介護需給
地方財政マップ	自治体財政状況の比較，一人当たり地方税，一人当たり市町村民税法人分，一人当たり固定資産税

表2 ビッグデータ活用に対する体験入学中学生評価

No	項目内容	2017 年 （N=33）	
		平均 （4件法）	SD
1	高校情報では，中学校で学んだことが役立ちそうだと思いましたか？	3.58	0.61
2	今回の学習を通して，中学校技術の学習内容に興味がわきましたか？	3.33	0.78
3	今回の学習を通して，ビッグデータに興味がわきましたか？	3.36	0.70
4	今回の学習は，自分の将来に役に立つと思いましたか？	3.45	0.62
5	ビッグデータは，問題を解決する際に役立ちそうだと感じましたか？	3.73	0.45
6	ビッグデータの活用について，もっと深く学びたいと感じましたか？	3.30	0.59
7	ビッグデータを活用することで，工夫し創造する力を伸ばせそうだと感じましたか？	3.39	0.66
8	中学校技術でも，ビッグデータを活用した学習を取り入れてほしいと思いましたか？	3.39	0.75

表3 「情報と問題解決」の授業の流れ

2016 年			2017 年		
回	学習内容	時数	回	学習内容	時数
1	ビッグデータとは RESAS とは	1	1	ビッグデータとは RESAS とは	1
2	RESAS 練習問題1	1	2	RESAS 練習問題1	1
3	RESAS 練習問題2	1	3	RESAS 練習問題2	1
4	分析する地域の選定	1	4	RESAS 応用問題1	1
5〜8	地域分析および解決策についての考察	4	5	RESAS 応用問題2	1
9〜10	問題解決策の発表	2	6	分析する地域の選定	1
			7〜10	地域分析および解決策についての考察	4
			11〜12	問題解決策の発表	2

に付けた「工夫し創造する力」を伸ばせそうだと感じている。このように問題解決能力育成の観点から見ても，高校生へのビッグデータ活用は有用だと考えられる。

3．問題解決能力向上を図る授業展開

RESAS を活用した実践授業を紹介する。実践は専門教科「情報と問題解決」の授業例であるが，情報技術を活用した問題解決能力育成が求められる「情報Ⅰ」の授業展開の参考にすることができる。

実践は，2016 年と 2017 年 W 県 W 高等学校の専門教科情報「情報と問題解決」で行った。「情報と問題解決」は 3 年次生に対して週 2 単位時間で開設しており，履修生徒は 2016 年 40 名，2017 年 37 名であった。表3に 2016 年と 2017 年に実践した授業の流れを示し，以下に授業の詳細を説明する。

（1）2016 年の実践授業の流れとその課題

（a）授業の流れ

第 1 回目にビッグデータが社会のあらゆる場面で利用されはじめている様子について Web ビデオ教材を用いて説明した。次に，RESAS を紹介し，簡単

にビッグデータを利用できることを伝えた。さらに，学習課題として「あなたが暮らす，またはゆかりのある地域の現状・課題を，RESAS を使って分析し，そのうえで解決策となるような政策アイデアを提案する」に取り組むことを説明した。最後にRESAS の基本的な操作方法を説明した後，自由に操作させた。第 2 〜 3 回目では RESAS の基本操作を習得させるために，表1の 8 つのマップに基づいた練習問題に取り組ませた。第 4 回目では調べたい地域（市町村）を選定させた。調査地域は，原則として自分が住んでいる地域とするが，自分の興味があるまたは，ゆかりのある地域でも可能とした。第5 〜 8 回目に自分が決めた地域についての分析および，学習課題に対する解決策をまとめさせた。第 9〜 10 回目で解決策を発表させた。

（b）課題

授業の様子から，生徒の多くが「RESAS の機能性を十分に理解できていない」，「問題の要素間の関係を意識できていない」などの課題が見られた。また，学習課題が抽象的であったため，解決策の提案が似通ったものになる傾向があった。

（2）2016 年の授業を改善した 2017 年の実践

2016 年の授業実践で得られた課題を改善するために，2017 年では第 4 〜 5 回目に「自分たちの住んでいる県に訪れる外国人観光客の現状をまとめる。

表4 課題研究テーマから見える生徒の興味・関心

No	分野	内容	2016年 (m=220)	
			人数	割合
1	環境	環境問題，公害問題，原発問題，自然，ごみやリサイクル問題など	13	6%
2	社会	平和問題，産業，政治経済，福祉，ビジネス，歴史など	23	10%
3	文化	異文化理解，言語，コミュニケーション，文学，習慣，民族など	50	23%
4	生活	家族関係，保育，衣食住生活，服飾など	47	21%
5	科学	生物，化学，物理，天文，工学，機械，エネルギーなど	15	7%
6	情報	コンピュータ，通信，SNSなど	10	5%
7	健康	スポーツ，医療，健康科学，美容など	24	11%
8	美術	美術，音楽，舞踊，工芸など	38	17%
		合計	220	100%

さらにそれを近畿圏の府県と比較し，現状を分析する」という応用問題を設定した。さらに，学習課題を生徒の興味・関心に応じたものに改善するために，表4に示す2016年度3年次生が「総合的な学習の時間」で，取り組んだ課題研究テーマを参考にした。研究テーマは生徒自らが興味・関心に応じて設定している。表4より，生徒全体の61%が文化や生活，芸術に興味・関心を持っていることが分かった。そこで，学習課題をより身近で具体的な内容となるように「あなたがゆかりのある地域の観光に関する現状・課題を分析し，より多くの観光客を誘客するための施策を提案する」に変更した[5]。さらに，提案内容について構造図を書かせ，要素間の関係を意識させるように改善した。

(3) ARCS モデルによる授業評価

実践した授業に対する生徒の学習意欲を分析するために，ARCS（Attention Relevance Confidence Satisfaction）モデルに基づいたアンケート調査を実施した。ARCSモデルでは，学習意欲に関わる因子を，「注意 Attention」，「関連性 Relevance」，「自信 Confidence」，「満足感 Satisfaction」の4つで定義している[6,7]。ARCSモデルを基に作成したアンケート

を初回（1回目の授業の後）および最終回（最終授業の後）に実施し，2016年は男20名・女14名，2017年は男21名・女6名から回答を得た。初回アンケートでは，はじめて RESAS に触れ，自由に調べ学習を行った学習内容について評価させた。設問に対して4件法（4：そう思う，3：ややそう思う，2：あまりそう思わない，1：そう思わない）から得られた4分類毎の平均値と標準偏差を表5に示し，初回から最終回への値の高下を矢印（0.1以上の差は長い矢印）で示す。

表5より，ARCSの中でも「自信」の値が2016年に比べて大きく上昇した。また，「満足感」は依然として高い値を維持している。一方で，「注意」・「関連性」の値が2016年，2017年共に最終回に低下または，ほとんど変わっていないことから，RESASに対してはじめは興味を示すが，次第に飽きていることが分かる。今後は，「探究心の喚起」，「変化性」，「目的指向性」，および「動機との一致」を意識した授業改善が必要である。また，表5には示せていないが，アンケート結果から分かった RESAS を活用した授業展開の課題点を以下に示す。

・RESAS の学習について「将来に役立つ」，「身に付けたい」と考えている生徒が多いことから，RESAS は教材として有効性が高いと考えられる。しかし，生徒は RESAS の目新しい機能にはじめは興味を示すが，次第に操作に飽きが出てくる。そこで，生徒が身近に感じられるような学習課題を工夫する必要がある。

・RESAS の使い方を十分に把握できていない生徒もいるため，RESAS の使い方等を丁寧に指導する必要がある。

表5 ARCS モデル4つの分類の平均値

分類		2016年 (N=34)		2017年 (N=27)	
		初回	最終回	初回	最終回
A 注 意	平均	2.95	2.87 ↓	3.19	2.91 ↓
	SD	0.79	0.97	0.65	0.77
R 関連性	平均	2.99	2.83 ↓	3.11	3.14 ↑
	SD	0.76	0.92	0.71	0.65
C 自 信	平均	2.78	2.80 ↑	3.07	3.15 ↑
	SD	0.81	0.89	0.60	0.69
S 満足感	平均	3.01	2.97 ↓	3.15	3.22 ↑
	SD	0.73	0.82	0.68	0.69

2017年の実践では応用課題を与えるなど，RESASの活用法を詳しく説明したが，今後も改善が必要である。授業実践の成果として，「注意」や「関連性」を意識しながらビッグデータへの生徒の興味・関心を高めることが授業展開の重要点であることが分かった。また，生徒がビッグデータを自分の興味・関心に上手く結び付けられれば，自然と学習意欲や探究心が高まる。しかし，授業ではそのような生徒ばかりではない。自分の興味・関心とビッグデータを上手く結び付けられずに学習意欲が低下してしまう生徒が出てくる。そこで，興味・関心の度合いに応じたグループ分けによる授業展開等も必要である。

4．プログラミングによるビッグデータ分析

前節では，高等学校専門教科情報「情報と問題解決」におけるRESAS活用の授業展開を考察した。実践授業における生徒たちの様子やアンケート結果等から，RESAS活用の授業展開を共通教科「情報Ⅰ」に応用することは十分に可能であると考える。例えば，「情報Ⅰ」(1) 情報社会の問題解決，(4) 情報通信ネットワークとデータ活用などの内容で展開することが想定できる。一方，「情報Ⅰ」では，(3) コンピュータとプログラミングに示されているように，すべての生徒がプログラミングを学ぶこととなった。そこで，本節では，RESASから入手できるビッグデータをプログラミング教材に応用する授業展開について考察する。

1．RESASから入手できるビッグデータ

RESASはビッグデータを可視化できるだけではなく，ビッグデータそのものをダウンロードすることができる。表1の各メニューからCSV形式またはZIP形式のファイルをダウンロードすることができる。ZIP形式の場合は，複数のCSV形式やxlsx形式のファイルが圧縮されており，解凍する必要がある。ダウンロードしたビッグデータは，表計算ソフトなどで活用することができる。

2．ビッグデータを活用したプログラミング授業

RESASからダウンロードしたデータは容易に表計算ソフトで取り扱うことができる。そこで，Windows OSの表計算ソフトに搭載されているプログラミング言語VBA (Visual Basic for Applications) を用いたプログラミングの授業展開を考察する。

RESASからは様々なデータをダウンロードすることができるが，本授業展開では生徒が比較的解析し易い「人口」についてのビッグデータを活用する。使用するデータは，1980年から2045年まで5年刻みの市区町村単位の人口数（0歳～4歳，5歳～9歳など5歳刻み）が収められたものである。このデータを活用して，対象年齢の人口が5年毎にどのように推移するのかを分析させる。その際，対象データの抽出をVBAプログラミングによって行う。授業展開の流れを以下に示す。

(1) RESASからデータをダウンロードする

RESAS「人口マップ ＞ 人口構成」からビッグデータをダウンロードし，図3に示すように表計算ソフトで「人口 _ 人口構成 _ 人口ピラミッド _ 市区町村」ファイルを開く。

	A	B	C	D	E	F	G	H
1	集計年	都道府県コ	都道府県名	市区町村コ	市区町村名	男女区分	0～4歳（人	5～9歳（人
2	1980	1	北海道	1100	札幌市	男	55860	59825
3	1980	1	北海道	1100	札幌市	女	53065	56598
4	1980	1	北海道	1101	札幌市中央男		5690	5864
5	1980	1	北海道	1101	札幌市中央区	女	5248	5442
6	1980	1	北海道	1102	札幌市北区	男	7203	8281
7	1980	1	北海道	1102	札幌市北区	女	7093	7591

図3　市区町村別の人口データ

(2) 対象の市区町村のデータを抽出する

生徒が暮らす，またはゆかりのある市区町村のデータのみ抽出させる。データの抽出には，表計算ソフトのソート機能を用いて行う。このとき，図4のように男女区分についてもソートする。ここでは，ソートを実行するプログラムを作成することも可能である。本授業の発展的な展開として，生徒にソートプログラムを作成させることも考えられる。

(3) 対象歳の人口の推移を色付けする

対象とした年齢の人口が，5年毎にどのように推移するかを分析する。その際，図5のように対象

図4 対象市区町村の男女別データ

	A 集計年	B 都道府県	C 都道府県名	D 市区町村	E 市区町村名	F 男女区分
2646	1980	30	和歌山県	30201	和歌山市	男
6348	1985	30	和歌山県	30201	和歌山市	男
10072	1990	30	和歌山県	30201	和歌山市	男
13812	1995	30	和歌山県	30201	和歌山市	男
17552	2000	30	和歌山県	30201	和歌山市	男
21316	2005	30	和歌山県	30201	和歌山市	男
25130	2010	30	和歌山県	30201	和歌山市	男
28944	2015	30	和歌山県	30201	和歌山市	男
32582	2020	30	和歌山県	30201	和歌山市	男
36202	2025	30	和歌山県	30201	和歌山市	男
39822	2030	30	和歌山県	30201	和歌山市	男
43442	2035	30	和歌山県	30201	和歌山市	男
47062	2040	30	和歌山県	30201	和歌山市	男
50682	2045	30	和歌山県	30201	和歌山市	男

E 市区町村名	F 男女区分	G 0〜4歳	H 5〜9歳	I 10〜14歳	J 15〜19歳	K 20〜24歳
和歌山市	男	14434	18017	16106	13511	11436
和歌山市	男	12096	13798	17540	15139	11688
和歌山市	男	10610	11778	13397	15958	11934
和歌山市	男	9566	10552	11647	12646	13973
和歌山市	男	9016	9382	10345	10900	10842
和歌山市	男	7978	8856	9198	9647	9103
和歌山市	男	7295	7902	8643	8671	8413
和歌山市	男	7151	7501	8105	8414	8033
和歌山市	男	6788	7329	7690	7818	7969
和歌山市	男	6181	6955	7486	7389	7384
和歌山市	男	6055	6341	7110	7176	6958
和歌山市	男	5915	6207	6484	6816	6747
和歌山市	男	5663	6063	6344	6211	6405
和歌山市	男	5394	5810	6195	6066	5825

色付け

図5 対象セルに色付けする

```
Sub 色付け()
  Do While ActiveCell.Value <> ""
    With Selection.Interior
        .Color = RGB(255, 255, 0)
    End With
        ActiveCell.Offset(1, 1).Activate
  Loop
End Sub
```

図6 対象セルに色付けするプログラム

	A 集計年	B 都道府県	C 都道府県名	D 市区町村	E 市区町村名	F 男女区分	G 0〜4歳
2	1980	30	和歌山県	30201	和歌山市	男	14434
3	1985	30	和歌山県	30201	和歌山市	男	12096
4	1990	30	和歌山県	30201	和歌山市	男	10610
5	1995	30	和歌山県	30201	和歌山市	男	9566
6	2000	30	和歌山県	30201	和歌山市	男	9016
7	2005	30	和歌山県	30201	和歌山市	男	7978
8	2010	30	和歌山県	30201	和歌山市	男	7295
9	2015	30	和歌山県	30201	和歌山市	男	7151
10	2020	30	和歌山県	30201	和歌山市	男	6788
11	2025	30	和歌山県	30201	和歌山市	男	6181
12	2030	30	和歌山県	30201	和歌山市	男	6055
13	2035	30	和歌山県	30201	和歌山市	男	5915
14	2040	30	和歌山県	30201	和歌山市	男	5663
15	2045	30	和歌山県	30201	和歌山市	男	5394
16							
17	1980	0〜4歳	14434				
18	1985	5〜9歳	13798				
19	1990	10〜14歳	13397				
20	1995	15〜19歳	12646				
21	2000	20〜24歳	10842				
22	2005	25〜29歳	10244				
23	2010	30〜34歳	10400				
24	2015	35〜39歳	10656				
25	2020	40〜44歳	10831				
26	2025	45〜49歳	10779				
27	2030	50〜54歳	10782				
28	2035	55〜59歳	10626				
29	2040	60〜64歳	10385				
30	2045	65〜69歳	9842				

色付け

抽出

図7 対象データを指定セルに抽出する

```
Sub 抽出()

  Dim n As Double
  Dim 列 As Double
  Dim 行 As Double
  n = 17   '何列目に抽出するか

  Do While ActiveCell.Value <> ""
    With Selection.Interior
        .Color = RGB(255, 255, 0)
    End With

        行 = ActiveCell.Row      '行を取得
        列 = ActiveCell.Column   '列を取得

        Cells(n, 1).Value = Cells(行, 1).Value
        Cells(n, 2).Value = Cells(1, 列).Value
        Cells(n, 3).Value = ActiveCell.Value
        n = n + 1

        ActiveCell.Offset(1, 1).Activate
  Loop
End Sub
```

図8 対象データの指定セル抽出プログラム

データがどのセルに位置しているのかを視覚的に把握できるようにするために，セルを自動で色付けするためのボタンを作成する。図6にそのプログラムを示す。図6は，選択したセルから右下のセルへ移動しながら，セルが空白になるまで色付けを行い続けるプログラムである。このプログラム作成から，反復処理の概念を指導することができる。また，色付けの処理では，RGB表現についても指導するこ

```
Sub 別シートに抽出()

  Dim n As Double
  Dim 列 As Double
  Dim 行 As Double
  n = 2

  Do While ActiveCell.Value <> ""
    With Selection.Interior
      .Color = RGB(255, 255, 0)
    End With

    行 = ActiveCell.Row
    列 = ActiveCell.Column

    Sheets("抽出シート").Cells(n, 1).Value = Cells(行, 1).Value
    Sheets("抽出シート").Cells(n, 2).Value = Cells(1, 列).Value
    Sheets("抽出シート").Cells(n, 3).Value = ActiveCell.Value
    n = n + 1

    ActiveCell.Offset(1, 1).Activate
  Loop
End Sub
```

図9　対象データの別シート抽出プログラム

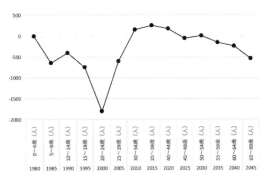

図10　抽出したデータの分析

図11　抽出データから作成したグラフ

とができる。

(4) 対象セルを色付けして抽出する

　図6のプログラムを修正し，図7に示すように対象とするデータを指定したセルに抽出するプログラムを作成する。図8にそのプログラムを示す。

　図8のプログラムでは，変数名に日本語を用いている。VBAは，変数名に漢字やひらがな（2バイト文字）を用いることができる。生徒がつまずき易い変数の概念について，あえて日本語を用いて理解し易くした。

(5) 対象データを別シートに抽出する

　データを分析し易くするために，対象データを別シートに抽出するプログラムを作成する。抽出するシート名を「抽出シート」に変更し，図9に示すプログラムを作成する。

(6) 抽出したデータの分析

　ビッグデータから，対象とするデータのみを抽出するプログラムを作成した。対象データのみを抽出できるようになったことで，表計算ソフトによる分析作業が容易に行えるようになった。抽出したデータの分析例を図10に示す。

　図10には，1980年の0～4歳を起点として抽出されたデータが示されている。その増減と増減率を求めることで，起点とした年代の人数がどのように変化していくかを読み取ることができる。

　図10のデータから作成したグラフを，図11に示す。図11から，1980年代に0～4歳だった男性の人数は，15～24歳の時に急激に減少していることが分かる。これは，就職や進学による人口の流出が原因ではないかと分析することもできる。生徒自身が誕生した年代人口の推移を分析させることで，自分たちが暮らす地域，またはゆかりのある地域が抱える問題について考えさせることができる。また，RESASからは，「指定地域から他地域への就職・進学」の状況等を知ることもできる。これらのデータと，今回の分析結果とを比較させながら，ビッグデータのどのデータを抽出するかで結果が異なることも理解させたい。

　一方，これまでのプログラムには，分岐処理の概念が含まれていない。そこで，図6の色付けのプロ

```
Sub 色つけ応用()

  Dim 人数 As Double
  人数 = ActiveCell.Value

  Do While ActiveCell.Value <> ""

    If 人数 <= ActiveCell.Value Then
        With Selection.Interior
            .Color = RGB(255, 255, 0)
        End With
        人数 = ActiveCell.Value
    Else
        With Selection.Interior
            .Color = RGB(0, 255, 0)
        End With
        人数 = ActiveCell.Value
    End If
        ActiveCell.Offset(1, 1).Activate
  Loop
End Sub
```

図12　Ifを用いた応用的なプログラム

グラムの応用として，図12のようなプログラムを
生徒たちに考えさせることもできる。これは，分岐
処理によって，人数が減少した場合にセルの配色を
変えるプログラムである。「情報Ⅰ」の授業では，生
徒の実態等に合わせこのようなプログラムを追加し
ながら，「順次・分岐・反復」についての概念を確実

に身に付けさせることが求められる。

3．まとめ

　本章では，専門教科情報「情報と問題解決」にお
ける問題解決能力育成を目指したビッグデータ活用
の授業実践例を紹介した。授業には，ビッグデータ
を視覚的・直感的に把握することができる地域経済
分析システムRESASを用いた。ARCSモデルに基
づいたアンケート調査から，ビッグデータに興味・
関心が少ない生徒に対しては「注意」や「関連性」
についての刺激を与えながら授業を進めていく必要
があることを示した。RESASを活用した授業展開
は，共通教科情報「情報Ⅰ」に応用することができ
る。そこで，RESASから取得できるビッグデータを
プログラミングに活用する授業展開について考察し
た。今後は，小・中・高等学校を通した論理的思考
力を含む問題解決能力の育成が求められる。本章で
提案した授業についての研究を進め，情報技術をあ
らゆる問題の解決に活用できる力を育む授業を開発
していきたい。

（長井映雄，菊地章）

第6章　暗号化手法の理解のためのプログラミング

1．授業の背景　プログラミングを通して学べること

1．プログラミングを通して学ぶ

この授業は，社会と情報の中でプログラミングを扱えないか，という模索の中から生まれてきた。プログラミング自体を学び，コードを書けるようになることが大切なのは言うまでもない。一方で，プログラミングを通して何を身に付けることができるのか，という観点も，全ての生徒にプログラミングを教えるこれからの時代に，教師が持っていなければいけない視点である。この授業は，後者の視点から生まれた授業であり，プログラム自体を作ることを目的にした授業ではない。ただし，授業の組み立て方によっては，プログラムを作る題材としても利用することができる。

2．問題を解決する具体的な力

プログラミングを通して学べる力は，問題解決力である。問題解決自体は，教科情報の授業の中で取り入れられているが，具体的にどのような力が身に付けば，問題解決をできるようになるかはそれほど自明なことではない。現在の教科書の多くは，問題解決の流れを，1．アンケートなどで情報を集め，2．解決策を提案する，と説明している。しかし，実際の社会でこのような流れで問題解決が図れるのはほんの一部である。仮に，アンケートを取るという活動に絞ったとしても，「最初に小規模なアンケートを実施し，質問項目を検討する」「最初に試作品を作り，まずは少人数に感想を聞く」など，様々な手順が考えられる。問題解決に必要な手順は，その問題や課題ごとに異なり，一般化することはできない。問題解決に本当に必要な力は，その手順を組み立てる力であろう。手順を組み立てるとは，問題解決までに必要な行動や考えるべきことを，細かいステップに分解し，適切な順に並べることである。

ここではこの能力を「手順化する力」と呼ぶ。

3．失敗そしてまた失敗

手順化する力を修得し，手順を描ければ問題を解決できるようになるわけではない。なぜなら，その手順は一つの仮説であり，間違っている可能性もあるからだ。解決するはずが解決できない，かえってひどくなったという例はたくさんある。例えば，学校への遅刻が多いという課題に対して，罰則を厳しくするという手順をとった場合，遅刻は減ったが欠席が増える，教員の対応が追い付かずかえって遅刻が黙認されるようになった，という結果になる可能性もある。優れた問題解決能力とは，正しい問題解決の手順を考えられることだけではなく，常に失敗の可能性を念頭におき，手順が機能しているかどうかの検証を行うことができる力である。ここではこれを「検証する力」と呼ぶ。

うまくいっているか検証するためには，どのようなタイミングでどのような方法やデータがあれば検証できるかを考えられなければいけない。先ほどの遅刻の例で言えば，遅刻の数を計測するだけでは検証することはできない。欠席数を計測する必要があるし，教員が黙認していることも想定するなら，校門で生徒が来る時間を測ることも必要かも知れない。このように手順が上手くいかない事態を想定し，そうなっていないかどうかを確かめる力が，検証する力である。

このような「検証する力」という視点で，問題解決力が語られることはないが，実際にはとても重要である。手順が正しく機能しない事態を想定せずに，検証を怠った結果，国が滅びるような大失敗をした例は歴史を辿ればいくらでもある。したがって，問題解決力の育成には，この「検証する力」の育成も含める必要がある。

4．2つの力とプログラミング

　問題解決に必要な「手順化」と「検証」する力は，プログラミングに必要な能力と同じであると考えている。問題解決のための手順を人間に分かるように書けば，それは「計画書」と「手順書」と呼ばれるが，それをコンピュータが実行できるように書けば，それがプログラムになる。プログラムを書くためには，手順化する力が求められる。

　一方，手順が上手く機能しているかどうか検証するというプロセスは，プログラムのテストそのものである。プログラムのテストでは，ユーザーなどが想定外の操作をするケース（数字を入れるべき項目に文字を入れる，入力してからOKボタンを押すべきなのに先にOKボタンを押す）を想定する力や，対照群のデータ（ある条件でデータを抽出するテストをするなら，条件に当てはまらないデータも用意する必要がある）として何が必要なのかを考える力が求められる。

　これらの考えから，プログラミングを通して，問題解決に必要な2つの力を育むことができる可能性があると考えている。

　そこで，今回の授業の構想は，①生徒が問題解決の手順を考案，②それをプログラムとして表現，③プログラムを実行しながら手順が正しく機能しているか検証する，というものとした。

2．授業の題材　公開鍵暗号方式と問題解決

1．問題解決の題材をどこで探すか

　問題解決の題材の選び方は，生徒の身近な問題にすると良いと言われることが多い。しかし，身近でリアルな問題は複雑で解決が難しいことが多い。リアルさと問題解決の単純さはトレードオフである。それでも問題解決の授業が成り立っている気がするのは，実際に解決できているかどうかの検証をしていないからである。また，題材が教科情報の内容から離れていると，時間をかければかけるほど，情報の授業の中で教えたい内容が減っていくこととなる。

　その両方を解決できる方法として試みているのが，現在使われている情報技術がどのように発明されたり，選択されてきたのか，その歴史を辿ることである。そもそも人類の歴史そのものが，問題解決の連続である。それらの情報技術は，当時の人たちが抱えていた何らかの問題を解決するために生み出されてきたはずである。その問題解決を授業の中で再現することができれば，情報を題材に問題解決を行う授業を作ることができる。また，ドラマ性もあり生徒にも魅力的な授業にすることができると考えている。

　現在の情報技術には，革新的でかつ非常に重要な役割を果たしているものでも，仕組みや考え方自体はとてもシンプルであるものも少なくない（シンプルだからこそ偉大である，とも言える）。それらであれば，授業で扱う意義があり，高校生でも理解できる可能性がある。今回の公開鍵暗号方式[1]を発明するという発想はこのような模索から生まれてきた。

　同じ模索から生まれた授業として，コンピュータネットワークの通信方式にパケット交換方式と回線交換方式のどちらを採用するか生徒が提案する，ページランクを生徒が発明する，という授業を試みている。

2．公開鍵暗号方式を学ぶ意義

　公開鍵暗号方式は教科書でも取り扱われているが，その意義については十分に強調されているとは言い難い。現在，私たちは毎日当たり前のようにWebページにパスワードや，クレジットカード番号を入力して，いろいろなサービスを受けている。しかし，公開鍵暗号方式の発明がなければ，このような社会は実現できなかったのである。

　1970年代に公開鍵暗号方式が発明されるまで，人類は共通鍵暗号方式を使っていた。これは，暗号化と複号に同じ鍵を使う方式である。シーザーローテーションであれば，ずらした文字数が共通鍵に該当する。シーザーローテーションのような初期の暗号に始まり，有名なエニグマにいたるまで全て共通鍵暗号方式であった。この方式の欠点は，共通鍵を事前に暗号通信を行う相手にどうにかして伝える必

要があることだ。これは鍵配送問題と言われている。鍵を届ける手間や，途中で盗まれる危険性があるのはもちろんだが，初めて通信する相手とは暗号通信できないという，最大の欠点を抱えている（原理的に共通鍵を送る安全な通信経路が別に必要になる。そして，そのような安全な経路があるなら，そもそも暗号通信をする必要がない）。そのため，共通鍵暗号方式では不特定多数のユーザーと暗号通信する現在のWebサービスは実現できない。公開鍵暗号方式は，ネットワークでの通信販売など，不特定多数のユーザーが暗号通信を行う必要が生まれることが予想されたため生まれてきた。まさに，今の情報化社会の基盤となっている技術である。そのため，授業で時間をとって伝える意義があると考えている。

3．シンプルな仕組み

その意義や影響力とは反対に，公開鍵暗号方式の手順はとても単純である。加えて，公開鍵暗号方式が解読できないのは，素因数分解を高速で行う方法が見つかっていない，というとてもシンプルな数学的な事実に基づいている。公開鍵を素因数分解すれば解読できるということは知られているが，単純に公開鍵に利用されている数字が大きいため，意味のある時間内に素因数分解できないので，解けない暗号となっている。高校生でも十分に扱えることに加え，これまでテストなどで解いてきたはずの素因数分解が「解けない」理由になっている，ということが数学的な興味も引くと考えて，題材として設定することにした。

ただし，公開鍵を使って実際に暗号を作る手順については，授業のスコープから外すこととした。今回の授業は，神奈川県の2校で実施してきたが，どちらも1年生で開講のため指数の学習が不十分なこと，また仮に生徒が理解できたとしても，そこまで踏み込むと，問題解決の手順とその検証を考えるという本来のねらいと外れてしまうことが理由である。

3．授業のねらいと構成

1．授業のねらい

授業のねらいは次の3つに整理した。
①公開鍵暗号方式の手順と意義，および解読できない理由を理解する
②問題解決に必要な手順化と検証を実行する
③プログラムで表現することの利点と，検証の必要性を理解する

2．授業の構成

前項で示したねらいを実現するための授業を3時間構成で計画した。

大きな流れとして，2時間目で生徒が考えた手順を，3時間目にコンピュータに実行させる，という流れにしている。1時間目の公開鍵暗号方式の手順を理解させるところは，教員が説明するのではなく，生徒が発明する形とした。これまで，南京錠などの実物を使って説明する授業実践はあったが，生徒自身が発明できると考えた。生徒が自分で見つけることで，理解が深まり，かつ，ドラマ性もあるの

表1　授業の構成

時	主な活動内容	主なねらい
1	・暗号化の目的の理解 ・鍵と暗号化の手順の関係について理解する ・鍵を事前に渡さなくてよい暗号の必要性を理解する ・公開鍵暗号方式の手順を発明する ・手順の確認	①
2	・素因数分解をする手順を考案する ・実際に手順に沿って電卓で素因数分解を実行することで検証する ・考案した手順が機能したかと，問題点を考える	②
3	・コンピュータに実行させる意味と，テストの必要性を理解する ・プログラムが正しく素因数分解できるか，テストを行う ・巨大な数の素因数分解を実行する ・振り返りとして，なぜ公開鍵暗号方式が解読できないのかを考える	①③

で記憶に残りやすくなるなど，学習効果が上がる可能性があると考えたからである。もちろん，単純に楽しい授業になれば，という思いも込められている。

4.1時間目の授業　公開鍵暗号方式を発明する

1. 教材の準備

この時間では，南京錠などの実物を使って生徒に公開鍵暗号方式の手順を発明させる。

- 南京錠　100円均一ショップなどの安いもので十分。
- 南京錠のかかるケース　中に手紙を入れて南京錠をかけるためのケース。意外に見つからないので，準備するときは注意が必要である。100円均一ショップで販売されていた，チャックが2つついているデジカメケースを利用している（図1）。ただし，現在は仕様が変わってしまい，チャックが1つになってしまったため，これから準備する場合は，別なものを探す必要がある。
- 秘密の手紙　内容は必要ないので白紙でもよい。

図1　南京錠のかかるケース

授業プリントと，効率よく生徒に活動内容を説明するため，スライドも用意した。

2. 授業の展開

(1) 暗号化の目的の理解

授業全体で問題解決を行いながら学習を行う設計にするため，最初にこの授業で解決すべき問題を提示する。この授業では，ミッションインポッシブルの予告編を見せ，暗号を解読してトム・クルーズを救出しよう，という問題を提示した。

暗号化の目的を，データを見られなくするためではなく，見られても意味が読み取られないようにする，と説明する。この説明がないと，暗号とログインなどの認証との区別がつかない生徒がいる。

(2) 鍵と暗号化の手順の関係について理解する

暗号とは一般的に，暗号化する手順（アルゴリズム）と鍵で成り立っている。手順は公知でも，鍵が秘密になっていれば暗号を解読することはできない。この関係を，家のドアや宝箱を例に，「鍵を挿して回すという手順は誰でも知っているが，鍵がなければ開けられない」のように説明する。

説明だけで理解するのは難しいので，シーザーローテーションを実際に扱う。暗号化は全員で行い，復号を個人で行わせることで，理解が深まるようにしている。

表2　シーザーローテーションの手順と鍵

手順	アルファベットの並びで，鍵の数だけ文字をずらす
鍵	ずらす文字数

(3) 鍵を事前に渡さなくてよい暗号の必要性を理解する

シーザーローテーションの欠点として，鍵の数が少ない（25種類），事前に鍵を渡しておく必要がある，という2つを説明する。後者がなぜ欠点なのかを理解するために，渡そうとするとどんな困った事が起こるかを生徒に考えさせる活動を行っている。「途中で盗まれる」という気づきはほぼ確実に生徒から出るので，加えて，手間が膨大になる，初めて通信する人と暗号で通信できない，という欠点を教師から補足する。SNSサイトや通販サイトなどと暗号で通信するためには，鍵を渡さなくても良い暗号が必要ということと，それをこれから発明することを説明する。

(4) 公開鍵暗号方式の手順を発明する

3人1組のグループワークで行う。役割と最初の持ち物を表3に示す。

次に，ボブ，トム，アリスの順でトムを間に挟んだ並びで座るように生徒に指示する。この並び順が発明させるための，一番のポイントである。続いて，やり方とルールを説明する。

表3　役割と最初の持ち物

役割（名前）	最初の持ち物
秘密の手紙を受け取りたい人物（ボブ）	南京錠，南京錠の鍵，南京錠のかかるケース
スパイ（トム）	
秘密の手紙を送りたい人物（アリス）	秘密の手紙

　やり方：ボブとアリスの間で，南京錠や鍵，ケース，秘密の手紙を送り合って，トムに見られないように秘密の手紙をボブに送る方法を見つける。
　　ルール1：お互いに物を送り合う時は，必ず一旦トムを経由しなければいけない。
　　ルール2：トムは，盗んだり壊したり南京錠のかかったケースを覗くことはできないが，送られたものを見たりコピーすることができる。
　　ルール3：トムは開いている南京錠を閉めることはできない。
　ここまで説明して，活動を開始させると早いグループは1分以内で発見することができる。

（5）手順の確認
　最初に見つけたグループに，教室の前で実演してもらう。手順を文字でプリントに書いて，手順を改めて確認する。また，今回発明した暗号が公開鍵暗号方式と呼ばれていることなどを説明する。
　ここで生徒に発明した手順に対して納得感を問うと，南京錠をトムが入手しているのでそこから鍵を作ったりできるのでは，という意見が大体出てくるので，その方法を次回考えることを予告して授業を終わる。

3．授業のポイント

　この時間のポイントは，鍵と手順の関係をシーザーローテーションの実例を通してしっかり理解させる，鍵を渡す必要があるという欠点が致命的であることを理解させる，発明を成功するために座り順と最初の持ち物やルールを生徒にしっかり理解させることにある。何より大切なのは発明する，という活動を楽しくやることだと考えている。そのために，映画の予告を使ったり，最初に発明できたグループにはお菓子の景品を出したりするようにしている。

5．2時間目の授業　素因数分解の手順を考える

1．教材の準備

　2時間目の授業は，実物を必要としない。授業プリントと，説明用のスライドを用意した。また，素因数分解の手順が正しいか検証する場面で，電卓が必要となるため，電卓を用意するかPC教室であればアクセサリの電卓を利用できるようにする。

2．授業の展開

（1）動機付け（問題の提示）
　暗号を解読するというゴールと，そのために公開鍵（南京錠）から秘密鍵（南京錠の鍵）を作る方法を考える，という前回の授業の最後の部分を確認する。
　その上で，公開鍵は大きな2つの数（素数）の積になっており，それを掛け算に分解すると秘密鍵が手に入ることを説明する。なお，ここではなぜその

ような関係になっているかまでは深入りしていない。

（2）素因数分解をする手順を考案する
　幾つか大きな数の素因数分解を例に出し，簡単には分解できないことを示した上で，どんな数でも分解できる手順を考える，という課題を提示する。この活動は，最初に個人で行った後に，前回と同じ3人のグループで行っている。ポイントはヒントの出し方にある。「最初に〇〇で割る」「割れなかったら，次に……」という形でヒントを出すとともに，手順がプリントに書かれるように記述の幅を制限している。
　机間巡視でグループの進行状況を確認しながら，必要に応じて「次に3で割る」というヒントまでは出している。この活動の面白いところは，数学が得意と見られる生徒の方が，効率の良い解き方があると信じて迷走する傾向があるのに対し，そうでない

生徒の方が，単純に1ずつ大きい数で割っていく，という正解の1つにたどり着く傾向が見られるところである。

ある程度時間がたつと「1ずつ大きい数で割っていく」「奇数で割っていく」「素数で割っていく」の3つのアイデアにまとまるため，それらを発見したグループに発表してもらう。「素数で割る」アイデアだけは，次の素数を導く方法が無いため実現不可能であるということを解説し，それ以外の方法（2つ見つけられたクラスは，より効率の良い奇数で割る方法）をクラスの方法として採用する。

(3) 実際に手順に沿って電卓で素因数分解を実行することで検証する

クラスの方法で実際に分解することができるか検証を行う。3つの数字を生徒に示し，グループで役割分担し，1人1つの数字の分解を実行させる。生徒は電卓を利用して，手順に沿って分解する。ストップウォッチを用意し，分解にかかった時間を計測させる。用意する数字は，2桁の素数同士の掛け算にしており，多くの生徒は3分程度で完了する

が，間違えて（数字を飛ばす，電卓に入力する数字を間違える，など）終わらなくなる生徒もいる。

(4) 考案した手順が機能したかと，問題点を考える

振り返りとして，クラスの方法で正しい答えが出たかと問題点をプリントに記述させる。正しい答えが出るが，時間がかかる，間違える，という気づきを得ることができる。次に，では正確に速く分解するためにはどうしたら良いか，ということを記述させている。コンピュータを使う，という記述を行う生徒がいた場合，その気づきを拾って次の授業の予告とする。

3．授業のポイント

この時間のポイントは，手順の検証の活動で時間がかかる問題を与えることである。ここで時間がかかる体験をしておくことで，コンピュータにその手順を実行させる意味や，（そのコンピュータを用いても膨大な時間がかかることを知ることで）公開鍵から秘密鍵がどうして作れないのか，を体験的に理解できるようになると考えている。

6．3時間目の授業　コンピュータに素因数分解を実行させる

1．教材の準備

現在行っている授業では，素因数分解を行うプログラムは教師が準備している。VBAで作成し，分解対象の数を入力し，実行ボタンを押すと，分解した結果とかかった時間が表示される仕様としている。素因数分解の手順（アルゴリズム）は，どのクラスでも必ずみつかる1つずつ大きい数で割っていく方法を採用している（図2）。

2．授業の展開

(1) コンピュータに実行させる意味と，テストの必要性を理解する

手順をコンピュータに実行させられるように書いたものをプログラムと呼ぶこと，コンピュータは指示された手順を速く，手順通りに実行できる，ということを説明する。ただし，手順が誤っていると（バグがあると），誤った通りの結果になることをゲームのバグなどを例に説明する。

(2) プログラムが正しく素因数分解できるか，テストを行う

前回の授業で自分が分解した数字を，今度はコンピュータに実行させ，正しい結果が出るかどうかをテストさせる。前回の授業で時間をかけて分解した数字が一瞬で分解されるので，コンピュータに実行させる意味が体感で理解できる。

また，図2のアルゴリズムには，分解する数に1や小数の値を入力すると無限ループになる，というバグがある。そのバグを探す活動の後，バグを修正したプログラムも同じように検証し，バグが無く正しく分解できることを確認させた。

(3) 巨大な数の素因数分解を実行する

15桁の分解する数字を用意しておき，生徒にコンピュータを利用して分解させる。私が授業している環境では，4秒程度の時間で分解される。

(4) 振り返りとして，なぜ公開鍵暗号方式が解読できないのかを考える

実際の公開鍵がもっと巨大な数字であることを生

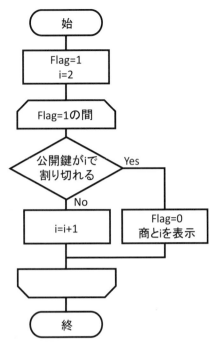

図2 素因数分解を行うアルゴリズム

徒も気付いているので，実際に使われている公開鍵の桁数（10^{600}）であることと，それをコンピュータで分解するのに途方もない時間がかかることを説明する。

振り返りとして，「なぜ公開鍵暗号方式は解読できないのか」を記述で回答させている。最後に，素因数分解を速く行う方法が見つかっていないという数学の話をして授業を終わりとしている。

3. プログラミングを学ぶ題材としての可能性

今回の授業では，プログラミングを学ぶということをねらいとしていないため，プログラムを作るという活動は行っていない。しかし，プログラムを学ぶための教材としても，十分に可能性がある。図2に示したようにシンプルなアルゴリズムの中に，順次，分岐，反復という要素がすべて含まれ，事前に回数が決まっていない繰り返しが必要なため，それらを扱う課題として利用できる。また，大きな桁の数を扱うためint型では桁あふれしてエラーになる，VBAではMod関数も桁あふれする，など変数の型の制約を学ぶためにも利用できる。アルゴリズムはシンプルだが，分解する数に1や小数を入力すると無限ループになるため，それらを想定した例外処理を組み込む必要がある。応用問題として，どのような例外処理を組み込むかを考えさせて，実際に作らせるのも例外処理の大切さを学ぶための良い課題になるだろう。具体的な例外処理のロジックとしては，最初に数値をチェックする，割る数が分解する対象の数を超えたら繰り返しを止める（もしくは対象の数の平方根を超えたら），などが考えられる。後者の方が安全であるが，繰り返しの中に条件分岐が含まれるため，前者の方が多少高速なアルゴリズムとなる，といった議論をしても良い。

7．授業の評価

1．評価のポイント

3時間目の授業で記述させている「なぜ公開鍵暗号方式は解読できないのか」という問いの回答を，生徒に対する主な評価項目にしている。また，授業改善のためのフィードバックとしても利用している。

神奈川県A高校で2017年に行った5クラス分187人の回答を対象に分類した。表4に結果を示す。

約3分の2の生徒が，桁の大きさかコンピュータでも素因数分解に時間がかかることに触れており，正しい理解をしていることが分かる。速く素因数分解を行う数学的な方法が見つかっていないことを理由にしている生徒も11％いるが，クラスによって偏りが見られるため，説明を工夫することで割合を増やすことができると考えられる。この回答を利用して，「速い解き方」「桁・時間」のいずれかに触れていればB評価，両方に触れていればA評価，と理解の内容を測る評価を行うことができる。

2．生徒の反応

生徒の感想を見ると，暗号そのものの重要性や意義について触れているものが多くある。日常生活が暗号で守られていることを知った，という記述や，このような暗号の仕組みを考えついたのがすごい，という記述がそれに当たる。もう一つ目立つのは，

表4 「なぜ公開鍵暗号方式は解読できないのか」への回答の分類（単位：人）

クラス	桁が大きいから・時間がかかるからのいずれか	素因数分解の速い解き方がないから	手順が不明だから（誤答）	小数だから（誤答）	その他
A組	33	0	3	1	0
B組	29	0	6	0	1
C組	21	13	0	0	9
D組	23	0	1	4	9
E組	19	7	0	2	11
合計	125	20	10	7	30
割合	67%	11%	5%	4%	16%

※素因数分解の速い解き方がないからと，桁が大きいから・時間がかかるから，は重複して回答している生徒もいるため，合計数は187にならない。

プログラムを利用してコンピュータに手順（アルゴリズム）を実行させることについて触れたものである。計算速度や正確さに感心した旨の記述が多くある。また，プログラムを間違えないように作ることやテストすることが大切，という趣旨の検証の大切さに触れた記述もある。プログラムで表現することの意義や検証を行う必要性についてはある程度理解させることができたと言えるだろう。

　問題解決にいたる手順を考えそれを検証する，という活動を多く取り入れることはできたが，それを問題解決に必要な普遍的な方法とは生徒に示せていないので，生徒のメタ認知は十分ではないことが予想される。今後は，生徒自身がその2つが問題解決に必要な能力である，という理解を深められるように授業を改善していきたい。

（大石智広）

第7章　シミュレーション利用による社会システム予測

1．社会システム予測のためのシミュレーション

1．「モデル化とシミュレーション」の推移

2018年の学習指導要領改訂を受けて，共通教科情報では必修科目となった「情報Ⅰ」におけるプログラミング教育に注目が集まっている。しかし留意しなければいけないことが，「プログラミング」に包含されている「モデル化とシミュレーション」も必修単元となっている事実である。これまでも共通教科情報科目に「モデル化とシミュレーション」の単元は存在していたが，「プログラミング」と同様に科目によっては取り扱っていないため，必ずしも必修単元という位置付けではなかった。しかし，「情報Ⅰ」が必修科目となった2018年告示の学習指導要領では，プログラミング教育を"プログラミング"で終わらせずに，"プログラミングによるシミュレーション"にまで発展させる必要がある。

もともと「プログラミング」と「モデル化とシミュレーション」はそれぞれ独立した単元ではなく，プログラミング教育に関する一連の流れの中で取り扱うことが望ましいとされている。それは問題解決の有効な手段の一つにシミュレーションがあり，シミュレーションの有効な手段の一つにプログラミングがあるためである。ただし学習指導要領の改訂に合わせて，共通教科情報の目標とともに「モデル化とシミュレーション」の位置付けも大きく変化してきている。ここで3度の学習指導要領改訂を経て「モデル化とシミュレーション」の位置付けがどのように推移してきたか次に述べる。

(a) 平成11年改訂学習指導要領[1]

平成11年改訂の学習指導要領における共通教科情報は「情報A」，「情報B」，「情報C」の3科目編成（いずれも選択科目）であった。また「モデル化とシミュレーション」に関する単元は「情報B」にのみ含まれていた。

当単元では「身のまわりの現象や社会現象などを通して，モデル化とシミュレーションの考え方や方法を理解させ，実際の問題解決に活用できるようにする」ことを目標に，"時間経過や偶然性に伴って変化する現象"を取り扱うとされた。ただし，このような現象は"簡単にモデル化できる題材"に限るとされ，さらに「数理的・技術的な内容に深入りしないようにする」と明記されていた。

(b) 平成21年改訂学習指導要領[2]

平成21年改訂の学習指導要領における共通教科情報は「社会と情報」，「情報の科学」の2科目編成（いずれも選択科目）である。また「モデル化とシミュレーション」に関する単元は「情報の科学」にのみ含まれている。

当単元の目標は平成11年改訂の学習指導要領と同じであるが，「単にアプリケーションやソフトウェアやプログラム言語を使ってモデル化とシミュレーションに主眼を置くのではない」とし，あくまでシミュレーションは問題解決のための有効な手段の一つであるということが強調された。

(c) 平成30年改訂学習指導要領[3]

平成30年改訂の学習指導要領における共通教科情報は「情報Ⅰ」，「情報Ⅱ」の2科目編成（うち「情報Ⅰ」が必修科目）である。また「モデル化とシミュレーション」に関する単元は両科目に含まれることとなった。

情報Ⅰにおける当単元では，プログラミングやシミュレーションによって問題を解決する方法やモデルを評価して改善する方法を理解することが目標とされている。つまり問題解決に向けて，シミュレーションを繰り返しながらモデルを適切な形にフィットさせていく力が重要視されることとなった。

2. 社会シミュレータという選択

3つの学習指導要領のいずれにおいても，モデル化してシミュレーションを行う対象は「身のまわりの現象」や「社会現象」，「社会や自然などにおける現象」などと明記されている。これまでの共通教科情報の教科書の多くは，プログラム言語にExcel VBA（以下，「VBA」と表記する）を採用しているため，必然的に「モデル化とシミュレーション」においてもVBAを使用することが多かった。しかしExcelはシミュレーション専用ソフトウェアではなく，社会現象を数式モデルに落とし込むことができる範囲には限界がある。そのため複雑な社会現象をモデル化することはできず，「サイコロの出る目の確率」，「水量の変化」，「熱帯魚の繁殖」など，これまで比較的簡単な現象を取り扱っている教科書が多かった。

ところが平成30年度改訂の学習指導要領解説[4]では，「学校や地域の実態及び生徒の状況に応じて，プログラミング，シミュレーション専用ソフトウェア，表計算ソフトウェアの利用などシミュレーションを行う方法について配慮する」と明記され，はじめて「シミュレーション専用ソフトウェア」という用語が使用された。つまりExcelなどの表計算ソフトウェアに限らず，モデル化する対象によってはシミュレーション専用ソフトウェアを使用することも想定されていることが分かる。

シミュレーション専用ソフトウェアは，「ある特定の事象に対するシミュレーションに特化したソフトウェアのこと」を指す。またシミュレーション専用ソフトウェアのうち，膨大なヒトやモノが複雑に絡み合う社会現象のシミュレーションに特化したソフトウェアは「社会シミュレータ」や「複雑系シミュレータ」，あるいは「マルチエージェント・シ

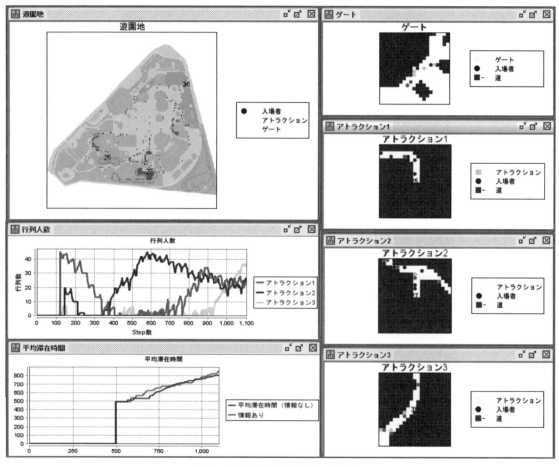

図1　遊園地の混雑問題のモデル化

ミュレータ（MAS）」などと呼ばれる（以下，「社会シミュレータ」の表記に統一する）。そのため社会シミュレータは，学習指導要領に明記されているような「身のまわりの現象」，「社会現象」，「社会や自然などにおける現象」をモデル化するためのシミュレーション専用ソフトウェアとして効果的であると考えられる。

本章では「モデル化とシミュレーション」において，社会シミュレータを利用した社会システムを予測させる授業の実践事例を紹介する。今回利用した社会シミュレータには，比較的操作の難易度が低く，かつ無償（ただし教育現場での利用に限る）であるartisoc（アーティソック）[5]を使用している。artisocは主に研究機関や大学において使用されている社会シミュレータであり，複雑な社会現象を視覚的にモデル化することが可能である。例えば図1は，artisocによる遊園地の混雑問題をモデル化したシミュレーションの様子である。

2. 社会シミュレータの利用を想定した授業計画

1. 対象生徒と授業科目

社会シミュレータであるartisocを利用した授業実践は，愛知県立K高等学校（以下，「本校」と呼ぶ）の情報活用コース所属の3年生34名（うち男子26名，女子8名）を対象に実施した。本校では普通科の中に情報活用コース（平成30年度入学生より「情報ビジネスコース」へと改編）を設置している。なお，対象クラスの生徒はこれまでに授業でプログラミングに関して学んできていないため，シミュレーションの実習を通してプログラミングについても併せて学ぶことになる。

情報活用コースの生徒は共通教科情報科目「社会と情報」の他に，「情報テクノロジー」や「情報と問題解決」など3年間で計13単位の専門教科情報科目を履修している。今回の授業実践は，専門教科情報科目のうち「課題研究（4単位）」において実施している。なお課題研究は「情報に関する課題を設定し，その課題の解決を図る学習を通して，専門的な知識と技能の深化，総合化を図るとともに，問題解決の能力や自発的，創造的な学習態度を育てる」ことを目標としている科目である[2]。

表1 社会シミュレータの利用を想定した授業計画

月	項目	内容
4月	・artisocの基本操作①	・★第1回授業評価アンケート ・プロジェクトの作成や保存などの基本的操作 ・エージェントの生成と操作方法
5月	・artisocの基本操作②	・順次，条件分岐，反復処理によるエージェントの操作方法 ・簡単なプログラムの作成 ・★第2回授業評価アンケート
6月	・artisocの応用操作①	・複数のエージェントによる相互作用 ・複雑なプログラムの作成
7月	・artisocの応用操作②	・社会現象のモデル化とシミュレーション ・モデルの評価と改善 ・★第3回授業評価アンケート
9月	・研究テーマの選択とモデル化	・班編成（7班）と研究テーマの選択 ・研究テーマのモデル化とシミュレーション
10月	・モデルの評価と改善 ・クラス発表会	・シミュレーション結果によるモデルの評価と改善 ・全7班によるクラス発表会と相互評価
11月	・校内発表会と校外発表会	・4班による校内発表会（1～3年情報活用コース合同） ・3班による校外発表会（中学校教員，保護者，大学関係者ら） ・★第4回授業評価アンケート
12月	・研究のまとめ	・研究のまとめと反省 ・授業の感想

2. 授業計画と授業内容

課題研究における社会シミュレータの利用を想定した授業計画を表1に示すとともに，各項目の詳細を次に述べる。

(a) 4月：artisocの基本操作①

まず社会シミュレータの概要を説明した後に，artisocにおけるプロジェクトの作成や保存などの基本的な操作方法について学習する。社会シミュレータの概要の説明には，実際に避難シミュレーションなどに使用されたartisocのモデルを動作させて，シミュレーションのイメージを持たせる。なお初回の授業後に第1回授業評価アンケートを行っている（授業評価アンケートの詳細は第3節で述べる）。

次にエージェントについて説明し，その生成方法や操作方法について学ぶ。なおエージェントとは，図2に示すように社会シミュレータ（特にマルチエージェント・シミュレータ）において使用される「ヒトやモノなど周囲の状況に応じて自律的に行動する主体」のことを指す[5]。

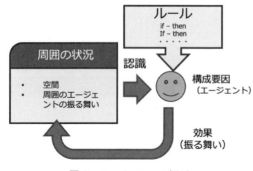

図2　エージェントの概要

(b) 5月：artisocの基本操作②

まずartisocの操作を通してプログラムの基本処理である順次，条件分岐，反復処理について学ぶ。例えば，エージェントを反復処理によって複数生成したり，エージェントが進む方向を指定した条件によって変えたりすることが挙げられる。

次にプログラムの基本処理を使用して簡単なプログラムを作成する。例えば，"複数のエージェントを1カ所に生成し，一定の距離を移動したらランダムな方向に進路を変更する"などプログラムを作成した。なおここで第2回授業評価アンケートを実施している。

(c) 6月：artisocの応用操作①

まずエージェントを周囲の状況に応じて自律的に行動させるための関数（以下，「自律関数」と呼ぶ）について学ぶ。これまでの演習では，各エージェントは記述された自身のプログラムによって動作していたが，自律関数を使用することでエージェントが持つ本来の動作（周囲の状況に応じて自律的に行動するということ）をさせることが可能となる。

次にプログラムの基本処理や自律関数を使用して複雑なプログラムを作成する。例えば，"ランダムに動き回る複数のエージェントが，自身の周囲に一定数以上のエージェントがいれば自身の動きを止める"などのプログラムを作成した。

(d) 7月：artisocの応用操作②

まずこれまでに学んだ操作や関数を使用して，簡単な社会現象をモデル化してシミュレーションを行う。例えば，ボイドモデル（飛ぶ鳥のモデル），病気の流行，プランクトンの繁殖，映画館における座席配置のシミュレーションなどである。さらにシミュレーション結果を出力してグラフ化する手法についても学ぶ。

次にシミュレーション結果からモデルを評価し，必要に応じてモデルを変更するという作業を行う。これは簡略化されたモデルをより現実に近付けるための作業である。エージェントのパラメータを一部変更することで，シミュレーション結果が大きく変動することを理解し，問題解決のためにどのようなプログラムの修正が必要であるか考える。なおここで第3回授業評価アンケートを実施している。

(e) 9月：研究テーマの選択とモデル化

まず研究テーマを選択するために，クラス34名をA～Gの全7班（各班4～7名）に分割する。班編成は生徒たち自ら決定したが，概ね実力の近い者同士が集まっている印象であり，男女混合の班も見られた。各班が決定した研究テーマは以下のとおりである。なおA～F班は予めこちらが用意した研究テーマであったが，G班のみ自分たちで研究テーマを決定した。

- A班：ボイドモデル
- B班：人間関係の可視化

- C班：病気の流行とその対策
- D班：プランクトンの繁殖
- E班：シェリングの分居モデル
- F班：ターミナルでの通勤ラッシュ
- G班：送迎車による渋滞の緩和

次に各班は決定した研究テーマのモデル化を行う。ただしモデル化のテンプレートはこちらで用意している。さらにシミュレーションを実行して結果をグラフ化し，グラフから読み取れる事柄について分析を行う。

(f) 10月：モデルの評価と改善／クラス発表会

まずグラフの分析結果を踏まえて作成したモデルを評価する。シミュレーションが予想通りの結果でなかった場合には，その要因を考察し，必要に応じてモデルの修正と改善を行う。また簡易化されたモデルを，より現実に近付けるため試行錯誤を繰り返す。

次に各班は，クラス発表会に向けてこれまでのシミュレーション結果と分析結果についてスライドにまとめる。クラス発表会は班単位で行われ，各自が割り振られた担当のスライドに対する説明を行う。またクラス発表会では全員が発表班の相互評価を行い，その結果をフィードバックしてモデルやスライドの修正を行う。なおクラス発表会の相互評価を踏まえて，11月に行われる校内発表会と校外発表会への各班の割り振りを教員が行った（全7班のうち，校内発表会が4班，校外発表会が3班とした）。

(g) 11月：校内発表会／校外発表会

まずクラス発表会の相互評価で決定した4班（B, C, D, E班）が校内発表会を行う。また校内発表会は本校1～3年の情報活用コース合同（総勢100名程度）で行われた。基本的にはクラス発表会と同様の流れであるが，司会進行も含めて生徒主体で行わせている。また発表用のスクリーンを2つ用意し，1つはスライド投影用に，もう1つはシミュレーション投影用に使用している。

次にクラス発表会の相互評価で決定した3班（A, F, G班）が校外発表会を行う。会場は本校近隣の交流館を使用し，中学校の先生，保護者，大学や企業の方々らをお招きした。なお校内発表会と同様に，会場の設営や撤収，司会進行など，すべて生徒主体で行わせている。図3は校外発表会におけるG

図3　校外発表会の様子（G班の発表）

班の発表の様子である。なお校外発表会終了後，第4回授業評価アンケートを実施している。

(h) 12月：研究のまとめ

研究のまとめと反省として，全員に1年間の授業に対する感想を書かせている（詳細は第4節で述べる）。

3. 研究発表例

全7班の研究発表のうち，G班による「送迎車による渋滞の緩和」の研究内容について説明する。

G班の7名は，本校正門前における7時半～8時半の送迎車の様子をモデル化し，シミュレーション結果から渋滞の緩和策を提案した。ここでG班のシミュレーション画面を図4に示す。

図4の画像は空から見た本校正門前の図（左側中央が正門）であり，道路上の「●」は「送迎車」を表している。なお実際のシミュレーション画面では

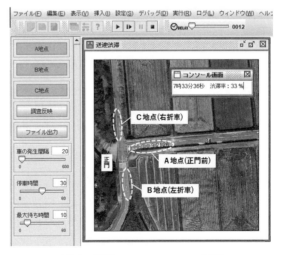

図4　G班のシミュレーション画面

「●」に色が付いており，水色が「送迎後」，黄色が「停車中」，緑色が「送迎前」の車を表している。

まずG班は，実際に正門前の7時半～8時半における5分置きの送迎車の数を調査した。調査地点は送迎車が停車する図中のA，B，C地点の3カ所である。この調査結果をモデルに反映させてシミュレーションを行ったところ，渋滞率は8時12分にピークを迎えること明らかとなった。

次に渋滞を緩和させるために，A，B，C地点のうちA地点を停車禁止にし，停車可能な地点をB，C地点の2カ所に絞ることを提案した。この条件下においてシミュレーションを行ったところ，図5に示すように3カ所の場合と比較して渋滞率が半分以下になるという結果が得られた。

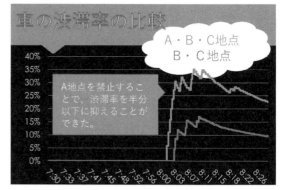

図5　G班の発表スライド（結果の比較）

3. 授業評価アンケートの結果と考察

1. ARCS評価シート

授業の評価と改善のために，表1の「★」の箇所で授業評価アンケートを計4回実施している。授業評価アンケートにはARCSモデルを用いている。ARCSモデルとは，1983年に米国の教育工学者であるJohn M. Kellerが提唱した「学習者の動機付けを高める方法をモデル化したもの」であり，教育現場だけでなく企業の研修設計や教材開発などにも利用されている[6]。このARCSモデルでは，学習者のやる気を引き出す要素を次の4つに定義している。なお「ARCS」の名称はこれらの要素の頭文字から来ている。

(a) Attention：注意

1つ目の要素である「注意」とは，学習者の興味・関心を引くための要素である。例えば，これまでと違う教材の見せ方をしたり，文字だけでなく音声や映像を使用したりすることが挙げられる。なお「A：注意」はさらに「A1：知覚的喚起」，「A2：探求心の喚起」，「A3：変化性」に細分化することができる。

(b) Relevance：関連性

2つ目の要素である「関連性」とは，学習者にとって親しみを持たせる要素である。例えば，学習者の成功と失敗に結び付けたり，自身の将来への必要性を説いたりすることが挙げられる。なお「R：関連性」はさらに「R1：親しみ易さ」，「R2：動機との一致」，「R3：目的志向性」に細分化することができる。

(c) Confidence：自信

3つ目の要素である「自信」とは，学習者に対して成功の機会を与える要素である。例えば，問題を小さな単位に区切ることで成功体験を増やすことや，学習者の能力に応じて課題の難易度を調整することが挙げられる。なお「C：自信」はさらに「C1：学習要求」，「C2：成功の機会」，「C3：コントロールの個人化」に細分化することができる。

(d) Satisfaction：満足感

4つ目の要素である「満足感」とは，学習内容に対する満足度を図る要素である。例えば，学習者の成功に対して称賛することや，評価基準を明確にして公平な状態を保つことなどが挙げられる。なお「S：満足感」はさらに「S1：自然の結果」，「S2：肯定的な結果」，「S3：公平さ」に細分化することができる。

上記のARCSモデルをもとにして向後ら[7,8]は，ARCSモデルの枠組みによって授業や教材を簡便に評価できるARCS評価シートを作成した。このARCS評価シートにもいくつかのモデルが存在する。今回は表2に示すようにA，R，C，Sの4つのカテゴリーに3つの下位項目を加えた計16項目から構成させる評価シートを使用する。生徒は授業におけるそれぞれの評価項目に対して9件法で評価す

表2　ARCS 評価シートの評価項目

分類	分類名	評価項目（−）	←非常に		どちらとも			非常に→			評価項目（＋）
A	注意	つまらなかった	1	2	3	4	5	6	7	8	9	面白かった
A1	知覚的喚起	眠くなった	1	2	3	4	5	6	7	8	9	眠くならなかった
A2	探究心の喚起	好奇心をそそられなかった	1	2	3	4	5	6	7	8	9	好奇心をそそられた
A3	変化性	マンネリだった	1	2	3	4	5	6	7	8	9	変化に富んでいた
R	関連性	やりがいがなかった	1	2	3	4	5	6	7	8	9	やりがいがあった
R1	親しみ易さ	自分には無関係だった	1	2	3	4	5	6	7	8	9	自分に関係があった
R2	動機との一致	どうでもいい内容だった	1	2	3	4	5	6	7	8	9	身につけたい内容だった
R3	目的志向性	途中の過程が楽しくなかった	1	2	3	4	5	6	7	8	9	途中の過程が楽しかった
C	自信	自信がつかなかった	1	2	3	4	5	6	7	8	9	自信がついた
C1	学習要求	目標が曖昧だった	1	2	3	4	5	6	7	8	9	目標がはっきりしていた
C2	成功の機会	学習を着実に進められなかった	1	2	3	4	5	6	7	8	9	学習を着実に進められた
C3	コントロールの個人化	自分なりの工夫ができなかった	1	2	3	4	5	6	7	8	9	自分なりの工夫ができた
S	満足感	不満が残った	1	2	3	4	5	6	7	8	9	やってよかった
S1	自然の結果	すぐには使えそうにもない	1	2	3	4	5	6	7	8	9	すぐに使えそうだ
S2	肯定的な結果	できても認めてもらえなかった	1	2	3	4	5	6	7	8	9	できたら認めてもらえた
S3	公平さ	評価に一貫性がなかった	1	2	3	4	5	6	7	8	9	評価に一貫性があった

る（数字が大きいほどプラスの評価となる）。

2．授業評価アンケートの結果

　ARCS 評価シートによる授業評価の結果を図6に示す。各数値は授業評価アンケートを行った時点における，ARCS モデルの各項目に対する平均値である。以下，第1〜4回における授業評価アンケート結果に対する考察を行う。

(a) 第1回授業評価アンケート

　第1回授業評価アンケートは，初回の授業後に実施している。全4回のアンケート結果を比較すると，第1回目の結果のうち「A2：探求心の喚起（好奇心をそそられた）」や「R2：動機との一致（身に付けたい内容だった）」などが際立って高い結果となっている。特に「注意」と「関連性」の分野が全体的に高い数値を示している。これらの結果から，生徒たちにとってプログラミングおよびシミュレーションが興味・関心を大きく引き付ける題材であったことが分かる。

　一方，第1回目の結果のうち「C：自信（自信がついた）」や「S1：自然の結果（すぐに使えそうだ）」などが，他の項目と比較して非常に低い数値となっている。これはプログラミングやシミュレーションが未経験の生徒たちにとって，興味・関心を引き立てられた反面，「習得が難しそう」，「使いこなせるか不安」などというマイナスのイメージを持ってしまったのではないかと推測できる。これらの結果から，新しい題材の導入部では，なるべく生徒の不安要素を取り除くことが重要であると考えられる。

(b) 第2回授業評価アンケート

　第2回授業評価アンケートは，プログラムの基本処理（順次，条件分岐，反復）を学んだ後に実施している。全4回のアンケート結果を比較すると，第2回目の結果が全体的にもっとも低い数値となっていることが分かる。特に第1回目で高い結果であった「注意」と「関連性」の分野が，逆に大きく減少する結果となった。

　この結果に最も影響していると思われる要因は，プログラムの基本処理が十分に理解できなかったことであると考えられる。プログラムの概念とシミュレーションの操作を並行して学習したことが，生徒にとって混乱を招く要素となったのではないかと推測する。これらの結果から，プログラムからスムーズにシミュレーションに移行するためにも，まずプログラムの部分に絞って理解を深めることが重要であると考えられる。

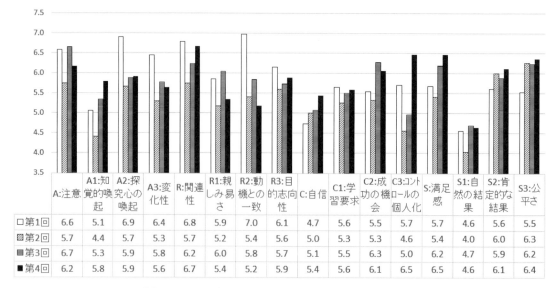

図6　ARCS評価シートによる授業評価アンケートの結果

(c) 第3回授業評価アンケート

第3回授業評価アンケートは，いくつかの社会現象のモデル化とシミュレーションを実行し，モデルの評価と改善方法を学んだ後に実施している。第3回目は，ほぼすべての項目で第2回の数値を上回る結果となっている。特に「R1：親しみ易さ（自分に関係があった）」や「C2：成功の機会（学習を着実に進められた）」などは，全4回のうちもっとも高い数値を示している。これは生徒にとって身近な社会現象をシミュレーションできたことや，自身でモデルを評価し改善できたことが要因であると推測できる。これらの結果から，モデルの題材は容易にイメージできるものや，生徒が過去に体験したことなどが適切であると考えられる。

(d) 第4回授業評価アンケート

第4回授業評価アンケートは，校内発表会と校外発表会の後に実施している。全4回のアンケート結果を比較すると，第4回目の結果が全体的にもっとも高い数値となっていることが分かる。また「自信」と「満足感」の分野が全体的に高い数値を示しており，特に「C3：コントロールの個人化（自分なりの工夫ができた）」の伸びが顕著である。

シミュレーションはもとよりプログラムすら未経験であった生徒たちにとって，納得いくまでシミュレーションを繰り返して一つの結論に導いたという経験や，発表会を通して何度も人前で自分の意見を主張することができたという自信が，このような結果に繋がったのではないかと推測できる。また「C：自信（自信がついた）」や「S：満足感（やってよかった）」の結果からも，社会シミュレータを用いた今回の授業実践が効果的であったことが分かる。

4．授業実践のまとめと今後の課題

1．授業実践のまとめ

今回は高等学校において社会シミュレータによる「プログラミング」および「モデル化とシミュレーション」に関する授業実践を行った。社会シミュレータというシミュレーション専用ソフトウェアは，主に研究機関や大学で使用される敷居の高いものではあるが，今回の授業実践を通して高等学校においても十分に実践可能であることが分かった。ここで年間を通した授業に対する生徒の感想（抜粋）を次に示す。

・プログラミングやシミュレーションは難しかったが，やり甲斐があり楽しかった
・どうしたらシミュレーション結果を改善できる

か考えることが楽しかった

・プログラミングやシミュレーション，発表会を通して大きく成長できた

・発表では十分すぎるぐらい練習することが大切であることが分かった

・授業を通して色々なことを経験することができ，自分に自信を持つことができた

このようにソフトウェアの操作方法だけではなく，発表会や班での議論を通して大きく成長できたという内容が非常に多かった。このように社会シミュレータを用いた授業実践が，プログラミング的思考，問題解決能力，論理的思考力の育成に大きく寄与できることが分かった。

2．今後の課題

今回の取り組みは専門教科情報科目「課題研究」において行った。本科目は4単位であるため十分な授業時間を確保することができたが，多くの学校ではこのような取り組みを行うことは困難である。そのため今後の課題として，今回の取り組みを踏まえて共通教科情報科目「情報Ⅰ」において実践が可能な形に授業を改善していきたい。

（井手広康）

第8章　Webサーバ上で動作する情報システムのプログラミング

1．情報システムとプログラミング

1．高等学校段階における情報システムの扱い

高等学校における共通教科情報は，情報Ⅰと情報Ⅱで構成されることになったが，特に情報Ⅱでは，「情報システムとプログラミング」が学習内容に含まれることになった。この内容を指導するにあたり，情報Ⅰおよび情報Ⅱを通して情報システムをどのように取り扱うかについて整理する。

情報Ⅰでは，「情報通信ネットワークとデータの活用」において，「情報通信ネットワークや情報システムにより提供されるサービスを活用し，問題を発見・解決する活動を通して」学習することが示されている。ここでは，情報通信ネットワークの仕組みや情報セキュリティを確保するための方法や技術，データベースについて，それぞれ個別の内容として学習することになっている。また，情報システムについては，サービスの特徴を知り効果的な活用を考えることにより，情報通信ネットワークやデータベースと連携してサービスが提供されていることについても触れることになっている。

その内容を発展させた内容が，情報Ⅱにおける「情報システムとプログラミング」となる。ここでの学習は，「情報システムの在り方や社会生活に及ぼす影響，情報の流れや処理の仕組みに着目」することは，情報Ⅰの学習内容を受けたものである。それだけに留まらず，さらに「情報システムを協働して開発する活動」を行うことが示されている。その学習活動を通して，情報システムにおける情報の流れや処理の仕組み，情報セキュリティの方法や技術，情報システムの設計を表記する方法，ソフトウェア開発のプロセスとプロジェクトマネジメントの理解と幅広く学習する。それだけに留まらず，「情報システムを構成するプログラムの制作する方法を身に付ける」ことも示されており，単に概念を理解するだけではなく，実際に制作までの一連の過程を経験できることが求められている。

2．さまざまな情報システム

情報システムには，さまざまな種類がある。センサやアクチュエータ等のハードウェアを用いるものとして，電気ポットの利用状況をもとに高齢者を見守るシステム，GPSやRFID等を活用して子どもの居場所を見守るシステム等は，既に実用化されている。

また，サーバサイドプログラムやデータベースを用いるものとして，Webアプリケーションがある。Webアプリケーションは，ブラウザがあればクライアントとして使えることもあり，SNS，ショッピングサイト，インターネットバンキング，e-ラーニングシステム等ありとあらゆる分野で活用されてきた。スマートフォンの普及もあり，今後も引き続き使われ続けられると考えられる。

3．Webアプリケーションを学習するためには

情報Ⅱの学習例として掲示板等のWebアプリケーションが例示されている。Webアプリケーションを制作するためには，ブラウザで表示するためにHTML，プログラムからデータベースを操作するためにSQL，操作に応じた出力を行うためにサーバサイドプログラミングの知識・技能が必要となる。

これらの知識・技能を身に付けて，情報Ⅱの「情報システムとプログラミング」学習を始めるのでは，標準単位数の2単位に収まらなくなる。

そこで，一つの提案として，フレームワークを用いたWebアプリケーションの制作を紹介する。フレームワークとは，Webアプリケーションを制作する際に発生する共通した処理をライブラリ等により軽減できる仕組みである。主なフレームワークに

は，Rubyで書かれているRuby on Rails等，PHPで書かれているCakePHPやLaravel等，Pythonで書かれているDjangoやFlask等がある。多くのフレームワークでは図1に示すMVCモデルというデザインパターンが採られている。MVCモデルはModel（モデル），View（ビュー），Controller（コントローラ）の3つの要素で構成される。モデルは主にデータの管理，ビューは主に表示に関して，コントローラは利用者の入力を受けてモデルとビューとの橋渡しをする部分である。

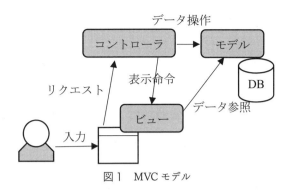

図1　MVCモデル

2．授業計画

1．問題の設定

平成30年告示の学習指導要領では，問題解決のためにコンピュータを用いることが一つの柱として構成されている。

ここでは，解決したい問題として「Webアプリケーションを使って忘れ物をなくしたり，やらなければならないことを忘れないようにしたい」というものを設定する。その問題を解決するために，期限が分かるよう，メモを記録し備忘録として表示できるWebアプリケーションを制作する。

2．プログラミング言語の選択

情報Ⅱの「情報システムとプログラミング」では，プログラミング言語について関数の定義について触れられている。しかし，多くのプログラミング言語では，関数を定義して用いることができることから，特に決定打となる条件ではない。

情報Ⅱでは「情報とデータサイエンス」も学習内容に含まれており，統計的な処理や機械学習を行うことが示されている。同じ科目内で複数のプログラミング言語を扱うと，生徒が十分に対応できない恐れがある。そのため，共通して用いることができるプログラミング言語として，Pythonを候補としたい。そこで，Pythonで書かれているフレームワークで，オープンソースのDjangoを用いる授業を提案する。

3．授業の流れ

学習指導要領が告示されてから，本章執筆までの期間が短いため，本章の授業を実践できていないため，仮説として授業の流れを記述する。

初めに，身の回りにある情報システムがどのような動作をしているか考えさせる。そのときに，データベースを含めデータの流れを考えるとともに，それらを動かすためのページ遷移等制御の流れを考えさせる。そこで考えたデータや制御の流れを踏まえて，プログラミングに繋げる。

フレームワークを用いたプログラミングは，生徒にとって初めての経験になる。そのため，一つ一つのプログラムの説明は必要であるが，ゼロからすべてを作ることは難しいと思われる。そこで，プロトタイプとなるシステムを紹介し，それを実際に動かすことから始めるのがよいと考える。プロトタイプとは，動作を確認するための試作品のことである。プロトタイプを生徒に提供することで，プログラムの記述の方法，複雑な処理を分割する方法等を，具体的な例を基に示すことができる効果が見込める。

プロトタイプを動作させることができたら，データの項目を増やしたり，別のデータに変更したりして，プログラムの変更をどのようにするか考えさせることで，発展的に授業を展開できる。

3．教材説明

1．授業環境

学校や都道府県等により，コンピュータにソフトウェアをインストールすることに対する考え方が異なっており，一概にインストールできるとはいえないが，一般的に必要な設定を示す。

Python をインストールする必要がある。公式サイトのものや Anaconda といった必要なツールをひとまとめにしたディストリビューション等があるが，本章では割愛する。

次に，Django をインストールする必要がある。Windows では，コマンドプロンプトを起動し，次のコマンドによりインストールできる。

```
pip install django
```

ここまでのインストールは，授業開始前に行っておく必要がある。

なお，本章で示すプログラムは，Python3.6.5 および Django2.1.5 で動作確認を行った。

2．プロジェクトの作成

授業では，はじめに Django で Web アプリケーションを作成する。生徒一人ずつプロジェクトを動作させる場合には，プロジェクトを作成するフォルダがどこにあっても差し支えないが，複数の生徒が分担して Web アプリケーションを作成する場合には，共有フォルダでプロジェクトを作成する必要がある。

プロジェクトを作成するには，コマンドプロンプトで，プロジェクトを作成したいフォルダまで cd コマンドで移動し，次のコマンドを実行する。

```
django-admin startproject プロジェクト名
```

ここでは，プロジェクト名を sample として

```
django-admin startproject sample
```

により，プロジェクトを作成して進めていく。カレントフォルダに sample という名前のフォルダが作成される。また，sample 内に次のようなファイルやフォルダが作成される。

3．アプリケーションの作成

次に，アプリケーションを作成する。備忘録としてのメモアプリケーションの名前を memo とする。このアプリケーションを作成するには，次のコマンドを実行する。

```
cd sample
python manage.py startapp memo
```

ここまでの操作により，フォルダ構成は次のようになっている。

```
sample
    manage.py
    memo
        admin.py
        apps.py
        models.py
        tests.py
        views.py
        __init__.py

        migrations
            __init__.py
    sample
        settings.py
        urls.py
        wsgi.py
        __init__.py

        __pycache__
            settings.cpython-36.pyc
            __init__.cpython-36.pyc
```

以下，sample フォルダ（上位にある方）を起点に，どのプログラムを作成したか説明する。

memo アプリケーションを作成したら，プロジェクトに登録し，アプリケーション単位でファイルのパスを管理できるようにプログラムを書き換える。

アプリケーションを登録するには，sample/sample/settings.py の 30 〜 40 行目付近にある変数 INSTALLED_APPS に，作成したアプリケーション名 'memo' を追加する。

その他の値やプログラムは，Django の動作で用

いられているので，書き換えたり消したりしないよう注意する。

【sample/sample/settings.py】

```
INSTALLED_APPS = [
  'django.contrib.admin',
  'django.contrib.auth',
  'django.contrib.contenttypes',
  'django.contrib.sessions',
  'django.contrib.messages',
  'django.contrib.staticfiles',
  'memo',          #アプリを追加
]
```

また，URLを管理するプログラムsample/urls.pyを書き換える。URLはアプリケーションごとに管理した方が，プロジェクト内のアプリケーション数が多くなった場合に見通しが良いので，memoアプリケーションで管理できるよう，sample/sampel/urls.pyを，次の通り書き換える。

【sample/sample/urls.py】

```
from django.contrib import admin
from django.urls import path,include

urlpatterns = [
  path('admin/', admin.site.urls),
  path('memo/', include('memo.urls')),
]
```

path（'memo/'，include（'memo.urls'））により，http://■■■/memo/以下のページが呼び出されたとき，memoフォルダ内のurls.pyのプログラムに記述されたURLが割り当てられるようになる。

しかし，この時点ではsample/memo/urls.pyのファイルは存在しないため，新たにファイルを作成しておく必要がある。

【sample/memo/urls.py】

```
from django.urls import path
from . import views

urlpatterns = [
]
```

http://■■■/memo/以下のページはまだ存在しないので，urlpatternsは空リストになっているが，ページを追加するときに値を追加する。

プロジェクトの作成およびアプリケーションの作成については，グループ等複数の生徒により協働で制作する場合には，一人の生徒が行うだけでよい。授業時間等の制約があれば，教員が事前に準備しておき，共有フォルダにプロジェクトファイルを配布することも考えられる。

4．モデルの作成

次に，どのようなデータを記録するかというモデルを作成する。ここでは，次のデータを記録できるようにする。

項目	フィールド名	データ形式
件名	subject	最長30文字の文字列
内容	content	最長80文字の文字列
実施済み	done	ブール型（真偽値）
期限	deadline	日付形式

これに合わせて，sample/memo/models.pyを次のように変更する。

【sample/memo/models.py】

```
from django.db import models

class Memo(models.Model):
  subject= models.CharField(max_length=30)
  content=models.CharField(max_length=80)
  done = models.BooleanField()
  deadline = models.DateField()

  def __str__(self):
    return '<Memo' + str(self.id) + ':' + \
      self.subject + '> ' + self.content +\
      ('【済】' if self.done else '【未】')+\
      '(' + str(self.deadline) + ')'
```

4つの項目をこのプログラム中で定義している。生徒は，小学校，中学校，高等学校を通して，オブジェクト指向によるプログラミングをほとんど経験していないと考えられるが，どのデータ形式でもmodels.○○Field（）と表現すればよく，類推して

モデルを作ることができると考える。プログラムで示した以外のデータ形式には，整数を扱う integerField，小数を扱う floatField 等がある。

このプログラム中で，__str__メソッドを定義しているが，このモデルを文字列として値を返すときに，戻り値となる文字列を定義しているメソッドである。後に示す index.html ファイル内の {{item}} を表示する際にこの値が用いられている。

モデルを作成しただけでは，データベースで扱うことはできない。Django の初期状態では，Django をインストールと一緒に組み込まれる SQLite を使う設定になっている。本章では，設定を変更せず，SQLite を使うこととする。

この SQLite に，モデルで設計したテーブルを作成する必要がある。このようなデータベースへの移行を行う作業を，マイグレーションという。手順は，マイグレーションファイルの作成，マイグレーションの適用の2段階で行う。

マイグレーションファイルの作成は，コマンドプロンプトから，次のコマンドを実行することで行うことができる。

```
python manage.py makemigrations memo
```

memo は，マイグレーションを実行するアプリケーション名である。マイグレーションファイルを作成したら，マイグレーションを実行する。コマンドプロンプトから，

```
python manage.py migrate
```

のコマンドを実行することでできる。モデルを変更する際，単に sample/memo/model.py を変更するだけでは不十分で，マイグレーションファイルを作成し，マイグレートを実行することは忘れがちなので，注意が必要である。

5．モデルとフォームの連携

Web アプリケーションでは，フォームに値を入力して，別のページでその値を受け取って用いたり，データベースに蓄積したりすることが多い。今回作成する備忘録では，新しい用件をフォームに入力し登録する機能を備えている。

フォームでの入力項目を，先に作成したモデルに合わせるために，新たに sample/memo/ フォルダに forms.py を作成する。フォームでの入力項目を個別にプログラムとして書くこともできる。授業では，時間が限られるため，モデルとの連携が容易に行われる必要がある。そこで，モデルに合うフォームを，メタクラスにより作ることとした。

【sample/memo/forms.py】

```
from django import forms
from.models import Memo

class MemoForm(forms.ModelForm):
    class Meta:
        model = Memo
        fields = ['subject','content',\
                'done','deadline']
```

変数 fields に，フィールド名を列挙したリスト ['subject','content','done','deadline'] を代入することで，それぞれのフィールドのデータ形式に合わせたフォームが作られる。

6．ページ設計・基本的機能の実装

Web アプリケーションで，データベースを操作する基本的な機能として，次のものが考えられる。

レコードの作成 (Create)	新しいレコードを作成してテーブルに保存する
レコードの取得 (Read)	テーブルからレコードを取得する
レコードの更新 (Update)	テーブルに存在するレコードの内容を更新して保存する
レコードの削除 (Delete)	テーブルにあるレコードを削除する

これらの4つの機能があれば，新しい用件を記録する，用件の一覧を表示する，用件を訂正する，不要になった用件を削除することができ，最低限の機能を満たすことができる。これらの機能を表す英単語の頭文字をつなげて CRUD（クラッド）という。

これらの機能を実装する。はじめに，URL を決め，プログラム中に追加する。URL は，第3節で新たに作成した sample/memo/urls.py ファイルで指定する。追加した URL は次のとおりである。

第8章　Webサーバ上で動作する情報システムのプログラミング　261

http://■■■/memo/に続く文字列	実行する処理	被リンク時の名前
（なし）	views.index	index
create	views.create	create
edit/ 数値	views.edit	edit
delete/ 数値	views.delete	delete

【sample/memo/urls.py】

```
from django.urls import path
from . import views

urlpatterns = [
  path('', views.index,\
                  name='index'),
  path('create', views.create,\
                  name='create'),
  path('edit/<int:num>', views.edit,\
                  name='edit'),
  path('delete/<int:num>', views.delete,\
                  name='delete'),
]
```

　実行する処理は，次に修正する sample/views.py の中から呼び出す関数である。それぞれの関数によりビューの準備が行われ，return render () により HTML を呼び出している。

【sample/views.py】

```
from django.shortcuts import render
from django.http import HttpResponse
from django.shortcuts import redirect
from .models import Memo
from .forms import MemoForm

def index(request):
  data = Memo.objects.all()
  params = { 'title': '備忘録　リスト',
              'data': data,}
  return render( request,
                'memo/index.html',
                params)
# create model
```

```
def create(request):
  if (request.method == 'POST'):
    obj = Memo()
    memo = MemoForm(request.POST,
                  instance=obj)
    memo.save()
    return redirect(to='/memo')
  params = { 'title': '備忘録　新規登録',
            'form': MemoForm(),}
  return render( request,
              'memo/create.html',
              params)


# edit model
def edit(request,num):
  obj = Memo.objects.get(id=num)
  if (request.method == 'POST'):
    memo = MemoForm(request.POST,
                  instance=obj)
    memo.save()
    return redirect(to='/memo')
  params = { 'title': '備忘録　編集',
          'id':num,
          'form': MemoForm(instance=obj), }
  return render(request,
              'memo/edit.html',
              params)


# delete model
def delete(request, num):
  memo = Memo.objects.get(id=num)
  if (request.method == 'POST'):
    memo.delete()
    return redirect(to='/memo')
  params={ 'title': '備忘録　削除',
          'id':num,
          'obj': memo,}
  return render( request,
              'memo/delete.html',
              params)
```

第IV部　高等学校におけるプログラミング教育

それぞれの関数で return render で呼び出される
HTML ファイルは，sample/memo フォルダに
templates フォルダを作成し，さらにその中に memo
フォルダを作成して，その中に作成する。

書式はほぼ HTML ファイルである。{{ }} で囲わ
れた箇所は変数が埋め込まれる。また，{% %} で囲
われた箇所は，テンプレートタグというプログラム
のような働きをするものである。

【sample/memo/templates/memo/index.html】

```html
<!DOCTYPE html>
<html lang="ja">
<head>
  <meta charset="utf-8">
  <title>{{title}}</title>
</head>
<body>
  <h1>{{title}}</h1>
  <table>
    <tr>
      <th>data</th>
      <th></th>
      <th></th>
    </tr>
    {% for item in data %}
    <tr>
      <td>{{item}}</td>
      <td>
        <a href="{% url 'edit' item.id %}">
        編集
      </td>
      <td>
        <a href="{% url 'delete' item.id %}">
        削除
      </td>
    <tr>
    {% endfor %}
  </table>
  <a href="{% url 'create' %}">
    メモに用件を追加
</body>
</html>
```

【sample/memo/templates/memo/create.html】

```html
<!DOCTYPE>
<html lang="ja">
<head>
  <meta charset="utf-8">
  <title>{{title}}</title>
</head>
<body>
  <h1>{{title}}</h1>
  <table>
    <form action="{% url 'create' %}"
          method="post">
      {% csrf_token %}
      {{ form.as_table }}
      <tr>
        <td></td>
        <td>
          <input type="submit"
                 value="追加">
        </td>
      </tr>
    </form>
  </table>
  <a href="{% url 'index' %}">一覧に戻る</a>
</body>
</html>
```

【sample/memo/templates/memo/edit.html】

```html
<!DOCTYPE html>
<html lang="ja">
<head>
  <meta charset="utf-8">
  <title>{{title}}</title>
</head>
<body>
  <h1>{{title}}</h1>
  <table>
    <form action="{% url 'edit' id %}"
          method="post">
      {% csrf_token %}
      {{ form.as_table }}
```

```html
      <tr>
        <td></td>
        <td>
          <input type="submit"
                 value="更新">
        </td>
      </tr>
    </form>
  </table>
  <a href="{% url 'index' %}">一覧に戻る</a>
</body>
</html>
```

【sample/memo/templates/memo/delete.html】

```html
<!DOCTYPE html>
<html lang="ja">
<head>
  <meta charset="utf-8">
  <title>{{title}}</title>
</head>
<body>
  <h1>{{title}}</h1>
  <p>以下のレコードを削除します。</p>
  <table>
    <tr>
      <th>ID</th>
      <td>{{obj.id}}</td>
    </tr>
    <tr>
      <th>件名</th>
      <td>{{obj.subject}}</td>
    </tr>
    <tr>
      <th>内容</th>
      <td>{{obj.content}}</td>
    </tr>
    <tr>
      <th>済</th>
      <td>
        {% if obj.done == False %}
          未
```

```html
        {% endif %}
        {% if obj.done == True %}
          済
        {% endif %}
      </td>
    </tr>
    <tr>
      <th>期限</th>
      <td>{{obj.deadline}}</td>
    </tr>
    <form action="{% url 'delete' id %}"
          method="post">
      {% csrf_token %}
      <tr>
        <th></th>
        <td>
          <input type="submit"
                 value="削除">
        </td>
      </tr>
    </form>
  </table>
  <a href="{% url 'index' %}">一覧に戻る</a>
</body>
</html>
```

7．プログラムの実行

　Web ページとして表示されるファイルはほぼ HTML であるが，変数が埋め込まれる {{ }} で囲われた箇所や，テンプレートタグ {% %} については，すべてのプログラムが完成したら，実際にどのように動作するか確認したい。Django には簡易的な Web サーバが用意されている。これを用いてプログラムを実行する。コマンドプロンプトから

```
python manage.py runserver
```

を実行することでWebサーバが起動する。制作したWeb アプリケーションは，ブラウザから次の URL にアクセスすることで確認できる。

264 第IV部 高等学校におけるプログラミング教育

```
http://localhost:8000/memo/
```

　正しくプログラムが書けていれば，次のような
ページが開き，用件を追加したり，編集や削除した
りできる（図2）。

備忘録　リスト

data
<Memo1:買い物> 3色ボールペンを買う【済】(2019-01-31)　　編集 削除
<Memo2:宿題> 数字のプリントを解く【未】(2019-02-04)　　編集 削除
<Memo3:宿題> 英語のワークブックを83ページまで解く【未】(2019-02-12) 編集 削除
メモに用件を追加

図2　実行画面の例

　プログラムに誤りがある場合には，コマンドプロ
ンプトにエラーメッセージが表示されたり，次のよ
うにブラウザに図3のようなエラーが表示されたり
する。

　授業ですべてのプログラムを生徒に書かせる時間
が確保できなかったり，タイプミス等で正しく実行
できなかったりする場合には，データを受け渡して
いる部分や，繰り返しや条件分岐等の小学校以来学
習してきた内容を確認できる部分に限って，生徒が
プログラムを書くことも考えられる。

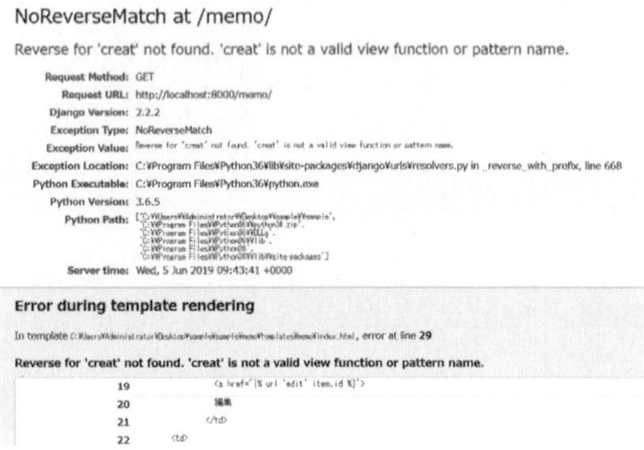

図3　エラー画面の例

8．情報セキュリティ対策

　create.html および edit.html の2つのファイルに
は，{% csrf_token %} というテンプレートタグが記
述されている。プログラミング時には気が付かない
が，ブラウザでこれらのページのソースコードを表
示すると，create.htmlやedit.htmlには記述しなかっ

た次のようなタグを見つけることができる。

```
<input type="hidden"
 name="csrfmiddlewaretoken" value="省略">
```

　これは，CSRF（Cross-Site Request Forgeries, ク
ロスサイト・リクエスト・フォージェリ）という
Web アプリケーションの脆弱性をついた攻撃の対
策である。CSRF は，本来拒否すべき他のサイトか
らのリクエストが受理され，不正な書き込みや大量
の書き込み等が行われる攻撃である。上記のタグ
は，ページを移るときに，ランダムな文字列を含む
よう作成されたものである。このような正しく発行
された文字列を持たないリクエストは，攻撃者から
のリクエストとして扱い，そのリクエストを受け付
けないよう対策するためのものである。

　他にも XSS（Cross Site Scripting, クロスサイトス
クリプティング）等のWebアプリケーションと関連
した攻撃に触れ，情報セキュリティに対する意識を
高めるような学習にもつなげられる。このような学
習は，プログラミングを通して情報システムを内側
から見ることができる利点である。

9．最終的なフォルダ構成

　ページ数の制約があり，本章は画像による説明が

```
sample
    db.sqlite3
    manage.py

    memo(フォルダ内一部省略)
        forms.py
        models.py
        urls.py
        views.py

        migrations(フォルダ内省略)

        templates
            memo
                create.html
                delete.html
                edit.html
                index.html

        __pycache__(フォルダ内省略)
    sample(フォルダ内一部省略)
        settings.py
        urls.py

        __pycache__(フォルダ内省略)
```

図4　設計したフォルダ構成

できていない。Django 等のフレームワークでは，ファイルを配置するフォルダが重要であり，誤った場所にファイルを置いていると動作しない。そのた

め，ファイルの場所を確認できるよう，本章と関係する部分についてのフォルダ構成を図4に示す。

4．内容及び学習の評価

1．情報システムの制作過程の評価

情報Ⅱの「情報システムとプログラミング」では，「情報システムを構成するプログラムを制作し，その過程を評価し改善すること」も学習内容に含まれている。学習指導要領解説には，さらに具体的な記述がある。箇条書きで整理すると，

　○　適切なプログラミング言語を選択すること
　○　目的に応じたプログラムを制作すること
　○　プログラムを評価し改善すること
ことが挙げられている。

本章では，Python によるフレームワークとして Django を選択した。しかし，生徒自身がプログラミング言語を選択することが求められている。生徒の実態に応じて，生徒にプログラミング言語を選択させたり，与えられたプログラミング言語より適したプログラミング言語を検討させたり，制作に使ったプログラミング言語の問題点を検討させたりして，プログラミング言語を比較する学習活動を行うことが考えられる。単に慣れたプログラミング言語を用いるだけではなく，プログラミング言語の特性を考える機会を設けることは必要である。

次に，目的に応じたプログラムを制作することに対する評価について述べる。何らかの問題を解決す

るための情報システムである。解決すべき問題と制作した情報システムが対応しているか，実際に成果物を使用し評価することも学習活動にあたる。

プログラムの評価指標は他に，正確に動作する信頼性があるか，成果物が使いやすいか，プログラムを修正する際にプログラムが読みやすく可読性が高いか，修正しやすく保守性が高いか，といった観点がある。

また，制作過程の評価として，他の生徒と協働で制作した過程も行う必要がある。単体テストで想定した動作が正しく行われているか，結合テストで他の生徒が制作したプログラムと組み合わせたときに正しく動作するかという成果物の評価も行う必要がある。

2．学習活動の評価

情報Ⅱの「情報システムとプログラミング」での学習評価について，表1のルーブリックにより整理する。

学習指導要領及び解説に示されている学習目標を参考に評価規準を定めた。

評価規準である状態を概ね満足できる評価Bとし，それより高水準である段階を評価A，評価規準に達していない段階を評価Cと評価基準を定め，知

表1　情報システムとプログラミングのルーブリック

観点	評価A	評価B	評価C
知識技能	情報システムの処理の仕組みや情報セキュリティを確保する方法も理解し，その技能も身に付けた	情報システムを構成するプログラムを制作する方法を理解し技能を身に付けた	情報システムを構成するプログラムを制作する方法の理解や技能が十分でなかった
思考力判断力表現力	情報システムの開発により効率や利便性に加え，新たな価値を創造する設計をした	情報システムの開発の効率や運用の利便性などに配慮して設計した	情報システムの開発の効率や運用の利便性などに十分配慮できなかった
学びに向かう力人間力	情報システムの設計とプログラミングにより解決策を構想する態度で取り組んだ	情報システムの設計とプログラミングに関わろうとする態度で取り組んだ	情報システムの設計とプログラミングに関わろうとする態度が薄かった

識・技能，思考力・判断力・表現力，学びに向かう
力・人間力の3観点について整理した。

（春日井優）

第9章　情報オリンピックを意識した基本アルゴリズムと
ブランコ操作への応用

1．プログラミング学習位置付けの方向性

1．プログラミングの魅力とは

「情報的なものの見方・考え方」を重視する上で，簡単なプログラミング学習は必須である。

この節では，情報の価値，プログラミングの楽しさ・面白さの啓発を，教科「情報」での限られた授業時数の中で行う効果的な実践例を報告する。

さらに，コンピュータの真の理解と適切な利用，そして，プログラミングの魅力を体感させたいと考えている。

プログラミングの魅力とは，

- 一言で言うと，楽しい，面白い。
- 作る過程の楽しさ。
- 趣味で何かを作ることの楽しさ。
- プログラミング自体の面白さ。
- 知的好奇心と動いて成果が出たときの満足感。
- 動作する高機能なものを，お金をかけずに色々作れる。
- 自分のアイデアが形になる。
- 自然現象のシミュレーション。
- 装置をPC制御する。
- 自動化がプログラミングの醍醐味。
- プログラミングは，エディタ（メモ帳）とコンパイラがあればできる。

等が考えられる。

2．プログラミング学習位置付けの方向性

高校でのプログラミングの目的例として，
①情報的なものの見方・考え方
②問題解決
③コンピュータの科学的理解
④コンピュータの適切な利用
⑤ソフトウエア開発
等が考えられる。以下，①〜⑤で略す。

必修となる初めに学ぶ情報科の科目では，全員が履修という観点から考えると，限られた授業時数（少ない単位数）で多くのことを教えなければならない。したがって「広く浅く」ということが重要で，⑤を目的とするのは無理であろう。もちろん，単位数が多くなったり，新たに情報科の科目や関連分野が増えれば⑤の扱いについては再考が必要である。

よって，まず現時点では①②③④の4点からのプログラミング必修内容の提言をすれば良い。

特に④の学習において，コンピュータの特徴を学ぶことは極めて重要である（表1）。プログラムを作成し，性質を理解してこそ，分かる内容である。

表1　コンピュータの特徴について（例）

コンピュータに適する例	適さない例 （手作業に適する例）
定式化した作業を何回も繰り返して行いたいとき	自由な発想で考えたいとき
複雑だが正確な結果を早く得たいとき	定型にあてはまらない，創造的な作業をしたいとき
大量な情報を短時間に処理したいとき	推理や直感に基づく問題解決をしたいとき

さらに，プログラミングを一般教養として共通に学習させると共に，得手不得手，向き不向き，好き嫌いを感じさせ，将来の進路選択にも役立てさせることができる。

高校生には多くの学習や出会い，体験は重要である。それによって適切な進路選択が可能になる。高校生のうちに自分の興味・関心・適正が確認できることによって，安易な進路選択を避けることもできる。

(a) 実習例1（図1）

コンピュータを活用・理解する一つの授業として

行う。30分程度でできる。年度当初が望ましい。興味，関心，動機付けが目的である。

① 次の和を求めてみよう。
　　1+2+3+4+5+6+7+8+9+10=
② 1からnまでの和を，プログラムを利用して求めてみよう。
※同じプログラムを何度も繰り返し実行できる。
③ プログラムを改良してみよう。
※公式を利用すると，高速に求められる。

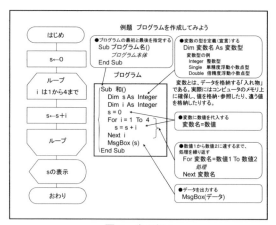

図2　実習例2

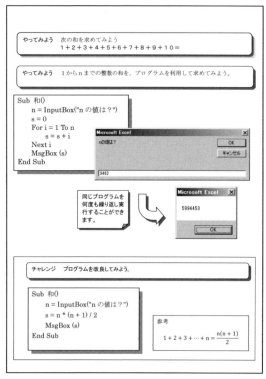

図1　実習例1

(b) 実習例2（図2）

実習例1の解説版である。情報のディジタル化等の授業が進んでいった後に行うのが良い。プログラミング学習に関連した内容も含めて，50分×2コ

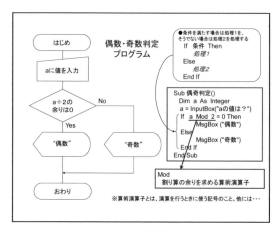

図3　実習例3

マ程度あれば，展開可能である。

(c) その他の実習例

私の授業経験から，比較的簡単で効果的な実習の例として，以下に示す。

・偶数か奇数かを判定するプログラム（図3）
・最大値を求めるプログラム
・順次探索プログラム　　　　　　　　等

2．情報オリンピック問題を活用したプログラミング学習教材の開発

1．プログラミング教育内容の一つの方向性

今までに，情報の価値，プログラミングの楽しさ・面白さの啓発を，限られた授業時数の中で行う効果的な実践例を報告した[1]。さらに，プログラミング教育と3観点（「情報活用の実践力」「情報の科学的理解」「情報社会に参画する態度」）との関連についてまとめ[2]，他教科（数学）と連携した授業実

践を報告[3]，そして次期教育課程でのプログラミング教育必修化を提言してきた[4]。

次は，プログラミング教育に関して，何のために何を具体的にどのように教えるか，目的内容方法についての検討段階に来たと考える。

そこで，プログラミング教育において，高校生に指導上適切な問題は何か，また，どの程度の高度の問題まで可能か，入門編，初級編，中級編，上級編，発展編と整理できないか等，教育実践を通して，教育的な見地から研究を開始した。

具体的には，情報オリンピック問題[6]を活用したプログラミング学習教材を開発し教育実践をしている。そして意識調査を通して，共通教科「情報」授業内での簡単なプログラミング学習をした生徒のグループと比較して，有効性の確認も行った[5]。この教育実践は，コンピュータやプログラミングの正しい理解と極めて強い興味関心，論理的思考の育成等，多くの内容で効果が高いといえる。このことから，情報オリンピック問題の特徴・性質と，高校でのプログラミング教育内容の一つの方向性が見えてきた。

2．情報オリンピック問題を活用した教育実践

今まで，前述の第1節の授業とは別に，平成24年度から情報オリンピック本選出場を目指して，情報オリンピック問題を活用した教育実践を行っている。以下が取り組みの概要である。
・平成24年度，平成25年度
　実施教科：総合的な学習の時間　通年1単位
　　　二週間に1回45分×2時間の90分展開
　実施単元：選択講座「挑戦！情報オリンピック」
　実施学年：2年生　各年度20名程度

実施計画および概要等は次の2ページを参照
・平成26年度，平成27年度
　実施時期：各年7月～12月
　実践方法：主に自学自習およびメールによる添削，放課後等での個別指導
　実施内容：上記，選択講座
　　　　　「挑戦！情報オリンピック」と同じ
　実施学年：1年生　各年度10名程度
　※平成24～25年度，平成27～30年度は情報オリンピック本選に出場

平成27年度以降は，1年生向けに，引き続き同様に個別指導，2年生向けには，総合的な学習の時間での選択講座「挑戦！情報オリンピック2」で，さらなる上のレベルの指導を行っている。

3．情報オリンピック問題活用で分かったこと

情報オリンピック問題は，入門編から難問編まで，良問が数多く揃っており，プログラミング問題の宝庫である。これだけのものを活用しない手はない。

情報オリンピック問題を分類すると

入門編・・・予選問題1
初級編・・・予選問題2，3
中級編・・・予選問題4
上級編・・・予選問題5，6
発展編・・・本選問題1，2，3
難問編・・・本選問題4，5

以上の分類より，入門編・初級編の予選問題1，2，3程度の問題は，教科「情報」で必修内容として学習することを提案する。

全体指導計画（全体　28時間（2時間【90分】× 14回））

1. 講座別ガイダンス
2. プログラミングの準備
    テキストエディタ
    コンパイル，実行
3. プログラミング～入門1
    変数，型，入出力
    分岐構造（if文）
4. プログラミング～入門1演習
5. プログラミング～入門2
    代入文，反復構造（for文）算術演算
6. プログラミング～入門2演習
7. プログラミング～入門3
    配列
8. プログラミング～入門3演習

以降，情報オリンピック予選過去問題およびレギオ*過去問題を解いていく。

9. プログラミング～演習1
    情報オリンピック予選問題1
10. プログラミング～演習2
    情報オリンピック予選問題2
11. プログラミング～演習3
    情報オリンピック予選問題3
12. プログラミング～演習4
    情報オリンピック予選問題4
13. プログラミング～発表1
14. プログラミング～発表2

* 情報オリンピック日本委員会主催地域密着型学習支援講習会

使用したプログラミング言語や実行環境

- プログラミング言語：C　または　C++
- ソフトウエア：Cygwin等，メモ帳　　　OS:Windows等
- テキスト：独自開発したものおよび参考資料としてインターネット上に掲載されている内容

2回目の授業の様子

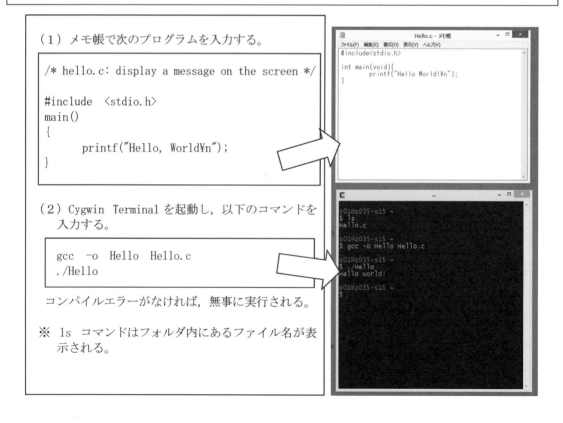

第9章　情報オリンピックを意識した基本アルゴリズムとブランコ操作への応用　271

授業の概要（3．プログラミング〜入門1）Dai

授業の目標：プログラミングにおける，変数，型，入出力，分岐構造（if文）について理解する。

評価規準

　A・・・プログラミングにおいて，最も基本的な変数，およびif文の使い方について理解できた。

　B・・・概ね理解できた。

　Cと判断した生徒への手立て・・・完成したプログラムを提供し，実行させ理解させる。

指導過程：

	教師の働きかけ	予想される生徒の反応	指導上の留意点
導入10分	1. 前回の学習内容を確認させる。 テキストエディタ コンパイル，実行	1. プログラミングが初期段階なので，操作に慣れていない生徒がいる可能性がある。	1. 前回の例を使って，テキストエディタ，コンパイル，実行を確認させる。

展開75分	2. 生徒はプリントを見ながら，教師と一緒に以下のプログラムを入力させる。
	
	例題　2つの整数を入力し，大きい方を出力するプログラムを作成せよ。
	ただし，同じ場合はどちらかの値を出力せよ。
	
	``c
	#include <stdio.h>
	main(){
	    int a,b;
	    scanf("%d %d",&a,&b);
	    if (a>b)
	        printf("%d\n",a);
	    else
	        printf("%d\n",b);
	}
	``
	
	3. コンパイルさせ，実行させる。
	
	4. 入力文，ifについて，例題を通して説明する。
	
	5. 練習1，2を解かせる。
		2. テキストエディタを使って，入力する。
		・ プログラムの基本構造を理解する。
		・ 型および変数について，理解する。
		3. コンパイルエラーが出る生徒がいる。
		4. 標準入力出力（scanf, printf），分岐構造（if文）について，例題を通して理解する。
		5. 練習1　第6回日本情報オリンピック予選問題1【得点】を解く。
		　練習2　第11回日本情報オリンピック予選問題1【ランチ】を解く。
		※ C++の場合は，以下の通り。
		
		``cpp
		#include <iostream>
		using namespace std;
		main()
		{
		    int a,b,ans;
		    cin >> a >> b;
		    if (a>b) ans=a;
		    else ans=b;
		    cout << ans << endl;
		}
		``
		
		この方が，初心者にとって分かりやすい可能性がある。
			2. 導入でのプログラムを再利用する。
			・ プログラムの基本構造を，しっかり学習させる。
			・ 整数型について，簡単に説明する。
			3. コンパイルエラーが出た場合，プリントと見比べさせ，入力ミスを気付かせる。
			・ プログラムミスを修正することを，デバッグということを，合わせて伝える。
			4. if文には，いくつか構造があることを簡単に説明する。
			5. 練習1のプログラム名は「Score.c」と，指示する。
			　練習2のプログラム名は「Lunch.c」と，指示する。

まとめ5分	6. 学習した内容を確認，理解させる。	6. 生徒は，以下を確認する。 　変数，型，入出力，分岐構造（if文）	6. 今回学習した内容を踏まえて，次回は，日本情報オリンピック各予選の問題1程度を，引き続き解くことを伝える。

3．ＡＩブランコロボットと遺伝的アルゴリズム

1．ＡＩ学習教材化の方向性

　無限の可能性を秘めたＡＩ（Artificial Intelligence；人工知能）ブランコロボットを題材にして，授業を展開した。遺伝的アルゴリズムの授業実践を報告する。生徒は何を考え，何を学んだか。今後の教材化の方向性を考えていきたい。

　今後ますます重要性が増してくるＡＩの概念の基礎を生徒によりよく理解させるための授業を提案・実証することを目的とした教育実践，具体的には，教育ロボットを用いたＡＩ学習教材の製作，高校における授業を行い，その評価を行った[7]。

2．教育実践について

実践校：Ｓ県Ｏ高等学校
　　　　（全日制課程男女共学）
場所：コンピュータ室
　　　　（生徒1人1台のデスクトップ型PC）
科目：社会と情報（2単位）
テーマ：高校生のためのＡＩ（人工知能）
期間：平成28年11月〜平成29年1月
該当生徒・時間数：1・2年生5クラス
　　　　　　　　　　65分授業各クラス2コマ
教材：アーテックロボ（協力：（株）アーテック）
指導目標：ＡＩとプログラミングを通して，情報社会の未来を考え，主体的に参画する態度を育てる。
授業展開概略：
　・1時間目
　　事前アンケート，ＡＩについて
　　簡単なプログラミング（Scratch）入門
　　アーテックブロックブランコのプログラム作成
　・2時間目
　　ブランコプログラミング
　　遺伝的プログラミングについて
　　考察：ＡＩについて，事後アンケート

3．授業の展開について

(a) プログラミング作業の必要性
　ＡＩの話だけでは，理解度の効果は少ないと判断し，簡単なプログラミングを行うことにした。実際，確認アンケートを行った結果，プログラミングありなしで生徒の理解に差異があった。このことから，ＡＩの学習においてプログラミングは有効な手段であり必要性が高い。

(b) ブランコである意義
　生徒たちにとって，ブランコは身近なものである。誰もがブランコに乗った経験があり，どのように漕げば良いか，答えることができる。このことは，授業をするにあたって，重要な要素であり，授業の興味関心を強く持たせることができる。離れた世界の話ではなく，その世界に主体的に入ることができる。

(c) ロボットの教材について
　Scratch ベースのブロックプログラミングのソフトウエアはプログラムがしやすく，生徒にとっても分かりやすい教材である。ハードウェアはブロックなので積み木感覚で，形が自由にかつ簡単に変更できる。長さや形が自由に変えられるため，試行錯誤ができて，より良いものを見つけ出すことができる。センサも充実していて，センサと制御の関係が分かりやすい。そして，出来上がったロボットはプログラムによる動きや，結果が目に見えて，楽しく学習できる。

　このように，ブランコについて，必要な前提知識の少ない題材である一方，複雑で一筋縄ではいかない興味の湧く題材である。シンプルなアルゴリズムで実現できるため，すぐにプログラム作成にとりかかれる一方，奥が深くセンサやＡＩによる改善余地が多くある。拡張性・創造性が高く，未知への可能性を持った教材だといえる。

全体指導計画（全体 2時間（1時間【65分】×2回））

1. プログラミング（Scratch）入門
   事前アンケート
   ＡＩについて
   簡単なプログラミング（Scratch）
   ブランコのプログラム作成

2. ＡＩについて考えてみよう
   ブランコのプログラム改良
   遺伝的プログラミングについて
   考察：ＡＩについて
   事後アンケート

使用したプログラミング言語や実行環境

- プログラミング言語：Scratch
- 教材：Arduino 互換基板 Studuino およびアーテックロボ
- ソフトウエア：Studuino ソフトウエア　OS:Windows　等
- テキスト：独自開発したものおよび参考資料としてインターネット上に掲載されている内容

プログラミング授業の様子

第一段階
(教員)「脚を上げる，伸ばす」命令を生徒に説明する。
(生徒) 以下のプログラムを作成し，実行する。
・脚を上げる　・脚を伸ばす　・これを繰り返す
第二段階
※第一段階では，ただその場で脚が動くだけで，揺れることはないことに，生徒は気が付く。
(教員)「タイマー」の命令を，説明する。
(生徒) 以下のプログラムを作成し，実行する。
・脚を上げる　・〇〇秒待つ　・脚を伸ばす
・□□秒待つ
・これを繰り返す
第三段階
(生徒) 第二段階でのタイマーの調整を行い，試行錯誤をして，最も揺れる時間を見つける。
第四段階
(教員)「ジャイロセンサ」の命令を説明する。
(生徒) 以下のプログラムを作成し，実行する。
・脚を上げる
・動きが変化するまで待つ
・脚を伸ばす
・動きが変化するまで待つ
・これを繰り返す
第五段階
※第四段階では，揺れないことに，生徒は気が付き，揺れのきっかけを与えれば揺れることに生徒が自ら気が付く。（図4）

図4　プログラム例

274　第Ⅳ部　高等学校におけるプログラミング教育

授業の概要（2. AIについて考えてみよう）

授業の目標：ＡＩとプログラミングを通して，情報社会の未来を考え，主体的に参画する態度を育てる。

評価規準

Ａ・・・ＡＩとは何か，遺伝的アルゴリズムとは何か理解できた。

Ｂ・・・概ね理解できた。

Ｃと判断した生徒への手立て・・・遺伝的アルゴリズムの活用を考え，理解を深めさせる。

指導過程：

	教師の働きかけ	予想される生徒の反応	指導上の留意点
導入10分	1. ロボットにブランコをさせるには，あなたの経験をもとに，どのようにすれば良いか考えてみよう。 2. 前回作成したブランコプログラムの確認，実行	1. 前に進むと同時に脚を前に伸ばして，後ろに行くときに脚を折りたたむ。前に行くときは重心が前，後ろに行くときは重心が後ろ。初めに地面を蹴り出す。強く！！ 2. プログラム内容（例） 　ずっと 　｜サーボモータを同時に速度15 　｜Ｄ１０　０度　Ｄ１１　100度 　｜　0.05秒待つ 　｜サーボモータを同時に速度20 感想例 ・前に進んだときに，0.05秒（少しの間）だけ待つと，より大きく揺れることが分かった。 ・速さを15から13とか17にするだけで，あまり大きく動かなくなってしまったので面白かった。 ・試行錯誤して作るのは，すごく楽しかった。 ・うまく動いたときの感動はすごかった。	1. 前回の復習をさせる。 2. 実行環境をおよびプログラミングの概念を確認させる。 前回と同じようにうまくいくとは限らない。 ロボットの中でも，よく動くものとあまり動かないものがある。
展開50分	ＡＩと遺伝的アルゴリズムは何か，説明する。 ＡＩブランコ（実物または映像）を生徒に見せる。 3. ＡＩブランコをみて，どのような仕組みか自分が考えさせる。 4. ＡＩブランコの処理方法を，遺伝的アルゴリズムの各段階ごとに考えさせる。	ＡＩと遺伝的アルゴリズムについて学習する。 3. 脚の動く速さや角度によってＡＩがブランコをこぐような動きをする仕組み。および個体ごとに動きに多少差があることを理解する。 4. 考察例 ・個体とは：脚の振れ幅等 ・適応度とは：どういうときにうまく揺れたか ・選択する個体の選び方：うまく揺れた個体を二つ選ぶ ・交叉の仕方：二つ選んだ個体から子を作る ・突然変異の目的：変化が起きるようにするため ・世代交代で，消える個体の選び方：うまく揺れた個体を一定数選ぶ	遺伝的アルゴリズムの学習能力の高さを理解させる。 遺伝的アルゴリズムは様々なところで生かされていることを理解させる。
まとめ5分	5. 学習した内容を確認，理解させる。 感想を書かせる。	5. 生徒は，以下を確認する。 　ＡＩ，遺伝的アルゴリズム	情報社会の未来を考えさせる。

（齋藤実）

第Ⅴ部

用語集

プログラミングに関わる関連語彙

ICT：Information and Communication Technology

　パーソナルコンピュータ，スマートフォン等のさまざまな種類の
コンピュータによる情報処理とネットワーク技術が融合された技
術，産業やサービス等の総称を指す。

IoT：Internet of Things

　従来からインターネットに繋がっていたパーソナルコンピュー
タ，スマートフォンの他に，車，電子機器，センサ，駆動装置（ア
クチュエーター），建築物等が，インターネットを介してサーバやク
ラウドサービスへ相互接続して情報交換する仕組みである。これに
よって，新しい価値やサービスの創出が可能になる。

IP アドレス

　インターネットに接続された通信機器を一意に識別するために
付けられた識別番号である。この識別番号が重複しないように，IP
アドレスの割り当ては各国のネットワークインフォメーションセ
ンター（NIC：Network Information Center）が行っている。

アクチュエータ：actuator

　入力されたエネルギーを物理的な運動へと変換する機構を指す。
その多くは電気エネルギーを運動に変換する装置であり，直流モー
タ，交流モータ，サーボモータ等がある。

アクティビティ図：activity diagram

　統一モデリング言語（UML）で使われる図の一つである。UML
は，ソフトウェアを形式化するための統一的な図式言語で，クラス
図等の構造図，ユースケース図等の振る舞い図，シーケンス図等の
相互作用図から構成されている。アクティビティ図は，振る舞い図
の一種で，フローチャートのように逐次処理，条件分岐を表現する
要素が定義されており，これらで処理（アクション）の内容と順序
を明確にすることができる。なお，フローチャートと異なる点は，
並列処理を表現する要素があることである。

アルゴリズム

　解が存在する問題に対して，正しくその解を得るための具体的な
手順を言う。プログラミングにおける問題を解くための手順（アル
ゴリズム）は，明確に定義し，順序付けられた有限個の規則からな
る集合である必要がある。また，アルゴリズムは問題に対して複数
存在することがある。

Arduino

　イタリアで開発されたワンボードマイコンで，教育，メディア
アート等で使用されている。センサ，モータ，通信装置等が接続で
き，ブレッドボードとジャンパーワイヤーで電子回路が製作でき
る。Arduino で作動するソフトウェア開発のために C 言語ベースの
開発環境を備えている。ハードウェアの設計情報が公開されている
ので，多様な開発にも適用が可能である。

インターネット：Internet

　コンピュータを接続して相互に情報のやり取りができるネット
ワークを，地球規模で結合したネットワークの集まりを指す。情報
はパケットと呼ばれるアドレスの付いたブロック単位で送受信さ
れる。

インタプリタ

　解釈実行する機能をもつプログラムである。代表的なインタプリ
タ型のプログラミング言語としては，BASIC，JavaScript，Python
等がある。

Web ページ

　インターネット上のサービスの一つで，パーソナルコンピュータ
やスマートフォン等で動作するブラウザと呼ばれるアプリケー
ションを用いて情報の検索や閲覧ができる。このページの記述には
HTML という技術が使われている。ホームページも Web ページの
一つである。

HTML：Hyper Text Markup Language

　Web ページを構築するための言語である。HTML のソースコー
ドは，ブラウザに表示される文字やその編集形式，画像を表示する
コマンド，他の Web ページへのリンク等で記述されている。

SNS（ソーシャルネットワーキングサービス）

　事前に登録した利用者が，文字情報，静止画，動画，ゲーム等を
介してコミュニケーションができるサービスである。ブラウザを使
う場合もあれば，パーソナルコンピュータやスマートフォン等のア
プリケーションから使用することもある。

エラー

　プログラムの実行時に，正常な動作でないと判断されて，処理を
中断または停止させられた状態のことをいう。エラーが生じる要因
としては，プログラムの文法的な誤り，入力データの誤りによる実
行停止等がある。

オペレーティングシステム（OS）

　ハードウェアと利用者やアプリケーションプログラムとの橋渡
しを行い，利用者へ標準的なインタフェースを提示し，ハードウェ
アの各機構を効率的に管理する。主な機能は，ファイルシステム等
のデータ管理，多重タスク等のプロセス管理，記憶装置等のメモリ
管理，GUI 等のインタフェース管理，TCP/IP 等のネットワーク管
理等がある。代表的なものに，Microsoft Windows，macOS，Linux
等がある。

関係演算子

　2 つの対象の関係を調べる演算子で，同値関係を調べる等号，順
序関係を調べる不等号がある。多くのプログラミング言語で用いら

れている関係演算子は，等しい（= あるいは == 等），等しくない（<> や != 等），より大きい（>），より小さい（<），以上（>=），以下（<=）等がある。

関数

プログラムで何度も必要とされる処理を，数学の関数のように引数として与えられたデータをもとに計算や処理を行い，結果を呼び出し元に返すことができるプログラム（命令）のまとまりである。

ギガ

十億（10 の 9 乗）を表す接頭語である。メモリやデータの容量として使われる際には，1,073,741,824（2 の 30 乗）を表す場合もあり，単位を表すバイトと合わせてギガバイト（GB）を数値の後に付ける。10 の 9 乗ではなく 2 の 30 乗であることを明確に示すためにギビバイト（GiB）を使うこともある。

キロ

千（10 の 3 乗）を表す接頭語である。メモリ容量として使われる際には，1,024（2 の 10 乗）を表す場合もあり，単位を表すバイトと合わせてキロバイト（KB）を数値の後に付ける。10 の 3 乗ではなく 2 の 10 乗であることを明確に示すためにキビバイト（KiB）を使うこともある。

計測・制御

センサからの入力値と，目標とする設定値に基づいてアクチュエータに与えるべき操作量を計算し，出力／動作させる処理である。例えば，エアコンでは，部屋の温度を計測し，目標設定された温度との差から，部屋の温度が目標値になるようにファンを回すモータの回転数を決める一連の流れを言う。

コーディング

ある処理を行うアルゴリズムを，プログラミング言語で記述することを指す。

コンパイラ

C 言語，Fortran，Pascal 等の高水準言語で表現されたプログラムの全体又は一部を，中間言語，アセンブリ言語または機械語で表現されたプログラムへ翻訳するための翻訳プログラムのことである。

コンピュータ

情報を電子的に自動処理する機械を指す。情報を処理するプログラムをメモリに格納すると，コンピュータはそれに従って動作する。パーソナルコンピュータやスマートフォンもコンピュータの一種である。

コンピュータウイルス

電子メールや Web ページ等の閲覧によって，コンピュータに侵入して被害をもたらすプログラムである。一般的にはコンピュータウイルスが増殖して，コンピュータ本体やネットワークに接続している他のコンピュータへ感染するので，コンピュータウイルスの感染を防止するには，ウイルス対策ソフトウェアを導入する必要がある。

サーバ（サーバー）

ネットワーク上にあるコンピュータでサービスを提供している

コンピュータを指す。また，サーバとなるコンピュータで動作するサービスを提供するソフトウェアを言うこともある。サーバにはメールサーバ，Web サーバ，データベースサーバ，Proxy サーバ等がある。

算術演算

数値を対象とした加算，減算，乗算，除算，除算の剰余，平方根等の演算のことである。

C 言語

プログラミング言語の一つである。1970 年代に，ベル研究所のデニス・リッチーにより開発され，コンパイラや OS の記述，処理プログラム用として使用されている。

CPU：Central Processing Unit

コンピュータを構成している中央処理装置を指す。演算を行い，データを移動させ，各種装置を制御し，コンピュータの頭脳に相当する電子部品である。この電子部品が，コンピュータの基本機能や性能に影響を及ぼす。なお MPU（Micro Processing Unit）は，CPU を 1 つの集積回路（LSI）にしたものを言う。

シミュレーション（コンピュータシミュレーション）

ある法則に基づく挙動をコンピュータによって模倣することである。将来に生じる事象の予測や，実際の実験では危険な場合に使われることがある。シミュレーションの実施には，モデルが必要になり，そのモデルの良し悪しでシミュレーションの精度が変わる。

Java

プログラミング言語の一つである。1990 年代の初頭に Sun Microsystem 社のジェームズ・ゴスリンにより，プログラムの実行速度よりプログラマが効率良く作業できることを目的に開発された。現在は Web サービスでよく使われている。

JavaScript

プログラミング言語の一つである。実行時に文字で書かれたコードをインタプリタが逐次実行していくタイプのプログラミング言語（スクリプト言語）である。ほとんど全ての Web ページに含まれていて，そのコードを簡単に見ることができる。

順次

プログラムが書かれた順番に実行する処理プロセスである。手続き型プログラミング言語の基本 3 構造（順次（連接），条件分岐（選択），反復（繰り返し））の一つである。この基本 3 構造の考え方は，ダイクストラがプログラム作成法として提唱し，1970 年代に IBM 社によってソフトウェア開発の統括的な技術規範によって広まった構造化プログラミングの基本的な考え方の一つで，プログラムを作成する指針が，枚挙，場合分け，数学的帰納法であるという考えに基づいている。

情報

本書での「情報」とは，文字や画像，音声，動画，その他の記号によって伝えられ，受け手が新たな知識を修得し，何らかの判断を助ける概念を言う。

情報セキュリティ

情報が知られてはならない人に知られたり，正しくないものに変えられたり消されたりしないようにし，必要な人が必要な時にアクセスできる状態にしておくことである。これらは情報の機密性，完全性，可用性の確保と言われている。

人工知能（AI）

一般的には「人工的に作られた人間の頭脳のようにふるまうコンピュータ」のように解釈されているが，その定義は専門家の間でも定まっていない。現在は，機械学習の手法を用いたディープラーニングを取り入れた AI が多く活用されている。

整数型

プログラミング言語で用いられるデータの型の一つで，整数の値を格納できるものを言う。表現できる整数の範囲には制限がある。例えば，16 ビット符号付き整数では，−32,768 〜 32,767 となる。

センサ

温度，光，色，圧力，磁気，速度，加速度等の物理量を，コンピュータ等の機器が取り扱うことができる電気信号等に変換する素子や装置のことを言う。例えば，サーミスタ（温度），光センサ，方位センサ，加速度センサ等がある。

双方向性のあるコンテンツ

双方向性とは，パーソナルコンピュータ等の利用者が，画面を見ながら対話的に操作する形態（インタラクティブ）である。したがって，双方向性のあるコンテンツは，入力された情報によって動的にフィードバックが変わるコンテンツのことを意味している。例えば，LINE 等に代表されるチャットや，〇×式のクイズ，amazon 等の電子商取引サイト等多くのインターネット上のサービスで使われている。

ソースコード

プログラミング言語で記述されたテキスト形式（文字列）のコンピュータプログラムを言う。

ソフトウェア

ある処理を行うコンピュータプログラムあるいは，文書等のデータを指す。一般的に前者は，ワープロソフトウェア等のアプリケーションソフトウェア（応用ソフトウェア）と，ハードウェアの管理等を行うオペレーティングシステム（OS）のようなシステムソフトウェアに分類される。

テキスト型言語（テキスト型プログラミング言語）

プログラムをテキスト形式（文字）で記述するプログラミング言語である。代表的なテキスト型プログラミング言語として，BASIC，JavaScript，C 言語，Python，Processing 等がある。

デジタル化（ディジタル化）

紙に書かれた文字やプリントされた写真，マイクから取り込まれた音声等のアナログ情報を，0 と 1 の離散的なデジタル情報に変換することである。デジタル情報では，文字，色，音声等の異なる情報を，同じコンピュータ上で扱うことができる。

テラ

兆（10 の 12 乗）を表す接頭語である。メモリやデータの容量として使われる際には，1,099,511,627,776（2 の 40 乗）を表す場合もあり，単位を表すバイトと合わせてテラバイト（TB）を数値の後に付ける。10 の 12 乗ではなく 2 の 40 乗であることを明確に示すためにテビバイト（TiB）を使うこともある。

ネットワーク

複数のコンピュータが，相互に情報のやり取りができるようにした接続された状態や形状を指す。

ハードウェア

コンピュータの要素のうち，形があり触ることができ，目で見ることができる機構を指す。コンピュータ本体，CPU，マウス，キーボード等のさまざまな機器がある。

バイト：byte

コンピュータで扱う情報の量を表す単位である。1 バイトは 8 ビット（bit）の集合で，半角英数字 1 字分の情報の量を表す。記憶メディアのファイル容量は，この単位で表される。

パスワード

コンピュータや Web サイト等の正式な利用者であることを証明するための秘密の文字列である。通常は利用者の ID（アカウント名）と対になって使用される。

反復

反復は，指定された条件を満たしている間，プログラムの命令を繰り返す（前判定反復），指定された条件が満たされるまで，プログラムの命令を繰り返す（後判定反復）がある。この反復は，手続き型プログラミング言語の基本 3 構造（順次（連接），条件分岐（選択），反復（繰り返し））の一つである。

引数

プログラミングにおいて，関数等を呼び出す際に指定する変数や定数のことを指す。例えば，JavaScript において，function myAdd(x,y){return x+y;} という関数が定義されていた場合，myAdd の後にある（）内の x と y が引数である。また数学の関数で例えると，y=f(x) の x にあたる部分に相当する。

ピクセル（画素）

画像をコンピュータで扱う際，アナログデータ（連続値）画像をデジタルデータに変換した最小単位である。例えば，画像を横 640 個，縦 480 個に分割してデジタルデータにした際，640 × 480 ピクセルの画像となる。

ビジュアル言語（ビジュアル型プログラミング言語）

プログラムをブロック等の視覚的なオブジェクトで記述するプログラミング言語である，代表的なビジュアル型プログラミング言語としては，Scratch，VISCUIT，Squeak 等がある。ほとんどの言語は GUI を備えている。

ビジュアルプログラミング

ビジュアル型プログラミング言語を用いたプログラミングのことを指す。Scratch 等はプログラムの文法構造を視覚化してあり，文

法に基づいたエラーは起きにくいとされている。

ビット：bit

デジタル情報を表現する際の最小単位である。1ビットで"0"あるいは"1"を表現できる。

ファイル

コンピュータでのデータの扱いにおいて，ある規則に従って情報を集めて記録した情報の集合である。コンピュータの記憶装置では，名前が付けられて保存されたデータの集まりである。ファイル単位でデータの書き込み，読み取り，コピーや削除ができる。

フォルダ

パーソナルコンピュータのファイルを，カテゴリーごとに整理するための仮想的な保管場所である。フォルダの中にフォルダを設定して階層構造を作ることができる。これは主にWindowsとmacOSで使われる用語で，Linuxでは同じ概念をディレクトリと呼ぶことが多い。

フローチャート

アルゴリズム等の処理の流れを，処理を表す箱と流れを表す線（矢印）を用いて表した図である。単に処理の順序だけを表しており，データの流れを表すことはできない。

プログラミング

一般的にプログラミングとは，(1)～(4)の一連の作業を含むプログラムを作成する過程を指す。

(1)与えられた問題に対して，抽象化，分割統治等の技法を用いて問題対象を定義する作業。(2)定義された問題対象を用いてアルゴリズムを作成する作業。(3)作成されたアルゴリズムをプログラミング言語で記述を行う作業。(4)プログラミング言語で記述したプログラムを，テストデータを用いて実行してエラー等を修正する作業。

例えば，Scratchで，スプライトを動かして1辺の長さが100歩分の正三角形を描く問題の場合にプログラミングは以下の過程となる。

(1)問題の対象（スプライト）と操作（動かす，回転する，等）の抽象化等を行って，「スプライトを100歩分動かす」，「スプライトを60度（内角）回転させる」等によって問題対象の計算モデルを作成する。(2)計算モデルを用いて，例えば，次を3回実行【「スプライトを100歩分動かす」。「スプライトを60度（内角）回転させる」】等とアルゴリズムを作成する。(3)アルゴリズムをScratchのブロック命令で記述する。その際，スプライトを回転させるブロックの命令は，外角にあたる角度を指定する必要があるため，内角から外角を計算して回転させることに注意する。(4)Scratch上でプログラムを実行して1辺の長さが100歩分の正三角形を描くか確認する。

プログラミング言語

プログラムを表現するための人工言語である。人工言語とは，使用前から規則が明示的に確立されている言語である。例えば，BASIC，Java，Python，C言語，Scratch等がある。

プログラミング的思考

文部科学省によって，「自分が意図する一連の活動を実現するた

めに，どのような動きの組合せが必要であり，一つ一つの動きに対応した記号を，どのように組み合わせたらいいのか，記号の組合せをどのように改善していけば，より意図した活動に近づくのか，といったことを論理的に考えていく力」と定義されている。この考え方は，平成28年6月に，小学校段階における論理的思考力や創造性，問題解決能力等の育成とプログラミング教育に関する有識者会議によって，「コンピュテーショナル・シンキング」（論理的思考力の項目を参照）の考え方を踏まえつつ，プログラミングと論理的思考力との関係を整理しながら提言され定義したものである。

プログラム

アルゴリズムの記述に適した人工言語の規則に従った構文上の単位である。ある機能もしくは仕事の遂行，問題の解決のために必要な宣言文と命令から構成されている。

プロトコル

インターネット上での情報通信における，送り手と受け手に共通した送受信の手順や規約である。

条件分岐

指定された条件によって，実行するプログラムの命令を決定するものである。この分岐は，手続き型プログラミング言語の基本3構造（順次（連接），条件分岐（選択），反復（繰り返し））の一つである。

変数

プログラムにおける数値，文字あるいは文字列等を入れる箱のようなものである。この箱には，プログラムにおいて扱われるデータを一定期間記憶して，必要な際に参照，更新が可能な形で利用できるよう名前（識別子）をつけている。また，多くの変数は特定のデータの型（整数型等）をもつ。なお，一般的な箱とは違い，変数はデータを入れると，それまで入っていたデータは消えて，新しいデータに書き換えられる。なお，変数に対して，参照のみ可能で更新ができないようにしたものを定数と呼ぶ。

マクロ

表計算ソフトウェアやワードプロセッサ等のアプリケーションソフトウェアで，よく使われる作業（命令）の手順を登録しておき，必要な時に呼び出し，実行することができる機能のための簡易プログラミング言語である。

無線LAN

Local Area Networkで無線通信を使ってデータの送受信を行うシステムである。多くの場合この無線通信を介してインターネットに接続することができる。Wi-Fi認定された機器がメーカーを超えて接続されることになったので，現在ではWi-Fiという言葉が無線LANと同義のように使われている。

命令

プログラミング言語における文の最小単位であり，if文やwhile文等の制御命令，データを入出力するデータ操作命令，絶対値計算や四捨五入等の算術計算命令等がある。

メガ

百万（10の6乗）を表す接頭語である。メモリ容量として使われ

る際には，1,048,576（2の20乗）を表す場合もあり，単位を表すバイトと合わせてメガバイト（MB）を数値の後に付ける。10の6乗ではなく2の20乗であることを明確に示すためにメビバイト（MiB）を使うこともある。

URL：Uniform Resource Locator

インターネット上の情報がどこにあるかを表すアドレスと，その情報にどのようにアクセスするかを表す通信方法を合わせた文字列である。多くの場合，Webページにアクセスするために使われる。

UNIX：ユニックス

オペレーティングシステム（OS）の分類の一つで，1969年に開発が開始された。MacのOSであるmacOSは，UNIXをベースにしている。

ライブラリ

汎用性の高い複数のプログラムを再利用可能な形でまとめたものである。ただし，単体では実行できないため，他のプログラムに組み込むことによって利用可能となる。ライブラリを用いることで，複雑な機械学習の処理や，ユーザ・インタフェースを簡単にプログラムに組み込むことができる。

LAN：Local Area Network

学校，工場，家庭のような限定された範囲で使用されるコンピュータネットワークを指す。LANでは，プリンタ，ファイルサーバ等を共有することができる。

Linux：リナックス

オペレーティングシステム（OS）の分類の一つでUNIXというOSに似ている。1990年代初めにフィンランドのリーナス・トーバルズが中心になって開発を始め，現在ではデスクトップパーソナルコンピュータ等の多様なコンピュータで使われている。

論理的思考力

問題に対して筋道を立てて論理的に考える力のことである。コンピュータサイエンスにおける代表的な論理的思考力としてコンピュテーショナル・シンキングがある。コンピュテーショナル・シンキングは，2006年に，Jeannette M. Wingがエッセイとして主張した論理的思考力である。この思考法は，コンピュータ科学者だけでなく，すべての人たちにとっても基本的な技術であり，すべての子供たちの分析的試行能力として「読み・書き・そろばん（算術）」に加えるべきであると指摘されている。

（武村泰宏，南雲秀雄，大森康正）

参考文献

第 I 部 総論

第1章 小・中・高等学校でのプログラミング教育の重要性

1) 文部科学省：国際バカロレアについて，http://www.mext. go.jp/a_menu/kokusai/ib/index.htm

2) UNESCO：Education for Sustainable Development, https:// en.unesco.org/themes/education-sustainable-development

3) OECD：What is PISA?, http://www.oecd.org/pisa/

4) EC：Council Recommendation on Key Compe-tences for Lifelong Learning, https://ec.europa.eu/education/education-in-the-eu/council-recommendation-on-key-competences-for-lifelong-learning_en

5) 文部科学省：OECD における「キー・コンピテンシー」について，http://www.mext.go.jp/b_menu/shingi/chukyo/chukyo3/004/siryo/attach/1395182.htm

6) 文部科学省：教育の情報化ビジョン—21 世紀にふさわしい学びと学校の創造を目指して—，http://www.mext.go.jp/a_menu/shotou/zyouhou/detail/1387269.htm（2011）

7) National Research Council：National Science Education Standards，https://www.nap.edu/read/4962/（1995）

8) American Association for the Advancement of Science：Science for All Americans，https://www.aaas.org/resources/science-all-americans（1989）

9) England Government：The national curriculum, https://www.gov.uk/government/collections/national-curriculum（2014）

10) 日本学術会議：「科学技術の智」プロジェクト，http://www.scj.go.jp/ja/info/kohyo/pdf/kohyo-20-h64-3.pdf（2008）

11) 日本学術会議：大学教育の分野別質保証のための教育課程編成上の参照基準，http://www.scj.go.jp/ja/member/iinkai/daigakuhosyo/daigakuhosyo.html（2016）

12) ACM：Curricula Recommendations, https://www.acm.org/education/curricula-recommendations（2011）

13) IEEE Computer Society：https://www.computer.org/

14) ACM：Computing Curricula 2001 Computer Science（2001）

15) CST：CSTA K–12 Computer Science Standards https://cdn.ymaws.com/www.csteachers.org/resource/resmgr/Docs/Standards/CSTA_K-12_CSS.pdf（2011）

16) （一社）情報処理学会：カリキュラム標準 J17, https://www.ipsj.or.jp/annai/committee/education/j07/curriculum_j17.html（2017）

17) （一社）日本産業技術教育学会：21 世紀の技術教育（改訂）—各発達段階における普通教育としての技術教育内容の例示—，http://www.jste.jp/main/data/21te-nex.pdf（2014）

18) 菊地章他：技術・情報学習のシステム的考察，森山潤・菊地章・山崎貞登編 イノベーション力を育成する技術・情報教育の展望，pp.15-40，ジアース教育新社（2016）

19) 官邸：日本再興戦略 2016，https://www.kantei.go.jp/jp/singi/keizaisaisei/pdf/zentaihombun_160602.pdf（2016）

20) 官邸：世界最先端 IT 国家創造宣言・官民データ活用推進基本計画の変更について，https://www.kantei.go.jp/jp/singi/it2/kettei/pdf/20180615/siryou1.pdf（2018）

21) 文部科学省：学びのイノベーション事業，http://jouhouka.mext.go.jp/school/innovation/（2014）

22) 文部科学省：小学校プログラミング教育の手引（第二版），http://www.mext.go.jp/a_menu/shotou/zyouhou/detail/1403162.htm（2018）

23) 文部科学省：プログラミング教育実践ガイド，http://www.mext.go.jp/a_menu/shotou/zyouhou/detail/1408013.htm（2015）

24) 庄司和彦・高橋参吉：情報と問題解決，実教出版（2014）

第2章 プログラミング的思考とコンピューテーショナル・シンキング

1) 文部科学省：小学校段階における論理的思考力や創造性，問題解決能力等の育成とプログラミング教育に関する有識者会議議論のとりまとめ（2016），http://www.mext.go.jp/b_menu/shingi/chousa/shotou/122/attach/1372525.htm

2) 文部科学省：中学校学習指導要領（平成 29 年公示）解説技術・家庭編，pp.48-49（2017）http://www.mext.go.jp/component/a_menu/education/micro_detail/__icsFiles/afieldfile/2018/05/07/1387018_9_1.pdf

3) 文部科学省：高等学校学習指導要領（平成 30 年公示）解説情報編（2018），http://www.mext.go.jp/component/a_menu/education/micro_detail/__icsFiles/afieldfile/2018/07/13/1407073_11.pdf

4) 文部科学省：諸外国におけるプログラミング教育に関する調査研究，（2014），http://jouhouka.mext.go.jp/school/pdf/programming_syogaikoku_houkokusyo.pdf

5) 太田剛・森本容介・加藤浩：諸外国のプログラミング教育を含む情報教育カリキュラムに関する調査—英国，オーストラリア，米国を中心として，日本教育工学会論文誌 Vol.40 No.3，pp.197-208（2016）

6) Papert, S. : Mindstorms: Children, computers, and powerful ideas. Basic Books, Inc.（1980）

7) Denning, P. J.: Remaining trouble spots with computational thinking, Commun. ACM, Vol.60, No.6, pp.33-39（2017）

8) Jeannette M. Wing（中島秀之訳）：Computational Thinking 計算論的思考，情報処理 Vol.56 No.6（2015），https://www.cs.cmu.edu/afs/cs/usr/wing/www/ct-japanese.pdf

9) Computing At School (CAS)：CAS Computational Thinking - A Guide for teachers（2015），http://community.computingatschool.org.uk/resources/2324

10) Computer Science Teachers Association：CSTA Computer Science Standards (2012), http://www.education2020.ca/Content/K-12Model, CurrRevEd.pdf

11) International Society for Technology in Education (ISTE) and the Computer Science Teachers Association (CSTA)：Operational Definition of Computational Thinking for K–12 Education (2011), http://www.iste.org/docs/ct-documents/computational-thinking-operational-definition-flyer.pdf

12) 中央教育審議会：幼稚園，小学校，中学校，高等学校及び特別支援学校の学習指導要領等の改善及び必要な方策等について（答申）(2016), http://www.mext.go.jp/b_menu/shingi/chukyo/chukyo0/toushin/__icsFiles/afieldfile/2017/01/10/1380902_0.pdf

第3章　小学校と中学校の情報教育の現状と将来

1) 文部科学省：中学校学習指導要領（平成29年告示）解説総則編，p.51 (2017)

2) 文部省：中学校指導書　技術・家庭編，p.54 (1989)

3) 文部省：中学校学習指導要領（平成10年12月）解説技術・家庭編，p.3 (1999)

4) 文部省：中学校学習指導要領（平成10年12月）解説技術・家庭編，p.31 (1999)

5) 初等中等教育における教育の情報化に関する検討会：初等中等教育の情報教育に係る学習活動の具体的展開について，別添1 (2006)

6) 文部科学省：中学校学習指導要領解説技術・家庭編，p.6 (2008)

7) 中央教育審議会：幼稚園，小学校，中学校，高等学校及び特別支援学校の学習指導要領等の改善及び必要な方策等について（答申），pp.37-38 (2016)

8) 中央教育審議会：幼稚園，小学校，中学校，高等学校及び特別支援学校の学習指導要領等の改善及び必要な方策等について（答申），別紙3-1 (2016)

9) 中央教育審議会：幼稚園，小学校，中学校，高等学校及び特別支援学校の学習指導要領等の改善及び必要な方策等について（答申），p.38 (2016)

10) 文部科学省：小学校プログラミング教育の手引（第二版），p.9 (2018)

11) 文部科学省：小学校学習指導要領（平成29年告示）解説総則編，p.85 (2017)

12) 文部科学省：小学校プログラミング教育の手引（第二版），p.22 (2018)

13) 文部科学省：小学校プログラミング教育の手引（第二版），pp.32-36 (2018)

14) 文部科学省：小学校学習指導要領（平成29年告示）解説国語編，p.8 (2017)

15) 文部科学省：小学校学習指導要領（平成29年告示）解説国語編，p.9 (2017)

16) 文部科学省：小学校学習指導要領（平成29年告示）解説国語編，p.24 (2017)

17) 文部科学省：小学校学習指導要領（平成29年告示）解説算数編，p.6 (2017)

18) 文部科学省：小学校学習指導要領（平成29年告示）解説算数編，p.67 (2017)

19) 文部科学省：小学校学習指導要領（平成29年告示）解説算

数編，pp.12-15 (2017)

20) 文部科学省：小学校学習指導要領（平成29年告示）解説特別の教科道徳編，p.97 (2017)

21) 文部科学省：小学校学習指導要領（平成29年告示）解説特別の教科道徳編，p.98 (2017)

22) 部科学省：小学校学習指導要領（平成29年告示）解説総則編，pp.50-51 (2017)

23) 文部科学省：中学校学習指導要領（平成29年告示）解説技術・家庭編，p.7 (2017)

24) 文部科学省：中学校学習指導要領（平成29年告示）解説技術・家庭編，p.51 (2017)

25) 文部科学省：中学校学習指導要領（平成29年告示）解説技術・家庭編，p.53 (2017)

26) 文部科学省：中学校学習指導要領（平成29年告示）解説技術・家庭編，p.56 (2017)

27) 文部科学省：中学校学習指導要領（平成29年告示）解説国語編，p.23 (2017)

28) 文部科学省：中学校学習指導要領（平成29年告示）解説数学編，p.54 (2017)

29) 文部科学省：中学校学習指導要領（平成29年告示）解説数学編，pp.12-13 (2017)

30) 文部科学省：小学校学習指導要領（平成29年告示）解説総則編，p.39 (2017)

第4章　高等学校の情報教育の現状と将来

1) 文部科学省：高等学校学習指導要領解説 情報編 (2000, 2005一部補訂)

2) 文部科学省：高等学校学習指導要領解説 情報編 (2010)

3) 文部科学省：高等学校学習指導要領解説 情報編 (2019)

4) 文部科学省：高大接続システム改革会議最終報告 (2018)

5) 未来投資会議：未来投資戦略2018 (2018)

6) 教育再生実行会議の第4回技術革新ワーキング・グループ（平成30年8月31日）の文部科学省提出資料「技術の進展に応じた教育の在り方について（初等中等教育局）」(2018)

第II部　小学校におけるプログラミング教育

第1章　小学校におけるプログラミング教育の歩みと役割

1) 文部科学省：小学校学習指導要領（平成20年6月）解説―総合的な学習の時間編―，教育出版 (2008)

2) 文部科学省：プログラミング教育実践ガイド，（一社）ラーン・フォー・ジャパン，pp.2-3，(2015), http://jouhouka.mext.go.jp/school/pdf/programing_guide.pdf

3) 文部科学省：小学校段階におけるプログラミング教育の在り方について（議論の取りまとめ），http://www.mext.go.jp/b_menu/shingi/chousa/shotou/122/attach/1372525.htm

4) Jane Krauss, Kiki Prottsman, Computational Thinking and Coding for Every Student: The Teacher's Getting-Started Guide, Corwin (2017)

5) 文部科学省：小学校学習指導要領解説 総則編，東洋館出版社 (2018)

6) 文部科学省：小学校プログラミング教育の手引き（改訂第二版），http://www.mext.go.jp/component/a_menu/education/micro_detail/__icsFiles/afieldfile/2018/11/06/1403162_02_1.pdf

7) 文部科学省：教育の情報化に関する手引，ムック（2010）

8) ミッチェル・レズニック：ライフロング・キンダーガーテン 創造的思考力を育む4つの原則，日経 BP 社（2018）

9) 清水亮：教養としてのプログラミング講座，中央公論新社，p.17（2014）

10) 市川伸一：コンピュータを教育に生かす，勁草書房，pp.40-86（1994）

11) 五十嵐淳：プログラミング言語の基礎概念，サイエンス社（2011）

12) 本郷健・本村猛能・山本利一・永井克昇・齋藤実・米山泰夫：情報的な見方・考え方に基づく共通教科情報科のカリキュラム開発，日本教育情報学会年会論文集 31，pp.162-165（2015）

13) 山本利一・田賀秀子・新屋智絵・小林靖英：共同学習を取り入れたプログラミング学習の課題の提案―カーリングゲームを取り入れたプログラミング指導―，教育情報研究，第 22 巻，第 3 号，pp.11-18（2007）

14) 山本利一・鈴木航平・岳野公人・鹿野利春：初等教育におけるタブレットを活用したプログラミング学習の提案，教育情報研究，Vol.33，No.1，pp.41-48（2007）

15) 神山勇人・鈴木研二・針谷安男：小学校におけるロボット教材を利用したプログラミング学習の提案，宇都宮大学教育学部教育実践総合センター紀要，No.35，pp.359-366（2012）

16) 山本利一・鳩貝拓也・弘中一誠・佐藤正直：Scratch と WeDo を活用した小学校におけるプログラム学習の提案，教育情報研究，Vol.30，No.2，pp.21-30（2014）

17) 鈴木研二・伊藤直美・針谷安男：技術科教育における数学的活動を取り入れた「計測・制御」学習の提案（GS9 技術教育・工学教育の取り組み），日本機械学会関東支部ブロック合同講演会講演論文集 2011，pp.191-192（2011）

18) 萩嶺直孝・森山潤：中学校技術科「プログラムによる計測・制御」の学習において形成される「技術的な見方・考え方」の実態把握，教育システム情報学会誌，Vol.31，No.3，pp.239-244（2014）

19) 山本利一・本村猛能・金塚茉利子："問題の解決と処理手順の自動化"を学習する指導過程の提案― LEGO Mindstorms NXT を活用した「情報の科学」の授業実践―，日本情報科教育学会誌，Vol.3，No.1，pp.24-29（2010）

20) 山本利一・川原田康文・村松浩幸他：立命館小学校におけるロボットを活用したシンポジューム報告，日本産業技術教育学会誌，Vol.55，No.1，pp.75-78（2013）

21) 山本利一・林俊郎・小林靖英・牧野亮哉：中学生が作成したプログラムの分析による指導法の改善，教育情報研究，Vol.21，No.1，pp.15-26（2007）

22) 山本利一・山内悠：初等教育における特別な教科「道徳」で取り組むプログラミング学習の提案，教育情報研究，Vol.34，No.1，pp.17-25（2018）

23) 川原田康文・大森康正・磯部征尊・上野耕大・山崎貞登：小・中学校一貫したロボット及びプログラミング学習実践と教育階梯別の学習到達水準表との対応，上越教育大学研究紀要，Vol.38，No.1，pp. 135-147（2018）

24) 本稿は，2017 年 2 月発刊の教育情報研究，Vol.32，No.2 の「初等中等教育におけるプログラミング教育の教育的意義の考察（山本利一・本郷健・本村猛能・永井克昇）」をもとに

新しい教育情勢や国の方針を加筆・改編したものであることを追記する。

第 2 章　小学校におけるアルゴリズム学習とその評価

1) 文部科学省：小学校学習指導要領（平成 29 年 3 月 31 日告示）（2017），http://www.mext.go.jp/component/a_menu/education/micro_detail/__icsFiles/afieldfile/2018/09/05/1384661_4_3_2.pdf

2) 文部科学省：小学校プログラミング教育の手引き（第二版）（平成 30 年 11 月公表）（2018），http://www.mext.go.jp/component/a_menu/education/micro_detail/__icsFiles/afieldfile/2018/11/06/1403162_02_1.pdf

3) 川島芳昭・菊地章・小林剛大・石川賢：情報科学と情報技術の観点に基づくアルゴリズム学習の評価基準の提案，日本産業技術教育学会誌，第 57 巻，第 4 号，pp.213-222（2015）

4) 阪東哲也・川島芳昭・菊地章・加部昌凡・森山潤：PIC-GPE 組込 LED 発光教材を利用した小学校プログラミング教育の実践と評価方法の提案，日本産業技術教育学会誌，第 59 巻，第 3 号，pp.187-197（2017）

5) 情報処理ハンドブック，情報処理学会編，pp.56-65（1989）

6) MIT メディアラボ：Scratch，https://scratch.mit.edu

7) 菊地章・本郷健・長松正康：生涯学習を考慮した学校教育における情報科学技術教育，日本産業技術教育学会，Vol.40，No.4，pp.31-41（1998）

8) 菊地章・松原伸一：情報基礎教育の現状と展望，日本産業技術教育学会，Vol.35，No.3，pp.91-99（1993）

第 3 章　低学年児童のための学習アプリ開発を題材とした小学校プログラミング教育の実践

1) 文部科学省：小学校学習指導要領，http://www.mext.go.jp/component/a_menu/education/micro_detail/__icsFiles/afieldfile/2018/09/05/1384661_4_3_2.pdf

2) 文部科学省：プログラミング教育の手引き（第二版），http://www.mext.go.jp/component/a_menu/education/micro_detail/__icsFiles/afieldfile/2018/11/06/1403162_02_1.pdf，pp.24-41

3) 文部科学省：プログラミング教育の手引き（第二版），pp.26-28

4) 文部科学省：プログラミング教育の手引き（第二版），pp.28-29

5) 文部科学省：プログラミング教育の手引き（第二版），pp.30-31

6) 文部科学省：プログラミング教育の手引き（第二版），pp.11-13

7) 宮川洋一・森山潤：学習者の思考力を高めるプログラミング教育の学習支援　第 9 章，風間書房，pp.139-150（2016）

8) 文部科学省：小学校段階におけるプログラミング教育の在り方について（議論の取りまとめ），http://www.mext.go.jp/b_menu/shingi/chousa/shotou/122/attach/1372525.htm

第 4 章　プログラミングを活用した加法・減法の計算の学習

1) 文部科学省：小学校学習指導要領解説 総則編，東洋館出版社（2018）

2) 文部科学省：小学校段階におけるプログラミング教育の在

り方について（議論の取りまとめ），http://www.mext.go.jp/
b_menu/shingi/chousa/shotou/122/attach/1372525.htm

3) 文部科学省：小学校プログラミング教育の手引き（第二版），
http://www.mext.go.jp/component/a_menu/education/
micro_detail/__icsFiles/afieldfile/2018/11/07/1410886_01_1.
pdf

4) 文部科学省小学校学習指導要領解説 算数編，日本文教出版
（2018）

5) 村上綾香：算数科の加法・減法における小学校プログラミ
ング学習の提案と活用事例，日本産業技術教育学会誌，第
60巻，第3号，pp.149-153（2018）

6) PETS, for Our Kids Inc.，https://4ok.jp/pets/

7) 動かしてみよう！トップ，（株）アバロンテクノロジーズ，
http://avalontech.co.jp/toppage/m_concept/

8) 黒田昌克・森山潤：小学校段階におけるプログラミング教
育に対する教員の意識と意義形成要因の検討，教育メディ
ア研究，Vol.24, No.2, pp.43-54（2018）

9) 山本利一・山内悠・岳野公人：小学校低学年を対象とした
プログラミングに関する授業実践と評価，日本産業技術教
育学会第60回全国大会（弘前），p.39（2017）

10) 山内悠・山本利一：プログラミング教材を活用した教科
「算数」の学びを支援する指導過程の提案，日本産業技術教
育学会第29回関東支部大会（群馬）講演論文集，pp.14-15
（2017）

11) 本稿は，DATTA2018のプロシーディングを改編したもので
あることを追記する。

第5章　算数科第6学年「縮図や拡大図」の学習を支援するプログラミング学習

1) 利根川裕太・佐藤智・一般社団法人みんなのコード：先生
のための小学校プログラミング教育がよくわかる本，翔泳
社（2017）

2) 蔵満逸司：小学校プログラミング教育の考え方・進め方，
黎明書房（2019）

3) 大日本印刷株式会社：諸外国におけるプログラミング教育
に関する調査研究（文部科学省平成26年度・情報教育指導
力向上支援事業）（2016）

4) 文部科学省：小学校学習指導要領解説 総則編，東洋館出版
社（2018）

5) 月刊 高校教育 編集部：高等学校新学習指導要領 全文と解
説，学事出版（2018）

6) 文部科学省：小学校プログラミング教育の手引き（改訂2版），
http://www.mext.go.jp/component/a_menu/education/
micro_detail/__icsFiles/afieldfile/2018/11/06/1403162_02_1.
pdf

7) 文部科学省：小学校段階におけるプログラミング教育の在
り方について（議論の取りまとめ），http://www.mext.go.jp/
b_menu/shingi/chousa/ shotou/122/attach/1372525.htm

8) Jane Krauss, Kiki Prottsman, Computational Thinking and
Coding for Every Student: The Teacher's Getting-Started
Guide, Corwin（2017）

9) 文部科学省小学校学習指導要領解説 算数編，日本文教出版
（2018）

10) 渡部拓馬・山本利一・井浦博史：初等教育における算数科
指導を支援するプログラミング学習の事例提案，日本産業

技術教育学会 第30回関東支部大会（宇都宮）pp.51-52
（2018）

11) 西山尚志・山本紀代・小谷祐二郎：角の総和法則を利用し
た算数・数学における図形分野の指導について，和歌山大
学学芸学会，No.64, pp.105-111（2018）

12) 日本産業技術教育学会第30回関東支部大会講演論文集（宇
都宮大学）（2018年12月）の「初等教育における算数科指
導を支援するプログラミング学習の事例提案」にもとに児
童が作成したプログラムの分析と授業展開を加筆・改編

第6章　照度・温度センサを活用した「日なたと日かげ」のプログラミング学習

1) 内田祐貴：実験教材としての簡易真空ポンプの研究開発と
教育実践，神戸松蔭女子学院大学研究紀要．人間科学部篇，
第5巻，pp.67-74（2016）

2) 土屋秀和・小林秀輔・浅川毅：子どもマイコン実験教室の
実践，コンピュータ＆エデュケーション，第40巻，pp.49-54
（2016）

3) 竹野英敏：ものづくり活動への願い，理科の教育，第65巻，
第11号，pp.5-8（2016）

4) 人見久城：理科における「ものづくり」の意義と課題，理科
の教育，第65巻，第11号，pp.9-12（2016）

5) 武藤良弘：ものづくりのおもしろさ・わくわく感，理科の
教育，第65巻，第3号，pp.5-8（2016）

6) 文部科学省：小学校学習指導要領解説総則編，文部科学省
（2007）

7) ICT教育ニュース：前原小，理科×プログラミング「人の体
のつくりとはたらき」授業公開，http://ict-enews.net/2017/
07/4maehara/（2017）

8) 中村めぐみ：「電気の性質とその利用」においてプログラミ
ング教材を活用した実践から，理科の教育，第67巻，第2
号，pp.24-26（2018）

第7章　小学校社会科における防災コンテンツのプログラミング

1) 文部科学省：小学校学習指導要領，総則，p.23（2017）

2) 文部科学省：小学校学習指導要領解説，p.86（2017）

3) 黒田昌克・森山潤：小学校段階におけるプログラミング教
育の実践に向けた教員の課題意識と研修ニーズとの関連性，
日本教育工学会論文誌41，pp.169-172（2017）

4) 大坪久芳：諏訪市「相手意識に立つものづくり科」の取り組
みについて，日本産業技術教育学会誌，第51巻，第2号，
pp.147-153（2009）

5) 信州大学教育学部附属松本学校園平成29年度幼小中公開研
究会学習指導案（2017）

6) 日本知財学会知財教育分科会編集委員会：知財教育の実践
と理論—小・中・高・大での知財教育の展開—，p.2（2013）

7) 桂本憲一：個人志向から協働的志向への転換を促すプログ
ラミング学習の授業作り，平成30年度信州大学大学院教育
学研究科高度教職実践専攻（教職大学院）実践県研究報告書
抄録集，pp.13-16（2019）

第8章　小学校における発光教材を利用したアルゴリズム学習

1) 文部科学省：小学校学習指導要領（平成29年3月31日告
示）（2017），http://www.mext.go.jp/component/a_menu/
education/micro_detail/__icsFiles/afieldfile/2018/09/05/

1384661_4_3_2.pdf

2) 文部科学省：小学校学習指導要領解説総則編（平成 29 年 6 月 21 日公表）(2017), http://www.mext.go.jp/component/a_menu/education/micro_detail/__icsFiles/afieldfile/2018/05/07/1387017_1_2.pdf

3) 菊地章・鎮革：プログラムによる計測・制御学習のための GUI プログラミング環境の構築，日本産業技術教育学会誌，第 54 巻，第 2 号，pp.59-67 (2012)

4) 鎮革・菊地章：PIC-GPE と連動した PIC-Monitor の開発，日本産業技術教育学会誌，第 56 巻，第 1 号，pp.19-27(2014)

5) 菊地章：PIC-GPE (PIC GUI Programming Environment) のページ，http://www.naruto-u.ac.jp/facultystaff/kikuchi/pic/index.html

6) 阪東哲也・川島芳昭・菊地章・加部昌凡・森山潤：PIC-GPE 組込 LED 発光教材を利用した小学校プログラミング教育の実践と評価方法の提案，日本産業技術教育学会誌，第 59 巻，第 3 号，pp.187-197 (2017)

7) 奥木芳明・古田貴久：算数の授業における ICT の教育効果の検討─児童同士の話し合い活動における ICT ─，群馬大学教育実践研究，第 29 号，pp.93-101 (2012)

8) 菊地章・本郷健・長松正康：生涯学習を考慮した学校教育における情報科学技術教育，日本産業技術教育学会誌，第 40 巻，第 4 号，pp.211-221 (1998)

9) 川島芳昭・菊地章・小林剛大：情報科学と情報技術の観点に基づくアルゴリズム学習の評価基準の提案，日本産業技術教育学会誌，第 57 巻，第 4 号，pp.213-222 (2015)

第9章　小学校における音の学習を通したアルゴリズム学習

1) YAMAHA：ボーカロイド教育版，https://ses.yamaha.com/products/vocaloid_edu/

第Ⅲ部　中学校におけるプログラミング教育

第1章　小学校から中学校へのプログラミング教育の接続

1) 文部科学省：技術・家庭科（技術分野）における教育のイメージ（案），教育課程部会教育課程企画特別部会資料4②，p.35 (2016)

2) 太田剛・森本容介・加藤浩：諸外国のプログラミング教育を含む情報教育カリキュラムに関する調査─英国，オーストラリア，米国を中心として─，日本教育工学会論文誌，40 (3)，pp.197-208 (2016)

3) 山崎貞登・大森康正・磯部征尊・他 1 名：プログラミング教育の小・中・高各校種間連携・一貫教育推進のための技術・情報教育課程と専門職能発達体系の改革，上越教育大学研究紀要，37 (1)，pp.217-227 (2017)

4) 大森康正・磯部征尊・上野朝大・他 2 名：小学校プログラミング教育の発達段階に沿った学習到達目標とカリキュラム・マネジメント，上越教育大学研究紀要，37(1)，pp.205-215 (2017)

5) （株）ベネッセコーポレーション：第 2 版「プログラミング教育で育成する資質・能力の評価規準（試行版）」，https://beneprog.com/2018/08/31/2ndstandard/

6) 文部科学省：小学校プログラミング教育の手引（第一版）(2018)

7) 文部科学省：小学校プログラミング教育の手引（第二版）(2018)

8) MIT メディアラボ・ライフロングキンダーガーデングループ：Scratch，https://scratch.mit.edu/

9) Micro:bit 教育財団：MakeCode エディター，https://makecode.microbit.org/

10) NPO 法人 Ruby プログラミング少年団：スモウルビー，https://smalruby.jp/

11) 西澤宏嘉：実践事例 小学校「めざせ！行列のできるおすし屋さん！」，プログラミング教育実践ガイド，文部科学省，pp.8-11 (2014)

12) 山本朋弘・薮田挙美：小学校でのプログラミング学習における中学校技術科教員との共同指導による段階的な課題設定の一考察，日本教育工学会論文誌，40 (3)，pp.175-185 (2016)

13) 山崎貞登・尾崎裕介・大森康正・他 3 名：小学校技術・情報科におけるプログラミング学習の実施と専科担任制度の導入の提案，上越教育大学研究紀要，38 (1)，pp.121-134 (2018)

14) 村松浩幸・島田英昭・東原義訓・他 10 名：教員養成におけるプログラミング教育の指導力育成の試み，教育実践研究，(16)，信州大学教育学部附属次世代型学び研究開発センター，pp.1-10 (2017)

15) 文部科学省：中学校学習指導要領技術・家庭科編 (2017)

第2章　設計学習を意識した授業用マイコンボード開発とプログラミング

1) 文部科学省：中学校学習指導要領，第 2 章第 8 節，pp.132-143 (2017)

2) 文部科学省：中学校学習指導要領解説 技術・家庭編，開隆堂，p.55 (2017)

3) 日本産業技術教育学会：21 世紀の技術教育（改訂），日本産業技術教育学会誌，第 54 巻，第 4 号別冊，p.4 (2012)

4) 尾崎誠：設計学習に適した指導計画と教育用マイコンボードの開発，日本産業技術教育学会誌，第 60 巻，第 1 号，pp.35-41 (2018)

第3章　状態遷移図を利用したプログラミング

1) 文部科学省：中学校学習指導要領解説，技術・家庭編，教育図書 (2008)

2) 文部科学省：中学校学習指導要領解説，技術・家庭編，教育図書，p.37 (2008)

3) 針谷安男・飯塚真弘・山菅和良：プログラムによる計測・制御学習の授業実践とその学習効果の検証，日本産業技術教育学会誌，第 52 巻，第 3 号，pp.205-214 (2010)

4) 萩嶺直孝・田口浩継・山本利一：身近な課題を解決するための模型を題材とした制御学習，日本産業技術教育学会誌，第 51 巻，第 4 号，pp.277-284 (2009)

5) 山本透・市川貴子・岡村敏之他：中学校技術・家庭科における「プログラムと計測・制御」の学習内容とその実践，工学教育，第 52 巻，第 1 号，pp.76-81 (2004)

6) 伊戸坂幸男・青木浩幸・李元揆他：状態遷移概念を利用した制御プログラミングの学習効果，日本産業技術教育学会誌，第 53 巻，第 3 号，pp.179-187 (2011)

7) 藤田眞一・加賀江孝信・三浦吉信：小型コンピュータを用いたプログラムによる計測・制御学習の効果，日本産業技

術教育学会誌，第 55 巻，第 3 号，pp.191-198（2013）

8) 間田泰弘・鶴田敦子・塩入睦夫他：技術・家庭［技術分野］，開隆堂，pp.223-233（2012）

9) 加藤幸一・永野和男・佐藤文子他：新しい技術・家庭　技術分野，東京書籍，pp.227-235（2012）

10) 古平真一郎・坂本弘志・針谷安男：自律型ロボット教材を用いた「プログラムによる計測・制御」学習の授業実践に基づく学習効果の検証，日本産業技術教育学会誌，第 51 巻，第 4 号，pp.285-292（2009）

11) 萩嶺直孝・宮川洋一・森山潤：中学校技術科「プログラムによる計測・制御」の学習における題材タイプの違いによる生徒の反応の差異，日本産業技術教育学会誌，第 55 巻，第 3 号，pp.181-190（2013）

12) 菊地章・鎮革：プログラムによる計測・制御学習のためのGUI プログラミング環境の構築，日本産業技術教育学会誌，第 54 巻，第 2 号，pp.59-67（2012）

13) 坂本武志・照井康真：独習 UML　第 4 版，廣済堂，初版，第 2 刷（2010）

14) 國友義久：効果的プログラム開発技法，近代科学社，第 3 版，第 1 刷（1988）

15) 久保孝行：組込みエンジニアのための状態設計手法現場で使える状態遷移図・状態遷移表の記述テクニック，TechShare，初版，第二刷，p.1（2013）

16) 片田宗一郎・紅林秀治：日本産業技術教育学会第 55 回全国大会（旭川）講演要旨集，日本産業技術教育学会，p.4（2012）

17) 赤間世紀：Processing GUI プログラミング，工学社，初版（2013）

第4章　計測・制御を考慮したプログラミング

1) 電子情報通信学会編・辻井重男監修：ディジタル信号処理の基礎，財団法人電子情報通信学会，pp.25-28（1988）

2) 広井和男・宮田朗：シミュレーションで学ぶ自動制御技術入門，CQ 出版，pp.99-106（2004）

3) 文部科学省：中学校学習指導要領（平成 10 年 12 月）解説—技術・家庭編—，東京書籍，pp.31-44（1999）

4) 文部科学省：中学校学習指導要領解説 技術・家庭編 平成20 年 9 月，教育図書，pp.32-37（2008）

5) 文部科学省：中学校学習指導要領（平成 29 年告示）解説 技術・家庭編 平成 29 年 7 月，開隆堂出版，pp.48-59（2018）

6) 石原正雄：スクラッチではじめるプログラミング，カットシステム（2014）

第5章　生物育成に関連させたシミュレーションプログラム

1) 文部科学省：中学校学習指導要領解説　技術・家庭編，教育図書，pp.6-9（2008）

2) Azumi,R.：A Survey of Augment Reality, Prsence：Teleoperation and Environments, vol.6, No.4, pp.355-385（1997）

3) Tamura, H., Yamamoto, H., Katayama, A.：Mixed reality：future dreams seen at the border between real and virtual world, IEEE Computer Graphics, vol.21, No.6, pp.64-70（2001）

4) M.SOFT CO.,LTD.：ARToolkit, https://www.msoft.co.jp/service/artoolkit.html

5) 横矢直和：現実世界と仮想世界を融合する複合現実技術：

VI 応用事例，システム / 制御 / 情報：情報システム制御情報学会報，第 50 巻，第 11 号，pp.430-435（2006）

6) 平尾健二・荒牧英樹・塩塚真史：イネの簡易栽培教材「ペットボトル稲」の開発—1．植え付け開始における諸検討—：日本産業技術教育学会九州支部論文集，第 18 巻，pp.89-94（2010）

7) 平尾健二・荒牧英樹・塩塚真史・土肥ますみ：イネの簡易栽培教材「ペットボトル稲」の開発—2．栽培対象に関する諸検討—：日本産業技術教育学会九州支部論文集，第 19 巻，pp.107-111（2011）

8) 平尾健二・矢動丸竜真・澁江公太・田中雄基：イネの簡易栽培教材「ペットボトル稲」の開発—3．夏期休業期間の育成環境が収量形成に与える影響—：日本産業技術教育学会九州支部論文集，第 21 巻，pp.65-70（2013）

9) 中西実和子・平尾健二：小学校における栽培学習「ペットボトル稲」が児童の情意や行動に及ぼす影響：日本農業教育学会誌，第 47 巻，第 2 号，pp.49-55（2016）

10) 平尾健二：さあ，はじめよう！ペットボトル稲栽培：食農教育，第 68 巻，pp.26-29（2009）

11) 農林水産省：食育の推進，：食農教育，http://www.maff.go.jp/j/syokuiku/（2018）

12) 村上祐治：建築設計教育のための拡張現実感システムの構築と評価：日本産業技術教育学会九州支部論文集，第 19 巻，pp.57-62（2011）

13) 馬文鵬・伊藤陽介・林秀彦：拡張現実技術を用いた実験学習支援システムの構築：日本産業技術教育学会，第 58 巻，第 2 号，pp.109-117（2016）

14) 馬文鵬・伊藤陽介：電気回路を対象とする拡張現実技術を用いた実験学習支援システムの有用性：日本産業技術教育学会，第 59 巻，第 1 号，pp.9-18（2017）

15) 山川隆憲・大山晋介・土肥ますみ・錦織充宏・平尾健二：ペットボトルを利用したイネの簡易栽培教材化について 第 1 報　施肥条件および品種等の違いによる生育の比較：日本産業技術教育学会　第 49 回全国大会講演要旨集，p.80（2006）

16) 山川隆憲・矢動丸竜真・土肥ますみ・大山晋介・平尾健二：ペットボトルを利用したイネの簡易栽培教材化について　第 2 報　施肥の量および設置環境の違い等の違いによる生育の比較：日本産業技術教育学会　第 50 回全国大会講演要旨集，p.47（2007）

17) 植田ちひろ・青木咲耶：米離れ改善を目的とした AR アプリケーションの開発 Kometabe YO：第 6 回サイエンス・インカレ研究発表会要約集，p.168（2017）

第6章　STEM 教育を考慮した中学生による幼児向けハイブリッド型アプリケーション開発

1) 磯部征尊・大谷忠・長洲南海男：英国における STEM 教育の動向—技術教育の視点に基づく米国の STEM 教育との対比より—，日本教科教育学会第 43 回全国大会論文集，pp.202-203（2017）

2) 経済産業省：IT 人材の最新動向と将来推計に関する調査結果を取りまとめ，http://www.meti.go.jp/press/2016/06/20160610002/20160610002.pdf（2016）

3) 文部科学省：中学校学習指導要領，pp.201-208（2017）

4) 文部科学省：幼稚園，小学校，中学校，高等学校及び特別支

援学校の学習指導要領等の改善及び必要な方策等について（答申）（中教審第 197 号），pp.15-17, http://www.mext.go.jp/b_menu/shingi/chukyo/chukyo0/toushin/__icsFiles/afieldfile/2017/01/10/1380902_0.pdf

5) 新潟大学教育学部附属長岡校園：新たな世界を創りだす子供を育む，平成 30 年度新潟大学教育学部附属長岡校園研究紀要，pp.11-18（2018）

6) アシアル株式会社：Monaca で学ぶはじめてのプログラミング―モバイルアプリ入門編―，学術研究出版，pp.166-179（2016）

第 7 章　ネットワークコンテンツ処理のためのプログラミング

1) 文部科学省：中学校学習指導要領技術・家庭（2017）

2) 文部科学省：小学校学習指導要領 総則（2017）

3) 文部科学省：高等学校学習指導要領（2017）

4) 鈴木隆将・木下優奈・村松浩幸・小島一生・才田亘：情報システムを体験的に学ぶプログラミング機能を付加した模擬 POS システム教材の開発，日本産業技術教育学会技術教育分科会研究会講演論文集，pp.47-48（2017）

5) ぽすとピッ！とくん 2：ギジュツドットコム，http://gijyutu.com/main/archives/3579

6) 鈴木隆将・小島一生・才田亘・志甫知紀・村松浩幸：チャットボットを活用したコンテンツのプログラミング教材の開発，日本産業技術教育学会第 61 回全国大会（信州）講演要旨集，p.196（2018）

7) チャットボット Priver.2：ギジュツドットコム，http://gijyutu.com/main/archives/3586

8) げんばねっと 塩尻市教育センター，https://www.shiojiri-ngn.ed.jp/

9) 長野県技術・家庭科教育研究会，第 57 回関東甲信越地区中学校技術・家庭科研究大会長野大会要録，pp,72-79（2018）

10) 鈴木隆将・小島一生・才田亘・志甫知紀・村松浩幸：チャットボットを活用したコンテンツのプログラミング教材の実践と評価，日本産業技術教育学会技術教育分科会研究会講演論文集，pp.7-8（2018）

11) 教員養成学部におけるプログラミング教育指導力育成モデルの構築（研究代表者 村松浩幸, 基盤研究（B）・17H01978）の成果を含む。

第 8 章　Web アプリケーションを意識したネットワークプログラミング

1) 山田祥寛：10 日でおぼえる jQuery 入門教室 第 2 版，翔泳社（2013）

2) 水門博一・石橋直・白石正人：ネットワークを利用した双方向性のあるコンテンツのプログラミングに対応したプログラミング題材の研究，日本産業技術教育学会九州支部論文集，第 26 巻（2018）

3) 田平竜雅・藤金敏希他 2 名：タブレットと Web ページを併用したドリル学習教材，日本産業技術教育学会第 61 国大会（信州）講演要旨集，p.123（2018）

4) 白石正人・井本慎太郎他 2 名：手書き入力を想定した文章入力練習用 Web アプリケーションソフトウェア，日本産業技術教育学会九州支部論文集，第 26 巻（2018）

5) 瀬尾佳良・水門博一・白石正人：タブレットによる作文の構想過程を支援する Web アプリの開発，日本産業技術教育

学会九州支部論文集，第 25 巻，pp.69-74（2017）

第 9 章　情報機器変遷調査のためのネットワークプログラミング

1) Michael R. Williams: A History of Computing Technology, 2nd Edition, Wiley（1997）

2) 菊地章・井上淳一：情報技術教育の観点から見た情報機器の変遷，日本産業技術教育学会誌，第 43 巻，第 1 号，pp.53-60（2001）

3) 菊地章・スフーバトル・バイナレンガオフ：計算と情報機器に関連した博物館情報提供のための地理情報併用 Web システムの開発，日本産業技術教育学会第 27 回情報分科会（鳴門）研究発表会，pp.79-82（2012）

4) 菊地章：中学校技術における情報システム構築とネットワーク利用，産業・情報技術等指導者養成研修資料，pp.219-276（2017）

第Ⅳ部　高等学校におけるプログラミング教育

第 1 章　中学校から高等学校へのプログラミング教育の接続

1) 日本規格協会：JIS ハンドブック 情報基本 2016,（一財）日本規格協会，pp.15-28（2016）

2) 津止登喜江（編著）：技術・家庭科の解説と実践 ’89 告示中学校学習指導要領，小学館（1989）

3) 文部科学省：中学校学習指導要領（平成 10 年 12 月）解説－技術・家庭編－，東京書籍（1999）

4) 文部科学省：中学校学習指導要領解説 技術・家庭編 平成 20 年 9 月，教育図書（2008）

5) 文部科学省：中学校学習指導要領（平成 29 年告示）解説 技術・家庭編 平成 29 年 7 月，開隆堂出版（2018）

6) 文部科学省：高等学校学習指導要領解説 情報編 平成 12 年 3 月，開隆堂出版（2000）

7) 文部科学省：高等学校学習指導要領解説 情報編 平成 22 年 5 月，開隆堂出版（2010）

8) 文部科学省：高等学校学習指導要領解説 情報編 平成 30 年 7 月，http://www.mext.go.jp/component/a_menu/education/micro_detail/__icsFiles/afieldfile/2018/07/13/1407073_11.pdf（2018）

9) J. V. Guttag, 久保幹雄（監訳）：Python 言語によるプログラミングイントロダクション，近代科学社（2014）

第 2 章　プログラミング教育とデータ構造

1) 小舘香椎子・上川井良太郎・中村克彦：教養のためのコンピュータサイエンス 情報科学入門，丸善（2001）

2) 茨木俊秀：C によるアルゴリズムとデータ構造，オーム社（2014）

第 3 章　生徒が自ら選ぶソフトウェアによる問題解決の授業実践

1) 文部科学省：高等学校学習指導要領解説（情報編），http://www.mext.go.jp/component/a_menu/education/micro_detail/__icsFiles/afieldfile/2012/01/26/1282000_11.pdf，p.12（2012）

2) 文部科学省：高等学校学習指導要領解説（情報編），http://www.mext.go.jp/component/a_menu/education/micro_detail/__icsFiles/afieldfile/2018/07/13/1407073_11.pdf，p.1（2018）

3) 文部科学省：高等学校学習指導要領解説（情報），http://www.mext.go.jp/component/a_menu/education/micro_detail/__icsFiles/afieldfile/2012/01/26/1282000_11.pdf，p.33（2012）
4) Google for education：https://edu.google.com/intl/ja/?modal_active=none
5) Android端末用アプリ ScratchJr.：https://www.scratchjr.org/
6) IETF（Internet Engineering Task Force）：https://www.ietf.org/

第4章 コミュニケーションツールの仕組みの理解を目的としたプログラミング
1) 大里有哉：「エイリアンとの交信」を題材としたプログラミングとアクティブ・ラーニング，第9回全国高等学校情報教育研究会全国大会（2016）
2) 大石智広：暗号を解読せよプログラミングで学ぶ公開鍵暗号，第10回全国高等学校情報教育研究大会（東京大会）記念冊子，pp.28-29（2017）
3) 鎌田高徳：プログラミングでＬＩＮＥの仕組みを理解しよう，第11回全国高等学校情報教育研究会全国大会（2018）
4) 高等学校学習指導要領解説情報編，文部科学省（2010）
5) 教育用プログラミング言語「ドリトル」，http://dolittle.eplang.jp
6) 黒上晴夫・堀田龍也：プログラミング教育導入前に知っておきたい思考のアイディア，小学館（2017）
7) 小松一智：これからを見据えた「プログラミングで教える」をテーマにしたプログラミング実践，第10回全国高等学校情報教育研究大会（東京大会）記念冊子，pp.60-61（2017）

第5章 問題解決のためのビッグデータ利用
1) 首相官邸：日本経済再生本部「日本再興戦略2016－第四次産業革命に向けて－」（2016）
2) 文部科学省：幼稚園教育要領，小・中学校学習指導要領等の改訂のポイント（2017）
3) 首相官邸：日本経済再生本部「未来投資戦略2017―Society5.0の実現に向けた改革」（2017）
4) RESAS：https://resas.go.jp/#/13/13101
5) 和歌山県：和歌山データ利活用コンペティション https://www.pref.wakayama.lg.jp/prefg/020100/data/sankabosyu2017.html
6) Keller, J. M.，鈴木克明：学習意欲をデザインする－ARCSモデルによるインストラクショナルデザイン－，北大路書房，pp.45-78（2010）
7) 鈴木克明・市川尚・根本淳子：インストラクショナルデザインの道具箱101，北大路書房 pp.10-21（2016）

第6章 暗号化手法の理解のためのプログラミング
1) サイモン・シン：暗号解読，新潮社（2007）

第7章 シミュレーション利用による社会システム予測
1) 文部科学省：高等学校学習指導要領（1999）
2) 文部科学省：高等学校学習指導要領（2009）
3) 文部科学省：高等学校学習指導要領（2018）
4) 文部科学省：高等学校学習指導要領解説 情報編（2018）
5) 山影進：人口社会構築指南―artisocによるマルチエージェント・シミュレーション入門，書籍工房早山（2018）
6) John M. Keller, 鈴木克明（訳）：学習意欲をデザインする―ARCSモデルによるインストラクショナルデザイン，北大路書房（2010）
7) 向後千春・鈴木克明：ARCS動機づけモデルに基づく授業・教材用評価シートの試作，日本教育工学会第14回全国大会講演論文集，pp.577-578（1998）
8) 向後千春・鈴木克明・清水克彦・余田義彦：ARCS評価シートの構造方程式モデルによる検討，第20回北陸三県教育工学研究大会福井大会発表論文集，pp.15-18（1999）

第8章 Webサーバ上で動作する情報システムのプログラミング
1) 文部科学省：学習指導要領解説 情報編（2018）
2) 掌田津耶乃：Python Django 超入門，秀和システム（2007）
3) Django Girls：Django Girls のチュートリアル，https://tutorial.djangogirls.org/ja/
4) 情報処理推進機構：知っていますか？脆弱性，https://www.ipa.go.jp/security/vuln/vuln_contents/index.html（2007）

第9章 情報オリンピックを意識した基本アルゴリズムとブランコ操作への応用
1) 齋藤実：プログラミング＆アルゴリズム必修化の提言，日本情報科教育学会第6回全国大会講演論文集（2013）
2) 齋藤実：プログラミングと情報教育の3観点，情報学教育研究2014，pp.21-22（2014）.
3) 齋藤実：データの分析からプログラミングまで，日本情報科教育学会第7回全国大会講演論文集（2014）.
4) 齋藤実：高等学校「情報」の方向性，情報学教育研究2015，pp29-30（2015）.
5) 齋藤実：教育実践：情報オリンピック問題を活用した指導方法の実践と評価，日本情報科教育学会第8回全国大会講演論文集（2015）.
6) 日本情報オリンピック委員会：過去問＆解説，http://www.ioi-jp.org/
7) 牧田怜奈，齋藤実，天良和男，伊庭斉志：AIブランコロボットを用いた情報科教育の実践と考察，日本情報科教育学会第8回研究会，pp.9-14（2017）

あとがき

　小・中・高等学校でのプログラミング教育を実践されておられる先生方のご協力を得て，本書籍を完成させることができました。また，関連する各種団体からもご支援を頂戴し，充実した内容に仕上げることができました。

　この書籍の作成は，一般社団法人日本産業技術教育学会の理事会での意見交換の場から始まりました。当然，学会としては研究対象の範疇ですので，理事全員の賛同を得て書籍出版が進められました。ここに，充実した内容として完成しましたこと，関係者の皆様に感謝申し上げます。

　さて，個人的な話題となりますが，私自身は大学を工学部情報工学科ならびに大学院工学研究科情報工学専攻を第1期生として入学・卒業（修了）しましたが，教える側の大学教員は情報出身者が誰もいない状態で，皆様苦労をしながら授業をして戴いたことを今更ながら思い出します。その後，大学院終了後に修了生1期生として同じ情報工学科に助手として残りましたが，自分自身も情報関係の授業をどのように教えればよいか苦労しました。さらに，現職派遣大学院を主体とした鳴門教育大学が新設されることとなり，将来は情報関係の教員が必要なので是非来て欲しいとの紹介がありました。大学設置審議会の審査を受けて大学発足後の最初の教員として着任しましたが，私より年上の派遣されて来られる現職の大学院生は当然コンピュータに触れた経験がなく，どのように授業や修士研究指導をすればよいか日々悩んだものです。さらに，日本で初めて博士（学校教育学）を授与する連合大学院博士課程が新設されたため大学設置・学校法人審議会の審査を受け，兵庫教育大学連合大学院の情報専門の担当ならびに教科教育の担当として現在に至っております。このように，情報教育に関わる新しい環境に次々と接することができ，我が人生に悔いなしと言える良い経験ができたと感謝しております。

　この書籍を手に取った方は，プログラミング教育に苦しんでおられる方々と思われます。新しく始まるプログラミング教育を担当する際には最初は苦しいことも多いと思いますが，日本の子どもたちの未来を築く気持ちで取り組んで戴ければ，最終的には自分自身も人生の満足感が得られると思われます。

　本書の主題にありますプログラミング教育の用語は学習指導要領の改訂に伴って非常に注目を浴びておりますが，今後は新しさが消えて常識になっていきます。ただ，本書の副題にあります問題解決の用語については，未来永劫必要となる人間としての本質的な能力です。まずは，主題にあるプログラミング教育に関心を持って戴き，次に副題にある問題解決能力の育成に発展して戴ければ幸いです。

　本書籍出版にあたっては，九州大学出版会の野本敦氏ならびに奥野有希氏に大変お世話になりました。この場を借りてお礼申し上げます。

　本書籍が，小・中・高等学校の情報教育ならびにプログラミング教育に興味を持っておられる先生方のお役に立てれば幸いです。

編者代表　菊地章

執 筆 者 一 覧

編者（一般社団法人日本産業技術教育学会）
会長 菊地章，　副会長 山本利一，　副会長 村松浩幸，　編集委員長 伊藤陽介

菊地　章	鳴門教育大学	第Ⅰ部第1章，　第Ⅱ部第2章，　第Ⅱ部第8章， 第Ⅲ部第9章，　第Ⅳ部第5章
森山　潤	兵庫教育大学	第Ⅰ部第2章，　第Ⅱ部第3章，　第Ⅱ部第8章
上野耕史	国立教育政策研究所	第Ⅰ部第3章
鹿野利春	国立教育政策研究所	第Ⅰ部第4章
山本利一	埼玉大学	第Ⅱ部第1章，　第Ⅱ部第4章，　第Ⅱ部第5章
川島芳昭	宇都宮大学	第Ⅱ部第2章，　第Ⅱ部第8章
黒田昌克	南あわじ市立松帆小学校	第Ⅱ部第3章
村上綾香	伊勢崎市立あずま小学校	第Ⅱ部第4章
本村猛能	日本工業大学	第Ⅱ部第4章
篠塚祐香里	上尾市立鴨川小学校	第Ⅱ部第5章
林　康成	長野市立南部小学校	第Ⅱ部第6章
村松浩幸	信州大学	第Ⅱ部第6章，　第Ⅱ部第7章，　第Ⅲ部第1章， 第Ⅲ部第7章
桂本憲一	松本市立開智小学校	第Ⅱ部第7章
阪東哲也	鳴門教育大学	第Ⅱ部第8章
中村直哲	静岡市立麻機小学校	第Ⅱ部第9章
尾崎　誠	厚木市立荻野中学校	第Ⅲ部第2章
紅林秀治	静岡大学	第Ⅲ部第3章
増田麻人	調布市立第七中学校	第Ⅲ部第3章
伊藤陽介	鳴門教育大学	第Ⅲ部第4章，　第Ⅳ部第1章，　第Ⅳ部第2章
下戸　健	福岡工業大学	第Ⅲ部第5章
梅野貴俊	福岡教育大学	第Ⅲ部第5章
原未希子	佐賀県立鳥栖高等学校	第Ⅲ部第5章
平尾健二	福岡教育大学	第Ⅲ部第5章
保坂　恵	新潟大学教育学部附属長岡中学校	第Ⅲ部第6章
磯部征尊	愛知教育大学	第Ⅲ部第6章
小島一生	大町市立仁科台中学校	第Ⅲ部第7章
鈴木隆将	信州大学大学院	第Ⅲ部第7章
白石正人	福岡教育大学	第Ⅲ部第8章
水門博一	みやま市立高田中学校	第Ⅲ部第8章
阿部百合	二松学舎大学附属柏中学校・高等学校	第Ⅳ部第3章
鎌田高徳	神奈川県立茅ケ崎西浜高等学校	第Ⅳ部第4章
長井映雄	和歌山県立和歌山高等学校	第Ⅳ部第5章
大石智広	神奈川県立生田東高等学校	第Ⅳ部第6章
井手広康	愛知県立小牧高等学校	第Ⅳ部第7章
春日井優	埼玉県立川越南高等学校	第Ⅳ部第8章
齋藤　実	埼玉県立大宮高等学校	第Ⅳ部第9章
武村泰宏	大阪芸術大学	第Ⅴ部用語集
南雲秀雄	新潟青陵大学	第Ⅴ部用語集
大森康正	上越教育大学	第Ⅴ部用語集

小・中・高等学校でのプログラミング教育実践
──問題解決を目的とした論理的思考力の育成──

2019 年 9 月 20 日　初版発行

編　者　一般社団法人 日本産業技術教育学会

発行者　笹栗　俊之

発行所　一般財団法人 九州大学出版会
　　　　〒814-0001　福岡市早良区百道浜 3-8-34
　　　　九州大学産学官連携イノベーションプラザ305
　　　　電話 092-833-9150
　　　　URL https://kup.or.jp
　　　　印刷・製本／城島印刷株式会社

Ⓒ一般社団法人日本産業技術教育学会 2019
Printed in Japan　ISBN 978-4-7985-0267-0

技術科教育概論

日本産業技術教育学会・技術教育分科会 編
B5 判・280 頁・定価 2,200 円（税別）
ISBN978-4-7985-0233-5

2017 年に文部科学省の新しい学習指導要領が公示された。本書は教員養成系の大学・学部の教員や学生に加え、中学校の技術科教師や工業高校の教師も対象とした技術科教育のテキストであり、2009 年に刊行した旧版を新学習指導要領に沿って全面的に改訂し、大幅に増補した内容となっている。

教育課程における技術科の位置づけ、技術科という教科の変遷、技術教育の国際比較や、生徒に対する効果的な指導法や授業設計の在り方など、技術科教育の理念と実践について、社会情勢の変化や科学技術の発展を踏まえて分かりやすく解説されている。技術科教師を志望する学生だけでなく、すべての技術科教育関係者の必携書。

九州大学出版会